UTB **2477**

Eine Arbeitsgemeinschaft der Verlage

Beltz Verlag Weinheim · Basel
Böhlau Verlag Köln · Weimar · Wien
Wilhelm Fink Verlag München
A. Francke Verlag Tübingen und Basel
Haupt Verlag Bern · Stuttgart · Wien
Lucius & Lucius Verlagsgesellschaft Stuttgart
Mohr Siebeck Tübingen
C. F. Müller Verlag Heidelberg
Ernst Reinhardt Verlag München und Basel
Ferdinand Schöningh Verlag Paderborn · München · Wien · Zürich
Eugen Ulmer Verlag Stuttgart
UVK Verlagsgesellschaft Konstanz
Vandenhoeck & Ruprecht Göttingen
Verlag Barbara Budrich Opladen · Bloomfield Hills
Verlag Recht und Wirtschaft Frankfurt am Main
VS Verlag für Sozialwissenschaften Wiesbaden
WUV Facultas Wien

Stefan Neuhaus

Grundriss der Literaturwissenschaft

2. Auflage

A. Francke Verlag Tübingen und Basel

Stefan Neuhaus ist Professor für Angewandte Literaturwissenschaft an der Universität Innsbruck.

Umschlagabbildung: Bertolt Brecht. © Tullio Pericoli.

Bibliografische Information der Deutschen Bibliothek

Die Deutsche Bibliothek verzeichnet diese Publikation in der Deutschen Nationalbibliografie; detaillierte bibliografische Daten sind im Internet über <http://dnb.ddb.de> abrufbar.

2., überarbeitete Auflage 2005
1. Auflage 2003
© 2005 Narr Francke Attempto Verlag GmbH + Co. KG
Dischingerweg 5 · D-72070 Tübingen
ISBN 3-7720-8113-4

Das Werk einschließlich aller seiner Teile ist urheberrechtlich geschützt. Jede Verwertung außerhalb der engen Grenzen des Urheberrechtsgesetzes ist ohne Zustimmung des Verlages unzulässig und strafbar. Das gilt insbesondere für Vervielfältigungen, Übersetzungen, Mikroverfilmungen und die Einspeicherung und Verarbeitung in elektronischen Systemen. Gedruckt auf chlorfrei gebleichtem und säurefreiem Werkdruckpapier.

Internet: http://www.francke.de
E-Mail: info@francke.de

Satz, Layout und Einbandgestaltung: Atelier Reichert, Stuttgart
Druck und Bindung: Ebner & Spiegel, Ulm
Printed in Germany

ISBN 3-8252-2477-5 (UTB-Bestellnummer)

Inhalt

1	**Vorwort** IX	
2	**Lyrische Texte** 1	
2.1	Entwicklung 2	
2.2	Perspektive 3	
2.3	Reim, Metrum, Vers und Strophe 5	
2.4	Untergattungen 14	
2.5	Sonderform Ballade 18	
2.6	Beispielanalyse 21	
2.7	Wichtige Begriffe zu diesem Kapitel 26	
2.8	Empfohlene Literatur zu diesem Kapitel 27	
3	**Erzähltexte** 28	
3.1	Wer erzählt? 29	
3.2	Wie wird erzählt? 33	
3.3	Die Bedeutung der Zeit 44	
3.4	Prosa, Erzähltext oder epischer Text 48	
3.5	Beispielanalyse 49	
3.6	Wichtige Begriffe zu diesem Kapitel 52	
3.7	Empfohlene Literatur zu diesem Kapitel 53	
4	**Dramatische Texte** 54	
4.1	Kennzeichen des Dramas 55	
4.2	Techniken des Dramas 58	
4.3	Ort, Zeit und Handlung 62	
4.4	Akte, Szenen 63	
4.5	Geschlossenes und offenes Drama 64	
4.6	Die Tragödie 65	
4.7	Die Komödie 69	

	4.8	Mischformen und Gattungsvielfalt 74
	4.9	Beispielanalyse 77
	4.10	Wichtige Begriffe zu diesem Kapitel 82
	4.11	Empfohlene Literatur zu diesem Kapitel 83

5	**5**	**Hörspiel, Song und Film** **84**
	5.1	Texte einmal anders 85
	5.2	Filmanalyse 86
	5.3	Literaturverfilmungen 89
	5.4	Internationalität des Films 89
	5.5	Radio und Hörspiel 91
	5.6	Text-Bild-Beziehungen 92
	5.7	Song 93
	5.8	Wichtige Begriffe zu diesem Kapitel 94
	5.9	Empfohlene Literatur zu diesem Kapitel 95

6	**6**	**Literarische Techniken** **96**
	6.1	Alles Technik oder was? 97
	6.2	Symbolische Verknüpfungen und Vorausdeutungen ...97
	6.3	Motiv, Stoff und Thema 101
	6.4	Rhetorik und Stilistik 103
	6.5	Stilmittel und rhetorische Figuren (Auswahl) 105
	6.6	Beispielanalyse 107
	6.7	Wichtige Begriffe zu diesem Kapitel 111
	6.8	Empfohlene Literatur zu diesem Kapitel 111

7	**7**	**Grundzüge der deutschsprachigen Literaturgeschichte** **112**
	7.1	Probleme der Literaturgeschichte(n) 114
	7.2	Barock und Aufklärung 120
	7.3	Empfindsamkeit und Sturm und Drang 126
	7.4	Klassik und Romantik 130
	7.5	Biedermeier und Vormärz 138
	7.6	Frührealismus und bürgerlicher (poetischer) Realismus 141
	7.7	Naturalismus 144
	7.8	Jahrhundertwende 145
	7.9	Expressionismus 146

7.10	Dadaismus, Literatur der Weimarer Republik, Neue Sachlichkeit	148
7.11	Völkische Literatur	154
7.12	Exilliteratur und Innere Emigration	156
7.13	Nachkriegsliteratur, Gegenwartsliteratur	159
7.14	Postmoderne Literatur, Popliteratur	167
7.15	Beispielanalyse	170
7.16	Wichtige Begriffe zu diesem Kapitel	173
7.17	Empfohlene Literatur zu diesem Kapitel	174

8	**Kanon und literarische Wertung**	**175**
8.1	Der Kanon, das unbekannte Wesen	175
8.2	Was ist schön?	180
8.3	Beispielanalyse	182
8.4	Wichtige Begriffe zu diesem Kapitel	187
8.5	Empfohlene Literatur zu diesem Kapitel	187

9	**Literaturtheorie**	**188**
9.1	Wozu Literaturtheorie?	189
9.2	Autor, Text, Leser und Kontext	191
9.3	Literaturwissenschaft und Literaturkritik	193
9.4	Positivismus und Editionsphilologie	194
9.5	Geistesgeschichte	195
9.6	Völkische Literaturwissenschaft	196
9.7	Sozialistische und marxistische Literaturwissenschaft	196
9.8	Werkimmanenz	197
9.9	Literaturwissenschaftliche Hermeneutik	198
9.10	Literaturwissenschaftlicher Strukturalismus	199
9.11	Psychoanalytische Literaturwissenschaft	202
9.12	Rezeptionsästhetik	204
9.13	Sozialgeschichte der Literatur	206
9.14	Feministische Literaturwissenschaft und Gender Studies	207
9.15	Alterität	209
9.16	Intertextualität	211
9.17	Systemtheorie	211
9.18	Empirische Literaturwissenschaft	212
9.19	(Radikaler) Konstruktivismus	214
9.20	Dekonstruktion / Poststrukturalismus	215

	9.21	Diskursanalyse 216
	9.22	Beispielanalyse 219
	9.23	Wichtige Begriffe zu diesem Kapitel 226
	9.24	Empfohlene Literatur zu diesem Kapitel 228

10 Praktisches 229
- 10.1 Wie organisiere ich mein Studium? 230
- 10.2 Welche Bücher benutze ich? 233
- 10.3 Wie finde ich Literatur? 237
- 10.4 Wie finde ich ein Thema für meine Hausarbeit? 240
- 10.5 Wie gestalte ich eine Hausarbeit? 241
- 10.6 Wie ist ein bibliographischer Nachweis aufgebaut? ... 242
- 10.7 Wie gestalte ich ein Referat? 244
- 10.8 Wie bereite ich mich auf Klausuren und mündliche Prüfungen vor? 246
- 10.9 Wichtige Begriffe zu diesem Kapitel 248
- 10.10 Empfohlene Literatur zu diesem Kapitel 248

11 Statt eines Nachworts: Wozu Literaturwissenschaft? ... 249

12 Anhang 255
- 12.1 Probeklausur mit Lösungsvorschlägen 255
- 12.2 Lektürevorschlag für Neugermanisten 263
- 12.3 Literaturverzeichnis 265
- 12.4 Personen- und Titelregister 271
- 12.5 Sachregister 275
- 12.6 Bildnachweis 282

Vorwort | 1

Wer gerne liest und Bücher liebt, kann auf den Gedanken kommen, daraus einen Beruf zu machen. Wird die Leidenschaft zur Literatur ausschlaggebend für die Studienwahl, dann ist ein Studium einer Philologie die Folge, die meisten entscheiden sich dabei für die Germanistik, auf der hier der Schwerpunkt liegen soll – ohne (so die Hoffnung) dass das Buch für andere Literaturwissenschaften deshalb unbrauchbar würde.

Wer anfängt, Germanistik zu studieren, und noch wenig darüber weiß, wie es an den Universitäten zugeht, bekommt in der Regel einen Schock und es hängt von seinem Überlebenswillen im Studienfach ab, inwieweit er sich behauptet oder – das sind leider die meisten – das Handtuch wirft, etwas anderes studiert oder die Universität verlässt.

Warum ist das so? Es gibt ein Bündel von Gründen, man kann zwischen äußeren, also vom Fach unabhängigen, und inneren, hausgemachten unterscheiden. Auf die hausgemachten im Fach selbst werde ich später näher eingehen, hier die wichtigsten äußeren Gründe:

Abb. 1

Auch das gehört zur Literatur: Ein „Vorwort" von Loriot

Germanistik gehört, wie Betriebswirtschaft, zu den so genannten Massenfächern. Während man in so genannten Nischenfächern wie Orientalistik, um das andere Extrem zu wählen, auch mal mit nur fünf Kommilitonen (= Mitstudenten) in einem Seminar sitzt und vielleicht 20 eine Vorlesung besuchen, sind es in einem literaturwissenschaftlichen Seminar vermutlich 50 Teilnehmer, mit großen Schwankungen je nach Universität zwischen ca. 25 und 120, in einer Vorlesung 200, wieder mit Schwankungen zwischen 80 und 300 – um Werte anzugeben, die ich aus Erfahrung kenne oder die mir berichtet wurden. Irgendwo zwischen Germanistik und Orientalistik liegen Anglistik und Romanistik.

Warum ist das so? Man kann nur Vermutungen anstellen. Eine Universität ist wie ein Mann mit Bauchladen, sie will ein möglichst

1

Massenfach Germanistik: Seminare mit 120 Teilnehmern sind keine Seltenheit

Trotz Überfüllung nicht geschlossen: Blick in einen Hörsaal

großes Angebot haben, um jedem etwas zu bieten. Somit verteilen sich die begrenzten Gelder auf viele Fächer; ob da dann auch viele oder wenige studieren, scheint den Hochschulen und den sie finanzierenden Bundesländern weniger wichtig zu sein.

Hohe Abbrecherquoten

Hohe Studierendenzahlen bei wenigen Lehrenden führen zu hohen Studienabbrecherquoten, wobei den Germanisten, als Rechtfertigung, wenn man ihnen weitere Stellen wegnimmt, vorgehalten wird, dass die meisten das Fach sowieso nicht zu Ende studieren. Damit ist der Kreis geschlossen, oder vielmehr: Damit ist eine Spiralbewegung nach unten bezeichnet, ein Wechsel von Legitimationsproblem und Stellenstreichung.

Innerhalb der Germanistik ist die Neuere deutsche Literaturwissenschaft am stärksten betroffen, denn erfahrungsgemäß konzentrieren sich die meisten im Laufe des Studiums nicht auf die Sprache und nicht auf die ältere Literatur.

2 Das Fach Germanistik (wie die Geisteswissenschaften allgemein) genießt in der Gesellschaft keinen hohen Stellenwert mehr. Das liegt vor allem daran, dass immer stärker die wirtschaftliche Leistung der Gesellschaft wie des Einzelnen zählt. Ein guter Freund, ein Betriebswirt, hat es einmal so gesagt: ‚Welchen Nutzen hat das eigentlich, was du machst? Du stellst kein Produkt her, und lesen kann doch sowieso jeder.' Dazu kommt, dass Film und Fernsehen das Buch als so genanntes Leitmedium abgelöst haben. Darüber wird allerdings vieles Wichtige vergessen. Auch Bücher sind Produkte, ebenso wie Zeitungen und Zeitschriften, und auf diese Produkte möchte wohl niemand verzichten. Sie werden in der Regel von Germanisten gemacht. Man stelle sich eine Gesellschaft ohne Gedrucktes vor: Es würde nicht lange dauern, und sie wäre keine Demokratie mehr, weil eine differenzierte Meinungsbildung allein über die audiovisuellen Medien (= Hörfunk, Fernsehen) nicht mög-

Das Buch ist kein Leitmedium mehr

lich ist. Abgesehen davon haben auch die meisten, die in Hörfunk und Fernsehen arbeiten, ein germanistisches oder zumindest geisteswissenschaftliches Studium absolviert. Ein weiteres ‚Produkt' ist die Vermittlung von Sprachkompetenz durch Lehrer, ohne die es nur Menschen gäbe, die Probleme zu kommunizieren hätten – Kommunikation ist aber die Basis für jedes funktionierende Gemeinwesen. Ein großer Teil der Germanistikstudenten unterrichtet später Deutsch an Grund-, Haupt- und Realschulen wie an Gymnasien.

Um ihrem schwindenden Ansehen zu begegnen, haben Germanisten einen gewissen Trotz und eine nicht zu unterschätzende Arroganz entwickelt, nach dem Motto: Hauptsache WIR wissen, wie wichtig wir sind. Das bekommen auch die Studenten zu spüren, nicht zuletzt, wenn sie eine Einführung in die Neuere deutsche Literaturwissenschaft suchen. Viele dieser so genannten Einführungen sind so kompliziert und damit so schwer verständlich, dass Erstsemester darüber verzweifeln und sich die Sinn-Frage stellen. Klar, wer ständig überfüllte Seminare und Vorlesungen halten, sich durch Berge von Korrekturen quälen muss, der wird irgendwann meinen, dass weniger Studenten vielleicht mehr Lebensqualität bedeuten, und auf Abschreckung setzen. Doch das verschärft nur das eben erläuterte Problem, beschleunigt die Spiralbewegung nach unten von Abbrecherquote und Stellenstreichungen. Dieser Kollege wird auch nicht daran denken, dass Germanisten in der Regel ‚ihren' Beruf finden werden, und zwar nicht als Taxifahrer, wie es ein altes, robustes Klischee will, sondern als Lehrer, Lektor, Journalist oder – auch das gibt es – als Unternehmensberater oder als Ausbildungsleiter bei einer Großbank.

| 3 |

Der Trotz der Germanisten

Es gibt dennoch gute Jobchancen

Wer Germanistik, insbesondere Literaturwissenschaft, studieren will, sollte sich vorher gut über die Verhältnisse an seiner Wunsch-Universität und möglichst an anderen, in Frage kommenden Hochschulen informieren. Auch im Laufe des Studiums kann man noch die Universität wechseln und dahin gehen, wo die Seminare kleiner und die Germanisten freundlicher sind. Es gibt immer wieder Rankings (neudeutsch für ‚Umfragen') in großen Zeitschriften, die einen Vergleich ermöglichen und beispielsweise über die Unterschiede bei der voraussichtlichen Studiendauer informieren. Wo das Studium länger bis sehr lange dauert, knirscht es im Getriebe, dort sollte man besser nicht hingehen oder bleiben.

Wer sich mit 19 oder 20 Jahren damit abgefunden hat, dass er nun für sich selbst verantwortlich ist, wer die Bereitschaft mitbringt, sich als Tarzan oder Jane im Dschungel der Gesellschaft zu behaupten, wer studiert, um etwas zu erreichen, der wird auch das Studium der Neueren deutschen Literaturwissenschaft mit Erfolg absolvieren.

✍ ✍ ✍

Vorliegendes Büchlein versteht sich als Erstausrüstung für den Studienstart und als Erste-Hilfe-Kit für den weiteren Studienverlauf. Aufbau und Stil sind, anders als bei vielen anderen Einführungsbüchern (die als Einführungen eigentlich nicht geeignet sind), denkbar einfach. In jedem Kapitel werden Grundlagen erläutert. Die wichtigen Begriffe werden **durch Fettdruck hervorgehoben** und am Ende des Kapitels in einer Liste übersichtshalber zusammengefasst. Auf ein Glossar, also eine Definition der Begriffe nach deren Nennung, wird verzichtet, aus zwei Gründen: Die Begriffslisten sollen nicht die Lektüre des Kapitels ersetzen, sondern als Nachkontrolle dienen, ob man beim Lesen alles mitbekommen hat; Definitionen in Glossaren sind zu simplifizierend, es empfiehlt sich, bei definitorischem Wissensdurst in einem Literatur-Lexikon nachzuschlagen, dessen Anschaffung für jeden, der es mit dem Studium ernst meint, unumgänglich ist.

Beispielanalysen dienen zur Abrundung und Vertiefung. Den Abschluss bilden Hinweise auf grundlegende Literatur zum Thema. Empfohlen werden nur wenige Bücher, die nach Meinung des Verfassers zentral sind. Kollegen werden vielleicht andere nennen; aber dieses Verfahren schien sinnvoller als eine lange Liste von Titeln, von denen man dann nicht weiß, welche(n) man nehmen soll. Der Stil des Buches versucht die Quadratur des Kreises: Schwierige Sachverhalte auf einfache und möglichst unterhaltsame Weise darzustellen. Das sollte bei dem Gegenstand Literatur doch möglich sein.

Inhalt und Darstellung des Bandes sind die Konsequenz aus über zehn Jahren Lehrerfahrung mit Einführungskursen. Der Band sollte genug, aber nicht zuviel Wissen bieten für einen Grundlagenkurs im ersten Semester und er gibt dem Dozenten die Freiheit, zur vertiefenden Lektüre Texte eigener Wahl heranzuziehen. Summa summarum: Der Band hat sein Ziel erreicht, wenn er dabei hilft, dass seine Leser später nicht dem lyrischen Ich in einem Gedicht von Martin Opitz Recht geben: „Worzue dienet das studieren / Als zue lauter ungemach?"[11] Opitz selbst war auch nicht dieser Meinung. Für ihn ist, wie er im „Beschluß" seines Buches betont, das Lesen und Studieren „meine groesseste frewde und lust auff der welt".[12]

✍ ✍ ✍

Es bleibt, neben anderen, die hier nicht alle aufgezählt werden sollen, Dr. Stephan Dietrich und Kathrin Heyng vom Francke-Verlag sowie Volker Hühn von UTB für Wissenschaft herzlich zu danken und denen, für die das Buch bestimmt ist, zu wünschen: Viel Vergnügen beim Lesen und viel Erfolg im Studium!

---

[1] Martin Opitz: Buch von der Deutschen Poeterey (1624). Hg. von Cornelius Sommer. Bibliogr. erg. Ausg. Stuttgart: Reclam 1991 (Reclams Universal-Bibliothek 8397), S. 31.
[12] Ebd., S. 70.

Lyrische Texte | 2

Inhalt

2.1	Entwicklung	2
2.2	Perspektive	3
2.3	Reim, Metrum, Vers und Strophe	5
2.4	Untergattungen	14
2.5	Sonderform Ballade	18
2.6	Beispielanalyse	21
2.7	Wichtige Begriffe zu diesem Kapitel	26
2.8	Empfohlene Literatur zu diesem Kapitel	27

Zusammenfassung

Lyrik folgte einst strengen Regeln und lässt sich heute in den meisten Fällen nur noch über die Versform von der Prosa unterscheiden. Durch die Jahrhunderte hat sich eine beeindruckende Formenvielfalt entwickelt. Grundlegend für die Lyrikinterpretation ist die Kenntnis der Metrik, der Reimformen, der wichtigsten Strophen- wie Gedichtformen und häufig vorkommender Stilmittel. Form und Stilelemente sind kein Selbstzweck, sondern stehen stets im Zusammenhang mit dem Inhalt – in der Regel ist das die Schilderung einer Situation, in der sich der Sprecher, lyrisches Ich genannt, befindet.

2 Lyrische Texte

2.1 | Entwicklung

Siegfried hat bekanntlich den Drachen getötet und in dessen Blut gebadet. Doch an einer Stelle, auf die sich ein Blatt legte, blieb der starke Krieger verwundbar, und das nutzte der ruchlose Hagen aus. Bei der Geschichte der verfeindeten Königshäuser spielt auch ein sagenhafter Schatz eine wichtige Rolle, der Nibelungenhort. Das unvollständig in verschiedenen Fassungen überlieferte *Nibelungenlied* gilt als wichtigstes Zeugnis der mittelalterlichen Dichtung in (mittelhoch-)deutscher Sprache. Es handelt sich dabei um ein **Epos**, einen langen, handlungsstarken Text, der nichtsdestoweniger in Versen verfasst ist. Ein Epos ist ein Langgedicht, das in der neueren deutschen Literatur von einer anderen Literaturgattung beerbt wurde – dem Roman. Ein Roman ist ein epischer Text, er gehört zur Epik, aber Epen sind doch eigentlich Gedichte...

Epen sind Langgedichte

Bei unserem Gattungsverständnis gehen wir von der Literatur aus, wie sie sich nach 1600 und vor allem dann im 18. Jahrhundert entwickelt hat. Zwar hat es auch danach noch einige Epen gegeben, man denke an Heinrich Heines *Deutschland. Ein Wintermärchen* von 1844, doch waren das Ausnahmen. Gedichte wurden, unter Rückgriff auf antike Rhetorik und Poetik, als Kurzform gepflegt. Man bediente sich der von griechischen und römischen Autoren überkommenen Regeln allerdings zunehmend freier.

In der zweiten Hälfte des 18. Jahrhunderts setzte sich die Überzeugung durch, dass der Autor als Schöpfer seines Gedichts autonom ist und seine eigenen Regeln aufstellt. In der durch Goethe und Schiller geprägten Lyrik der Klassik führte das zu einer produktiven Auseinandersetzung, zur Adaption und innovativen Vari-

Autonomie des Autors

Abb. 3 | Das „Nibelungenlied" sollte jeder Studierende auch ohne Zwang bis zum Ende des Grundstudiums gelesen haben.

ation früherer Muster. Im 19. Jahrhundert hielt man sich zumindest an Metrik und Reim, dann war der Weg endgültig frei für eine rein individuelle Gestaltung.

Die heutige Lyrik zitiert höchstens frühere Formen oder parodiert sie, vielfach ist an die Stelle einstiger Regelhaftigkeit gänzliche Regellosigkeit getreten. Lediglich die Einteilung in Verse hat sich gehalten, sie ist das einzige allgemein gültige Merkmal, das lyrische noch von anderen Texten unterscheidet. Hier ein Beispiel von Paul Celan (Erstdruck 1965):

Abkehr von den Regeln

Fadensonnen
über der grauschwarzen Ödnis.
Ein baum-
hoher Gedanke
greift sich den Lichtton: es sind
noch Lieder zu singen jenseits
der Menschen. [11]

Mit dem Verlust der Regeln geht ein Verlust der Eindeutigkeit oder Interpretierbarkeit einher. Das zitierte Gedicht weckt Assoziationen, an einzelne Wörter lassen sich Feststellungen knüpfen – so ist „Fadensonnen" erkennbar ein neues Wort, ein **Neologismus**. Man kann auch den Kontext hinzunehmen, bei Paul Celan die schrecklichen Erfahrungen in der Zeit des Nationalsozialismus, um den Text zu interpretieren. Doch jede Interpretation wird nur einen gewissen Grad von Wahrscheinlichkeit für sich beanspruchen können. Und das muss nicht als Mangel, sondern sollte als Vorzug begriffen werden. Wenn wir eindeutige Aussagen haben wollen, sollten wir besser zur Zeitung greifen. Mehr noch als andere Textformen fordern Gedichte ihre Leser zum Nachdenken, zur Reflexion heraus.

Unterschiedliche Interpretierbarkeit

Perspektive | 2.2

Beim Lesen von Gedichten stellt sich, unabhängig von der Form, gleich eine entscheidende Frage. Nehmen wir zum Beispiel ein Gedicht von Erich Kästner:

---

[11] Paul Celan: Gedichte in zwei Bänden. Frankfurt/Main: Suhrkamp 1972. Bd. 2, S. 26.

Lyrische Texte

Unsanftes Selbstgespräch

Merk dir, du Schaf,
weil es immer gilt:
Der Fotograf
ist nie auf dem Bild. [12]

Wer spricht hier eigentlich? Wir können trotz des Titels nicht einfach davon ausgehen, dass es sich um Erich Kästner handelt, der mit sich selbst spricht. Hier wäre die Annahme vielleicht nicht ganz falsch, aber man stelle sich die Konsequenzen für Frank Wedekind vor, dessen Gedicht *Der Tantenmörder* so beginnt: „Ich hab' meine Tante geschlachtet". [13]

Eine Frage der Perspektive

Schon in der Sprache lässt sich der Unterschied von Autor und Sprecher nachweisen. Schließlich steht in dem Kästner-Gedicht nicht: „Merke dir, Erich Kästner, du Schaf", es wird kein Name genannt. Genauso gut könnte es sich um ein Rollengedicht handeln, der Autor versetzt sich in jemand anderes. Vielleicht kannte Kästner einen Fotografen, mit dem er sich unterhielt und der so dumm war, dass Kästner hinterher diesen Vierzeiler dichtete. Kurz: Wir wissen es nicht und werden es auch nie erfahren, da wir Kästner selbst nicht mehr fragen können. Abgesehen davon, dass es schade ist, dass Kästner tot ist, macht das aber nichts. Die Antwort würde nur eine Interpretation stichhaltig machen – die des Autors, die aber nur eine mögliche ist. Denn da steht nicht: „Ich habe mich mit einem Fotografen unterhalten, der so dumm war, dass ich ein Gedicht schreiben musste…"

Für die meisten Gedichte gilt, dass wir nicht sagen können, aus welcher Perspektive es geschrieben ist, selbst wenn es ein „Ich"

Abb. 4

Erich Kästner

gibt, das sich zu Wort meldet. Daher sprechen wir bei Gedichten, analog zum Erzähler bei Prosatexten, von einem **lyrischen Ich**.

Außer in Handlungsgedichten – die populärste Gattung, auf die noch einzugehen sein wird, ist die Ballade – schildert ein lyrisches Ich seine Beobachtungen und Empfindungen. Der Leser kann sich mit diesem lyrischen Ich identifizieren, es ist ein Platzhalter für jeden oder zumindest für einen bestimmten Typus. Etwas wissenschaftlicher ausgedrückt: Das subjektiv Empfundene wird, mit Hilfe der ästhetischen Form, objektivierbar.

Reim, Metrum, Vers und Strophe | 2.3

„Ene mene miste, es rappelt in der Kiste, ene mene meck – und Du bist weg!" Schon kleine Kinder reimen, tatsächlich könnte es sich bei diesem Satz um ein Gedicht handeln. Um es als solches erkennbar zu machen, müssen wir es allerdings in Strophenform darstellen. Unser Gedicht ist ein Abzählreim. In einer längeren Fassung als Lied bildet es die letzte **Strophe**:[14]

Abb. 5

Logo der „Rappelkiste"

Ene mene miste,
es rappelt in der Kiste,
ene mene meck –
und Du bist weg!

Wir haben es mit einem Vierzeiler zu tun. Wenn ein Gedicht aus mehreren solcher Vierzeiler besteht, verwendet man ein Wort lateinischen Ursprungs: **Quartett**. Die ersten beiden und die letz-

---

[12] Erich Kästner: Werke. Hg. von Franz-Josef Görtz. München u. Wien: Hanser 1998. Bd. 1, S. 273.
[13] Frank Wedekind: Lautenlieder. Hg. von Artur Kutscher. Berlin u. München: Drei Masken Verlag 1920, S. 48f.
[14] Der zitierte Text findet sich als Abzählreim im Netz, z.B. unter: http://www.jungscharuntermais.net/spiele/reime.shtml (abgerufen am 3.4.03). Die Entstehungs- und Überlieferungsgeschichte des Abzählreims kann an dieser Stelle nicht nachvollzogen werden. Das einigen Lesern noch aus der Kindersendung *Rappelkiste* (Deutschland 1973-84) bekannte Lied lautet in voller Länge: „Machste mal zuhause Krach, kriegste gleich eins auf das Dach / Willste übern Rasen laufen, mußte dir ein Grundstück kaufen / Spielste mal im Treppenhaus, schmeißt dich gleich der Hauswart raus // Ene mene miste, es rappelt in der Kiste / Ene mene meck, und du bist weg!" Zitiert nach: http://www.tv-kult.de/frameset.php3?sendung=06 (abgerufen am 3.4.03).

Vielerlei Reimformen

ten beiden **Verszeilen** reimen sich, das nennt man **Paarreim**. Wenn wir einmal davon absehen, dass „miste" kein richtiges Wort ist, handelt es sich bei „miste/Kiste" um einen **reinen Reim**. Bei einem reinen Reim ist bzw. sind zunächst der Konsonant bzw. die Konsonanten vor dem Vokal des Wortes verschieden, in diesem Fall wird „m" durch „K" ersetzt. Nun könnte man vermuten, dass es sich bei „meck" und „weg" um einen **unreinen Reim** handelt, schließlich finden wir nach dem ersten Vokal andere Buchstaben. Es ist dennoch ein reiner Reim: Das liegt an der Aussprache, die letztlich entscheidet. Anders wäre es bei, sagen wir, „Dreck" und „Steg", denn einmal tritt das „e" als langer und einmal als kurzer Vokal in Erscheinung: Das Wort wird anders ausgesprochen. „Dreck" und „Steg" wäre demnach ein unreiner Reim. Ansonsten, etwa bei „Kiste" und „Hilfe", würden wir von einem **Assonanzreim** sprechen – die Vokale sind identisch, doch die Konsonanten sind verschieden.

Die Aussprache entscheidet

Wenn sich das Ende von Verszeilen reimt, spricht man folgerichtig von **Endreim**, den man in verschiedenen Ausprägungen findet. Neben dem **Paarreim** unterscheidet man vor allem den **Kreuzreim** und den **umarmenden (umschließenden) Reim**, aber auch den **Schweifreim** und den **Haufenreim**, von selteneren Formen wie dem **identischen Reim** (Wiederholung des Wortes) einmal abgesehen. Die Reimformen werden mit folgendem Schema wiedergegeben, jeder neue Buchstabe bezeichnet einen neuen Reim:

Der Endreim

Schema der Reimformen

Paarreim: aabb
Kreuzreim: abab
umarmender Reim: abba
Haufenreim: aaaa (bbbb cccc...)
Schweifreim: aab ccb

Für Kreuz-, umarmenden und Haufenreim hier Beispiele aus der Feder von Erich Kästner, das erste Gedicht kennen wir schon:

Kreuzreim: *Unsanftes Selbstgespräch*

Merk dir, du Schaf,
weil es immer gilt:
Der Fotograf
ist nie auf dem Bild.

Umarmender Reim: *Ganz nebenbei oder Das Derivat des Fortschritts*

Indes sie forschten, röngten, filmten, funkten,
entstand von selbst die köstlichste Erfindung:
der Umweg als die kürzeste Verbindung
zwischen zwei Punkten. [15]

Haufenreim: *Das Verhängnis*

Das ist das Verhängnis:
Zwischen Empfängnis
und Leichenbegängnis
nichts als Bedrängnis. [16]

Zurück zu unserem Kindergedicht. Es finden sich nicht nur Endreime in dem Text, der zur Gattung der **Abzählreime** gehört. „Ene mene" ist ein **Binnenreim**, es reimen sich zwei Wörter innerhalb einer Verszeile. Als Stabreim oder **Alliteration** bezeichnet man es, wenn kurz aufeinander folgende Wörter mit dem gleichen Laut beginnen: „mene miste", „mene meck". Auffällig ist die Häufung des Vokals „e", die innerhalb von Verszeilen zu **Assonanzreimen** führt. Es dominieren die hellen Vokale, so finden sich nur ein „a" und ein „u". So erzeugt das Gedicht eine fröhliche Stimmung.

Reime auf Vers- und Wortebene

Die Aussprache ist entscheidend, haben wir festgestellt. Zur Betonung kann man noch mehr sagen. Wörter bestehen aus betonten und / oder unbetonten Silben. Wenn wir „Guten Tag!" sagen, betonen wir die erste und die letzte Silbe, nicht die mittlere: GUten TAG. Bei der Lyrikinterpretation sprechen wir von **Hebungen** (betonten Silben) und **Senkungen** (unbetonten). Wenn wir einmal die betonten Silben unterstreichen, sieht unser Abzählreim so aus:

Die Betonung

---

[15] Kästner: Werke. Bd. 1, S. 271.
[16] Ebd., S. 275.

> E̲ne me̲ne mi̲ste,
> es ra̲ppelt in der Ki̲ste,
> e̲ne me̲ne me̲ck –
> und D̲u bist we̲g!

Die erste und die dritte Verszeile fangen mit einer betonten, die zweite und die vierte Verszeile fangen mit einer unbetonten Silbe an. Dies widerspricht der Verknüpfung der Verszeilen durch den Reim, aber es passt zur inhaltlichen Verknüpfung: Die erste und die dritte Verszeile sind vollkommen sinnlos, dienen lediglich dem lautmalerischen Abzählen, während die zweite und die vierte Verszeile immerhin klare Aussagen treffen, wobei lediglich die vierte Sinn macht, da sie den letzten, auf den der Finger zeigt, auswählt oder aus dem Kreis der Kinder ausscheidet.

Metren

Auf der Ebene der Verszeile wird der Wechsel von Hebungen und Senkungen als Versmaß oder **Metrum** bezeichnet. Hier sind die beiden wichtigsten Metren vertreten: **Jambus** (Abfolge Senkung / Hebung) und **Trochäus** (Abfolge Hebung / Senkung). Bei Jambus und Trochäus handelt es sich um **alternierende Metren**, von lat. alternare = wechseln: Hebung und Senkung wechseln sich ab.

Vers-Enden

Betrachtet man Endreim und Betonung zusammen, dann fällt auf, dass das erste Reimpaar mit einer unbetonten und das zweite mit einer betonten Silbe endet. Wenn die letzte Silbe unbetont ist, spricht man von **weiblichen** oder von **klingenden Versschlüssen**. Wenn die Betonung auf der letzten Silbe liegt, handelt es sich um **männliche** oder **stumpfe Versschlüsse**. Nun gibt es auch dreisilbige Wörter, bei denen die Betonung auf der drittletzten Silbe liegen kann: „Sterblichen" beispielsweise. Das nennt man dann **gleitend** oder **reich**.

Nun ist der Kinderreim zwar wirkungs-, aber nicht sehr anspruchsvoll. Um einen Reim für „Kiste" und für „weg" zu finden, muss jeweils ein neues Wort erfunden werden, dem man einfach den Anfangslaut des vorhergehenden Wortes verpasst, das ebenfalls nicht existiert. Das kleine Gedicht verfolgt aber nicht das Ziel, in eine Anthologie deutscher Lyrik aufgenommen zu werden, es ist für einen bestimmten Gebrauch gedacht und dort sehr erfolgreich.

Dass man mit dem Reim nicht nur auf lautlicher, sondern auch auf inhaltlicher Ebene spielerisch umgehen kann, zeigt das Gedicht

Bekenntnis von Robert Gernhardt:

Ich leide an Versagensangst,
besonders, wenn ich dichte.
Die Angst, die machte mir bereits
manch schönen Reim zuschanden. [17]

Die Form des Gedichts bestätigt seinen Inhalt, der Dichter hat Angst vorm Dichten und findet deshalb keinen Reim. Die Komik der Aussage entsteht vor allem durch das Verfehlen des Reims in der letzten Verszeile, der Leser vervollständigt sie während des Lesens mit dem nahe liegenden Reim „zunichte". Gernhardt setzt also mit der Wahl des letzten Wortes eine Pointe, das Gedicht nähert sich in seiner Qualität dem Witz. Unterstützt wird diese Qualität durch den regelmäßigen Bau der Verszeilen, die durchweg aus Jamben bestehen. Dabei wechseln sich vierhebige und dreihebige Jamben ab. Definiert man eine Verszeile über die Hebungen, dann spricht man auch von Vierhebern bzw. Dreihebern.

Robert Gernhardt © Isolde Ohlbaum | Abb. 6

Der Vierzeiler wird dabei durch Interpunktion zweigeteilt. Der erste Satz ist eine Feststellung und besteht wieder aus zwei Teilen – aus der Feststellung und einer nachgeschobenen genaueren Bestimmung in der zweiten Zeile. Der zweite Teil bildet dagegen eine syntaktische Einheit, der Sinn seines ersten Teils (der dritten Zeile) erschließt sich erst, wenn man auch den zweiten Teil (die

Von Zeile zu Zeile

---

[17] Robert Gernhardt: Reim und Zeit. Gedichte. Mit einem Nachwort des Autors. Erweiterte Ausg. Stuttgart: Reclam 1999 (RUB 8652), S. 13.

vierte Zeile) gelesen hat. Wenn sich ein solcher, Sinn konstituierender Satz oder Teilsatz über das Ende der Verszeile hinaus erstreckt, spricht man von Zeilensprung oder von **Enjambement**. Wenn sich ein Satz über zwei Strophen (oder mehr) erstreckt, spricht man von **Strophenenjambement**.

Abzählreim und Gernhardt-Gedicht richten sich auch an lyrikunerfahrene Leser und wollen vor allem verstanden werden. Es gibt kompliziertere Möglichkeiten, Gedichte zu ‚bauen‘. Bei den Metren, deren es viele gibt (vor allem die griechische Poesie hatte hier Vorbildfunktion), finden sich noch relativ häufig die dreisilbigen **Anapäst** (Abfolge Senkung / Senkung / Hebung) und **Daktylus** (Abfolge Hebung / Senkung / Senkung). Versuchen wir einmal, die Betonungen der Anfangszeilen von Goethes *Römischen Elegien* zu ermitteln:

> Saget, Steine, mir an, o sprecht, ihr hohen Paläste!
> Straßen, redet ein Wort! Genius, regst du dich nicht?[18]

Der Übersichtlichkeit halber lässt sich diese Abfolge von Hebungen und Senkungen auch graphisch darstellen, auf unterschiedliche Weise, hier ein übliches Modell (/ bedeutet Hebung, ∪ bedeutet Senkung):

Darstellung von Hebung und Senkung

/ ∪ / ∪ ∪ / ∪ / ∪ ∪ / ∪
/ ∪ / ∪ ∪ / / ∪ ∪ / ∪ ∪ /

Was auffällt, ist die Mischung aus alternierenden und nicht-alternierenden Metren. Am Anfang der beiden Zeilen finden wir einen Trochäus (betont / unbetont), jeweils gefolgt von einem Daktylus (betont / unbetont / unbetont). Die erste Verszeile enthält einen weiteren Daktylus, in der zweiten Verszeile finden sich noch zwei Daktylen. Ohne nun auf mögliche metrische Feinheiten eingehen zu wollen, sei kurz festgestellt, dass wir in der zweiten Zeile einen Sonderfall vorfinden: Zwei Hebungen folgen aufeinander. Dies könnte man auf den ersten Blick als **Spondeus** bezeichnen, obwohl der antike Versfuß im Deutschen eigentlich nicht möglich ist. Hier trennt allerdings eine Zäsur die beiden Silben, deshalb: kein Spondeus.

Brüche im Vers

Auf Ebene der Verszeile können wir diesen weiteren, weitaus wichtigeren Begriff hinzufügen. Wenn eine Verszeile z.B. durch das

Aufeinanderprallen von zwei solchen Hebungen, unterstützt durch einen syntaktischen Bruch zwischen den Hebungen (Satzende, neuer Satz beginnt; die Trennung erfolgt sogar durch ein Ausrufezeichen), quasi zweigeteilt wird, sprechen wir von einer **Zäsur**.

Bei einem bekannten Versmaß – das sind nach bestimmten Regeln gebaute Verszeilen – ist eine Zäsur immer dabei. Es handelt sich um den **Alexandriner**, der besonders stark in der Barocklyrik vertreten ist, also in der deutschsprachigen Lyrik des 17. Jahrhunderts. Die weiteren Kennzeichen des Alexandriners sind: Jambus als Metrum; zwölf oder 13 Silben – also sechs Hebungen. Die Zäsur findet sich in der Mitte, inhaltlich bilden der erste und der zweite Teil der Verszeile eine **Antithese**. Hier als Beispiel zwei Zeilen aus *Es ist alles Eitel* von Andreas Gryphius:

> Was diser heute baut / reist [reißt] jener morgen ein:
> Wo itzund Staedte stehn / wird eine Wisen seyn / [9]

Die Zäsur wird syntaktisch durch Interpunktion (hier Schrägstrich, Komma wäre üblich) markiert, die Antithese besteht aus der Gegenüberstellung von Gegenwart und Zukunft: „heute" / „morgen", „itzund" [jetzt] / „wird".

Versmaße gibt es viele, einige haben sich besonders für Dramen geeignet. Der reimlose, fünfhebige **Blankvers** mit dem Grundmetrum Jambus ist hier besonders zu nennen, er findet sich beispielsweise in bekannten Dramen Lessings und Schillers. Der **Knittelvers** mit vier Hebungen, der den Wechsel von Jambus und Trochäus sowie überzählige Senkungen erlaubt, war im 16. Jahrhundert besonders beliebt und findet sich in Goethes *Faust I* wieder:

Versmaße im Drama

> FAUST. Habe nun, ach! Philosophie,
> Juristerei und Medizin,
> Und leider auch Theologie
> Durchaus studiert, mit heißem Bemühn.
> Da steh' ich nun, ich armer Tor,
> Und bin so klug als wie zuvor! [10]

---

[8] Johann Wolfgang von Goethe: Werke. Hamburger Ausgabe in 14 Bänden. München: dtv 1996. Bd. 1, S. 157.
[9] Ulrich Maché u. Volker Meid (Hg.): Gedichte des Barock. Stuttgart: Reclam 2000 (RUB 9975), S. 114.
[10] Goethe: Werke. Bd. 1, S. 20.

Bis ans Ende des 18. Jahrhunderts dominierte der Vers in Tragödien und Trauerspielen, während Komödien in Prosa sein konnten. Doch dazu mehr im Kapitel *Dramatische Texte*.

Zwei weitere Versmaße können sich zu einem **Distichon** verbinden, oder anders gesagt: Ein Distichon ist ein Zweizeiler, der aus den beiden Versmaßen **Pentameter** und **Hexameter** besteht. Das Paradebeispiel hierfür ist Schillers *Das Distichon*:

> Im Hexameter steigt des Springquells flüssige Säule,
> Im Pentameter drauf fällt sie melodisch herab. |11

Der Hexameter hat sechs Hebungen und als Grundmetrum den Daktylus, wobei Abweichungen in der Versfüllung möglich sind. Er endet mit einem Trochäus. Der Pentameter unterscheidet sich in deutscher Dichtung vom Hexameter durch einen Spondeus: Die beiden mittleren Hebungen folgen unmittelbar aufeinander. Er endet mit einer Hebung.

Veränderungen bis zur Gegenwart

Je näher man zur Gegenwart kommt, desto häufiger weichen Autoren von tradierten Regeln ab. Die Entwicklung geht zu den **freien Rhythmen** der Gegenwart, die keine durchgängigen Versmaße, dafür unterschiedlich lange Verszeilen verwenden und auf Reime verzichten. Wie der Name schon sagt, gibt es aber noch einen bestimmten Sprachrhythmus, eine jeweils ganz eigene Sprachmelodie. Der Lyriker Nevfel Cumart beispielsweise mischt auf inhaltlicher wie rhythmischer Ebene orientalische und europäische Traditionen:

> über die sprache I
>
> die sprache meiner Eltern
> ist arabisch
> heimlich nur gesprochen
>
> die sprache ihres landes
> ist türkisch
> gesprochen auf der straße
>
> in der geborgten heimat
> ist deutsch
> die sprache meiner gedichte |12

Dieses Gedicht besteht aus Dreizeilern, auch **Terzette** genannt. Es hat drei Strophen, also drei graphisch durch Abstände voneinander abgesetzte ‚Zeilenbündel'. Da alle Strophen die gleiche Menge an Zeilen haben, ist das Gedicht **isometrisch**; **poly-** oder **heterometrisch** wäre es bei unterschiedlich langen Strophen.

Es gibt eine große Zahl von Strophenformen, die hier nicht einmal alle genannt, geschweige denn erläutert werden können.[13] Strophenformen werden, wie beim Distichon gesehen, nicht nur über die Zahl der in einer Strophe zusammengefassten Zeilen, sondern auch über Merkmale der Verszeilen und der Gedichtform definiert, etwa bei der **Stanze**, die Schiller für uns wieder lyrisch beschreibt:

Die Stanze

Die achtzeilige Stanze

Stanze, dich schuf die Liebe, die zärtlich schmachtende – dreimal
Fliehest du schamhaft und kehrst dreimal verlangend zurück.[14]

Die Stanze hat acht jambische Verszeilen mit fünf Hebungen und ist kreuzweise gereimt, bis auf den Paarreim in den letzten beiden Zeilen. In der Praxis, beispielsweise im Epilog zu Schillers *Lied von der Glocke* („Abschied von dem Leser", drei Stanzen), sieht das dann so aus (hier die letzte Stanze):

Der Lyriker und Erzähler Nevfel Cumart

Abb. 7

---

[11] Friedrich Schiller: Sämtliche Werke. München: Wiss. Buchges. 1993 (Lizenzausg. des Hanser-Verlags). Bd. 1, S. 252.
[12] Nevfel Cumart: Waves of Time – Wellen der Zeit. Poems – Gedichte. Übers. von Eoin Bourke. Düsseldorf: Grupello 1998, S. 14.
[13] Hierzu gibt es ein umfassendes Nachschlagewerk: Horst J. Frank: Handbuch der deutschen Strophenformen. 2., durchges. Aufl. Tübingen u. Basel: Francke 1993 (UTB 1732).
[14] Schiller: Sämtliche Werke, Bd. 1, S. 252.

> Der Lenz erwacht, auf den erwärmten Triften
> Schießt frohes Leben jugendlich hervor,
> Die Staude würzt die Luft mit Nektardüften,
> Den Himmel füllt ein muntrer Sängerchor,
> Und jung und alt ergeht sich in den Lüften
> Und freuet sich und schwelgt mit Aug und Ohr.
> Der Lenz entflieht! Die Blume schießt in Samen,
> Und keiner bleibt von allen, welche kamen. [115]

2.4 | Untergattungen

Gedichtformen: Eine Auswahl

Es gibt Untergattungen der Großgattung Lyrik, bei denen Strophenform und Untergattung zusammen fallen, etwa beim Distichon, einer Sonderform des **Epigramms**, das sich durch Kürze und Prägnanz auszeichnet. Erich Kästner eröffnet seine Epigramm-Sammlung *Kurz und bündig*, aus der mehrfach zitiert wurde, mit folgendem Text:

> Präzision
>
> Wer was zu sagen hat,
> hat keine Eile.
> Er läßt sich Zeit und sagt's
> in einer Zeile. [116]

Die äußere Form ist für die Bestimmung des Epigramms, das im Deutschen auch Sinngedicht genannt wird, weniger wichtig als die Konzentration auf einen geistreichen Gedanken, oft mit überraschender Wendung oder Pointe.

Das Sonett

Anders ist dies bei einer anderen wichtigen Gedichtgattung, dem **Sonett**. Das Sonett hat immer 14 Verszeilen und besteht immer aus vier Strophen, in der Regel wird ein fünf- oder sechshebiger Jambus verwendet; der sechshebige dann mit Zäsur in der Mitte (also ein Alexandriner: s.o.). Im Laufe der Literaturgeschichte haben sich drei unterschiedliche Sonett-Typen herausgebildet: das italienische (nach Petrarca), das französische (nach Ronsard) und das englische Sonett (nach Shakespeare). Der italienische und der französische Typ haben zwei Quartette und zwei Terzette, der englische hat drei Quartette und einen Zweizeiler. Verwendung finden je nach Typ Kreuzreim oder umarmender Reim in den ersten beiden Quartetten, in den Terzetten Schweifreim (franz. Typ) oder eine Mischung aus Kreuz- und Schweifreim (ital. Typ). Besonders beliebt war das Sonett im Barock. Hier ein berühmtes Beispiel, *Abend* von Andreas Gryphius:

Unterschiedliche Typen

> DEr schnelle Tag ist hin / die Nacht schwingt ihre Fahn /
> Und fuehrt die Sternen auff. Der Menschen muede Scharen
> Verlassen Feld und Werck / wo Thir und Voegel waren
> Traurt itzt die Einsamkeit. Wie ist die Zeit verthan!
>
> Der Port naht mehr und mehr sich zu der Glider Kahn.
> Gleich wie diß Licht verfil / so wird in wenig Jahren
> Ich / du / und was man hat / und was man siht / hinfahren.
> Diß Leben koemmt mir vor als eine Renne-Bahn.
>
> Lass hoechster Gott / mich doch nicht auff dem Laufplatz gleiten /
> Lass mich nicht Ach / nicht Pracht / nicht Lust nicht Angst verleiten!
> Dein ewig-heller Glantz sey vor und neben mir /
>
> Laß / wenn der muede Leib entschlaefft / die Seele wachen
> Und wenn der letzte Tag wird mit mir Abend machen /
> So reiß mich aus dem Thal der Finsternueß zu dir.[117]

Die Verwendung von Alexandrinern schafft eine antithetische Struktur innerhalb der Verszeilen (beispielsweise „Tag" / „Nacht" in der ersten Zeile), die sich auf die Strophenstruktur ausweitet. Das erste Quartett handelt von der Gegenwart als Resultat der Vergangenheit: Die Menschen sind von der Arbeit müde und gehen nach Hause, das geschäftige Treiben wird von Stille und Einsamkeit abgelöst. Das zweite Quartett widmet sich der Zukunft und entlarvt den Inhalt der ersten Strophe als Gleichnisrede: „Gleich wie…" Das Leben des Menschen ähnelt also dem Ablauf eines Tages, der Nacht entspricht der Tod. Die dritte Strophe, also das erste Terzett, sorgt wieder für einen Bruch. An die Reflexionen über das mensch-

---

[115] Ebd., S. 442.
[116] Kästner: Werke. Bd. 1, S. 271.
[117] Maché u. Meid (Hg.): Gedichte des Barock, S. 118.

liche Leben schließt sich die Hinwendung zu Gott an. Die Quartette widmen sich dem Körper oder dem Diesseits, die Terzette der Seele oder dem Jenseits. Wenn Gott nun direkt angeredet wird, spricht man – als der verwendeten rhetorischen Figur – von einer **Invokation**. Auch die Terzette sind einander entgegengesetzt. Das erste Terzett ist dem ersten Quartett, das zweite Terzett dem zweiten Quartett zugeordnet, da erst die Hilfe Gottes für das diesseitige Leben, dann für die Todesstunde und das Leben nach dem Tode erbeten wird.

Wir sehen: Das Sonett ist eine äußerst anspruchsvolle Untergattung oder Gedichtform, weil es schwierig ist, alle formalen Anforderungen zu erfüllen und zugleich sprachlich wie inhaltlich einen gelungenen Text zu verfassen. Das hat für viele den Reiz dieser Form ausgemacht. Ein Verzeichnis der Dichter, die Sonette geschrieben haben, läse sich wie ein *Who's who* der Literatur. Zunehmend wirkten die Zwänge der Form aber auch als Fessel. Da Literatur von Innovationen lebt, ist es kein Wunder, wenn die Sonett-Form im 20. Jahrhundert eigentlich nur noch bei Autoren beliebt war, die sich entweder in der großen Tradition gesehen haben oder die es, durch das Verwenden einer bekannten Form, ihren Lesern nicht so schwer machen wollten. Robert Gernhardt hat die Ambivalenz der Form auf unnachahmliche Weise in einem Sonett kommentiert:

Sonette heute

Materialien zu einer Kritik der bekanntesten Gedichtform
italienischen Ursprungs

Sonette find ich sowas von beschissen,
so eng, rigide, irgendwie nicht gut;
es macht mich ehrlich richtig krank zu wissen,
daß wer Sonette schreibt. Daß wer den Mut

hat, heute noch so'n dumpfen Scheiß zu bauen;
allein der Fakt, daß so ein Typ das tut,
kann mir in echt den ganzen Tag versauen.
Ich hab da eine Sperre. Und die Wut

Darüber, daß so'n abgefuckter Kacker
mich mittels Wichserein blockiert,
schafft in mir Aggressionen auf den Macker.

Ich tick nicht, was das Arschloch motiviert.
Ich tick es echt nicht. Und wills echt nicht wissen:
Ich find Sonette unheimlich beschissen. [118]

Die lyrische Schimpfrede auf die Gattung endet in der Erfüllung der Gattung. Erkennbar handelt es sich um ein Sonett, auch wenn es nicht einem der Idealtypen entspricht, sondern im Reim dem englischen und in der Strophenform dem italienischen und französischen Typ folgt, also alle wichtigen Sonett-Typen in sich vereinigt. Form und Inhalt / Aussage stehen in direktem Gegensatz zueinander, daraus entsteht die komische Wirkung.

Eine weitere bekannte Untergattung der Lyrik ist das **Lied**, nur ist hier die Abgrenzung ungleich schwieriger. In Zeiten, als nur wenige Menschen lesen und schreiben konnten, war es üblich, dass Lyrik vorgetragen, gesungen wurde. In neuerer Zeit gibt es zahlreiche Vertonungen von lyrischen Texten, die erst durch die Vertonung zum Lied geworden sind, bekannte Beispiele stammen von Heine, Schiller und Goethe. Manche Gedichte allerdings tragen das Wort „Lied" im Titel oder sind als solches geschrieben worden.

Auch Lieder sind Gedichte

Da vor der Barockzeit und selbst bis ins 18. Jahrhundert nur ein sehr kleiner Teil der Bevölkerung alphabetisiert war, wurde Dichtung hauptsächlich mündlich vermittelt. Erst im Zuge der Säkularisierungsbestrebungen des 18. Jahrhunderts löste sich Dichtung von dem früher konstitutiven (= grundlegenden) religiösen oder höfischen Kontext. Am Anfang der deutschsprachigen Lieddichtung stehen also höfische und geistliche Lieder. Unter letzteren zählt Paul Gerhardts *Abend-Lied* zu den bekannteren, es beginnt wie folgt:

Nun ruhen alle Waelder /
Vieh / Menschen / Staedt und Felder /
Es schlaefft die gantze Welt:
Ihr aber meine Sinnen /
Auf / auf ihr solt beginnen
Was eurem Schoepffer wol gefaellt. [119]

---

[118] Gernhardt: Reim und Zeit, S. 40.
[119] Maché u. Meid (Hg.): Gedichte des Barock, S. 174.

Die Lied-Tradition ließe sich bis zu modernen Pop- und Rocksongs weiterverfolgen. Allerdings hat die Literaturwissenschaft bisher, wohl aus Berührungsangst mit populären Kunstformen, darauf weitgehend verzichtet.

Das wichtigste Kriterium, das ein Gedicht zum Lied macht, ist die **Sangbarkeit**. Entstehungsbedingungen (als Lied geschrieben oder nicht?) sind nachgeordnet und formale Kriterien wie präzise festgelegte Metren oder Strophenformen lassen sich nicht finden.

2.5 | Sonderform Ballade

Die **Ballade** ist graphisch ein Gedicht, sie besteht aus Versen und Strophen. Viele Balladen sind vertont worden, wodurch sich Überschneidungen mit der Untergattung Lied ergeben. Daher ist die Ballade zunächst zu den lyrischen Texten zu zählen. Allerdings sind Balladen, wie **Moritaten** (abgeleitet von ‚Mordtaten') und andere Formen des **Bänkelsangs** (von fahrenden Sängern vorgetragene Lieder mit sensationellem Inhalt), **Handlungsgedichte**.

Von der Zeitungsmeldung zur Ballade

Statt subjektiv empfundene Zustände zu beschreiben, berichten Balladen von Ereignissen, die sich teils sogar zugetragen haben. Fontanes *Die Brück am Tay* beruht auf der Zeitungsmeldung von einem Eisenbahnunglück in Schottland. Die Schilderung von Ereignissen ist eigentlich konstitutiv für die Prosa. In Balladen kommen, wie in Dramen oder Prosatexten, Personen vor, es werden Namen, Orte und manchmal auch die Zeit der Handlung genannt. Ein weiteres Merkmal, das die Ballade mit Drama und Prosa gemeinsam hat: Die handelnden Personen sprechen in wörtlicher Rede. Spezifisch dramatisch ist der Spannungsaufbau, der sich allerdings auch in Prosatexten findet, die sich Techniken des Dramas bedienen, etwa in der Novelle.

Die Ballade ist also, vom Äußeren des Vers- und Strophenaufbaus abgesehen, eine Mischform, laut Goethe das „Ur-Ei" der Dichtung, sicher eine irreführende Bezeichnung, weil nicht am Anfang aller Dichtung die Ballade stand.

Länge der Ballade

Für die Entfaltung einer Handlung benötigt man mehr Verse und Strophen als für eine Zustandsbeschreibung. Es verwundert daher nicht, dass viele Balladen sehr lang sind, beispielsweise Gottfried August Bürgers *Lenore* von 1773, die wegweisend für die weitere Entwicklung der Gattung war. Unter den sehr bekannten Balladen finden sich längere (etwa Heines *Belsatzar*) und kürzere Beispiele, etwa Goethes *Erlkönig*:

> Wer reitet so spät durch Nacht und Wind?
> Es ist der Vater mit seinem Kind;
> Er hat den Knaben wohl in dem Arm,
> Er faßt ihn sicher, er hält ihn warm. –
>
> Mein Sohn, was birgst du so bang dein Gesicht? –
> Siehst, Vater, du den Erlkönig nicht?
> Den Erlenkönig mit Kron' und Schweif? –
> Mein Sohn, es ist ein Nebelstreif. –
>
> „Du liebes Kind, komm, geh mit mir!
> Gar schöne Spiele spiel' ich mit dir;
> Manch' bunte Blumen sind an dem Strand;
> Meine Mutter hat manch' gülden Gewand."
>
> Mein Vater, mein Vater, und hörest du nicht,
> Was Erlenkönig mir leise verspricht? –
> Sei ruhig, bleibe ruhig, mein Kind!
> In dürren Blättern säuselt der Wind. –
>
> „Willst, feiner Knabe, du mit mir gehn?
> Meine Töchter sollen dich warten schön;
> Meine Töchter führen den nächtlichen Reihn
> Und wiegen und tanzen und singen dich ein."
>
> Mein Vater, mein Vater, und siehst du nicht dort
> Erlkönigs Töchter am düstern Ort? –
> Mein Sohn, mein Sohn, ich seh' es genau:
> Es scheinen die alten Weiden so grau. –
>
> „Ich liebe dich, mich reizt deine schöne Gestalt;
> Und bist du nicht willig, so brauch' ich Gewalt."
> Mein Vater, mein Vater, jetzt faßt er mich an!
> Erlkönig hat mir ein Leids getan! –

> Dem Vater grauset's, er reitet geschwind,
> Er hält in den Armen das ächzende Kind,
> Erreicht den Hof mit Mühe und Not;
> In seinen Armen das Kind war tot. |20

Ein Fiebertraum?

Die Handlung ist ein nächtlicher Ritt eines Vaters mit seinem Sohn, der unterwegs stirbt. Das Gedicht bezieht seine Dramatik aus den gegensätzlichen Wahrnehmungen von Vater und Sohn. Der Sohn gibt vor, den Erlkönig zu sehen – ein durch Überlieferung entstandenes, anderes Wort für Elfenkönig. Der Vater beruhigt ihn und findet natürliche Erklärungen für das, von dem er glaubt, dass sein Sohn es sich einbildet. Es bleibt offen, wer Recht hat, ob es den Erlkönig nun wirklich gegeben hat oder nicht. Der Sohn könnte krank gewesen sein und im Fieber phantasiert haben, bis er schließlich an seiner Krankheit starb. Bedenkenswert ist andererseits die Tatsache, dass es dem Vater zum Schluss ‚graust': Offenbar glaubt auch er nun an die Existenz von etwas Übernatürlichem, sein Sohn scheint ihn überzeugt zu haben.

Die Ballade ist nicht zuletzt deshalb so berühmt, weil sie den Konflikt zwischen Aufklärung und Romantik, zwischen Rationalität und Irrationalität, zwischen Vernunft und Gefühl darstellt. Der Vater vertritt eine aufklärerische Position, indem er leugnet, dass es einen Elfenkönig gibt. Als Erwachsener ist er entsprechend sozialisiert (= erzogen) worden und hat sich so von einer ‚natürlichen' Wahrnehmung seiner Umgebung entfernt. Der Sohn ist noch unverbildet und, wie alle Kinder, sehr emotional, kein Wunder also, dass er es ist, der diese Wahrnehmung macht.

Parodien von literarischen Texten

Von Heinz Erhardt gibt es eine schöne **Parodie** (griech. „Gegengesang") dieser Ballade. Auch das ist eine Gattungsbezeichnung, allerdings ist die Parodie nicht auf eine der Großgattungen beschränkt, es gibt Parodien lyrischer, dramatischer und epischer Texte. Hier die Erhardt'sche Version:

> Der König Erl (frei nach Johann Wolfgang von Frankfurt)
>
> Wer reitet so spät durch Wind und Nacht?
> Es ist der Vater. Es ist gleich acht.
> Im Arm den Knaben er wohl hält,
> er hält ihn warm, denn er ist erkält'.
> Halb drei, halb fünf. Es wird schon hell.

Noch immer reitet der Vater schnell.
Erreicht den Hof mit Müh und Not – – –
der Knabe lebt, das Pferd ist tot! [121]

Erhardt vereindeutigt alle offenen Stellen in Goethes Ballade oder er verkehrt sie, wie den Schluss, in ihr Gegenteil. Der Junge ist krank, witzigerweise hat er lediglich eine Erkältung. Die Erscheinung des Erlkönigs wird komplett ausgespart, der Name findet sich nur noch, ebenfalls in Verkehrung, im Titel. Der „König Erl" kann dann nur der Vater sein, der mit seinem Kind nach Hause reitet. Im Vergleich von Original und Parodie ist festzustellen, dass sich Erhardt über den Mystizismus des Originals lustig macht und eindeutig für eine aufklärerische Position votiert.

Ein Meister der Parodie: Heinz Erhardt

| Abb. 8

Beispielanalyse | 2.6

Es konnte nur eine Auswahl der wichtigsten Metren, Vers-, Strophen- und Gedichtformen getroffen werden. Wie sich das erworbene Wissen anwenden lässt, soll eine kurze Beispielanalyse zeigen, und zwar von einem Gedicht, das bereits erwähnt worden ist – Frank Wedekinds *Der Tantenmörder* von 1897:

---

[120] Goethe: Werke. Bd. 1, S. 154f.
[121] Heinz Erhardt: Das große Heinz Erhardt Buch. München: Goldmann 1984, S. 23.

Ich hab' meine Tante geschlachtet,
Meine Tante war alt und schwach;
Ich hatte bei ihr übernachtet
Und grub in den Kisten-Kasten nach.

Da fand ich goldene Haufen,
Fand auch an Papieren gar viel
Und hörte die alte Tante schnaufen
Ohn' Mitleid und Zartgefühl.

Was nutzt es, daß sie sich noch härme! –
Nacht war es rings um mich her –
Ich stieß ihr den Dolch in die Därme,
Die Tante schnaufte nicht mehr.

Das Geld war schwer zu tragen,
Viel schwerer die Tante noch.
Ich faßte sie bebend am Kragen
Und stieß sie in das tiefe Kellerloch. –

Ich hab' meine Tante geschlachtet,
Meine Tante war alt und schwach;
Ihr aber, o Richter, ihr trachtet
Meiner blühenden Jugend-Jugend nach. [122]

Ziemlich unappetitlich, oder? Bei diesem Eindruck muss es aber nicht bleiben. Zunächst zur Form: Es handelt sich um ein Gedicht, das aus fünf Quartetten besteht. Die Verszeilen haben drei oder vier Hebungen, ohne dass ein Muster für den Wechsel erkennbar wäre. Das Grundmetrum ist der Jambus, es finden sich viele überzählige Hebungen, sie fehlen immer dort, wo Dynamik, wo Tempo erzeugt werden soll, etwa beim Wurf „ins tiefe Kellerloch". Aus dem Rahmen fällt die Zeile „Nacht war es rings um mich her", die erkennbar im Daktylus steht. Wedekind hätte das Metrum einhalten und schreiben können: Es war Nacht rings um mich her. Seine Version ist eine **Inversion**, der Satz wird umgestellt, um das, was am Anfang steht, besonders zu betonen.

Die ersten beiden Zeilen des ersten Quartetts werden im letzten Quartett refrainartig wiederholt. Dies und das alternierende Metrum sind Hinweise darauf, dass es sangbar ist. Wer es in einer

Ausgabe nachschlägt, wird feststellen, dass dem Text sogar Noten beigegeben sind. Zugleich handelt es sich um eine Moritat – die Schilderung einer Mordtat. Das Gedicht ist offenbar als Kabarett-Text konzipiert worden (Wedekind gehörte zu dem seinerzeit bekannten Kabarett der „Elf Scharfrichter").

Da eine Handlung entfaltet wird und der Text aus wörtlicher Rede besteht – ein „Ich" rechtfertigt sich vor seinen Richtern –, kann man auch von einer Ballade sprechen. Eine Einschätzung, die man bestätigt sieht, wenn man das Gedicht in einem Band des Reclam-Verlages mit dem Titel *Gedichte und Interpretationen: Deutsche Balladen* wiederfindet. Daran können wir (wieder einmal) sehen, dass die Gattungsbezeichnungen nicht immer trennscharf sind. Manchmal passt ein Text nur in eine Kategorie, machmal eben in mehrere.

Gattungsbegriffe sind keine Schubladen

Die Einfachheit der Form dient zunächst dem Lied-Charakter. Es finden sich bis auf „viel / Gefühl" nur reine Reime. Weder Wortwahl noch Satzbau geben Rätsel auf. Allerdings hat das auch etwas Hinterhältiges, etwas Subversives. Das „Ich", das spricht, ist ein (an bürgerlichen Vorstellungen gemessen) zumindest durchschnittlich gebildeter, sich problemlos artikulierender Mensch. Darin ist er wie Du und – eben – Ich: Die subjektive Perspektive ist ja zur Identifikation angelegt.

Andererseits gesteht er, und das ist das Beunruhigende, freimütig ein, einen Mord begangen zu haben. Der Täter scheint keinerlei Gewissen zu haben, keine moralischen Normen zu akzeptieren, wirft er zum Schluß noch den Richtern vor, seiner „blühenden Jugend" schon durch die Gerichtsverhandlung nicht gerecht zu werden. Seine Tante dagegen sei „alt und schwach" gewesen, wäre sowieso früher oder später gestorben. Er will seine Tat gar aus Mitleid begangen haben: „Was nutzt es, daß sie sich noch härme!"

Noch skandalöser wird diese Position durch die freimütig geschilderten Details und die hierbei verwendeten Ausdrücke. Der Täter sagt nicht, er habe seine Tante ermordet oder getötet, sondern er hat sie „geschlachtet" wie ein Stück Vieh. Nur einmal zeigt er Gefühle, wenn er sagt, dass er sie „bebend am Kragen" gefasst habe. Dies ist aber wohl nicht als Mitleid, sondern als Erregung, vielleicht auch als Angst vor der Entdeckung der Tat oder der Strafe zu interpretieren; sonst hätte er sie nicht respektlos „am Kragen" gefasst.

[22] Wedekind: Lautenlieder, S. 48f.

Ein Generationen-konflikt

Dass wir es hier mit einem Generationenkonflikt zu tun haben, wird auch darin deutlich, dass das lyrische Ich seine Tante beraubt, also offenbar des Geldes wegen tötet. Hier geraten wir an die Grenzen dessen, was der Text aussagt: War die Tante nun besonders geizig oder der Täter besonders gierig? Das Motiv der Umverteilung von Reich nach Arm ist, selbst wenn der Arme sich etwas vom Reichen nimmt, in bestimmten literarischen und politischen Kontexten nicht negativ. Robin Hood war ein Held und der im 18. Jahrhundert entstandene Kommunismus strebt materielle Gleichheit an. Alltäglich gibt es Streit zwischen der jüngeren und der älteren Generation über das künftige Erbe, viele Ältere unterstützen die jüngeren Verwandten materiell, weil sie kleine Kinder haben und noch nicht die Lebenszeit hatten, Geld auf die Seite zu legen.

Wahnsinn des Täters?

Eine solche Kontextualisierung entschuldigt nicht den Täter, aber sie erklärt tendenziell seine Motivation. Entlastend wirken könnte die doppeldeutige Formulierung: „Nacht war es rings um mich her", die ja auch metrisch akzentuiert wird (s.o.) und der somit besondere Bedeutung zukommt. Es ist vermutlich tatsächlich Nacht, als der Täter seine Tante ermordet; zugleich klingt das so, als sei er zum Tatzeitpunkt ‚umnachtet' und daher nicht zurechnungsfähig gewesen.

Diese Disposition zur Unzurechnungsfähigkeit ist durch das Geld und durch etwas anderes herbeigeführt worden: durch sexuelles Verlangen. Das Gedicht ist voller sexueller, teilweise perverser Anspielungen: Der männliche Täter hat bei der weiblichen Tante übernachtet; viele Gegenstände können als Phallus-Symbole (Repräsentanten des Penis oder der Vagina, weil sie eine ähnliche Form haben oder Aufgabe erfüllen) gelesen werden, etwa die „Kisten-Kasten" und das „Kellerloch". Dazu kommt Fäkalsymbolik, die andeutet, dass der Täter in seiner sexuellen Entwicklung zurück ist: „Da fand ich goldene Haufen". Die Tat selbst wird auf der symbolischen Ebene mit einem Geschlechtsakt gleichgesetzt, der Täter stößt der Tante „den Dolch in die Därme".

Der zeitgeschichtliche Kontext

Was aber soll das alles, will Wedekind nur, dass wir uns ekeln? Wohl kaum. Um diesem Gedicht eine Aussage abzugewinnen, bleibt uns nichts anderes übrig, als den zeithistorischen, gesellschaftspolitischen Kontext heranzuziehen. Wir befinden uns zur Entstehungszeit in einer Gesellschaft, die – mit dem deutschen Kaiser Wilhelm II. an der Spitze – hierarchisch durchstrukturiert war, in der bestimmte festgefügte Normen galten. Vieles wurde aus dem öffentlichen Diskurs ausgeschlossen, über Sexualität sprach oder schrieb man nicht und Kritik an materiellen Missverhältnissen übten lediglich die vom etablierten Bürgertum mit Abscheu betrachteten Sozialdemokraten oder Sozialisten. Erst mit der jungen Autorengeneration der Naturalisten begann sich dies zu ändern. Autoren wie Gerhart Hauptmann machten nun beides in ihren Texten zum Thema, die materiellen Missverhältnisse beispielsweise in dem Drama *Die Weber* und die Determiniertheit des Menschen durch den Sexualtrieb in der Novelle *Bahnwärter Thiel* (beide 1892 erstmals erschienen). Zeitgleich begann, mit Sigmund Freud in Wien, der Aufschwung der Psychoanalyse, deren Erkenntnisse, etwa durch Arthur Schnitzler, dichterisch gestaltet wurden. Noch ein damit verbundener dritter Aspekt ist zu nennen: Die Entwicklung hin zu einem Justizwesen, das sich nicht mehr nur für die Taten, sondern auch für die Motivation der Täter interessierte. Das Gedicht erhellt schlaglichtartig, wie komplex die Psyche eines Täters ist und wie schwierig es sein dürfte, ein angemessenes Urteil zu fällen.

Der literaturgeschichtliche Kontext

Wie viele andere Bewegungen vor und nach ihr hatte auch die des Naturalismus (mit den daraus hervorgegangenen Richtungen summarisch oft als *Fin de Siècle* bezeichnet: vgl. Kapitel 7.8) zum Ziel, das Establishment von seinem Sockel zu holen und das zu artikulieren, was die Jüngeren bewegte. Wedekinds Gedicht schließt an die neuen Ideen an, offenbar ohne mehr als eine subjektive, skandalöse Lehre daraus zu ziehen. Die Tatsache der Darstellung von Tabuthemen (Sexualität, materielles Gefälle zwischen den Generationen) weist es als Teil der Dichtung im Gefolge des Naturalismus aus, ohne dass die von den bekannten Exponenten der Richtung postulierte Determiniertheit des Menschen durch Triebe oder soziale Herkunft auf plumpe Weise bestätigt würde – sonst müsste jeder Neffe seine Tante umbringen.

Hier kommt noch eine weitere Beobachtung hinzu: Das Gedicht wirkt komisch. Die Komik entsteht durch die äußeren und inhaltlichen Gegensätze des Gedichts, etwa zwischen melodischer Gestaltung und grausamem Inhalt, positiver Bewertung der Tat durch den Täter und voraussehbarer moralischer Bewertung durch Richter wie Leser. Die Komik balanciert den Ernst der Handlung.

Zwei Dinge sind besonders originell: Die tabubrechende Darstellung und Parallelsetzung von materiellem Trieb und Sexualtrieb; die Balance des Gedichts auf dem schmalen Grat von bitterbösem

Ernst und Komik. Daran lässt sich die Vermutung knüpfen, dass der Text zugleich schockieren und amüsieren will. Es wird zur Identifikation eingeladen und die Einladung wird dann wieder rückgängig gemacht – der Leser wird vor den Kopf gestoßen und muss anfangen, über das Gelesene nachzudenken, will er nicht vor dem Text kapitulieren.

Über weitere mögliche Wirkungen kann man nur spekulieren. Es könnte plausibel sein, in dem Gedicht eine doppelte Aufforderung zu sehen: an die Jüngeren, ihre Rebellion gegen die Älteren nicht zu weit zu treiben und dabei selbst die für den Erhalt der Gesellschaft notwendigen Normen über Bord zu werfen; an die Älteren, berechtigte Anliegen der Jugend nicht zu blockieren; und an alle, materiellen Dingen generell nicht zu viel Bedeutung beizumessen.

Ein Vergleich mit der Gegenwart zeigt, dass das im Grunde polemische Gedicht eigentlich nichts von seiner Aktualität eingebüßt hat. Die materiellen Gegensätze gibt es nach wie vor, Sexualität wird weiter tabuisiert und Generationenkonflikte werden sicher niemals aufhören zu existieren.

2.7 | Wichtige Begriffe zu diesem Kapitel

lyrisches Ich	Binnenreim
Verszeile	Alliteration
Strophe	Hebungen
Quartette	Senkungen
Terzette	Metrum, Metren
Reim	Jambus
reiner Reim	Trochäus
unreiner Reim	Anapäst
identischer Reim	Daktylus
Assonanzreim	alternierende Metren
Endreim	Spondeus
Paarreim	Versschlüsse
Kreuzreim	weiblich / klingend
umarmender (umschließender) Reim	männlich / stumpf
Schweifreim	gleitend / reich
Haufenreim	Zäsur
	Enjambement

Strophenenjambement
Antithese
Alexandriner
Blankvers
Knittelvers
Hexameter
Pentameter
Distichon
freie Rhythmen
Stanze
Epos
Abzählreim
Epigramm

Sonett
Lied
Ballade
Moritat
Bänkelsang
Handlungsgedicht
Parodie
Sangbarkeit
isometrisch
poly- / heterometrisch
Invokation
Neologismus

2.8 Empfohlene Literatur zu diesem Kapitel

Ivo Braak / Martin Neubauer: Poetik in Stichworten. Literaturwissenschaftliche Grundbegriffe. Eine Einführung. 7. Aufl. Unterägeri: Hirt 1990 (Hirts Stichwörterbücher).

Ein Lehr-, Lern- und Nachschlagebuch mit knappen Definitionen und vielen Beispielen.

Dieter Burdorf: Einführung in die Gedichtanalyse. Stuttgart u. Weimar: Metzler 1995 (Sammlung Metzler 284).

Umfassende, allerdings auch wissenschaftlich-schwierige Darstellung. Eher als weiterführende Lektüre zu empfehlen.

Horst J. Frank: Wie interpretiere ich ein Gedicht? Eine methodische Anleitung. 6. Aufl. Tübingen u. Basel: Francke 2003 (UTB 1639).

Unterhaltsam geschriebene und lehrreiche, allerdings eher knappe Einführung. Für Anfänger bestens geeignet.

3 | Erzähltexte

Inhalt

3.1	Wer erzählt?	29
3.2	Wie wird erzählt?	33
3.3	Die Bedeutung der Zeit	44
3.4	Prosa, Erzähltext oder epischer Text	48
3.5	Beispielanalyse	49
3.6	Wichtige Begriffe zu diesem Kapitel	52
3.7	Empfohlene Literatur zu diesem Kapitel	53

Zusammenfassung

Geschichten werden erzählt. Die Perspektive, aus der sie erzählt werden, ist die des Erzählers, der sich in einem schriftlich verfassten Text deutlich zu Wort melden oder mit seinen Bewertungen zurückhalten kann. Der Erzähler ist, das wird immer noch gern vergessen, nicht mit dem Autor identisch. Die verschiedenen Erzählertypen können sich zu dem, was sie erzählen, unterschiedlich verhalten – etwa zustimmend oder ironisch. Für die Analyse von Erzähltexten gibt es spezielle Begriffe, die den Möglichkeiten der Gestaltung von Prosatexten Rechnung tragen. Eine Interpretation, die nicht erst die Struktur eines Prosatexts erfasst, stochert im Nebel. Daher sollen die wichtigsten Begriffe und Strukturmerkmale an Beispielen erklärt werden.

Wer erzählt? | 3.1

Überall wird erzählt. Der Großvater erzählt seinem Enkel Geschichten aus seiner Kindheit, der Enkel erzählt, was er heute in der Schule erlebt hat. Zeitungen oder Nachrichtensprecher erzählen, was in der Welt passiert ist. Solche Erzählungen sind (meistens) wahr, sie beruhen auf Tatsachen. Anders ist das, wenn Großvater seinem Enkel ein Märchen erzählt. Die Märchenfiguren gibt es nicht wirklich, es hat sie auch nie gegeben. Der Großvater ist der Erzähler des Märchens, also der Vermittler zwischen Geschichte und Enkel. Er tut so, als ob Hänsel und Gretel lebende Personen sind, die wirklich einmal die Hexe getroffen und in den Backofen gesteckt haben. Der Enkel aber weiß (oder ahnt zumindest), dass es Hänsel und Gretel nie gab, schon gar nicht die Hexe. Aber für die Dauer der Erzählung treffen Großvater und Enkel so etwas wie eine unausgesprochene Vereinbarung: Der Großvater tut so, als sei alles wahr, und der Enkel gibt vor, dies zu glauben.

Märchenerzählungen

Zwischen der Zeitungsmeldung und dem Märchen besteht also ein bedeutender Unterschied, die Meldung ist wahr, das Märchen ist erfunden, es ist **Fiktion**. Es handelt sich um einen fiktionalen Text mit Erzähler (Großvater) und Handlung (Hänsel und Gretel gehen in den Wald und besiegen die Hexe). Als die meisten Menschen noch nicht lesen und schreiben konnten, war das mündliche Erzählen von Geschichten die Regel, heute ist es umgekehrt. Jede Buchhandlung oder Bücherei verkauft oder verleiht unzählige erfundene Geschichten. Das Buch, bis ins 20. Jahrhundert hinein seit der Ablösung der mündlichen Überlieferung das Leitmedium, ist dabei allerdings nur noch eines der großen **Medien**, und überall wird erzählt. Nach der kurzen Blüte des Hörspiels im Radio dominiert nun der Spiel- und Fernsehfilm. Vergleichsweise neu ist das Internet, das allerdings das Erzählen nicht ganz neu erfindet, sondern die bisherigen Medien kopiert und kombiniert, Schrift und Bild beispielsweise. Bisher in der Form nicht gekannt ist allerdings das System des *hypertexts*, das Verbinden von Texten oder Textteilen durch *links*.

Fiktionale Texte in verschiedenen Medien

Bleiben wir zunächst beim Buch. Wenn nun der Enkel das Märchen liest, also der Großvater als Vermittler fehlt, gibt es dann auch keinen Erzähler? Doch, es gibt ihn, denn Großvater war nur in seine Rolle geschlüpft, hatte sich mit ihm identifiziert. Der Erzähler ist im Text bereits enthalten. Sehen wir uns einmal den

Anfang des Märchens in der *Ausgabe letzter Hand* (vgl. das Kap. *Praktisches: Welche Bücher benutze ich?*) der Brüder Grimm an:

Hänsel und Gretel

Vor einem großen Walde wohnte ein armer Holzhacker mit seiner Frau und seinen zwei Kindern; das Bübchen hieß Hänsel und das Mädchen Gretel. Er hatte wenig zu beißen und zu brechen, und einmal, als große Teuerung ins Land kam, konnte er auch das tägliche Brot nicht mehr schaffen. Wie er sich nun abends im Bette Gedanken machte und sich vor Sorgen herumwälzte, seufzte er und sprach zu seiner Frau: „Was soll aus uns werden? Wie können wir unsere armen Kinder ernähren, da wir für uns selbst nichts mehr haben?"[11]

Abb. 9

Jacob und Wilhelm Grimm

Uns wird von der Armut der Familie erzählt, wir erfahren, dass der Mann sich große Sorgen macht. Anschließend wird seine herzlose Frau vorschlagen, die Kinder im Wald auszusetzen. Doch wer erzählt? Niemand meldet sich zu Wort und sagt: ‚Ich bin der Erzähler dieser Geschichte, und die Geschichte geht so.' Es findet sich auch kein ‚ich', das darauf hindeuten würde, dass der Erzähler eine der Figuren der Geschichte ist. Doch weiß der anonyme Erzähler dafür, dass er anonym ist, erstaunlich viel. Er kennt die Namen der Kinder und die Probleme der Familie, er weiß, dass der Vater sich „abends im Bette Gedanken machte", und er kann sogar das, was der Vater sagt, wörtlich wiedergeben.

Grundpositionen der Erzähltheorie

Mit der Frage, wer der **Erzähler** oder **Narrator** (von engl. *narrator* = Erzähler) in fiktionalen Texten ist und wie man ihn einordnen kann, haben sich schon viele Forscher beschäftigt. Diese Forschungsrichtung nennt man **Erzähltheorie** (oder **Narratologie**). In ihrer Zeit bedeutend waren die Studien von Käte Hamburger, Eberhard Lämmert und Franz K. Stanzel, deren Erkenntnisse allerdings als zumindest teilweise überholt gelten können, auch wenn sie sich noch in neueren Einführungsbüchern finden lassen.[12] Eine

Weiterentwicklung der Erzähltheorie aus dem Strukturalismus (vgl. das Kapitel zu den Methoden) hat Gérard Genette vorgenommen. Aus den Problemen, die Stanzels wegweisendes und stark rezipiertes System aufwirft, hat Jürgen H. Petersen Konsequenzen gezogen. Weil Petersens auf Stanzel aufbauende „Poetik epischer Texte" (so der Untertitel) logisch strukturiert und deshalb leicht nachvollziehbar ist, soll sein System die Grundlage für die folgenden Ausführungen bilden.[13] Es werden allerdings Ergänzungen und Erweiterungen vorzunehmen sein.

Zusammenfassend können wir über den Erzähler unseres Märchens sagen, dass er kein **Ich-Erzähler** ist; also muss es ein **Er-Erzähler** sein (was zunächst, auch wenn das chauvinistisch klingt, die Sie- und Es-Form mit einschließt). Petersen spricht bei den verschiedenen Erzähler-Typen von der **Erzählform**. Der Erzähler unseres Märchens erzählt von allen Figuren in der dritten Person. Wir haben festgestellt, dass er enorm viel weiß, es handelt sich also um einen allwissenden Erzähler, der Fachbegriff lautet: **auktorial** (von lat. *auctor* = Autor). Der Fachbegriff ist etwas verwirrend, denn diese Art des Erzählens hat mit dem Autor nicht mehr oder weniger zu tun als jede andere; insofern wird hier dem deutschen **allwissend** der Vorzug gegeben. Petersen spricht von allwissendem (auktorialem) **Erzählverhalten**, weil es sich um ein Adjektiv handelt, das sagt, wie sich der Erzähler dem Geschehen gegenüber verhält. Die beiden anderen Möglichkeiten sind das **personale** (also auf eine Person bezogene) und das **neutrale** Erzählverhalten. Damit verbunden ist die Wahl der **Erzählperspektive**: Bei personalem Erzählverhalten hat der Erzähler **Innensicht**, er kennt die Gefühle und Gedanken der Figur, aus deren Perspektive er erzählt. Auch bei allwissendem Erzählverhalten liegt oft Innensicht vor, aber der Erzähler kennt nicht nur die Gefühle und Gedanken einer Figur,

Die Frage der Erzählperspektive

---

[11] Brüder Grimm: Kinder- und Hausmärchen. Ausgabe letzter Hand. 3 Bde. Mit den Originalanmerkungen der Brüder Grimm. Mit einem Anhang sämtlicher, nicht in allen Auflagen veröffentlichter Märchen und Herkunftsnachweisen hg. von Heinz Rölleke. Stuttgart: Reclam 1995. 1. Band, S. 100.
[12] Stanzels Kategorien der Erzähltextanalyse werden beispielsweise in folgenden Einführungen benutzt bzw. referiert: Thomas Eicher u. Volker Wiemann (Hg.): Arbeitsbuch: Literaturwissenschaft. Paderborn u.a.: Schöningh 1996 (UTB 8124, Große Reihe), S. 104ff. Matias Martinez u. Michael Scheffel: Einführung in die Erzähltheorie. 2., durchges. Aufl. München: C.H. Beck 2000 (C.H. Beck Studium), S. 89-95.
[13] Jürgen H. Petersen: Erzählsysteme. Eine Poetik epischer Texte. Stuttgart u. Weimar: Metzler 1993 (Metzler Studienausgabe).

sondern aller oder mehrerer Figuren. Bei neutralem Erzählverhalten wäre **Außensicht** typisch.

Wo befindet sich der Erzähler?

Nun kommen wir zum **Standort des Erzählers**: Bei personalem Erzählverhalten hat der Erzähler einen **begrenzten Blick**, während allwissendes Erzählverhalten mit einer **olympischen Position** einhergeht. Beim begrenzten Blick steht der Erzähler mitten im Geschehen, bei der olympischen Position kann er es überblicken, er kann es auch zeitlich einordnen und weiß mehr darüber als die am Geschehen beteiligten Figuren. So weit, so gut. Aber auch hier gilt: Keine Regeln ohne Ausnahmen. Es sind schon andere Kombinationen in der Literatur realisiert worden.

Über Abgrenzungen muss von Text zu Text entschieden werden.

Diese Abgrenzungen können Beispiele verdeutlichen. Günter Grass erhielt 1999 den Nobelpreis, die Stockholmer Jury würdigte vor allem seinen ersten Roman *Die Blechtrommel* (von 1959). [14] Der Roman beginnt so:

> Zugegeben: ich bin Insasse einer Heil- und Pflegeanstalt, mein Pfleger beobachtet mich, läßt mich kaum aus dem Auge; denn in der Tür ist ein Guckloch, und meines Pflegers Auge ist von jenem Braun, welches mich, den Blauäugigen, nicht durchschauen kann. [15]

Hier meldet sich ein „ich“ zu Wort, es handelt sich also um einen Ich-Erzähler. Das Ich ist Teil der Handlung, in diesem Fall sind Erzähler und Figur eine Person. Dies kann auch bei einem Er-Erzähler der Fall sein. Die andere Möglichkeit ist, dass Erzähler und Figur getrennt sind, dass also der Erzähler nicht selbst im Text ‚mitspielt‘ und hinter die Figuren zurücktritt. Bei einem agieren-

Abb. 10

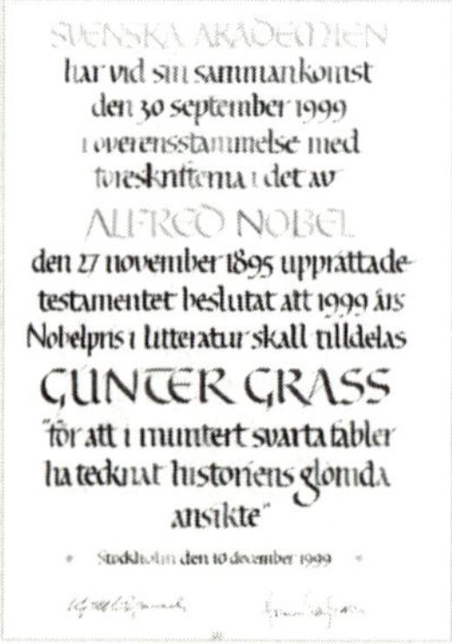
SVENSKA AKADEMIEN
har vid sin sammankomst
den 30 september 1999
i överensstämmelse med
föreskrifterna i det av
ALFRED NOBEL
den 27 november 1895 upprättade testamentet beslutat att 1999 års
Nobelpris i litteratur skall tilldelas
GÜNTER GRASS
"för att i muntert svarta tabler
ha tecknat historiens glömda
ansikte"
Stockholm den 10 december 1999

Nobelpreisurkunde für Günter Grass

den Erzähler wird dem Leser die Identifikation leichter gemacht als bei einem hinter die Figuren zurücktretenden Erzähler. **Unmittelbarkeit** steht hier gegen **Distanz**, wobei es graduelle Unterschiede gibt. Wie wir gleich sehen werden, beeinflusst auch die Wahl des Erzählverhaltens die Nähe des Lesers zu einer Figur und zum Geschehen.

Der Erzähler der *Blechtrommel* ist eindeutig personal, es findet sich Innensicht und wir scheinen es mit einem begrenzten Blick zu tun zu haben. Allerdings wird der Erzähler kurz darauf seine Lebensgeschichte schildern, in der er zwar einerseits handelnde Figur ist, zu der er andererseits aber auch durch die zeitliche Distanz, aus der erzählt wird, eine olympische Position einnimmt. Man könnte auch sagen, dass er beim Wechsel der Zeitebenen vom personalen zum auktorialen / allwissenden Erzähler wird. Hier beginnen Schwierigkeiten, die sich nur von Fall zu Fall, also von Buch zu Buch und dann auch nicht endgültig lösen lassen. Wichtig ist, dass die Bestimmungen, die man vornimmt, nachvollziehbar sind. Man sollte ein solches begriffliches Instrumentarium zur Beschreibung von Textstrukturen verwenden, ohne sich dem Glauben hinzugeben, damit schon den ganzen Text erschlossen zu haben.

Wie wird erzählt? | 3.2

So, wie das Ich der *Blechtrommel* sich selbst charakterisiert, kann man ihm wenig glauben. Das Ich heißt Oskar Matzerath und ist ein Junge, der als Kind beschließt, nicht mehr zu wachsen. Er verhält sich nie so, wie es die ‚Großen' von ihm wollen, und schließlich landet er in einer Nervenheilanstalt. Insassen solcher Anstalten schenkt man in der Regel wenig oder doch deutlich weniger Glauben als anderen. Im Verlauf des Romans stellt sich die Frage, ob die Verrückten nicht eher außerhalb der Anstalt zu suchen sind; doch wenn wir allein vom Anfang ausgehen, müssen wir zunächst festhalten, dass dieses Ich nur das zu erzählen weiß, was es selber sieht, denkt oder fühlt. Der Erzähler wählt also die **Optik** einer

Ein problematisches Ich

---

[14] Die Zeitangaben in Klammern beziehen sich immer auf die Erstveröffentlichung.
[15] Günter Grass: Die Blechtrommel. Roman. Hg. von Volker Neuhaus. Darmstadt u. Neuwied: Luchterhand 1987 (Werkausgabe in zehn Bänden 2), S. 6.

Figur. Das Erzählverhalten ist personal, es ist allein auf diese eine Person bezogen. Wie schon festgestellt herrscht Innensicht, aber kein begrenzter Blick, denn der Ich-Erzähler überschaut das Geschehen, er kann sogar von seiner Zeugung erzählen. Grass wählt zweifellos, das ist ihm denn auch oft bescheinigt worden, eine originelle Konstruktion.

Wieder anders verhält es sich mit folgendem Text:

„Was hast du an?" fragte er. Sie sagte: „Ich habe ein weißes Hemd mit kleinen Sternchen an, grünen und schwarzen Sternchen, dazu eine schwarze Hose, Socken so grün wie die Sternchen und schwarze Sneakers für neun Dollar." „Was machst du gerade?" „Ich liege auf dem Bett, es ist gemacht. Das ist ungewöhnlich. Ich habe heut morgen das Bett gemacht." [16]

Direkte Wiedergabe von Gesprächen

Nicholson Baker hat seinen Roman (von 1992) *Vox* genannt. Vox heißt Stimme. Das hat seinen Grund. Es handelt sich um einen ganz ungewöhnlichen Text: Um ein Telefongespräch, genauer, ein Telefonsexgespräch. Jim und Abby unterhalten sich. Eine wiedergegebene Unterhaltung nennt man **Dialog** – im Gegensatz zum *Monolog*, wenn nur einer redet. Wo steckt hier der Erzähler? Es handelt sich offenkundig nicht um einen Ich-Erzähler, folglich muss es wieder ein Er-Erzähler sein. Er kennt die Unterhaltung der beiden und kann sie wiedergeben, aber er bewertet sie nicht. Wir erfahren nichts über die Lebensläufe oder die Gedanken der beiden Figuren, wir können nur aus der Unterhaltung selbst entsprechende Schlüsse ziehen. Das Erzählverhalten ist also nicht allwissend. Ebensowenig ist es personal, denn der Erzähler wählt nicht die Optik einer Figur; und man kann schlecht sagen, dass er die Optik von zwei Figuren wählt, es sei denn, es gäbe einen abschnittsweisen Wechsel. Folglich handelt es sich um neutrales Erzählverhalten, da der Erzähler dem Geschehen (in diesem Fall dem Gespräch der beiden) gegenüber indifferent bleibt. Es herrscht Außensicht, da lediglich Dialoge wiedergegeben werden. Wir erfahren nur so viel über die beiden Figuren, wie sie sich – und damit uns – mitteilen wollen.

Neutrales Erzählverhalten

So neu Bakers Idee auch ist, das Telefongespräch als literarische Form findet sich bereits bei Kurt Tucholsky:

„Hallo!" „Hier deutscher Literatur-Betrieb!" „Hier Peter Panter. Sie hatten mir geschrieben; Ihr Herr Generaldirektor Bönheim möchte mich sprechen; es handelt sich um eine Revue..." „'n Augenblick mal. – – Ja –?" „Sie hatten geschrieben..." „Wer ist denn da?" „Hier Peter Panter. Sie hatten mir geschrieben: Ihr Herr Generaldirektor Bönheim möchte mich..." „Ich verbinde mit dem Generalsekretariat Generaldirektor Bönheim." [...] „Hier Peter Panter. Sie hatten mir geschrieben: Ihr Herr Generaldirektor Bönheim möchte mich sprechen – es handelt sich um eine Revue..." „Sie meinen Herrn *General*direktor Bönheim –! Herr Generaldirektor ist nicht zu sprechen, er ist verreist; wenn er hier wäre, wäre er in einer wichtigen Konferenz."[17]

Das ist ein Ausschnitt aus einem Kapitel von Tucholskys Buch *Deutschland, Deutschland über alles* (von 1929). Das Buch sprengt jede Form, es kombiniert Fotomontagen mit Text und stellt die verschiedensten Textgattungen neben- bzw. hintereinander. Durchgängig ist der satirische Stil. Peter Panter wird immer wieder weiterverwiesen, seine Gesprächspartner geben sich arrogant, weil sie wichtige Institutionen im Kulturbetrieb repräsentieren und deren Repräsentanten vertreten. Die Betonung „*General*direktor" ist ebenso ironisch wie die letzte Aussage, der Generaldirektor sei entweder verreist oder in einer Konferenz, aber – so kann man für sich ergänzen – für einen unbedeutenden Anrufer nicht zu sprechen. Satire und Ironie erschließen sich erst durch eine interpretatorische Leistung, durch die Analyse der Übertreibungen. Dann aber zeigt sich, dass das neutrale Erzählverhalten mit der ironischen, satirisch-kritischen Charakterisierung der Gesprächspartner Peter Panters kontrastiert.

Nun kann es sein, dass am Anfang eines Erzähltextes kein „ich" auftaucht und sich erst später zu Wort meldet. Dies ist der Fall in E.T.A. Hoffmanns *Der goldne Topf* (von 1814), einem (so der Untertitel) „Märchen aus der neuen Zeit". Es beginnt wie folgt:

Am Himmelfahrtstage, nachmittags um drei Uhr, rannte ein junger Mensch in Dresden durchs Schwarze Tor und geradezu in einen Korb mit Äpfeln und Kuchen hinein, die ein altes häßliches Weib feilbot, so daß alles, was der Quetschung glücklich entgangen, hinausgeschleu-

---

[16] Nicholson Baker: Vox. Roman. Deutsch von Eike Schönfeld. Reinbek: Rowohlt 1992, S. 7.
[17] Kurt Tucholsky: Deutschland, Deutschland über alles. Ein Bilderbuch von Kurt Tucholsky und vielen Fotografen. Montiert von John Heartfield. Reinbek: Rowohlt 1996 [Reprint der Erstausgabe von 1929 mit Anhang], S. 99.

dert wurde und die Straßenjungen sich lustig in die Beute teilten, die ihnen der hastige Herr zugeworfen.[18]

E.T.A. Hoffmanns „Goldner Topf" – das Märchen beginnt wie ein Zeitungsbericht

Wir scheinen es mit einem Er-Erzähler zu tun zu haben. Der Text beginnt mit genauen Zeit- und Ortsangaben, darin erinnert er an einen Zeitungsbericht. Der Erzähler gibt lediglich beobachtbare Handlung wieder, keine Gedanken oder Gefühle. Es fehlen Informationen, die über den kleinen Unfall hinausgehen. Offenbar ist das Erzählverhalten neutral, doch machen bereits einige Adjektive stutzig. Dass der Mann jung und das alte Weib häßlich ist, kann man vielleicht noch durchgehen lassen; es gibt so etwas wie einen gesellschaftlichen Konsens darüber, wie die Grenzen zwischen jung und alt, schön und häßlich zu ziehen sind. Das „glücklich" und das „lustig" bereiten schon größere Probleme für die angenommene Neutralität. Man könnte sagen, dass der Text hier die Erwartung erzeugt, dass es nicht bei neutralem Verhalten des Erzählers bleiben wird. Lesen wir also weiter. Der junge Mann wird von den Marktfrauen umringt, er gibt der alten Frau als Entschädigung seinen Geldbeutel:

Abb. 11

Für das „Äpfelweib" ließ sich Hoffmann von einem Türknauf in Bamberg inspirieren.

Nun öffnete sich der fest geschlossene Kreis, aber indem der junge Mensch hinausschoß, rief ihm die Alte nach: „Ja, renne – renne nur zu, Satanskind – ins Kristall bald dein Fall – ins Kristall!" – Die gellende, krächzende Stimme des Weibes hatte etwas Entsetzliches, so daß die Spaziergänger verwundert stillstanden und das Lachen, das sich erst verbreitet, mit einemmal verstummte. – Der Student Anselmus (niemand anderes war der junge Mensch) fühlte sich, unerachtet er des Weibes sonderbare Worte durchaus nicht verstand, von einem unwillkürlichen Grausen ergriffen [...].

Jetzt wird klar: Es handelt sich um allwissendes Erzählverhalten. Der Erzähler kann nicht nur das Geschehen beobachten, sondern auch eigene Empfindungen oder die von Figuren wiedergeben (die Stimme der Frau hat „etwas Entsetzliches", die Spaziergänger bleiben „verwundert" stehen). Vor allem kann er die Gedanken und Gefühle des Studenten lesen, dessen Namen er sogar weiß.

Bis hierhier lautet der Befund, dass es sich um einen allwissenden Er-Erzähler handelt. Zu Beginn des vierten Kapitels (von Hoffmann werden die Kapitel „Vigilien", Nachtwachen, genannt) ändert sich die Sachlage erneut:

> Wohl darf ich geradezu dich selbst, günstiger Leser! fragen, ob du in deinem Leben nicht Stunden, ja Tage und Wochen hattest, in denen dir all dein gewöhnliches Tun und Treiben ein recht quälendes Mißbehagen erregte und in denen dir alles, was dir sonst recht wichtig und wert in Sinn und Gedanken zu tragen vorkam, nun läppisch und nichtswürdig erschien? |9

Hier meldet sich plötzlich ein „ich" zu Wort, es redet den Leser sogar direkt an! Der Text hat also einen Ich-Erzähler, allerdings hat der sich lange Zeit zurückgehalten, bevor er nun an dieser Stelle direkt in das Geschehen eingreift und den Leser fragt, ob er nicht die Gefühle des Anselmus nachvollziehen kann. Der Ich-Erzähler scheint keine von den handelnden Figuren zu sein, er steht gewissermaßen außerhalb der Handlung. Auch dieser Befund muss gegen Ende des Texts korrigiert werden. In der zwölften Vigilie heißt es plötzlich:

Erst spät macht sich ein Ich-Erzähler bemerkbar

> Ich fühlte mich befangen in den Armseligkeiten des kleinlichen Alltagslebens, ich erkrankte in quälendem Mißbehagen, ich schlich umher wie ein Träumender, kurz, ich geriet in jenen Zustand des Studenten Anselmus, den ich dir, günstiger Leser! in der vierten Vigilie beschrieben. Ich härmte mich recht ab, wenn ich die eilf Vigilien, die ich glücklich zustande gebracht, durchlief und nun dachte, daß es mir wohl niemals vergönnt sein werde, die zwölfte als Schlußstein hinzuzufügen [...]. So hatte das schon mehrere Tage und Nächte gedauert, als ich endlich ganz unerwartet von dem Archivarius Lindhorst ein Billett erhielt, worin er mir folgendes schrieb [...]. |10

Der Ich-Erzähler folgt der Einladung des Archivarius und genießt dort einen Punsch, der ihm über die Schreibhemmung hinweghilft. Der Ich-Erzähler wird auf diese Weise Figur der Handlung, und an solchen Stellen wird das Erzählverhalten sogar personal.

Noch später wird er Teil der Handlung

Genauso wie Erzählform und Erzählverhalten wechseln, ändern sich Außen- bzw. Innensicht und olympische Position bzw. begrenzter Blick. Bei auktorialen Passagen herrschen in der Regel

---

|8 E.T.A. Hoffmann: Gesammelte Werke in Einzelausgaben. 8 Bde. Berlin u. Weimar: Aufbau 1994. Bd. 1, S. 221.
|9 Ebd., S. 243.
|10 Ebd., S. 309f.

Innensicht und olympische Position vor, bei neutralen Passagen Außensicht und begrenzter Blick, bei personalen Passagen Innensicht und begrenzter Blick – soweit sich das so schematisch feststellen lässt.

Schlussfolgerungen

Am Beispiel des *Goldnen Topfs* **lässt sich sehr gut erkennen,**
1. dass Erzählform, Erzählverhalten, Erzählperspektive und Standort des Erzählers nur dann genau bestimmt werden können, wenn man den ganzen Text kennt;
2. dass die jeweiligen Unterkategorien im Text wechseln können, man kann sie also auch abschnittsweise bestimmen.

Punkt 2 ermöglicht es, graduelle Unterschiede bei Texten festzustellen, denen zunächst die gleiche Erzählform und das gleiche Erzählverhalten zugeordnet werden können. Überschaut man das Textganze, dann kann ein Erzähler beispielsweise mehr oder weniger allwissend sein, das Erzähler-Ich kann außerhalb der Handlung stehen oder an ihr teilhaben, es kann sich zurückhalten oder eine große Präsenz zeigen.

Zur Funktion von Leseranreden

Nun ist es an der Zeit, auf die **Erzählhaltung** einzugehen. Es ist schon merkwürdig, welche Haltung Hoffmanns Erzähler einnimmt. Direkte Leseranreden sind in der Literatur des 19. und 20. Jahrhunderts nicht üblich. Früher war es anders, im 18. Jahrhundert dienten sie oftmals der Beglaubigung der Handlung. Der Erzähler machte dem Leser weis, er sei mit dem Autor identisch. Eine übliche **Beglaubigungsstrategie** ist es, dass der Erzähler vorgibt, nur etwas öffentlich zu machen, was ein anderer geschrieben hat; das nennt man auch **Herausgeberfiktion**. Ein gutes Beispiel für die Herausgeberfiktion und zugleich für ihre Ironisierung ist E.T.A. Hoffmanns Fragment gebliebener Roman *Lebensansichten des Katers Murr nebst fragmentarischer Biographie des Kapellmeisters Johannes Kreisler in zufälligen Makulaturblättern* von 1819/21, dessen „Vorwort des Herausgebers" so beginnt:

Keinem Buche ist ein Vorwort nötiger als gegenwärtigem, da es, wird nicht erklärt, auf welche wunderliche Weise es sich zusammengefügt hat, als ein zusammengewürfeltes Durcheinander erscheinen dürfte. Daher bittet der Herausgeber den günstigen Leser, wirklich zu lesen, nämlich dieses Vorwort. Besagter Herausgeber hat einen Freund, mit dem er ein Herz und eine Seele ist, den er ebensogut kennt als sich selbst. Dieser Freund sprach eines Tages zu ihm ungefähr also: „Da, du, mein Guter, schon manches Buch hast drucken lassen und dich auf Verlegen verstehst, wird es dir ein leichtes sein, irgendeinen von diesen wackeren Herren aufzufinden, der auf deine Empfehlung etwas druckt, was ein junger Autor von dem glänzendsten Talent, von den vortrefflichsten Gaben vorher aufschrieb. Nimm dich des Mannes an, er verdient es."[11]

Angesichts der Tatsache, dass sich der „junge Autor von dem glänzendsten Talent" als Kater herausstellt, dürfte Hoffmann klar gewesen sein, dass ihm dies ein intelligenter Leser niemals glauben würde. Die große Diskrepanz von Beglaubigung des Wahrheitsgehalts und Inhalt deutet auf eine satirische Absicht hin. Der „Herausgeber" versichert seinen Lesern, dass er die Geschichte von seinem besten Freund erhalten hat, dass die Geschichte somit in ihrer Substanz wahr ist. Allerdings ist die Geschichte doch ‚nur' Fiktion, es ist davon auszugehen, dass es weder den Freund noch den schreibenden Kater gibt. Man könnte auch sagen: Hoffmann spielt ein Spiel mit seinen Lesern, indem er versucht, ihnen vorzumachen, die folgende Geschichte sei wahr, obwohl er doch weiß, dass offensichtlich ist, dass er sie erfunden hat. Wozu das Spiel? Bei einem wahrscheinlichen Inhalt erhöht es den Reiz der Fiktion, es macht sie interessanter und es suggeriert, *dass sich das Geschehen zumindest so zugetragen haben könnte*. In diesem Fall handelt es sich zwar um eine „wunderliche" Geschichte, doch wird der Kater als Philister oder, mit einem neueren Ausdruck, als Spießer dargestellt, die Figur steht stellvertretend für das pseudointellektuelle Bürgertum ihrer Zeit. Nicht auf den ersten Blick, aber auf der Ebene der Interpretation ist die Geschichte also durchaus wahrscheinlich oder sogar glaubwürdig.

Ein Kater als Erzähler

Und noch etwas ist festzuhalten. Hoffmann ist nicht identisch mit dem Herausgeber, man könnte höchstens sagen, er spielt den Herausgeber. In dieser Herausgeberfiktion gibt es also zunächst zwei Erzähler, den des Vorworts und den der Lebensgeschichte des Katers; später kommt, auf der gleichen Ebene, der Erzähler der Lebensgeschichte des Kapellmeisters hinzu. Wir können hier also

Die Doppelung von Erzählerfiguren

---

[11] Ebd., Bd. 6, S. 7.

von einem Erzähler **erster** (Herausgeber) und zwei Erzählern **zweiter** (die ‚Autoren' der Autobiographien) **Ordnung** sprechen.

Gehen wir noch einmal zurück zu Hoffmanns *Goldnem Topf* und zur Frage der Erzählhaltung. Der Erzähler redet den Leser direkt an und fragt ihn unter anderem, ob er auch schon einmal in einer gläsernen Flasche eingeschlossen war.[112] Die Haltung des Erzählers zum Leser, aber auch zu seinen Figuren und zur Handlung ist auch hier überwiegend ironisch. Es kann wohl kaum davon ausgegangen werden, dass Hoffmann glaubt, seine Leser würden seinem Erzähler Glauben schenken und beispielsweise das Bad des Archivarius Lindhorst in seinem Punsch für wahrscheinlich halten.

Verschiedene Darbietungsweisen von Erzähltexten

Hier sind wir beim Punkt der **Darbietungsweisen** angelangt. Die Darbietungsweise im *Goldnen Topf* scheint zunächst ein **Bericht** zu sein, doch wird dieser zunehmend mit **Erzählerkommentaren** vermischt. Neben den Bericht tritt die **Beschreibung**, beispielsweise die eines Platzes und Gebäudes wie in Theodor Fontanes *Irrungen, Wirrungen* (von 1888):

> An dem Schnittpunkte von Kurfürstendamm und Kurfürstenstraße, schräg gegenüber dem „Zoologischen", befand sich in der Mitte der siebziger Jahre noch eine große, feldeinwärts sich erstreckende Gärtnerei, deren kleines, dreifenstriges, in einem Vorgärtchen um etwa hundert Schritte zurückgelegenes Wohnhaus, trotz aller Kleinheit und Zurückgezogenheit, von der vorübergehenden Straße her sehr wohl erkannt werden konnte. Was aber sonst noch zu dem Gesamtgewese der Gärtnerei gehörte, ja die recht eigentliche Hauptsache derselben ausmachte, war durch ebendies kleine Wohnhaus wie durch eine Kulisse versteckt [...].[113]

Symbolik der Beschreibung

Erst gegen Ende der Passage tritt der Erzähler in Erscheinung, er kommentiert, dass der Rest der Gärtnerei „wie durch eine Kulisse versteckt" wirke. Die Beschreibung mag auf den ersten Blick als langweilig empfunden werden, auf den zweiten Blick entpuppt sie sich als hochgradig symbolisch. Die Gärtnerei gibt es nicht mehr, sie ist ebenso vergangen wie die Liebe Lenes und Bothos, der Hauptfiguren des Romans. Das Haus hat nicht zwei oder vier Fenster, sondern drei, weil ebenso viele Personen dort wohnen und weil eine Dreiecksgeschichte erzählt werden soll. Auch bei Lene, die dort lebt, ist „die eigentliche Hauptsache" nicht auf den ersten Blick zu erkennen, der nur ihr Äußeres zeigt und so auf ihre bürgerliche Herkunft verweist. Auf den zweiten Blick aber ist sie menschlich den gezeigten Adeligen haushoch überlegen. Fontane unterminiert auf diese Weise Standesgrenzen.

Fontane arbeitet viel mit Dialogen, es lassen sich bei ihm und anderen auch indirekte Rede oder Monologe finden. Eine ganz wichtige Unter- oder besser Sonderform der Darbietungsweisen ist der **Innere Monolog**. Arthur Schnitzlers *Leutnant Gustl* (von 1901) gilt als der erste durchgehende Innere Monolog in deutscher Sprache, die Novelle beginnt wie folgt:

Innerer Monolog: Blick hinter die Fassade

> Wie lange wird denn das noch dauern? Ich muß auf die Uhr schauen... schickt sich wahrscheinlich nicht in einem so ernsten Konzert. Aber wer sieht's denn? Wenn's einer sieht, so paßt er gerade so wenig auf, wie ich, und vor dem brauch' ich mich nicht so genieren...[114]

Der – somit personale – Ich-Erzähler wählt die Optik dieser Figur, er gibt ihre Gedanken wieder. Erzähler und Figur verschmelzen. Gedanken sind im **Präsens**, während sich üblicherweise in Erzähltexten die Vergangenheitsform, das sogenannte **epische Präteritum** findet. Gedanken folgen in der Regel nicht sprachlichen Regeln, so sind die Unvollständigkeiten, Brüche und Auslassungen zu erklären. Die **rhetorischen Fragen** (Fragen, auf die man keine Antwort erwartet oder die man sich selbst stellt) deuten auf Unsicherheit. Gustl sitzt in einem Konzert, obwohl er sich dafür nicht interessiert, er interessiert sich nur für Frauen und für die Vorzüge durch die Zurschaustellung seines militärischen Ranges. Die Unsicherheit ist in diesem Fall ein deutliches Zeichen für die Oberflächlichkeit der Figur. Der Innere Monolog legt Gustls Defizite schonungslos offen, er ermöglicht einen Blick hinter die Fassade dieser Figur und einer ganzen Gesellschaft, denn Gustl kann als repräsentativ für die österreichische k.u.k.-Monarchie um die Wende vom 19. zum 20. Jahrhundert angesehen werden.

Mit dem Inneren Monolog verwandt ist der ‚Bewusstseinsstrom', der **Stream of Consciousness**. Berühmtes Beispiel hierfür sind Passagen in Alfred Döblins Roman *Berlin Alexanderplatz* (von

---

[112] Ebd., S. 296.
[113] Theodor Fontane: Nymphenburger Taschenbuch-Ausgabe in 15 Bänden. München: Nymphenburger Verlagshandlung 1969. Bd. 9, S. 7.
[114] Arthur Schnitzler: Leutnant Gustl. Fräulein Else. Frankfurt/Main: S. Fischer 1981, S. 7.

1929). Bei Döblin zeigen Satzbau und Gedankenstriche an, dass es sich trotz Vergangenheitsform um das persönliche Erleben des Franz Biberkopf handelt:

> Draußen bewegte sich alles, aber – dahinter – war nichts! Es – lebte – nicht! Es hatte fröhliche Gesichter, es lachte, wartete auf der Schutzinsel gegenüber Aschinger zu zweit oder zu dritt, rauchte Zigaretten, blätterte in Zeitungen. So stand das da wie die Laternen – und – wurde immer starrer. Sie gehörten zusammen mit den Häusern, alles weiß, alles Holz.[115]

Döblins Montagetechnik

Döblins Roman ist ein Konglomerat verschiedenster Darbietungsweisen, der Autor hat sogar Zeitungsausschnitte in sein Manuskript eingeklebt, die für den Leser bruchlos und unsichtbar im Text verborgen sind und nur anhand des zeitungstypischen Bericht-Stils vermutungsweise identifiziert werden können.

Die Vielschichtigkeit von Texten wird zusätzlich erhöht, wenn wir berücksichtigen, dass es oft nicht nur einen Erzähler gibt. Für Hoffmanns *Kater Murr* haben wir dies bereits festgestellt, ein anderes bekanntes Beispiel wäre Goethes *Die Leiden des jungen Werthers* (1. Fassung 1774, 2. Fassung 1787). Wenn es einen Herausgeber und eine Figur gibt, die aus ihrem Leben erzählt, dann wird der Herausgeber meist nicht mit dem Autor identisch sein, es sei denn, wir würden naiverweise unterstellen, dass der Autor uns wirklich weismachen wollte, Figuren wie Kater Murr und Werther hätten gelebt – wobei natürlich, wie im Falle Goethes, bestimmte Eigenschaften von Figuren von lebenden Personen übernommen worden sein können. Sowohl der Herausgeber als auch das über sein Leben berichtende Ich sind Erzähler verschiedener Ordnungen oder Ebenen. Andere Texte haben keine solche hierarchische, vertikale,

Hierarchische Ordnung von unterschiedlichen Erzählerfiguren

Abb. 12

Szene aus Goethes „Werther" nach einem Kupferstich von Nikolaus Chodowiecki

also von oben nach unten verlaufende Struktur, sondern bevorzugen es, mehrere Erzähler nebeneinander zu stellen. Ein Beispiel hierfür ist Christa Wolfs Roman *Medea. Stimmen* (von 1996). Die „Stimmen" sind in Ich-Form geschriebene Berichte, die abwechselnd aus verschiedenen Perspektiven Teile der Handlung beleuchten.

Das Erzählte aus verschiedenen Perspektiven

Um die Komplexität der hier angesprochenen Erzählstrukturen besser erfassen zu können, bieten sich zusätzliche Begriffe an, die auf Gérard Genette zurückgehen. Genette macht einen Unterschied zwischen Erzählvorgang oder **Narration** und perspektivischer Wahrnehmung oder **Fokalisierung**. Somit wären die verschiedenen Perspektiven in Wolfs *Medea* als Fokalisierungen zu bestimmen. Im *Goldnen Topf* ist die Perspektive des Anselmus, die über viele Kapitel verfolgt wird, eine Fokalisierung; auch Kater Murr kann als *focalizer* bestimmt werden. Den „focalizern" ist ein Narrator übergeordnet, beim *Goldnen Topf* das Ich, das sich später als derjenige einbringt, der die Geschichte schreibt; beim *Kater Murr* der angebliche Herausgeber von Murrs Autobiographie. Eine zweite Unterscheidung bietet sich an. Beim *Kater Murr* wird der „narrator" nicht Teil der Handlung, beim *Goldnen Topf* aber schon. Bleibt er außerhalb der Handlung, spricht man von einem **extradiegetischen Erzähler**, wird er Teil der Handlung, von einem **intradiegetischen Erzähler**; „diegetisch" kommt aus dem Griechischen und heißt „erzählend, erörternd".

Weitere Differenzierungen von Erzähltechniken

Es fehlt nun noch eine weitere Ebene, die von vielen Texten mehr oder weniger deutlich angesprochen wird. Mit den Bemerkungen des Herausgebers im *Kater Murr* wird auf die Realität des Lesers Bezug genommen, der den Text, den er gerade lesen möchte, mit anderen Texten, die er schon kennt, vergleichen wird. Man könnte auch sagen, dass der Anfang des Romans über sein eigenes Gemachtsein reflektiert, d.h. dazu Aussagen trifft. Nun kann man diese Aussagen hier nur ironisch lesen, handelt es sich doch um ein Spiel mit dem Leser, der, je erfahrener er ist, auch schon weiß, wie Herausgeberfiktionen ‚funktionieren'. Wenn es eine solche Ebene gibt, in der ein Text über sich selbst reflektiert, dann spricht man von **Metafiktionalität** oder man sagt, der Text wird **selbstreflexiv** oder **selbstreferenziell** – er bezieht sich auf sich selbst. Auch

Texte, die sich auf sich selbst beziehen

---

[115] Alfred Döblin: Berlin Alexanderplatz. Die Geschichte vom Franz Biberkopf. Roman. Nachwort von Walter Muschg. Ungek. Ausg. München: Deutscher Taschenbuch-Verlag 1997, S. 9.

im *Goldnen Topf* ist diese Ebene vorhanden. Natürlich kann man dem angeblichen Autor der Geschichte, als der er sich selbst einbringt, nicht glauben, dass der Archivarius Lindhorst in seinen Punsch gestiegen ist.

Zur Funktion von Metafiktionalität
Metafiktionalität kann dazu veranlassen, grundsätzlich über das Verhältnis von Realität und Fiktion nachzudenken, beispielsweise über die Frage, inwieweit alle Narrationen, auch die angeblich nicht-fiktionalen, durch ihre Subjektivität mehr oder weniger fiktional sind.

3.3 | Die Bedeutung der Zeit

Mögliche Datierungen von Texten
Am Beispiel Hoffmanns haben wir gesehen, dass der Aufbau des Textes eine wichtige Rolle spielt. Dies gilt zunächst in zeitlicher Hinsicht, ist es doch notwendig zu bestimmen, wann eine Geschichte spielt. Finden sich Zeitangaben im Text, die eine genauere Bestimmung ermöglichen? Hoffmann nennt zu Anfang des *Goldnen Topfs* Tag und Uhrzeit, allerdings fehlt das Datum. Dies ist bei den meisten fiktionalen Texten der Fall. Der Grund liegt auf der Hand: Ein literarischer Text möchte nicht nur zu einer bestimmten Zeit gelesen werden, er beansprucht überzeitliche Geltung. Damit ist allerdings eine Regel aufgestellt, zu der es viele Ausnahmen gibt, beispielsweise Goethes *Die Leiden des jungen Werthers*, ein Briefroman, dessen Briefe datiert sind und der trotzdem zeitlos ist.

Geschichte und Fiktion
Texten, die ein historisch verbürgtes Geschehen schildern, nutzt es nichts, Jahreszahlen zu verschweigen; ein Blick ins Lexikon oder Geschichtsbuch genügt dem Leser, um das Datum selber zu ermitteln. Historische Ereignisse können für spätere Zeiten so bedeutend sein, dass das Streben nach Überzeitlichkeit durch die Zeit- und Themenwahl nicht notwendigerweise eingeschränkt wird. Dazu kommt, dass historische Stoffe fiktionalisiert werden. Zu den historischen Figuren treten erfundene; den Figuren werden Handlungen, Gefühle und Gedanken zugeschrieben, die nirgendwo belegt sind. Die Gattung des Historischen Romans, die der Schotte Sir Walter Scott begründete, arbeitet mit solchen Techniken. Ein deutschsprachiges Beispiel, das bereits die Jahreszahl im Titel führt, ist Ludwig Rellstabs *1812*. Auch wenn den Roman heute kaum jemand mehr kennt, so wurde er doch über viele Jahrzehnte

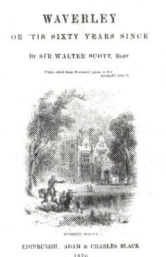
Walter Scott, „Waverley". Titelblatt einer Jubiläumsausgabe | Abb. 13

hinweg in hohen Auflagen verbreitet. Die Jahreszahl signalisiert, dass es sich um einen Roman über die Befreiungskriege handelt, in denen Napoleon geschlagen wurde. Hier der erste Satz des Romans: „An einem lauen Aprilabende des Jahres 1812 traf Ludwig Rosen, ein junger Deutscher, eben mit der sinkenden Sonne vor dem Städtchen Duomo d'Ossola am Abhang des Simplons ein."[116] Abgesehen vom fehlenden Tag kann man Zeit und Ort kaum genauer angeben.

Bei anderen Erzähltexten lässt sich vielleicht indirekt bestimmen, in welcher Zeit sie spielen. Fontanes Roman *Cécile* (von 1887) beispielsweise beginnt mit einer Zugfahrt; ein funktionierendes Eisenbahn-Netz gab es in Deutschland erst in der zweiten Hälfte des 19. Jahrhunderts. Wenn ein Geschehen realistisch wirken soll, kann ein Autor kaum auf solche zeitlichen Situierungen verzichten. Das andere Ende des Spektrums markieren Texte, deren Konzept keinen solchen realistischen Anspruch hat und für die zeitliche Situierungen eher von Nachteil wären. Am Anfang des Kapitels hatten wir so ein Beispiel: Das Märchen von Hänsel und Gretel. Märchen spielen in einer mythischen Vorzeit, die gleichzeitig so allgemein geschildert wird, dass auch die Leser der Jetztzeit etwas damit anfangen können. Wenn Hänsel und Gretel bei ihrer Wegsuche auf ein Eisenbahngleis stoßen würden, dann handelte es sich nicht mehr um ein Volksmärchen, sondern um dessen Parodie.

Eine Frage des Realismus

---

[116] Ludwig Rellstab: 1812. Historischer Roman. Hg. v. Friedrich Lichtwart. Mit erläuternden Bildern. Leipzig: Fritz Eckart Verlag 1912 (Der Blauen Eckardt-Bücher zweiter Band), S. 13. Zur Popularität des Romans vgl. „Zum Geleit", S. 7-10. Heute hat der Roman nur noch literaturgeschichtliche Bedeutung, weil er sehr einfach erzählt ist und nationalistischen wie antisemitischen Tendenzen huldigt. Für das Studium der Literaturgeschichte ist es aber wichtig, auch solche Bücher zu kennen.

Abgesehen von Jahres- oder Epocheneinordnungen lässt sich aber meist sagen, welche Zeit ein Text abdeckt. Die Frage nach der präsentierten Zeitspanne ist unabhängig davon, wie realistisch ein Text wirkt. Goethes *Die Leiden des jungen Werthers* wurde bereits mehrfach angesprochen; der Briefroman beginnt mit einem Brief vom 4. Mai 1771 und endet kurz vor Weihnachten des folgenden Jahres. Nicht nur die äußere, sondern auch die innere zeitliche Struktur spielt eine wichtige Rolle bei der Erzähltextanalyse. Das sehen wir, wenn wir die Dauer des Romans mit seinem Umfang vergleichen. Knapp 19 Monaten stehen 117 Seiten gegenüber, für die ein durchschnittlich geübter Leser vielleicht vier Stunden benötigt.

Dauer des Lesens / Dauer der Handlung

Um dieses Verhältnis von zwei ‚Zeitrechnungen' zueinander zu beschreiben, gibt es Fachbegriffe. Beim zeitlichen Umfang des Geschehens spricht man von **erzählter Zeit**, bei der Lesedauer von **Erzählzeit** als der Zeit, die man zum Erzählen der Geschichte benötigen würde. Beim angesprochenen Verhältnis von vergleichsweise langer erzählter Zeit und kurzer Erzählzeit spricht man von **zeitraffendem Erzählen**. Würde die Handlung von Goethes Roman nur vier Stunden dauern, dann handelte es sich um ein Beispiel für **zeitdeckendes Erzählen**. Wäre gar das Verhältnis umgekehrt, würde Werther seine Geschichte in der Stunde vor seinem Tod selber in diesem Umfang berichten, dann könnten wir das als **zeitdehnendes Erzählen** bezeichnen. Es gibt Beispiele für alle drei Formen. Schnitzlers *Leutnant Gustl* wurde bereits zitiert. Die Novelle gibt die Gedanken des **Protagonisten** wieder – so bezeichnet man die oder eine zentrale Figur in einem Erzähltext. Man kann annehmen, dass es genauso lange dauert, die Gedanken zu formulieren wie die formulierten Gedanken zu lesen. Es handelt sich also um ein Beispiel für zeitdeckendes Erzählen. Gleiches ist bei dem Telefongespräch aus Tucholskys Text der Fall, es gibt bei Gesprächswiedergaben generell keinen Unterschied zwischen Erzählzeit und erzählter Zeit.

Ein Paradebeispiel für zeitdehnendes Erzählen ist die Kurzgeschichte *An Occurrence at Owl Creek Bridge* (von 1891) des US-Amerikaners Ambrose Bierce. Protagonist Peyton Farquahr, ein Pflanzer der Südstaaten, wird der Sabotage für schuldig befunden und von Nordstaaten-Soldaten auf einer Brücke aufgehängt. In dem Sekundenbruchteil vor seinem Tod bildet er sich ein, dass das Seil reißt und er schwimmend fliehen kann. Bierce erzählt die Geschichte so, dass der Leser erst zum Schluss erfährt, dass Farquahr nicht tatsächlich freikommt. Der Leser identifiziert sich mit dem Protagonisten, die Grausamkeit des Krieges, aber auch das Schreckliche einer Hinrichtung wird somit deutlich. In der deutschsprachigen Literatur gibt es seit kurzer Zeit ein nicht weniger eindrucksvolles Beispiel zeitdehnenden Erzählens: Uwe Timms Roman *Rot* von 2001. Der Beerdigungsredner Thomas Linde wird überfahren und erinnert sich an wichtige Stationen seines Lebens. Die kurze Zeit, die er blutend auf dem Asphalt liegt, bildet den Rahmen der umfangreichen Romanhandlung.

Abb. 14

Titelbild des Romans von Uwe Timm

Man kann die Frage nach der Zeit des Erzählens auch auf den Erzähler beziehen und sich fragen, ob der Erzähler im Rückblick erzählt oder so, als ob sich das Geschehen gerade zuträgt. **Früheres Erzählen** bedeutet, dass das, was erzählt wird, noch kommen wird; **gleichzeitiges Erzählen**, dass sich alles im Moment des Erzählens zuträgt; **späteres Erzählen**, dass alles zurückliegt.[117] Für Timm lässt sich späteres Erzählen diagnostizieren, bei Bierce ist es gleichzeitiges Erzählen, allerdings nicht einer realen Handlung, sondern eines Tagtraums. In Grass' *Blechtrommel* wird überwiegend im Rückblick erzählt, es handelt sich also um späteres Erzählen, mit Ausnahme der Passagen in der Anstalt, die wir als gleichzeitiges Erzählen identifizieren können. Früheres Erzählen kommt in der Literatur so gut wie gar nicht vor, da es gegen die Wahrscheinlichkeit ist – wer weiß, was sich in der Zukunft ereignen wird? Als Kunstgriff findet es sich zu Beginn von Flann O'Briens *Irischem Lebenslauf* (von 1941), freilich gibt der Erzähler nur vor, dass ein Geschehen noch kommen wird, das eigentlich bereits zurückliegt:

Wann hat sich das Erzählte zugetragen?

> Am Abend vor meiner Geburt geschah es, daß mein Vater zusammen mit Martin O'Bannassa auf dem Hühnerstall saß; man spähte in den Himmel, um sich ein Bild vom Wetter zu machen und plauderte wohl auch ernsthaft und ruhig über die Unbilden des Lebens.[118]

---

[117] Zu dieser Unterscheidung vgl. Martinez / Scheffel: Einführung in die Erzähltheorie, S. 69ff.
[118] Flann O'Brien: Irischer Lebenslauf. Eine arge Geschichte vom harten Leben. Hg. von Myles na Gopaleen. Aus dem Irischen ins Englische übertragen von Patrick C. Power. Aus dem Englischen ins Deutsche übertragen von Harry Rowohlt. Frankfurt/Main: Suhrkamp 1984 (Suhrkamp-Taschenbuch 986), S. 15ff.

Komplexe Zeitstrukturen

Wir stellen hier fest, dass die Perspektive auf den Text als Ganzes nicht ausreicht. Auch zeitraffendes, zeitdeckendes und zeitdehnendes Erzählen können in einem Text gemischt werden. Für Goethes *Werther* lässt sich zwar insgesamt zeitraffendes Erzählen feststellen, doch besteht der Roman zum überwiegenden Teil aus Briefen, die für sich genommen als zeitdeckendes Erzählen gewertet werden können. Die zeitlichen Lücken zwischen den Briefen und die summierenden Ausführungen des ‚Herausgebers' sorgen für den Gesamteindruck. Variieren kann auch die innere Struktur zeitlicher Anordnung. So beginnt Laurence Sternes Roman *The Life and Opinions of Tristram Shandy Gentleman* (von 1759-67) im Jahr 1718 und endet 1713, wobei diese Rückwärts-Ordnung gegenläufig zur chronologisch erzählten Kindheit des Protagonisten steht und zusätzlich durch zahlreiche Brüche (Rückblenden, Abschweifungen) gestört wird.

3.4 | Prosa, Erzähltext oder epischer Text

Wir haben bisher von Erzähltexten gesprochen; alternativ wird man den Begriff **Prosa** finden. Früher bevorzugte man die Bezeichnung **Epik** oder epischer Text. Erzähltexte haben sich aus dem Epos entwickelt, doch heute ist diese Abstammung nur noch schwer nachvollziehbar, denn ein Epos ist in Versen geschrieben. Das berühmteste Epos in deutscher Sprache ist das *Nibelungenlied*. Die Literatur des Mittelalters ist überwiegend Versdichtung; das hat mehrere Gründe. Literatur wie wir sie kennen gab es zunächst kaum, es handelte sich fast ausschließlich um geistliche Dichtung, denn Lesen und Schreiben waren Fähigkeiten, die außer Kirchenleuten nur wenige hatten. Später traten neben geistliche Lieder und Spiele höfische Formen, zum Beispiel Minnelieder oder Preislieder auf den Fürsten, dem der Dichter diente. Erst spät setzte sich die deutsche Sprache gegenüber der lateinischen durch, dies ist natürlich die wesentliche Voraussetzung für die Entwicklung einer deutschsprachigen Literatur.

Erzählen im Mittelalter

In der frühen Neuzeit begannen Autoren auch in Prosa zu schreiben. Der Roman tritt erst im 18. Jahrhundert auf breiter Front in Erscheinung, zunächst als weniger anspruchsvolle Form der Unterhaltung, denn die Prosa-Sprache schien deutlich weniger kunstvoll zu sein. In Deutschland haben sich Roman, Novelle & Co.

erst im 19. Jahrhundert als gleichwertige Literaturgattung neben Lyrik und Drama etabliert.

Wie Epen sind auch Balladen Texte mit Handlung, die gern als dramatische Handlung bezeichnet wird. Es handelt sich um Grenzgattungen, die Eigenschaften von Prosa, Lyrik und Dramatik haben: Sie erzählen eine Geschichte, wählen dafür die Versform und statten sie mit großer Spannung aus, wobei insbesondere Dialoge an die Unmittelbarkeit des Dramas erinnern. Weitere Schwierigkeiten beim Einsortieren in säuberlich etikettierte Schubladen machen uns die Autoren. Nach der sogenannten Sattelzeit (Begriff aus der Geschichte) oder Geniezeit (Begriff aus der Literaturgeschichte, bezeichnet die Literatur des „Sturm und Drang") um die Mitte des 18. Jahrhunderts kommt es in Mode, überkommene Regeln zu brechen und eigene Regeln für das ‚Funktionieren' eines literarischen Texts aufzustellen. Novalis' Roman *Heinrich von Ofterdingen* beispielsweise (1802 posthum erschienen) ist Fragment geblieben und enthält Märchen sowie Liedeinlagen, insofern ist die Bezeichnung ‚Roman' eher eine Klammer oder ein Dach für eine Anzahl heterogener Formen. Ein neueres Beispiel wurde bereits erwähnt: Christa Wolfs Roman *Medea. Stimmen* besteht aus einer Ansammlung von Inneren Monologen. Der Roman hat gar keine Rahmenhandlung mehr, oder vielmehr bildet Medeas Stimme so etwas wie einen Rahmen. Die Möglichkeiten für Autoren, etwas Neues auszuprobieren, waren, sind und bleiben vielfältig.

Erzählung, Lyrik und Drama

Autoren folgen ihren eigenen Regeln

Beispielanalyse | 3.5

In einem Band mit kurzen Erzählungen des Schweizer Autors Peter Bichsel findet sich folgender Text mit dem Titel *Gerechtigkeit*:

Ein kurzer Text Peter Bichsels

> Der Betrunkene auf der Parkbank – der Morgen war sehr heiß – sagte: „Erinnerst du dich an jenen", er sagte einen Namen, „der vor 25 Jahren seine Frau mit einem Beil erschlug?" „Nein", sagte ich. „Das war ich", sagte er. „Es war vor 25 Jahren", sagte er. „Erinnerst du dich?" sagte er. Am Nachmittag – es war heiß – quälte mich der Gedanke, daß ich ihn falsch verstanden haben könnte. [119]

---

[119] Peter Bichsel: Zur Stadt Paris. Geschichten. Frankfurt/Main: Suhrkamp 1993, S. 27.

Offenkundig handelt es sich um einen fiktionalen Text, dies signalisiert der Kontext (Titel und Untertitel des Bandes, Titelgeschichte, Leben und Werk des Autors etc.), auch fehlen genaue Orts- und Zeitangaben (von der Nennung der 25 Jahre abgesehen), die auf einen möglicherweise authentischen Bericht hinweisen würden. Von einem Bericht unterscheidet sich der Text weiter durch Verwenden des Dialogs. Das Medium oder der Erzähler des Texts ist ein personaler Ich-Erzähler. Nicht überraschend ist es daher, dass der Erzähler Innensicht hat, allerdings kennt er nur die Gefühle und Gedanken der Figur, die erzählt. Der Ich-Erzähler ist nämlich Erzähler und handelnde Figur, *narrator* und *focalizer* in einem, also ein intradiegetischer Erzähler. Sein Standort ist der des begrenzten Blicks, so wird Unmittelbarkeit erzeugt. Das gewählte Tempus des epischen Präteritums und die neutrale bis selbstkritische Erzählhaltung bieten ebenfalls keine Überraschungen. Es handelt sich um gleichzeitiges Erzählen, denn das Ich gibt wieder, was es am Morgen auf oder bei der Parkbank erlebt und was es am Nachmittag denkt. Zwischen „sagte er" und „Am Nachmittag" klafft eine zeitliche Lücke, wir haben es also mit zeitraffendem Erzählen zu tun, allerdings sind die beiden Abschnitte davor und danach als zeitdeckendes Erzählen zu klassifizieren.

Die **Handlung** (oder der **plot**) lässt sich so *paraphrasieren* (= be-/umschreiben): Zwei Menschen treffen sich im Park, einer ist betrunken und behauptet, vor 25 Jahren seine Frau erschlagen zu haben. Später fragt sich der andere, ob er den Betrunkenen richtig verstanden hat. Die Handlung könnte überall spielen, zeitliche und räumliche Übertragbarkeit wird durch das Fehlen von Namen, Orts- und Zeitangaben signalisiert. Das Thema wird durch die Überschrift vorgegeben: „Gerechtigkeit". Doch öffnen sich nicht zuletzt durch den scheinbar geringen Zusammenhang von Titel und Text Bedeutungsspielräume. Worin besteht die Gerechtigkeit, die dargestellt werden soll? Wenn jemand betrunken auf einer Parkbank sitzt, kann man annehmen, dass es sich um eine gescheiterte Existenz handelt. Wäre also das Scheitern des Mannes als Strafe für seine Tat zu bewerten? Vielleicht war er auch zwischenzeitlich – die Tat liegt immerhin 25 Jahre zurück – im Gefängnis. Freigelassene haben, so zeigt uns bereits das Beispiel von Alfred Döblins *Berlin Alexanderplatz*, Schwierigkeiten, wieder in der Gesellschaft Fuß zu fassen. Vielleicht verweist Bichsels Erzählung sogar auf diesen Roman, zumal darin auch eine Frau erschlagen wird. Es gibt eine Reihe von Erzähltexten, bis zurück zu Friedrich Schillers *Verbrecher aus verlorener Ehre*, die Gerechtigkeit zum Thema haben. Kann es aber als gerecht bezeichnet werden, dass eine Tat noch nach 25 Jahren solche Konsequenzen zeitigt? Die Frage, wann ein Vergehen verjährt, hat schon Fontane in *Effi Briest* beschäftigt.

Was nun ist mit der selbstquälerischen Frage des Erzählers anzufangen? Es wird ja nicht einmal gesagt, wie er den Betrunkenen nun verstanden hat, insofern ist es nahezu unmöglich festzustellen, wieso er ihn falsch verstanden haben will. Immerhin hilft uns hier die Symbolik der Hitze, sie korrespondiert mit dem ‚heißen' Motiv des Mordes aus Leidenschaft und der auf andere Weise leidenschaftlichen Selbstbefragung des Erzählers. Die äußere Hitze steht für die innere Anteilnahme der Figuren und verweist auf die Aktualität des vergangenen Geschehens für das gegenwärtige. *Symbolik der Hitze*

Das innere Engagement des Erzählers, seine Beziehung zu dem Betrunkenen und – möglicherweise – dessen Frau bleiben dem Leser verborgen, obwohl es sich doch um einen personalen Ich-Erzähler handelt, von dem man traditionellerweise erwarten kann, dass er seine Gedanken und Gefühle vollständig genug ausbreitet, um Sinn zu konstituieren. Die Strategie des Texts ist es aber gerade, einerseits konventionelle Erzählstrategien zu verwenden, dies andererseits mit größtmöglicher Offenheit zu verbinden. Da wichtige Informationen fehlen, macht die „Geschichte" (so Bichsels eigene Bezeichnung für seine kurzen Erzählungen) nur wenig Sinn. Der einzige Grund hierfür kann sein, dass der Leser die fehlenden Informationen selbst ergänzen soll. Je nachdem, wie der Leser die Informationslücken füllt, ergeben sich ganz unterschiedliche Geschichten. *Der Leser muss Sinn stiften*

Hier zwei Möglichkeiten, die nahe am Text sind, da sie auf folgender Beobachtung fußen: Obwohl der Text so kurz ist, fragt der Betrunkene den Ich-Erzähler zweimal, ob er sich erinnert, und erwähnt zweimal die zeitliche Distanz zum Geschehen. Insofern wird diesen beiden Informationen besonderes Gewicht gegeben. Vom Erzähler zweimal wiederholt wird der Hinweis, dass es heiß ist. Die Wiederholungen schaffen bis zu einem gewissen Grad einen Zusammenhang zwischen den beiden sich unterhaltenden Figuren und dem früheren Geschehen.

1. Möglichkeit: Der Ich-Erzähler ist ein zufälliger Passant. Die Frage des Betrunkenen betrifft ihn nicht weiter, vielmehr wundert er [1]

sich über die Frage und darüber, dass ausgerechnet er sich an eine Geschichte vor 25 Jahren erinnern soll. Erst später fragt er sich, ob der Betrunkene nicht eigentlich etwas anderes wollte, vielleicht war seine scheinbar unmotivierte Frage an einen Passanten ein Hilfeschrei. Der Ich-Erzähler „quält" sich, weil er nicht näher auf den Betrunkenen eingegangen ist und ihm nicht geholfen hat. In dem Fall könnte die Erzählung auch als ein Appell an die Mitmenschlichkeit gelesen werden, mit dem konkreten Hinweis, Hilfesignale von Obdachlosen oder auffälligen Menschen nicht zu ignorieren, denn nur so könnte mehr (soziale) Gerechtigkeit geschaffen werden.

Ein Apell an Mitmenschlichkeit?

| 2 | 2. Möglichkeit: Der Betrunkene war im Gefängnis und ist erst kürzlich freigelassen worden. Er trifft sich mit einem ehemaligen Freund – dem Ich-Erzähler. Dass ein Mann seine Frau mit dem Beil erschlagen hat, scheint auf einen Mord aus Leidenschaft hinzudeuten, möglicherweise hat die Frau ihren Mann betrogen. Die selbstquälerische Frage zum Schluss deutet an, dass der Ich-Erzähler der Liebhaber der Frau war; die Wiederholungen der Fragen könnten zeigen, dass der Betrunkene dies weiß. Insofern ist es nicht gerecht, dass es dem Ich-Erzähler besser geht als dem Betrunkenen, dessen Leben offenbar zerstört wurde. Aber in der selbstquälerischen Frage deutet sich an, dass die Strafe des Ich-Erzählers in Gewissensnöten bestehen und auf diese Weise der Titel „Gerechtigkeit" gerechtfertigt sein könnte.

Ein Mord aus Leidenschaft?

Das sind nur zwei Möglichkeiten, die auch nicht alle der disparaten Hinweise des Texts in einen Sinnzusammenhang überführen. Bichsels kurze Erzählung erinnert an die Texte Franz Kafkas, die eine ähnliche Struktur haben, sie steht aber auch in der Tradition von Johann Peter Hebels sogenannten *Kalendergeschichten* vom Anfang des 19. Jahrhunderts, die eine einfache Sprache mit einer einfachen Handlung und einer einfachen Botschaft kombinierten und dennoch Bedeutungsspielräume eröffneten. Das ist schließlich das konstitutive Merkmal von Literatur – den Leser zum Nachdenken, zur Reflexion anzuregen.

Anregung zur Reflexion!

3.6 | Wichtige Begriffe zu diesem Kapitel

Fiktion	Erzähler (engl. *narrator*)
Medium	Erzählform
Erzähltheorie	Ich-, Er-Erzähler

Erzählverhalten
  auktorial / allwissend
  personal
  neutral
Erzählperspektive
  Innensicht
  Außensicht
Narration
Fokalisierung / *focalizer*
extradiegetischer Erzähler
intradiegetischer Erzähler
Standort des Erzählers
  begrenzter Blick
  olympische Position
Unmittelbarkeit
Distanz
Optik
Dialog
Erzählhaltung
Beglaubigungsstrategie
Herausgeberfiktion
Erzähler erster / zweiter Ordnung

Darbietungsweisen
  Bericht
  Erzählerkommentar
  Beschreibung
episches Präteritum
rhetorische Fragen
indirekte Rede
innerer Monolog
Stream of Consciousness
metafiktional / selbstreflexiv /
  selbstreferenziell
erzählte Zeit / Erzählzeit
  zeitraffendes Erzählen
  zeitdeckendes Erzählen
  zeitdehnendes Erzählen
  früheres Erzählen
  gleichzeitiges Erzählen
  späteres Erzählen
Protagonist
Fabel / plot / Handlung
Prosa / Epik

Empfohlene Literatur zu diesem Kapitel | 3.7

Jürgen H. Petersen: Erzählsysteme. Eine Poetik epischer Texte. Stuttgart u. Weimar: Metzler 1993 (Metzler Studienausgabe). / Für eine Kurzfassung vgl.: Jürgen H. Petersen: Erzählerische Texte. In: Dieter Gutzen, Norbert Oellers, Jürgen H. Petersen: Einführung in die neuere deutsche Literaturwissenschaft. Ein Arbeitsbuch. Unter Mitarb. v. Eckart Strohmaier. 5., überarb. Aufl. Berlin: Erich Schmidt 1984, S. 11-39.

Petersen hat den erzähltheoretischen Ansatz von Franz K. Stanzel weiterentwickelt. Die Studie ist sehr gut lesbar und bietet die wichtigsten Grundlagen für die Analyse von Erzähltexten.

Matias Martinez u. Michael Scheffel: Einführung in die Erzähltheorie. 2., durchges. Aufl. München: C.H. Beck 2000 (C.H. Beck Studium).

Das Lehrbuch folgt noch der Typologie Stanzels, die weniger logisch ist als Petersens. Dafür beziehen die Autoren auch Erzähltheoretiker und Strukturalisten wie Gérard Genette und Jurij M. Lotman mit ein und erläutern wichtige Begriffe, die bei Petersen fehlen (z.B. Fokalisierung).

4 | Dramatische Texte

Inhalt

4.1	Kennzeichen des Dramas	55
4.2	Techniken des Dramas	58
4.3	Ort, Zeit und Handlung	62
4.4	Akte, Szenen	63
4.5	Geschlossenes und offenes Drama	64
4.6	Die Tragödie	65
4.7	Die Komödie	69
4.8	Mischformen und Gattungsvielfalt	74
4.9	Beispielanalyse	77
4.10	Wichtige Begriffe zu diesem Kapitel	82
4.11	Empfohlene Literatur zu diesem Kapitel	83

Zusammenfassung

Traditionell folgt ein Drama in Aufbau und Handlungsstruktur bestimmten Mustern, die aber seit dem Ausgang des 18. Jahrhunderts immer stärker aufgeweicht wurden. Die beiden Gattungen Tragödie und Komödie haben sich verändert und in eine Vielzahl von Untergattungen aufgefächert. An die Stelle lyrischer Sprache ist die Verwendung von Prosa getreten. Das Kapitel möchte einen Überblick über die Entwicklung des Dramas, die wichtigsten Dramenformen und die Hauptkennzeichen dramatischer Textgestaltung vermitteln.

Kennzeichen des Dramas | 4.1

Das Ehepaar sitzt am Frühstückstisch. Der Ehemann hat sein Ei geöffnet und beginnt nach einer längeren Denkpause das Gespräch.
ER Berta!
SIE Ja...
ER Das Ei ist hart!
SIE (*schweigt*)
ER Das Ei ist hart!
SIE Ich habe es gehört...
ER Wie lange hat das Ei denn gekocht...
SIE Zu viele Eier sind gar nicht gesund...

Das Ehepaar begibt sich auf Konfrontationskurs. ER meint, sie habe das Ei zu lange gekocht und ihm damit den Genuss verdorben, SIE findet – angesichts ihrer ganzen Hausarbeit und der Tatsache, dass sich ihr Mann nur bedienen lässt – die Kritik beleidigend. Der dramatische Dialog, den man auch als kleines Theaterstück bezeichnen kann, endet wie folgt:

ER Ich hätte nur gern ein weiches Ei...
SIE Gott, was sind Männer primitiv!
ER (*düster vor sich hin*) Ich bringe sie um... morgen bringe ich sie um...[11]

Das Ei des Anstoßes, oder: Szenen einer Ehe

| Abb. 15

[11] Aus: Loriots Dramatische Werke. Copyright © 1981 Diogenes Verlag AG Zürich.

Victor von Bülow alias Loriot, also der Autor, erzeugt Spannung und Komik, indem er mit weiblichen und männlichen Rollenklischees spielt, die er gegeneinander setzt und so relativiert. Beide Figuren haben Recht und keiner hat Recht.

Die Dramenstruktur ist an der äußeren Form erkennbar. Der Text besteht aus **Haupttext** und **Nebentext**.

Haupt- und Nebentext im Drama

1. **Regieanweisungen:** kurze beschreibende und kommentierende Texte, die nicht mitgesprochen werden und die in der Schriftform durch graphische Hervorhebung, hier durch Kursivschrift, zu erkennen sind. Im zitierten Text haben wir eine Regieanweisung am Anfang, mit der die Ausgangssituation vorgegeben wird, die es bei der Aufführung durch Gegenstände (Tisch, Stühle, Frühstück inklusive Ei), Körperhaltung etc. umzusetzen gilt, und zwei Verhaltensanweisungen für die Schauspieler: Sie „schweigt" einmal, er redet „düster vor sich hin".

2. **Figurennamen:** In diesem Fall werden die typisierenden Formen ER und SIE verwendet. Die Figurennamen stehen am Anfang jedes Redewechsels, damit die Schauspieler und Leser wissen, welche Figur jetzt dran ist. Um sie vom gesprochenen Text zu unterscheiden, werden auch sie graphisch hervorgehoben, hier durch Großschrift.

3. **Figurenrede** als Haupttext: Dieser Text ist von den Schauspielern auswendig zu lernen und vorzutragen.

Regieanweisungen und Figurennamen gehören zum Nebentext, der üblicherweise weitere Textteile enthält, als da sind Titel und Untertitel, manchmal eine Widmung, das Personenverzeichnis, die Akt- und Szenenzählung, einfach alles, was vom Autor geschrieben und dann gedruckt wurde, aber nicht bei einer Aufführung gesprochen werden soll.

Text und Aufführung

Die Unterscheidung von Haupt- und Nebentext ist deutlich an der Aufführungspraxis ausgerichtet. Nicht zu leugnen ist, dass Dramen in der Regel für Aufführungen geschrieben werden. Daraus ist die Auffassung abgeleitet worden, dass sich das Drama erst in der

Aufführung realisiert, dass man also ein Drama nicht allein nach dem geschriebenen Text beurteilen sollte.

Das klingt logisch und einfach und bedeutet doch ein massives Problem. Selten werden Dramen so aufgeführt, wie es die Regieanweisungen vorgeben, abgesehen davon, dass Regieanweisungen in der Regel gar nicht so genau sind oder sein können, um alles vorzugeben, was den Eindruck der Aufführung beeinflusst. Die **Inszenierung** der Aufführung durch ein Team aus Regisseur, Bühnenbildner, Beleuchter etc. bedeutet immer eine Festlegung des Textes auf bestimmte Bedeutungen. In unserem Fall steht man vor so banalen und letztlich für den Textsinn unbedeutenden Entscheidungen wie: weißes oder braunes Ei? Viel wichtiger ist die Ausstattung der Küche – man könnte beispielsweise durch Möbel der 50er Jahre Zurückgebliebenheit und Spießbürgerlichkeit oder durch eine Designerküche Zugehörigkeit zur höheren Gesellschaftsschicht signalisieren. Noch wichtiger ist dann die Wahl der Schauspieler und deren Verhalten, die Frage, wie sie – in Abstimmung mit dem Regisseur – die **Rolle** ausfüllen. Mit wechselnden Regisseuren, Schauspielern etc. werden, da alle Individuen sind, wechselnde Eindrücke einhergehen, jede Inszenierung wird auch immer eine Interpretation des Dramas sein. Daher ist das einzig Feststehende, so unbefriedigend das für manche Dramenforscher sein mag, der vom Autor geschriebene und dann gedruckte Text. Eine Interpretation wird sich sinnvollerweise immer vor allem auf den Text stützen und Inszenierungen ergänzend hinzuziehen.

Inszenierungen sind Interpretationen

Im Unterschied zu lyrischen und epischen Texten können wir festhalten, dass dramatische Texte aus Haupt- und Nebentext bestehen, die auf eine konventionalisierte Weise graphisch gestaltet sind. Ein dramatischer Text ist auf den ersten Blick als solcher erkennbar. Es gibt, außer in Bertolt Brechts **epischem Theater**, keinen Erzähler, und es gibt auch kein lyrisches Ich, außer in eingeschobenen, von Figuren zitierten Gedichten. Die Funktion von Erzähler und lyrischem Ich, in erster Linie ist das die Rezeptionssteuerung, übernimmt im Drama der Nebentext. (Bei Brecht ist dies anders, weil er durch verschiedene Techniken Distanz erzeugen will. Der Zuschauer soll die Aufführung als Aufführung erkennen, damit er, statt sich mit den Figuren zu identifizieren, über das Gezeigte nachdenkt.)

Brechts episches Theater

Ein dramatischer Text wird – anders als ein lyrischer Text (mit Ausnahmen: Lied, Moritat etc.) oder Erzähltext – für eine Auffüh-

Dramentexte sind in unterschiedlichem Grad für Aufführungen geeignet

rung geschrieben oder kann zumindest aufgeführt werden. Als Ausnahme wird das so genannte **Lesedrama** gehandelt, eine heterogene (= uneinheitliche) Sonderform. Lesedramen sollen angeblich oder können nicht auf die Bühne kommen, beispielsweise weil sie zu lang sind. Andererseits hat es immer wieder Aufführungen von umfangreichen Lesedramen gegeben, so von Goethes *Faust II* (von 1833) oder von Karl Kraus' *Die letzten Tage der Menschheit* (von 1919). Auch besteht die viel genutzte und legitime Möglichkeit, Dramen für die Aufführung zu kürzen. Dafür und für andere Veränderungen am Text ist in der Regel am Theater der **Dramaturg** zuständig. Man sollte die Bezeichnung Lesedrama nicht zu ernst nehmen und stets dazu sagen, weshalb sich ein Stück für eine Aufführung möglicherweise weniger eignet als andere.

Die Besonderheit der Aufführungssituation führt zu einer – wenn auch monologisch strukturierten – Kommunikation von Figur/Schauspieler auf der einen und Zuschauer auf der anderen Seite. Hier sind wir bei einem wichtigen Merkmal, bei der **Unmittelbarkeit** des Dramas, das sich schon aus der Dominanz des Redetexts ergibt. Schon in der Lektüre wirkt das Drama folglich viel unmittelbarer als ein mit Schilderungen und Reflexionen durchsetzter Erzähltext oder ein direkte Anrede und wörtliche Rede scheuender lyrischer Text.

4.2 | Techniken des Dramas

Monologe eröffnen Einblicke in die Psyche der Figuren

Der Haupttext besteht aus **Dialogen** – Gesprächen der Figuren untereinander – und **Monologen**, also Gesprächen der Figuren mit sich selbst, mit dem Publikum als Zeugen. Monologe sind eher selten und daher besonders wichtig. In der Regel wird mit ihnen dem Publikum etwas über die Psyche oder die Motivation der Figur mitgeteilt, was es sonst nicht erfahren würde. Ein Beispiel ist der große Monolog Wilhelm Tells in Friedrich Schillers gleichnamigem Drama (von 1804), bevor Tell den tyrannischen Landvogt Geßler mit seiner Armbrust erschießt. Schiller hat damit versucht, den Skandal der Tötung eines Herrschers zu entschärfen und zu rechtfertigen: Nur wenn den Bürgern keine andere Wahl mehr bleibt, wenn sie unter einem tyrannischen Regime um ihr Leben fürchten müssen, nur dann dürfen sie sich mit Waffengewalt verteidigen, dann allerdings auch offensiv. Tell spricht:

Ich lebte still und harmlos – Das Geschoß
War auf des Waldes Tiere nur gerichtet,
Meine Gedanken waren rein von Mord –
Du hast aus meinem Frieden mich heraus
Geschreckt, in gärend Drachengift hast du
Die Milch der frommen Denkart mir verwandelt,
Zum Ungeheuren hast du mich gewöhnt –
Wer sich des Kindes Haupt zum Ziele setzte,
Der kann auch treffen in das Herz des Feinds.

Die armen Kindlein, die unschuldigen,
Das treue Weib muß ich vor deiner Wut
Beschützen, Landvogt [...].[12]

Liest man genau, dann ist die Sache eindeutig: Geßler hat seine Hinrichtung selbst zu verantworten. Er hat Tell gezwungen, auf seinen Sohn zu schießen; er hat die Zusage, Tell danach zu schonen, nicht gehalten; er hat das ganze Land unterjocht und wird an anderen genauso handeln wie an Tell und seinem Sohn. Wenn Tell hier von „Mord" spricht, dann nur, weil ihm als friedlichem Menschen die Tat, die er nun unternehmen muss, so sehr widerstrebt. Mit seinem Monolog überzeugt Tell sich und die Zuschauer, dass ihm keine andere Wahl mehr bleibt.

Trotz Schillers Bemühungen ist der Monolog oft missverstanden und für ideologische Zwecke instrumentalisiert worden. Die Nationalsozialisten haben das Drama erst für sich vereinnahmt und in Tell Hitler gesehen, der endlich der Weimarer Republik den Garaus gemacht hat. Erst relativ spät ist ihnen aufgegangen, dass Hitler eigentlich viel besser zu Geßler passt und dass das Drama Attentate auf Hitler rechtfertigen könnte – dann haben sie es verboten.

Ein Beispiel für die politische Instrumentalisierung von Literatur

Weitere Besonderheiten des Haupttextes sind **Botenbericht** und **Mauerschau**. Mit Botenbericht werden Aussagen von Figuren bezeichnet, die von (in der Regel kurz) zurückliegenden Ereignissen außerhalb der Bühne berichten. So erspart man sich beispielsweise die Darstellung von für den Fortgang der Handlung wichtigen, aber auf anderen Schauplätzen stattfindenden Aktionen. Solch zusätzliches Wissen wird im dramaturgisch geschickten

Was nicht auf der Bühne gezeigt wird: Botenbericht

---

[12] Friedrich Schiller: Sämtliche Werke. 5 Bände. 8., durchges. Aufl. München: Hanser 1987 (Lizenzausgabe der Wiss. Buchges.), Bd. 2, S. 1005.

Moment eingespeist. Bertolt Brecht hat diese Technik am Ende der *Dreigroschenoper* (von 1928) auf die Spitze getrieben und damit zugleich parodiert. Der Mörder Macheath soll gehängt werden:

CHOR
Horch, wer kommt!
Des Königs reitender Bote kommt!
Hoch zu Roß erscheint Brown als reitender Bote.
BROWN   Anläßlich ihrer Krönung befiehlt die Königin, daß der Captn Macheath sofort freigelassen wird. *Alle jubeln.* Gleichzeitig wird er hiermit in den erblichen Adelsstand erhoben *Jubel* und ihm das Schloß Marmarel sowie eine Rente von zehntausend Pfund bis zu seinem Lebensende überreicht. Den anwesenden Brautpaaren läßt die Königin ihre königlichen Glückwünsche übersenden.
MAC   Gerettet, gerettet! Ja, ich fühle es, wo die Not am größten, ist die Hilfe am nächsten.
POLLY   Gerettet, mein lieber Mackie ist gerettet. Ich bin sehr glücklich.
FRAU PEACHUM   So wendet alles sich am End zum Glück. So leicht und friedlich wäre unser Leben, wenn die reitenden Boten des Königs immer kämen.
PEACHUM   [...] Die reitenden Boten des Königs kommen sehr selten, und die getreten werden, treten wieder.[13]

Mauerschau

Die *Mauerschau*, auch mit der griechischen Bezeichnung **Teichoskopie** genannt, hat eine ähnliche Funktion, nur werden hier Ereignisse geschildert, die sich zur selben Zeit zutragen und von jemandem beobachtet werden. So lässt sich beispielsweise in Schillers *Die Jungfrau von Orleans* (von 1802) eine ganze Schlacht darstellen, ohne dass sie auf die Bühne gebracht werden muss:

ISABEAU (zu einem Soldaten).
Steig auf die Warte dort, die nach dem Feld
Hin sieht, und sag uns, wie die Schlacht sich wendet.
(Soldat steigt hinauf)
[...]
ISABEAU. Was siehest du?
SOLDAT.   Schon sind sie aneinander.
Ein Wütender auf einem Barberroß,
Im Tigerfell, sprengt vor mit den Gendarmen.[14]

Die Schlacht verläuft ungünstig für die Franzosen, doch Johanna, die von Isabeau gefangen gehalten wird, vermag es, ihre Ketten zu sprengen und auf das Schlachtfeld zu entfliehen. Nun wendet sich das Blatt:

> ISABEAU. Sprich, ist sie unten?
> SOLDAT.   Mitten
> Im Kampfe schreitet sie – Ihr Lauf ist schneller
> Als mein Gesicht – Jetzt ist sie hier – jetzt dort –
> Ich sehe sie zugleich an vielen Orten! [15]

Johanna sorgt für den Sieg der Franzosen gegen die englischen Invasoren, auch wenn dies ihren eigenen Tod bedeutet.

An den beiden zitierten Stellen fällt auf, dass Schiller noch mit einem anderen Mittel bemüht ist, Dramatik und Dynamik zu erzeugen. Durchgängige Versform ist der Blankvers, ein fünfhebiger Jambus (vgl. das Kapitel *Lyrische Texte*). An zwei Stellen jedoch wird die Verszeile auf zwei Figuren verteilt, auf Isabeau und den Soldaten. Im zweiten Fall „Sprich, ist sie unten? / Mitten" wird der Vers zusätzlich um zwei Hebungen abgekürzt. Die Technik der Verteilung einer Verszeile auf zwei oder mehr Figuren wird mit dem griechischen Wort **Antilabe** bezeichnet.

Blankvers im Drama

Ebenfalls für Dynamik sorgt die **Stichomythie**, das zeilenweise abwechselnde Reden der Figuren. Die Stichomythie eignet sich besonders, um gegensätzliche Auffassungen deutlich zu machen. Das folgende Beispiel stammt aus Schillers *Maria Stuart* (1801). Zwei Figuren, die selbst unterschiedliche Interessen damit verbinden, streiten sich um die Strategie zur Befreiung Marias aus der Haft von Königin Elisabeth:

Schnelle Wechselrede

> MORTIMER. Ihr – sehr bedacht in solchem Fall der Ehre.
> LEICESTER. Ich seh die Netze, die uns rings umgeben.
> MORTIMER. Ich fühle Mut, sie alle zu durchreißen.
> LEICESTER. Tollkühnheit, Raserei ist dieser Mut.
> MORTIMER. Nicht Tapferkeit ist diese Klugheit, Lord.

---

[13] Bertolt Brecht: Ausgewählte Werke in sechs Bänden. Jubiläumsausgabe zum 100. Geburtstag. Frankfurt/Main: Suhrkamp 1997, Bd. 1, S. 269f.
[14] Schiller: Sämtliche Werke, Bd. 2, S. 806.
[15] Ebd., S. 809.

So geht es noch eine Weile weiter. Übrigens: Wer dieses Stück im Seminar behandelt sieht, sollte nicht in das Fettnäpfchen treten, den Namen Leicesters so auszusprechen, wie man ihn schreibt; man spricht ihn ‚Lester'.

4.3 | Ort, Zeit und Handlung

Aristoteles' Lehre von den drei Einheiten

Die Orientierung an der Aufführungspraxis des Dramas führt zu bestimmten Einschränkungen, die früher eine größere Rolle gespielt haben als heute und die mit drei Schlagworten bedacht werden: Ort, Zeit und Handlung. Unter Rückgriff auf die Poetik eines Dichters aus der Zeit der griechischen Antike mit Namen Aristoteles wurde die **Einheit von Ort, Zeit und Handlung** postuliert, obwohl Aristoteles das gar nicht so verbindlich gemeint hatte. Johann Christoph Gottsched schreibt diese Einheit in seinem *Versuch einer Critischen Dichtkunst vor die Deutschen* von 1730 fest, es handelt sich hierbei immerhin um eine der wenigen zentralen und besonders wirkungsmächtigen Poetiken der deutschsprachigen Literaturgeschichte. Einheit des Ortes bedeutet: keinen Schauplatzwechsel; Einheit der Zeit: die Handlung dauert von Anfang bis Ende nicht mehr als 24 Stunden; Einheit der Handlung: es treten nur wenige Personen auf. Alles andere seien, so Gottsched, „Fehler wider die Wahrscheinlichkeit".[16]

Lessing: Der Text stellt die Regeln auf

Das hat wenige Jahrzehnte später der bedeutendste Dramatiker der Epoche der Aufklärung, Gotthold Ephraim Lessing, deutlich modifiziert. Er interpretiert Aristoteles anders, orientiert sich stärker am Vorbild William Shakespeare und ersetzt die Wahrscheinlichkeit mit dem durchaus verwandten Prinzip der „Nachahmung der Natur", wobei er, das ist entscheidend, dieses Prinzip über feste Regeln setzt. Der Dichter orientiert sich an großen Vorbildern, aber die Regelhaftigkeit des Texts ergibt sich aus dem Text heraus.[17]

Auch vor Gottsched gab es Dramatiker, die sich nicht an die Lehre von den drei Einheiten gehalten haben und sich dabei – mit Blick auf Shakespeare – in guter Gesellschaft befanden. Allerdings blieb bei Lessing und bleibt bis heute die von Gottsched aufgestellte Regel immerhin der Orientierungsrahmen und Bezugspunkt, an dem man seine eigene Dramenpraxis ausrichtet, auch wenn man sich bewusst von den klassischen Vorbildern absetzt. So hat beispielsweise Schillers *Maria Stuart* von 1801 mehr als einen Schauplatz, aber es gibt auch nicht übermäßig viele Orte und die Abfolge hat eine eigene Gesetzmäßigkeit. Der erste und der fünfte Akt spielen in dem Schloss, in dem Maria gefangen gehalten und dann hingerichtet wird, der zweite und vierte in Elisabeths Londoner Palast, im mittleren Akt treffen die beiden auf neutralem Grund, im Freiheit und Beschränkung symbolisierenden Schlosspark aufeinander. Der fünfte Akt wechselt nach der Hinrichtung wieder zu Elisabeth und durchbricht so – passend zum Einschnitt des Todes und zu seinen Folgen – die Regelmäßigkeit des Aufbaus. In Ödön von Horváths *Kasimir und Karoline* von 1932 sind, obwohl es sich um ein nicht mehr in Akte eingeteiltes und in vielerlei Hinsicht ungewöhnliches Drama handelt, die Einheiten von Ort (Münchner Oktoberfest) und Zeit (das Stück spielt innerhalb weniger Stunden an einem Abend) gegeben.

Abb. 16

William Shakespeare

Akte, Szenen | 4.4

Der Aufklärer Gottsched wollte die Dramatiker auf ein didaktisches Konzept mit klaren Regeln einschwören, das dann später als nicht legitime Beschränkung künstlerischer Freiheit gesehen wurde. Dazu gehört die Einteilung eines Dramas in **Akte**, früher **Aufzüge** genannt, und **Szenen**, die früheren **Auftritte**. Die sogenannte klassische Dramenform, wieder in Anlehnung an Aristoteles, hat fünf Akte, die Gustav Freytag, ein Erfolgsautor der zweiten Hälfte des 19. Jahrhunderts, in einem vielzitierten Pyramidenschema dargestellt hat.

Gustav Freytags Pyramidenschema

```
                III •
         II •          IV •
    I •                      V •
```

---

[16] Johann Christoph Gottsched: Versuch einer Critischen Dichtkunst vor die Deutschen. In: Ders.: Schriften zur Literatur. Hg. von Horst Steinmetz. Stuttgart: Reclam 1998 (RUB 9361), S. 12-196, hier S. 166.
[17] Vgl. Gotthold Ephraim Lessing: Hamburgische Dramaturgie. Hg. und komm. von Klaus L. Berghahn. Stuttgart: Reclam 1999 (RUB 7738), S. 354f.

Handlungsverlauf im Drama

Die Anordnung als Pyramide soll den Spannungsaufbau symbolisieren, der **Höhepunkt** befindet sich also im mittleren Akt. Der erste Akt wird als **Exposition** bezeichnet, hier werden die wichtigen Figuren vorgestellt und es wird in die Handlung eingeführt. Der zweite Akt enthält die **steigende Handlung**, es wird Spannung erzeugt. Nach dem **retardierenden Moment** (dem Hinauszögern der Handlungsentwicklung, um Spannung zu erzeugen) und dem Höhepunkt folgt im IV. Akt die **fallende Handlung**, sie strebt der glücklichen **Lösung** aller Verwirrungen oder der **Katastrophe** im V. Akt zu, je nachdem, ob es sich um eine Tragödie oder eine Komödie handelt.

Aristoteles hat zwei Begriffe für das Verhältnis von Handlungsverwicklungen und deren Auflösung geprägt, die häufig Verwendung finden: **Peripetie** (= Glückswechsel) und **Anagnórisis** (= Entdeckung, Enthüllung). Letztere setzt für Aristoteles, der vor allem von der Tragödie handelt, einen Irrtum des Helden voraus, der nun als solcher erkannt wird.

4.5 | Geschlossenes und offenes Drama

Für die Unterscheidung von Dramen, die nach klassischem Muster ‚gebaut' sind, und solchen, die modernen, also davon abweichenden eigenen Gesetzen gehorchen, hat Volker Klotz die Bezeichnungen **geschlossenes** und **offenes Drama** eingeführt. Die beiden Dramentypen lassen sich wie folgt charakterisieren:

Das geschlossene Drama präsentiert eine geschlossene Weltsicht, der auf die Bühne gebrachte Ausschnitt aus der Welt gilt als repräsentativ für das Ganze. Die Einheiten von Raum, Zeit und Handlung werden eingehalten. Die Handlung folgt einer linearen Entwicklung. Die einzelnen Akte und Szenen bauen aufeinander auf, können also nicht herausgelöst werden und unabhängig voneinander bestehen.

Abkehr von geschlossener Weltsicht im offenen Drama

Das offene Drama zeigt das Ganze der Welt in Ausschnitten oder Bruchstücken. Da Dramenautoren etwa seit der Moderne (um 1900) auf breiter Front davon ausgehen, dass es nicht möglich ist, eine geschlossene Weltsicht in einem formal wie inhaltlich geschlossenen Text zu präsentieren, wird dies gar nicht erst versucht. Jede formale Einheit und lineare Ordnung wird aufgegeben oder nur soweit befolgt, wie es der Konzeption des jeweiligen Stückes dient. Eine Akteinteilung gibt es nicht mehr, die lose miteinander verbunden, nicht immer zeitlich aufeinander folgenden Szenen können auch für sich bestehen.

Mit beiden Typenbezeichnungen sind ideale Ausprägungen gemeint, die so in der deutschsprachigen Dramenproduktion eher selten vorkommen. Insofern wird man meist ein Mischungsverhältnis feststellen, das eher zu der einen oder zu der anderen Seite tendiert. Schillers Dramen beispielsweise bedienen sich der alten Regeln nur dort, wo es für die Konzeption sinnvoll ist, ansonsten stellen sie ihre eigenen Regeln auf. Daher ist zu fragen, ob diese Einteilung wirklich nutzt oder ob man nicht besser ganz allgemein von **klassischen** und **modernen Dramen** sprechen sollte, Begriffe, die dieses Mischungsverhältnis auf der formalen Ebene bereits berücksichtigen.

Es gibt zahlreiche weitere Versuche, Gegensatzpaare zu bilden. Bekannt ist noch die Unterscheidung von **analytischem Drama** und **Zieldrama**. Das analytische Drama versucht ein Geschehen zu klären, das in der Vergangenheit stattgefunden hat; bestes Beispiel hierfür ist wohl die Gerichtsverhandlung in Heinrich von Kleists *Der zerbrochne Krug* (von 1811). Das Zieldrama handelt in der Gegenwart, seine Handlung bewegt sich, wie der Begriff schon sagt, auf ein Ziel zu; im Falle des *Wilhelm Tell* auf die Wiederherstellung der alten Ordnung mit den notwendigen, durch die neue Zeit bedingten Veränderungen.

Weitere Kategorisierungen

Die Tragödie | 4.6

Im antiken Drama gibt es eine **tragische Schuld** des Helden. Die Schuld ist deshalb tragisch, weil sie nicht von ihm zu verantworten ist. Er begeht die Schuld, ohne davon zu wissen – er wird also *schuldlos schuldig*. Bekanntes Beispiel hierfür ist Sophokles' *König Oidipus* [in der Regel als *Ödipus* übersetzt] aus dem 5. Jhd. vor Christus. Der Titelheld tötet seinen Vater, ahnungslos, dass es sein Vater ist, und er heiratet seine Mutter, ebenfalls aus Unwissenheit. Das bedeutet keine Schuldlosigkeit, der später auch im Wortsinne ‚blinde' Held (der Verlust des Augenlichts gehört zur Strafe und kann symbolisch als Kastration gelesen werden) wird hart bestraft und nimmt die Strafe als gerecht an. Über ihm waltet ein von Göttern bestimmtes, aber durch sein Verhalten auch vom Menschen

Schuld und Schicksal

beeinflussbares **Schicksal** und eine zentrale Aufgabe des Theaters ist es, den Zuschauern zu zeigen, dass alle Menschen von diesem Schicksal abhängig sind.

Reinigung von Affekten

Eine weitere Aufgabe des antiken Theaters ist die Reinigung der Zuschauer von Affekten, die viel diskutierte **Katharsis**. Sie spielt heute bei der Frage nach der Wirkung von Gewalt im Film eine noch viel größere Rolle. Die Befürworter einer reinigenden Wirkung von Gewaltdarstellungen gehen davon aus, dass Zuschauer ihre Aggressionen sozusagen stellvertretend in den Figuren ausleben lassen. Vereinfacht gesagt: Wenn einer sieht, wie jemand Menschen quält, dann befriedigt das seinen Aggressionstrieb genug, um nicht selbst im wirklichen Leben Menschen zu quälen. Dagegen steht die Auffassung, dass Gewaltdarstellungen zur Nachahmung anreizen.

Hoher Stand in der Tragödie, niedriger in der Komödie

In der klassischen **Tragödie** sollen Menschen hohen und höchsten Standes auftreten, nur dann wird der Eindruck auf die Zuschauer entsprechend erschütternd sein. Hierfür ist der Begriff der **Fallhöhe** geprägt worden – Könige und Herrscher können sozial und gesellschaftlich tiefer fallen als andere, sie haben mehr zu verlieren. Von der tragischen wird allerdings bereits in der Antike die sittliche Schuld unterschieden, die für das deutsche **Trauerspiel** – als Übersetzung des Begriffs Tragödie – als entscheidend angesehen werden muss. An ein von Göttern mitbestimmtes Schicksal wollte zur Zeit der Aufklärung niemand mehr glauben und das langsam zahlenmäßig größer werdende Bürgertum begann, sich vom Adel abzusetzen. Umso verwunderlicher ist es, dass Gottsched an der Fallhöhe festhält und in Trauerspielen lediglich „Helden und Prinzen" sehen will:

> Die Tragödie ist von der Komödie nur in der besonderen Absicht unterschieden, daß sie anstatt des Gelächters die Verwunderung, das Schrecken und Mitleiden zu erwecken suchet. Daher pflegt sie sich lauter vornehmer Personen zu bedienen, die durch ihren Stand, Namen und Aufzug mehr in die Augen fallen und durch große Laster und traurige Unglücks-Fälle solche heftige Gemüts-Bewegungen erwecken können.[18]

Die Wurzeln solcher Vorstellungen gehen allerdings noch viel weiter zurück – Gottsched bestätigt mit seinen Ausführungen eigentlich nur, was Martin Opitz in der ersten bedeutenden deutschsprachigen Poetik, dem *Buch von der Deutschen Poeterey* von 1624, geschrieben hatte:

> Die Tragedie ist an der maiestet dem Heroischen getichte gemeße [d.h. gemäße] / ohne [d.h. abgesehen davon] das sie selten leidet / das man geringen standes personen vnd schlechte sachen einführe [...].[9]

Aus solchen der Standesgesellschaft des Mittelalters und der Barockzeit entsprungenen Vorstellungen ergeben sich für die Tragödienschreiber zwei Probleme. Erstens ist es kaum möglich, Herrscher darzustellen, die an einer sittlichen Schuld zugrunde gehen. Jeder absolutistische Monarch der Zeit dürfte darin einen Anschlag auf seine Herrscherwürde gesehen haben. Zweitens gehören Autoren und Leser deutschsprachiger Literatur fast ausschließlich dem immer größer werdenden Bürgertum an, und das möchten die Bürger auf der Bühne dargestellt sehen, damit sie sich mit den Figuren wie mit den verhandelten Problemen identifizieren können.

<small>Standesschranken werden aufgelöst</small>

Die vorläufige Lösung ist das **bürgerliche Trauerspiel**. Lessing gilt als prägend. Er wählt wieder Aristoteles als beglaubigende Autorität, aber er deutet ihn anders als Gottsched und Opitz:

> Die Tragödie, so nimmt er [Aristoteles] an, soll Mitleid und Schrecken erregen; und daraus folgert er, daß der Held derselben weder ein ganz tugendhafter Mann noch ein völliger Bösewicht sein müsse.[10]

Was Lessing will, sind **gemischte Charaktere**, und er begründet dies mit der beabsichtigten Wirkung. Um die Zuschauer moralisch zu bessern, müssen sie sich mit den Figuren identifizieren können; und um sich mit den Figuren identifizieren zu können, müssen die Figuren realitätsnah sein. Nur realitätsnahe Figuren können den Zuschauern vor Augen stellen, wohin ihr eigenes Verhalten führen kann. Durch den Vergleich mit dem eigenen Dasein erregt die Tragödie nicht Mitleid und Schrecken, sondern „Mitleid und Furcht"[11] und erzieht zum moralischen Verhalten:

<small>Lessing: Figuren müssen realistisch sein</small>

---

[8] Gottsched: Versuch einer Critischen Dichtkunst vor die Deutschen, S. 99.
[9] Martin Opitz: Buch von der Deutschen Poeterey (1624). Hg. von Cornelius Sommer. Stuttgart: Reclam 1995 (RUB 8397), S. 27.
[10] Lessing: Hamburgische Dramaturgie, S. 378.
[11] Ebd., S. 379.

> Sobald die Tragödie aus ist, höret unser Mitleid auf, und nichts bleibt von allen empfundenen Regungen in uns zurück als die wahrscheinliche Furcht, die uns das bemitleidete Übel für uns selbst [hat] schöpfen lassen. Diese nehmen wir mit [...].[112]

„Emilia Galotti" als prototypisches (bürgerliches) Trauerspiel

Prototypisch für das bürgerliche Trauerspiel ist *Emilia Galotti* von 1772, und wie so oft in der Literatur geht die tatsächliche Wirkung des Stückes über die Programmatik des Autors weit hinaus. Der Autor selbst hat *Emilia Galotti* nur als „Trauerspiel in fünf Aufzügen" bezeichnet. Das leuchtet ein, spielt es doch überwiegend am Hofe des Prinzen von Guastalla. Vater Galotti ist Oberst und Tochter Emilia soll einen Grafen heiraten.[113] Die Figuren sind allerdings ‚verbürgerlicht', es handelt sich um gemischte Charaktere, um Menschen mit mehr oder weniger großen Schwächen, die weit entfernt sind von dem „Heroischen", das Martin Opitz in seiner Barockpoetik forderte. Dazu kommt als zentrales Thema die Möglichkeit der Selbstbehauptung des tugendhaften Untertanen (mit dem sich jeder bürgerliche Zuschauer identifizieren kann) gegenüber dem moralisch verdorbenen Prinzen.

In der Folge, beispielsweise in Schillers *Kabale und Liebe* von 1784, sind es auch vom Stand her Bürger, die sich gegen den Adel zur Wehr setzen müssen. Neben der Standesproblematik werden von Schiller bereits ökonomische Probleme thematisiert. Über ein Jahrhundert später werden sie, in Gerhart Hauptmanns auf einer wahren Begebenheit beruhendem sozialen Drama *Die Weber* von 1892, im Mittelpunkt stehen. Andere Trauerspiele, als bekanntestes Goethes *Faust I* von 1808, konzentrieren sich stark auf die Psyche ihrer Figuren, in diesem Fall auf die Frage der möglichen wie notwendigen Grenzen des Wissens.

Abb. 17

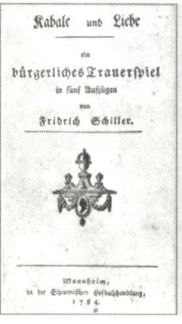

So sahen Titelblätter früher aus: Friedrich Schillers „Kabale und Liebe"

Die Komödie | 4.7

Umberto Ecos Weltbestseller *Der Name der Rose* beruht auf einer bemerkenswerten Idee: Aristoteles' verschollen geglaubtes Buch von der **Komödie** ist in einem Kloster aufbewahrt worden und führt zu einer Serie von Morden, schließlich zum Brand des Klosters mit der Vernichtung des Buches. Da niemand genau weiß, ob Aristoteles sich nicht nur der Tragödie, sondern auch der Komödie in einer theoretischen Schrift genähert hat, hat Ecos Fiktion immerhin den zusätzlichen Reiz des Möglichen. Die Wirkung des Lachens wird bei ihm als subversiv, den Glauben oder die gesellschaftliche Ordnung gefährdend dargestellt.

Komik kann subversiv sein

Das ist allerdings nicht die allgemeine Überzeugung. Die Entwicklung der deutschen Komödie ist eine andere, ihre besondere Qualität hat Helmut Arntzen mit dem Begriff der „ernsten Komödie" zu beschreiben versucht.[114] In der Barockzeit gab es noch deftige Komödien, beispielsweise die berühmte, vor Fäkalsymbolik nicht zurückschreckende *Absurda comica, oder Herr Peter Squentz* von Andreas Gryphius (1658). Meister Lollinger soll einen Brunnen darstellen, er fragt sich und die anderen: „Aber wie soll ich wasser von mir sprützen?" Eine der typischen Komödienfiguren, der „Pickelhäring" (oder Pickelhering), antwortet: „Seyd ihr so alt und wisset das nicht? ihr müsset vornen..." Woraufhin Peter Squentz ihn eilig unterbricht: „Holla! Holla! Wir müssens erbar machen für dem frauenzimmer. Ihr müsset eine gießkanne in der hand haben."[115]

In der Zeit der Aufklärung wurde nicht mehr nur die Tragödie, sondern auch die Komödie für pädagogische Zwecke in Dienst genommen. Der Wert der Pädagogik, der erzieherischen Funktion wurde aber noch im 18. Jahrhundert zu einem Unwert. Seit der Epoche des Sturm und Drang, also seit der so genannten Genieästhetik (vgl. Kap. 7.3), galt nicht mehr das Zweckgerichtete, sondern das Schöpferische, das formal wie inhaltlich Neue als Maßstab der Dichtung.

---

[112] Ebd., S. 393.
[113] Gotthold Ephraim Lessing: Emilia Galotti. Ein Trauerspiel in fünf Aufzügen. Stuttgart: Reclam 1982 (RUB 45), S. 13f.
[114] Vgl. Helmut Arntzen: Die ernste Komödie. Das deutsche Lustspiel von Lessing bis Kleist. München: Nymphenburger Verlagshandlung 1968.
[115] Andreas Gryphius: Lustspiele. Hg. von Hermann Palm. Darmstadt: Wiss. Buchges. 1961 (Werke in drei Bänden mit Ergänzungsband, 1), S. 19.

Parallel dazu bekam die Komödie ein zweites Problem. In der seit Martin Opitz geläufigen Definition sollte sie von den niederen Ständen handeln, also von Bauern und Handwerkern, die es in typisierten Vertretern auf die Bühne zu bringen galt:

> Die Comedie bestehet in schlechtem wesen vnnd personen: redet von hochzeiten / gastgeboten / spielen / betrug vnd schalckheit der knechte / ruhmraetigen Landtsknechten / buhlersachen / leichtfertigkeit der jugend / geitze des alters / kupplerey vnd solchen sachen / die taeglich vnter gemeinen Leuten vorlauffen. Haben derowegen die / welche heutiges tages Comedien geschrieben / weit geirret / die Keyser vnd Potentaten eingefuehret; weil solches den regeln der Comedien schnurstracks zuewider laufft.[116]

Figuren und Typen der Komödie

Psychologisierung der Figuren galt es zu vermeiden. Damit war schon in der Wahl und der Darstellung des Personals ein qualitatives Gefälle zwischen Tragödie und Komödie gegeben, an dem Gottsched zu wenig rüttelte, um eine nachhaltige Aufwertung herbeizuführen. Er war zwar die Ursache dafür, dass der **Harlekin** als Spaßmacher 1737 öffentlich von der Bühne vertrieben wurde, doch galt sein Zorn vor allem der reinen Belustigung des Publikums, wie sie von umherziehenden Wanderbühnen ins deutschsprachige Theater eingeführt worden war. Diese Wanderbühnen konnten an englische, französische und vor allem italienische (Commedia dell' Arte) Komödientraditionen anknüpfen und pflegten die an den direkten Zuschauerreaktionen ausgerichtete **Improvisation**, also das Sprechen und Handeln nach der Eingebung des Augenblicks. Spätes Erbe dieses primär komikerzeugenden Verhaltens ist der aus dem US-amerikanischen Film bekannte **Slapstick**.

Lachhaftes Laster

Für Gottsched indes musste Komik immer auch einen sozialen Sinn haben. An seinen Maßstäben geschult entwickelte sich die **Sächsische Typenkomödie**, in der Figuren bestimmte Laster vertraten, die es zu bekämpfen galt. Das Lasterhafte wurde mit dem Lächerlichen verbunden, das Laster als Defekt, als Mangel der Vernunft gezeigt:

> Denn das Auslachenswürdige gehört eigentlich in die Komödie, das Abscheuliche und Schreckliche hergegen läuft wider ihre Absicht. [...] Die Personen, so dabei vorkommen, müssen bürgerlich sein, denn Helden und Prinzen gehören in die Tragödie.[117]

Die Komödie

Der Zuschauer ist immer der Überlegene und lacht über die Unvernunft der Figuren, daher nennt man Gottscheds Komödientypus auch Verlachkomödie.[118] Oft wurden die Laster bereits in den **sprechenden Namen** der Figuren deutlich. Nicht zufällig war eine sehr bekannte Vertreterin der sächsischen Typenkomödie Gottscheds Frau Luise Adelgunde Victorie. In dem 1736 erschienenen Stück *Die Pietisterey im Fischbein-Rocke; Oder die Doctormäßige Frau. In einem Lust-Spiele vorgestellet* wird die gedankenlose Schwärmerei Frau Glaubeleichtins für die protestantische Glaubensrichtung des Pietismus satirisch gegeißelt. Andere Figuren haben so charakterisierende Namen wie Herr Magister Scheinfromm, Frau Seuffzerin oder Frau Bettelsackin.[119]

Gottscheds Frau schrieb die passenden Komödien

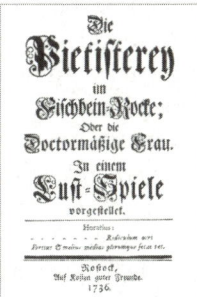

L.A.V. Gottsched, „Die Pietisterey im Fischbein-Rocke"

Abb. 18

Aus heutiger Sicht war die Neupositionierung der Komödie nur teilweise ein Bruch mit der vorhergehenden Tradition. Es wurden viele Elemente der Barockkomödie weitergeführt, so die – schon aus der italienischen **Commedia dell'Arte** (Stegreifkomödie mit typenhaften, immer wiederkehrenden Lustspielfiguren) bekannte – **Typisierung der Figuren** und die nun zum Programm erhobene Stärkung des Überlegenheitsgefühls im Zuschauer. Die Typisierung wird später eines der wichtigsten Merkmale der deutschsprachigen Komödie bleiben, Psychologisierung wird weitgehend der Tragödie / dem Trauerspiel vorbehalten sein.

---

[116] Opitz: Buch von der Deutschen Poeterey, S. 27f.
[117] Gottsched: Versuch einer Critischen Dichtkunst vor die Deutschen, S. 97f.
[118] Horst Steinmetz: Die Komödie der Aufklärung. 3., durchges. u. bearb. Aufl. Stuttgart: Metzler 1978 (Sammlung Metzler 47), S. 21.
[119] Vgl. Luise Adelgunde Victorie Gottsched: Die Pietisterey im Fischbein-Rocke. Komödie. Hg. von Wolfgang Martens. Stuttgart: Reclam 2000 (RUB 8579).

Rührung und Ergriffenheit

Im **rührenden Lustspiel** der 1740er Jahre wird der Komödie die – vorher nur noch zweckgerichtete – Komik endgültig ausgetrieben. Nicht mehr Laster werden verspottet, sondern positive Eigenschaften gepriesen: Tugend, Freundschaft, Mitleid etc. Nicht mehr Verlachen, sondern Rührung und Ergriffenheit sind das Ziel. Bekanntes Beispiel hierfür ist Christian Fürchtegott Gellerts Stück *Die zärtlichen Schwestern* von 1747.

Qualitativ hochwertige Komödien, die auch noch komisch sind, gibt es dann nicht mehr viele. Schiller hat, trotz seiner Wertschätzung der Komödie, nur Schau- und Trauerspiele geschrieben. Goethes wenige, kaum ausgearbeitete Hanswurstiaden lassen sich nur bedingt mitzählen, selbst wenn sie, beispielsweise in der Fäkalsymbolik, Elemente der Barockkomödie wieder aufnehmen. Lessings frühe Lustspiele sind nicht unbedingt Meisterwerke, während die spätere, unverwüstliche *Minna von Barnhelm* von 1767 die Komik dem Ziel der moralischen Erziehung unterordnet. Einen Mittelkurs steuert Heinrich von Kleists *Der zerbrochne Krug* von 1811. Die Geschichte um den Dorfrichter Adam, der gegen einen Unschuldigen verhandeln soll und selbst der gesuchte Täter ist, bietet Raum für Situationskomik, hat allerdings – in der schleichenden Demaskierung der Hauptfigur und ihrer Bestrafung – tragische Züge.

Komik im Wiener Volkstheater

Lediglich das Wiener Volkstheater des 19. Jahrhunderts mit seinen Hauptvertretern Ferdinand Raimund (z.B. *Das Mädchen aus der Feenwelt oder Der Bauer als Millionär* von 1826) und Johann Nepomuk Nestroy (z.B. *Zu ebener Erde und erster Stock* von 1838) vermochte im großen Stil zum Lachen anzuregen, ohne dabei in die gefürchtete Trivialität abzugleiten.

Die Wiederbelebung der Komödie

Der Versuch einer poetologisch begründeten Wiederbelebung der Komödie durch Max Frisch (*Don Juan oder Die Liebe zur Geometrie* von 1953) und Friedrich Dürrenmatt (*Die Physiker* von 1962; *Der Meteor* von 1966) führte denn auch nicht zu einer Wiedereinführung der typischen Elemente des Komischen (Wortwitz, Situationskomik), obwohl man dazu sagen muss, dass dies vor dem Hintergrund der Schrecken des Nationalsozialismus wohl kaum möglich gewesen wäre. Betont wurde stattdessen das Groteske oder Absurde der gezeigten Handlung. Wieder waren die Übergänge zu Tragödien fließend, Dürrenmatts *Physiker* mit dreifachem Mord und apokalyptischem Schluss sind vielleicht das beste Beispiel, denn konstitutiv für die Komödie ist und bleibt das (zumindest weitgehende) **Happy-End**.

Vor dem skizzierten literarhistorischen Hintergrund konnte der promovierte Germanist Erich Kästner bereits 1948 spotten:

Happy end, d.h. Ende gut
Aus der großdeutschen Kunstlehre

Wenn zwei zum Schluß sich kriegen, sprecht:
Ende gut – alles schlecht! [120]

Das Pendant dazu ist nicht weniger polemisch:

Der Selbstwert des Tragischen
Aus der großdeutschen Kunstlehre

Es schwimmt der Held im eignen Blut?
Ende schlimm – alles gut! [121]

Interessant ist die implizite Behauptung, dass das Zu-ernst-Nehmen mit zum ‚großdeutschen' Weg und damit zur Katastrophe beigetragen hat. Humor ist für Kästner, wie es in einem anderen Gedicht heißt, „der Regenschirm der Weisen". [122] Nicht zu leugnen dürfte sein, dass die deutschsprachigen Schriftsteller das Komische weitgehend anderssprachigen Autoren überlassen haben, vor allem den Briten, deren Theater- und Filmbilanz zeigt, dass Komik und Qualität sich keineswegs ausschließen müssen.

<small>Die deutschsprachige Humorlosigkeit</small>

Kästner hätte sich bei seiner Wertschätzung der Komödie auf Schiller berufen können, der, wenn er auch selbst keine Komödie geschrieben hat, ihr doch immerhin das Folgende attestiert:

Welche von beiden, die Komödie oder die Tragödie, höher stehe, ist öfters gefragt worden. Man müßte untersuchen, welche von beiden die höhere Kraft voraussetzt und das Höhere erzielt, aber dann wird man finden, daß beide aus so verschiedenen Punkten wirken, daß sie sich nicht vergleichen lassen. [...] Unser Zustand in der Komödie ist ruhig, klar, frei, heiter, wir fühlen uns weder tätig noch leidend, wir

---

[120] Erich Kästner: Werke. 9 Bde. Hg. von Franz Josef Görtz. München u. Wien: Hanser 1998. Bd. 1, S. 291.
[121] Ebd., S. 290.
[122] Ebd.

> schauen an, und alles bleibt außer uns; dies ist der Zustand der Götter, die sich um nichts Menschliches bekümmern, die über allem frei schweben, die kein Schicksal berührt, die kein Gesetz zwingt.[123]

Zudem gilt, dass auch Tragödien nicht grundsätzlich gelungen sein müssen. Dies illustriert bereits ein von Lessing übermitteltes Bonmot:

> In einem andern noch schlechtern Trauerspiele, wo eine von den Hauptpersonen ganz aus heiler Haut starb, fragte ein Zuschauer seinen Nachbar: „Aber woran stirbt sie denn?" – „Woran? Am fünften Akte!" antwortete dieser.[124]

4.8 | Mischformen und Gattungsvielfalt

Wir haben bereits gesehen, dass die klassische Einteilung in Tragödie und Komödie so kaum funktioniert oder zumindest von der Definition des jeweiligen Begriffs abhängt. Die naheliegende Mischform ist die **Tragikomödie.** Gerhart Hauptmann hat als Tragikomödien bezeichnete Stücke geschrieben, beispielsweise *Die Ratten* von 1911. Friedrich Dürrenmatts „tragische Komödie" *Der Besuch der alten Dame* von 1956 schildert, wie eine reich gewordene frühere Einwohnerin Güllens, Claire Zachanassian, die Bürger der Kleinstadt zwingt, Claires tödliche Rache an ihrem früheren Liebhaber Alfred Ill zu vollziehen.

Beispiele für Tragikomödien

Tragikomödien müssen nicht unbedingt als solche bezeichnet sein, entscheidend ist vielmehr, dass Tragik und Komik in einem Mischungs- und auch Spannungsverhältnis zueinander stehen. Werner Schwabs „Radikalkomödie" *Volksvernichtung oder Meine Leber ist sinnlos*, 1991 uraufgeführt, dürfte hierfür ein gutes Beispiel sein, denn das Stück hat zwei Schlüsse: Am Ende des 3. Aktes werden alle Hausbewohner von Frau Grollfeuer vergiftet, der 4. Akt setzt noch einmal neu am Beginn der Geburtstagsparty an und lässt die Figuren am Leben. Der Typenkomödie folgend ist die Namensbezeichnung „Wurm", vermutlich handelt es sich dabei um eine Anspielung auf Schillers berühmtes bürgerliches Trauerspiel *Kabale und Liebe* (von 1784), in der eine Figur gleichen Namens vorkommt. Das Groteske von Schwabs Stück wird in Handlung und Sprache überdeutlich:

FRAU WURM   Alle Witze sind immer eine Schweinerei, wenn sie den Ernst des Lebens einwickeln. Und das Leben ist ernst, und die Fruchtbarkeit ist ernst, und die Familie ist am ernstesten.
HERRMANN   Und der Schweinebraten ist ernst, und die Leberwurst ist ernst, und das Bier ist ernst, und Österreich ist ernst, und Jesus ist auch ernsthaft, und ... *(Herr Kovacic schlägt Herrmann nieder, sodaß er samt dem Stuhl umfällt.)* [125]

In der neueren Literatur sind die Grenzen zwischen den Untergattungen des Dramas allgemein fließend geworden. So hat Fitzgerald Kusz sein in einer Dialektfassung besonders erfolgreiches Stück *Schweig, Bub!*, 1976 in Nürnberg uraufgeführt und dort jahrzehntelang gespielt, als **Volksstück** betitelt, also als für breite Schichten geeignetes Unterhaltungsstück, obwohl es in der schlechten Behandlung des Jungen Fritz anlässlich seiner Konfirmation, dem Streit der Erwachsenen und ihrem hohlen Gerede komische mit tragischen Zügen mischt und mit populären Volksstücken, wie sie beispielsweise das Hamburger Ohnsorg-Theater aufzuführen pflegt, nichts zu tun hat.

Weitere Gattungsbezeichnungen des Dramas

Seit langem in die deutschsprachige Theaterpraxis eingeführt ist das **Schauspiel**, mit so bekannten Beispielen wie Goethes *Götz von Berlichingen mit der eisernen Hand* (1773) und Schillers *Die Räuber* (1781) – das sind jene beiden Stücke, die ihre Verfasser als Dramenautoren überhaupt erst bekannt machten. Inwiefern sich das weniger festgelegte Schauspiel vom Trauerspiel unterscheidet, dem es sich oftmals annähert (die Helden von Goethes und Schillers Stücken, Götz und Karl Moor, scheitern), muss im Einzelfall geklärt werden. Immerhin gibt es nicht-tragische Gegenbeispiele, etwa Lessings *Nathan der Weise* (1779) und Schillers letztes vollendetes Stück *Wilhelm Tell* (1804). Man kann den Begriff des Schauspiels daher zunächst wörtlich nehmen und als konstitutiv Massen- und sonstige eindrucksvolle Szenen sehen: Es gibt für das Publikum etwas zum Schauen und Staunen.

Posse und **Schwank** sind Untergattungen der Komödie, sie akzentuieren das Lächerliche der Handlung und der Figuren (Posse)

---

[123] Schiller: Sämtliche Werke, Bd. 5, S. 1018.
[124] Lessing: Hamburgische Dramaturgie, S. 20.
[125] Werner Schwab: Fäkaliendramen. Die Präsidentinnen; Übergewicht, unwichtig: Unform; Volksvernichtung; Mein Hundemund. 4. Aufl. Wien: Literaturverlag Droschl 1996, S. 167f.

oder wollen vorrangig humorvoll unterhalten (Schwank). Oftmals findet sich Dialekt oder eine derbe Sprache, die Traditionen der **Barockkomödie** fortführt. Im 20. Jahrhundert gesellt sich die **Boulevardkomödie**, auch als Konversationslustspiel bezeichnet, dazu. Der Begriff des Konversationslustspiels enthält bereits ein konstitutives Merkmal – er betont das Gespräch, das möglichst geistreich sein, Wortwitz enthalten sollte. In seinem Erfolg unübertroffen dürfte der zu Unrecht von der Literaturwissenschaft kaum beachtete Curt Goetz sein. Stücke wie *Hokuspokus* (1928), *Dr. med. Hiob Prätorius* (1934/1953) und *Das Haus in Montevideo* (1953) wurden zudem als Verfilmungen sehr populär. Goetz bezeichnete seine gleichmäßig komischen Stücke unterschiedlich als Lustspiele oder als Komödien, was wieder einmal zeigt, wie fließend die Übergänge sind und wie notwendig es ist, eine immer als vorläufig zu begreifende Gattungszuordnung zu begründen.

Abb. 19

Sternstunde des deutschsprachigen Films: Curt Goetz, „Hokuspokus"

Die Oper entstand um 1600

Bühnenstücke plus Musik ergeben **Oper**, **Operette** und **Musical**. Am ältesten und angesehensten ist zweifellos die Oper, sie entstand um 1600 und fand in Musik wie Literatur hochgeschätzte Dichter-Komponisten. Besonders ausgeprägt ist die Beschäftigung mit Richard Wagner. Die Operette enthält deutlich weniger Musik und mehr gesprochenen Text, der Gesang nähert sich dem traditionellen Lied. Während die Oper Tragödien- und die komische Oper Komödienstoffe bevorzugt, ist die Operette eher Schwänken und Volksstücken verwandt. Das Musical dürfte sich aus der Operette entwickelt haben. Es kommt im 20. Jahrhundert vor allem im englischsprachigen, im US-amerikanischen Raum auf und wird erfolgreich verfilmt (von *West Side Story* aus dem Jahre 1960 mit der

Musik Leonard Bernsteins bis *Chicago* von 2002). Konstitutiv ist die Verbindung von moderner Schlager- oder Pop-Musik mit Tanz, Gespräch und einer Handlung, die in der Regel in (klein-)bürgerlichen Kreisen spielt. Musicals können eher komisch oder eher tragisch oder auch beides sein.

Für die Literaturwissenschaft gilt, dass Oper, Operette und Musical bisher kaum oder nur sehr selektiv in den Blick genommen wurden, man hat dies weitgehend der Musikwissenschaft überlassen. Dabei kann man zumindest über den Stück-Charakter eine Verbindung herstellen und literaturwissenschaftliche Kompetenz einbringen. Hier wie in allen anderen Bereichen literaturwissenschaftlicher Forschung ist eine Konzentration auf Texte festzustellen, die wegen bestimmter Qualitäten als Kernbestand des Faches gesehen werden. Hierzu mehr im Kapitel *Kanon und literarische Wertung* (Kap.8).

Musikdramen und Literaturwissenschaft

Beispielanalyse | 4.9

Jetzt wird es schwierig. Ein ganzes gestandenes Drama lässt sich hier nicht abdrucken. Nun gibt es, wie das eingangs zitierte Beispiel von Loriot gezeigt hat, auch kürzere dramatische Texte, die man vielleicht als Mini-Dramen bezeichnen könnte. Ein solches Mini-Drama mit dem Titel *Wiederaufnahme* stammt von Kurt Tucholsky, es handelt sich um ein Kapitel seines Buchs *Deutschland, Deutschland über alles* (1929) und ist eigentlich als Bestandteil dieses Buches zu sehen – worauf wir weitgehend verzichten müssen. Hier der Text:

Ein Minidrama Kurt Tucholskys

WIEDERAUFNAHME

Dem Präsidenten des Reichsgerichts,
Herrn Ehrendoktor Bumke, dargewidmet

ERSTER VERHANDLUNGSTAG

Der Vorsitzende: Na und – –?
Die Zeugin: Und – da ist er eben...
Der Vorsitzende: Was?
Die Zeugin (schweigt).

Der Vorsitzende: Aber sprechen sie doch... es tut Ihnen hier niemand etwas! Außerdem stehen Sie unter Ihrem Eid!
Die Zeugin (ganz leise): Da ist er eben die Nacht bei mir geblieben...!
Ein Geschworener: Das war also die Mordnacht? Die Nacht vom 16. auf den 17. November?
Die Zeugin: Ja...
Der Vorsitzende: Ja, um Gotteswillen! Hat Sie das denn niemand in der damaligen Verhandlung gefragt?
Die Zeugin: Der Herr Rat war so streng mit mir... und es ging auch alles so schnell –
Der Vorsitzende: Und da lassen Sie einen unschuldigen... da lassen Sie also einen Mann zum Tode verurteilen und dann später lebenslänglich ins Zuchthaus gehen, ohne zu sagen – also das verstehe ich nicht!
Die Zeugin (schluchzend): Meine Eltern sind sehr fromm... die Schande – –

ZWEITER VERHANDLUNGSTAG

Der Zeuge: Das habe ich auch alles ausgesagt. Aber der Herr Untersuchungsrichter wollte davon nichts hören.
Der Vorsitzende: Herr Landrichter Doktor Pechat?
Der Zeuge: Ja. Ich habe ihn immer wieder darauf hingewiesen, daß der Schrei in der Nacht gar nicht deutlich zu hören war – es regnete sehr stark, und das Haus war auch weit entfernt...
Der Vorsitzende: In Ihrer Aussage... also hier im Protokoll kann ich davon nichts finden.
Der Zeuge: Der Herr Untersuchungsrichter hat gesagt: wenn ich nicht unterschreibe, dann behält er mich gleich da.
Der Staatsanwalt: Das ist doch wohl nicht möglich! Herr Landrichter Pechat – bitte?
Der Landrichter: Ich kann mich nicht mehr besinnen.

DRITTER VERHANDLUNGSTAG

Der Sachverständige: Das erste, was jeder Fachmann sofort zu tun hatte, war: den zweiten Revolver zu untersuchen. Das ist damals nicht geschehen.
Der Staatsanwalt: Warum haben Sie denn das in der Verhandlung nicht angegeben?

Der Sachverständige: Herr Staatsanwalt! Ich bin jetzt dreiundzwanzig Jahre Sachverständiger... aber so was wie diese Verhandlung damals... ich durfte überhaupt nichts sagen. Der Staatsanwalt, Herr Staatsanwalt Pochhammer, und der Herr Vorsitzende, Herr Landgerichtsdirektor Brausewetter, haben immer wieder gesagt, das seien meine persönlichen Ansichten, und auf die käme es nicht...
Der Vorsitzende: Ist es Ihrer Meinung nach möglich, mit dem ersten Revolver auf die Entfernung, die das damalige Urteil annimmt, zu zielen oder gar zu treffen?
Der Sachverständige: Nein. Das ist ganz unmöglich.

VIERTER VERHANDLUNGSTAG

Der Staatsanwalt: ...wenn auch nicht mit absoluter Gewißheit, so doch mit einer gewissen Wahrscheinlichkeit angenommen werden kann, daß der Angeklagte nicht der Täter gewesen ist. Ich sage nicht: nicht gewesen sein kann. Denn wenn auch sein Alibi durch die Zeugin, Fräulein Koschitzki, nunmehr bewiesen ist; wenn auch die Zeugenaussagen, wonach man einen Schrei gehört habe, erschüttert worden sind: wenn auch, fahre ich fort, die versäumte Untersuchung des Armeerevolvers ein fehlendes Glied in der Beweiskette ist, so bleibt doch immer noch die Frage: Wo ist August Jenuschkat geblieben? Der Leichnam des Ermordeten ist niemals aufgefunden worden. Daher können wir auch nicht sagen, daß etwa in der ersten Verhandlung schuldhaft irgendein Umstand außer acht gelassen worden sei. Das wäre eine ungerechtfertigte Übertreibung. Die Umstände, wie ich sie Ihnen hier...
(Rumor)
Der Vorsitzende: Ich bitte doch aber um Ruhe! Justizwachtmeister, schließen Sie die –
Der Justizwachtmeister: Wollen Sie hier raus... Wollen Sie hier wohl....
Eine Stimme: Äi, Franz, was machst du denn auf der Anklagebank –?
Der Angeklagte (reißt die Augen auf und fällt in Ohnmacht)
Der Justizwachtmeister: Wistu... Wistu...
Der Vorsitzende: Ruhe! Was ist das? Was wollen Sie hier? Wer sind Sie?
Ein fremder Mann: I, ich bin der Jenuschkat!
Der Vorsitzende: Wenn Sie hier Ansprüche wegen Ihres ermordeten Angehörigen stellen wollen...
Der fremde Mann: Äi näi! Ich bin der August Jenuschkat!

Der Vorsitzende: Ruhe! Sie sind der August Jenuschkat? Gibt es zwei Augusts in Ihrer Familie?
Der fremde Mann: Näin. Ich hab jeheert, se haben mir ermordet: aber ich jlaub, es is nicht wahr!
Der Vorsitzende: Treten Sie mal vor! Haben Sie Papiere, mit denen Sie sich ausweisen können? Ja... Da sind Sie also der... da sind Sie also –
Der fremde Mann: Jaa... Wie ich an dem Morjen bin nach Hause gekomm, da standen da all die Schendarm. Und da bin ich jläich wechjemacht, weil ich jedacht hab, se wolln mir holen. Ich hatt da noch 'n Stückchen mits Finanzamt... Und da bin ich riber mit die Pferde – ins Litauische. Und da hab ich mich denn in eine Försterstochter verliebt und hab se all jehäirat. Un jeschrieben hat mir käiner, weil se meine Adreß nich jehabt habn. Und wie ich nu heite morjn rieber komm ausn Litauischen, mit die Pferde, da heer ich diß hier. Nee, saren Se mal –!
Der Vorsitzende: Die Verhandlung wird vertagt.

✍

PERSONALNACHRICHTEN

Befördert wurden:
Herr Landrichter Doktor Pechat zum Landgerichtsdirektor;
Herr Staatsanwalt Doktor Pochhammer zum Ersten Staatsanwalt;
Herr Landgerichtsdirektor Brausewetter zum Senatspräsidenten in Königsberg.

Haupt- und Nebentext	Wir haben als Nebentext nur wenige Regieanweisungen, der Autor überlässt die Gestaltung der Szene der Phantasie des Zuschauers oder, bei einer Aufführung, des Theaterteams. Das ist ein Indiz dafür, dass es dem Autor in erster Linie auf den Text selbst ankommt. Ein Personenverzeichnis findet sich nicht, ist angesichts der Kürze und der wenigen auftretenden Personen allerdings auch nicht unbedingt notwendig. Dies alles, die von keiner Figur gesprochenen, doch für das Verständnis unverzichtbaren „Personalnachrichten" und die Publikation als Kapitel eines Buches machen sehr deutlich, dass es sich hier um ein – so könnte man es vielleicht nennen – Mini-Lesedrama handelt, dass die Aufführung also gar nicht beabsichtigt ist.

Das Mini-Drama ist in vier „Verhandlungstage" und einen graphisch abgesetzten Abschnitt „Personalnachrichten" gegliedert, es orientiert sich somit am Muster des klassischen Dramas, zumindest hat es einen regelmäßigen Aufbau. Der erste Verhandlungstag erfüllt die Aufgaben einer Exposition und erzeugt zugleich Spannung. Von der Anlage her handelt es sich um ein analytisches Drama – die Gerichtsverhandlung versucht ein in der Vergangenheit liegendes Geschehen zu klären. Zielorientiert ist freilich der Rahmen, die Wiederaufnahme des Gerichtsverfahrens mit dem Ausgang, dass der Mord gar nicht stattgefunden hat.

Auf die Exposition folgt die steigende Handlung, markiert durch eine immer umfangreichere Aufdeckung von Verfahrensfehlern. Der vierte Verhandlungstag enthält, mit dem Auftritt des angeblich Ermordeten, den Höhepunkt und gleichzeitig die Auflösung. Die nachgeschobenen „Personalnachrichten" kann man noch als Teil der Handlung sehen, sie unterrichten uns über ein zeitlich später liegendes Geschehen und stellen die Frage, inwieweit dies mit der gezeigten Verhandlung in Verbindung steht oder stehen sollte. Ein erster, dramaturgisch weniger wichtiger, aber inhaltlich bedeutsamer Höhepunkt findet sich am dritten Verhandlungstag – hier tritt der wichtigste Verfahrensfehler zu Tage, die massive und zum ungerechten Ausgang führende Beeinflussung von Zeugen durch die zentralen Justizbeamten, den Staatsanwalt und den Landgerichtsdirektor.

<small>Aufbau der Handlung</small>

Eine Einheit des Ortes und der Handlung ist weitgehend gegeben. Das Mini-Drama spielt in einem Gerichtssaal, der Dialog steuert auf den Verfahrensausgang zu und das Figurenpersonal ist übersichtlich, allerdings nicht – eine wichtige Einschränkung – in jedem ‚Akt' präsent und nicht so gering, wie dies Gottsched einst forderte. Das Geschehen umspannt vier plus x Tage, das x ergibt sich aus der fehlenden Angabe, wieviel später die unter „Personalnachrichten" genannten Beförderungen stattgefunden haben. Eine Einheit der Zeit lässt sich also, gemessen an klassischen Vorstellungen, nicht konstatieren, andererseits auch nicht das Gegenteil – der Zeitraum ist überschaubar.

<small>Ort, Zeit und Personal</small>

Das Mini-Drama besteht ausschließlich aus Dialogen, die sich am vierten Verhandlungstag der Stichomythie nähern; wobei diese Technik nur in Dramen mit regelmäßiger Versform leicht nachweisbar ist. Auf eine Versform, auf Reime oder sonstige bekannte Stilmittel des klassischen Dramas verzichtet dieses Mini-Drama.

<small>Stilistische Besonderheiten</small>

Dabei ist es nicht frei von stilistischen Besonderheiten, beispielsweise finden sich durch drei Punkte markierte Auslassungen, elliptische (= unvollständige) Sätze und – beim angeblich Ermordeten – Dialekt. Die ersten beiden Stilmittel dienen der Erzeugung von Spannung, alle drei machen den Text als gesprochene Rede glaubwürdiger, sorgen also für Authentizität.

Komödie oder Tragödie?

Zunächst lässt sich der Text als (Mini-)Komödie klassifizieren, in der Verwendung des Dialekts und in der komischen Selbstentlarvung des angeblich Ermordeten mit einer Nähe zum Schwank oder zur Posse. Wie in der Komödie üblich finden sich Typisierungen, die Figuren stehen für bestimmte Typen – das um ihren guten Ruf besorgte Fräulein, der unschuldig Verurteilte, der nur an der Verurteilung interessierte Staatsanwalt etc. Die Typisierung wird bei den höheren Justizbeamten durch sprechende Namen hervorgehoben: Pochhammer, Brausewetter.

Ebenfalls konstitutiv für die Komödie ist das Happy-End, das hier allerdings nur für den Angeklagten gilt und auch nur, insoweit er nun nach einer unbekannten Zeitspanne in Haft auf freien Fuß gesetzt werden dürfte. Verkündet wird die Freilassung nicht, die Verhandlung wird vertagt. Insofern bleibt das Ende offen und der Zweifel bestehen, ob die Justiz ihren gesammelten Irrtümern nicht vielleicht noch den hinzufügen wird, den Angeklagten trotz erwiesener Unschuld in Haft zu behalten.

Weniger komisch und eher tragisch ist die schrittweise Enthüllung der Unfähigkeit der Justiz, die in der Beförderung derjenigen gipfelt, die dafür gesorgt haben, dass der Angeklagte unschuldig ins Gefängnis kam. Insofern ist der mit „Personalnachrichten" bezeichnete, eigentliche Ausgang ein tragischer, zumal wenn man ihn als repräsentativ für den Zustand der deutschen Justiz begreift. Letztlich kommt man dem Text wohl am nächsten, wenn man ihn nicht als (Mini-)Komödie, sondern als (Mini-)Tragikomödie bezeichnet.

4.10 | Wichtige Begriffe zu diesem Kapitel

Nebentext
   Regieanweisungen
   Figurennamen
   Figurenrede
Haupttext

Dialoge
Monologe
Unmittelbarkeit
Inszenierung
Aufführung

Dramaturg
Rolle
Episches Theater
Lesedrama
Botenbericht
Mauerschau / Teichoskopie
Antilabe
Stichomythie
Einheit von Ort, Zeit und
    Handlung
Akte / Aufzüge
Szenen / Auftritte
Exposition
steigende Handlung
fallende Handlung
Lösung / Katastrophe
Höhepunkt
Peripetie
Anagnórisis
geschlossenes Drama
offenes Drama
analytisches Drama
Zieldrama
Tragödie
tragische Schuld

Schicksal
Katharsis
Fallhöhe
Trauerspiel
gemischte Charaktere
Komödie
Commedia dell'Arte
Harlekin
Improvisation
Slapstick
Sächsische Typenkomödie
sprechende Namen
Typisierung der Figuren
rührendes Lustspiel
Happy-End
Tragikomödie
Volksstück
Schauspiel
Posse
Schwank
Boulevardkomödie / Konversa-
    tionslustspiel
Oper
Operette
Musical

Empfohlene Literatur zu diesem Kapitel | 4.11

Bernhard Asmuth: Einführung in die Dramenanalyse. 6. Aufl. Stuttgart u. Weimar: Metzler 2004.

Kompakte, übersichtliche, solide Einführung, für Studierende aller Semester geeignet.

Ivo Braak: Poetik in Stichworten. Literaturwissenschaftliche Grundbegriffe. Eine Einführung. 7., überarb. u. erw. Aufl. von Martin Neubauer. Unterägeri: Hirt 1990 (Hirts Stichwörterbücher).

Lehr- und Lernbuch sowie Nachschlagewerk mit umfangreichem Kapitel zu wichtigen Begriffen der Dramenanalyse.

5 | Hörspiel, Song und Film

Inhalt

5.1	Texte einmal anders	85
5.2	Filmanalyse	86
5.3	Literaturverfilmungen	89
5.4	Internationalität des Films	89
5.5	Radio und Hörspiel	91
5.6	Text-Bild-Beziehungen	92
5.7	Song	93
5.8	Wichtige Begriffe zu diesem Kapitel	94
5.9	Empfohlene Literatur zu diesem Kapitel	95

Zusammenfassung

Zwar wird an vielen Hochschulen unter dem Dach der Literaturwissenschaft Filmanalyse betrieben, doch meist in Form von einzelnen, gelegentlichen Veranstaltungen. Dabei handelt es sich bei Filmen, Hörspielen, betexteten Bildern, Songs etc. in zweifacher Hinsicht um berücksichtigenswerte Textgattungen: 1. ist geschriebene, gesprochene, gesungene Sprache ein Teil des Gesamt-Texts; 2. sagen auch die anderen Codes oder Zeichensysteme etwas aus (Bilder in bestimmter Anordnung erzählen eine Geschichte, Musik kann Effekte verstärken oder abschwächen etc.). Ein Film, ein Hörspiel, ein Song etc. ist also ein Bündel von Codes, das sich zu einem Gesamt-Text vereinigt. Es gibt keinen Grund, solche Texte aus dem Literaturbegriff auszuschließen.

Texte einmal anders | 5.1

Wenn man sich vor 100 Jahren unterhalten und anregen lassen wollte, dann las man ein Buch oder ging ins Theater. Dafür hatte die Erfindung des Buchdrucks mit beweglichen Lettern (Buchstaben) durch Johannes Gutenberg um 1450 den Grundstein gelegt. Das Buch blieb lange Zeit ein Privileg der Wenigen, bis sich im 18. Jahrhundert die Dinge beschleunigten. Die Entwicklung der Naturwissenschaften, die sich auch in Deutschland ankündigende industrielle Revolution, zahlreiche Erfindungen, die zunehmende Alphabetisierung, die Ablösung der lateinischen Schriftsprache durch die deutsche sorgten dafür, dass sich um 1800 bereits eine bürgerliche Öffentlichkeit gebildet hatte, die sich im 19. Jahrhundert zur staatstragenden Schicht ausbildete.

Öffentlichkeit wurde über Zeitungen und Zeitschriften, Bücher und Bühnenaufführungen hergestellt. Doch um die Wende zum 20. Jahrhundert gab es bereits einige Daniel Düsentriebs, die eifrig an der Einführung von Radio und Film bastelten. „Das Kino sollte zum ‚Theater' werden, der Film zur ‚Literatur', damit das Kino als Medium bürgerlicher Wertvorstellungen fungieren konnte, die noch immer durch Literatur und Theater repräsentiert wurden." [1]

Leitmedium Film

Seit der Blütezeit des Stummfilms in den 20er und der Durchsetzung des Tonfilms in den 30er Jahren ist das **Medium** des **Films** (in Kino und Fernsehen) in atemberaubendem Tempo zum so genannten **Leitmedium** geworden, und es ist so dominant, dass einige kulturkritisch eingestellte Menschen wohl lieber vom ‚Leidmedium' sprechen würden. „Ca. 4000 Kinospielfilme zeigt das Fernsehen jährlich, unzählige Fernsehfilme und Serienfolgen nicht eingerechnet", bilanziert Knut Hickethier Mitte der 90er Jahre. [2] Wer nicht auf Kino- und Sendezeiten angewiesen sein will, kauft oder leiht sich Videos und DVDs. Dazu kommen unzählbare Amateur-Videos. Ebenfalls dominant, wenn auch weniger im Blickpunkt der Diskussion ist Musik, die in der Regel mit Texten verknüpft ist. Wenige Pop-, Rock- und Wasweißich-Gruppen kommen ohne Text aus, der mal gesungen, mal rhythmisch gesprochen und mal geschrien wird.

[1] Joachim Paech: Literatur und Film. 2., überarb. Aufl. Stuttgart u. Weimar: Metzler 1997 (Sammlung Metzler 235), S. 90.
[2] Knut Hickethier: Film- und Fernsehanalyse. 2., überarb. Aufl. Stuttgart u. Weimar: Metzler 1996 (Sammlung Metzler 277), S. 1.

Die Literaturwissenschaft tut sich immer noch mit der Konkurrenz schwer. Es gibt seit Jahrzehnten eine spezialisierte Gruppe von Hörspiel-Forschern. In einer weiteren Nische hat sich die Filmphilologie eingerichtet, wobei es immer häufiger vorkommt, dass in Seminaren Literaturverfilmungen gezeigt werden – auf die sich der Literaturwissenschaftler beschränkt. Auch Liedvertonungen werden ab und zu als Illustration des Seminarstoffs eingesetzt. Das ist nicht viel. Die Literaturwissenschaft hätte mehr zum Verständnis von Film und Radio beizutragen.

5.2 | Filmanalyse

Unterschiede und Gemeinsamkeiten von Filmen und Erzähltexten

Statt ein wichtiger Teil der Literaturwissenschaft zu werden, hat sich die Filmwissenschaft als eigenes Fach etabliert. Dabei sind die Unterschiede zwischen einem Film mit fiktivem Inhalt und einem Erzähltext bei näherem Hinsehen gar nicht so groß. Beide erzählen eine Geschichte, und sie tun dies mittels verschiedener Codes. In Länge, Struktur und Fiktionalitätsgrad sind Spielfilm und Roman vergleichbar. Der Roman setzt (von Illustrationen einmal abgesehen) auf einen einzigen Code, den schriftsprachlichen. Der Spielfilm (und jeder andere Film) nutzt verschiedene Codes parallel: gesprochene Sprache, Mimik, Gestik, Musik (eventuell mit Text), Kameraperspektive, Schnitt, auch Schriftsprache (regulär im Stummfilm, im Vor- und Abspann, als stilistische Besonderheit z.B. in der *Effi-Briest*-Verfilmung von Rainer Werner Fassbinder).

Dies macht den Spielfilm (oder einen anderen auf Fiktion beruhenden Film) einerseits weniger komplex, er überlässt wenig der Vorstellung, weil er das Erzählte **visualisieren** (in Bilder überset-

Abb. 20

Hanna Schygulla als „Effi Briest" in der legendären Verfilmung von Rainer Werner Fassbinder

zen) muss. Andererseits macht es ihn komplexer, denn er kombiniert verschiedene Codes, die man gleichzeitig decodieren muss. Knut Hickethier meint: „Das Besondere des filmischen Textes liegt gerade darin, daß er Bedeutungen nicht nur jeweils auf der Ebene des gesprochenen Textes, des Abgebildeten, der Struktur der Bilder und ihrer Verbindung (Montage) entstehen läßt, sondern daß diese Bedeutungen auch im Spiel der einzelnen Ausdrucks- und Mitteilungsebenen miteinander entstehen." [13]

Wie analysiert man einen Film? Traditionell beginnt man mit einem **Filmprotokoll**. Nach den genannten verschiedenen Codes aufgeschlüsselt wird dokumentiert, was man beobachten kann – gesprochener Text, Kameraperspektive und deren Veränderung, Musik, Schnitte und so weiter. Macht man das mit einem ganzen Spielfilm, dann kann das Filmprotokoll sehr umfangreich werden und es fragt sich, ob die Zeit, die man dafür aufwendet, nicht sinnvoller eingesetzt werden kann. Deshalb hat man „reduzierte Protokollierungsverfahren" entwickelt.[14] Das **Sequenzprotokoll** beschreibt zusammenfassend Handlung und Figuren der einzelnen Sequenzen, das sind Handlungseinheiten, deren Festlegung freilich eine Frage der Kriterien ist. „In der Regel werden Handlungseinheiten durch einen Ortswechsel, eine Veränderung der Figurenkonstellation und durch einen Wechsel in der erzählten Zeit [Dauer der Handlung] bzw. der Erzählzeit [Dauer des Filmabschnitts] markiert."[15] Das **Einstellungsprotokoll** „dient der genaueren Erfassung der filmischen Struktur innerhalb einzelner Sequenzen",[16] das bedeutet also wieder die Aufschlüsselung nach den einzelnen Codes. In der Kombination der beiden Verfahren lässt sich eine gute Grundlage für eine Interpretation gewinnen.

Um ein wie auch immer selektives Filmprotokoll zu erstellen, mit dem sich ein Film interpretieren lässt, muss man sich genauer mit den verschiedenen Codes auseinander setzen. Helmut Korte nennt die visuellen Möglichkeiten „Elemente der filmischen Gestaltung".[17]

Wie analysiert man einen Film?

---

[13] Ebd., S. 24.
[14] Ebd., S. 38.
[15] Vgl. ebd.
[16] Vgl. ebd.
[17] Vgl. Helmut Korte: Einführung in die systematische Filmanalyse. Ein Arbeitsbuch. 2., durchges. Aufl. Berlin: Erich Schmidt 2001, S. 25.

Elemente filmischer Gestaltung nach Korte

1. Die **Einstellung** als „die kleinste kontinuierlich belichtete filmische Einheit". Aus mehreren Einstellungen besteht eine **Subsequenz**, die kleinere Einheit einer Sequenz; viele Sequenzen bilden einen Film.

2. Die durch Kameraabstand oder -objektiv geregelten **Einstellungsgrößen**. **Super-Totale**, **Weit** oder **Panorama** nennt man eine Einstellungsgröße, die eine weite Landschaft zeigt, in der sich vielleicht Personen bewegen. Die **Totale** zeigt eine Person mit größerem Abstand, während die Person in der **Halbtotale** das Bildformat ausfüllt. Eine **Amerikanische** (auch ‚knee-shot', übersetzt ‚Knieschuss') zeigt die Person vom Kopf bis zum Oberschenkel. Sie wird immer größer – als nächstes kommen, mit **Nah**, der Kopf und Oberkörper ins Blickfeld. **Groß** zeigt in der Regel den Kopf, **Detail** ein Detail, beispielsweise ein Auge. Wenn die Entfernung durch Veränderung der Brennweite erzielt wird, spricht man von **Zoom**, etwas wird herangezoomt oder weggezoomt, man holt es näher heran oder rückt es weiter fort.

3. Die Möglichkeiten der **Kamerabewegungen** bestehen aus Ranfahrt (Kamera fährt auf ein Objekt zu), Rückfahrt (gegenteilige Richtung), Seitfahrt (fährt am Objekt vorbei) oder Parallelfahrt. Beim Schwenk wird die Kamera gedreht. Die Geschwindigkeit der Kamerafahrt lässt sich je nach gewünschtem Effekt variieren.

4. Um verschiedene Kameraperspektiven zu verbinden, kann man mit **Überblendungen** arbeiten, die Bilder verschiedener Perspektiven gehen dann langsam ineinander über. Eine andere Möglichkeit ist das **Schuss-Gegenschuss-Verfahren**: Man zeigt beispielsweise zwei Personen im Gespräch erst aus der Perspektive der einen und dann der anderen Person, in der Regel blickt die Kamera dabei den Gesprächspartnern über die Schulter.

5. Die **Blickperspektive** der Kamera wird gern eingesetzt, um Personen als unterlegen oder überlegen zu charakterisieren. Aus der **Untersicht** scheint eine Person bedrohlich und dominant, dies verstärkt sich noch in der **Froschperspektive**. Das Gegenteil ist bei **Aufsicht** und **Vogelperspektive** der Fall.

6. Der **Schnitt** beeinflusst die Wahrnehmung stark, er kann schnell oder langsam, an passend-unauffälliger oder überraschender Stelle erfolgen. Bekanntlich haben Musikvideos und Actionfilme eine hohe **Schnittfrequenz**, also einen kurzen Abstand zwischen

den Schnitten. Der Abstand ist oftmals dort kürzer, wo Spannung erzeugt werden soll. Um der Schnitttechnik auf die Spur zu kommen, kann man eine Schnittfrequenzgrafik erstellen.

Die wichtigen Begriffe klingen sehr technisch und lassen sich eigentlich nur am Beispiel eines Films erklären. Es kann sich jeder, der dies liest und Interesse daran hat, einmal mit der Liste der sechs Punkte vor den Fernseher setzen und versuchen zu entdecken, was sich hinter den Begriffen verbirgt. Dann wird alles sehr schnell viel klarer werden.

Literaturverfilmungen | 5.3

Bei der Verfilmung von Literatur handelt es sich
1. um eine Interpretation der literarischen Vorlage,
2. um die Übersetzung in ein anderes Medium.

Verfilmung als „Übersetzung" und Interpretation

Wie beim Drama werden bei der Auswahl der Textstellen, der Ausstattung, der Darstellung der Figuren eigene Akzente gesetzt, deshalb lässt sich von einer Interpretation sprechen. So gibt es eine relativ neue Verfilmung von Kästners Kinderroman *Pünktchen und Anton* (von 1998, Regie Caroline Link), die nicht in der Weimarer Republik spielt, sondern in der Berliner Republik. Die mehr als sechs Jahrzehnte Differenz bedeuten unter anderem, dass die Figuren anders sprechen müssen, um nicht merkwürdig altertümlich zu wirken. In dem Film gibt es Szenen, die sich im Buch nicht finden und die nicht zuletzt der Visualisierung geschuldet sind, etwa die spektakuläre Fahrt der beiden Kinder im Auto.

Damit wären wir schon beim zweiten Punkt. Bei der Übersetzung von einer Sprache in die andere, etwa vom Deutschen ins Englische, müssen die eigenen Gesetze der neuen Sprache berücksichtigt werden – ähnlich verhält es sich bei der Übersetzung von einem Medium in ein anderes. Die Eigengesetzlichkeiten der Literatur sind in den vorherigen Kapiteln dieses Buches, die des Films im vorhergehenden Abschnitt dieses Kapitels beschrieben worden.

Internationalität des Films | 5.4

Die deutsche Filmindustrie war in den 20er Jahren führend und wurde dann von der US-amerikanischen überholt. Heute ist sie im

Hörspiel, Song und Film

weltweiten Vergleich nahezu unbedeutend, von einigen spektakulären internationalen Erfolgen wie *Lola rennt* (von 1998, Regie Tom Tykwer) einmal abgesehen. Dafür ist das Wissen, das deutschsprachige Rezipienten über ausländische Filme haben, besonders groß. Neben der dominierenden US-amerikanischen ist die britische Filmindustrie in Deutschland sehr erfolgreich, der französische, der italienische und der skandinavische Film haben in kleineren Kreisen ein hohes Ansehen. Auch die Adaption von Literatur ist grenzüberschreitend, so diente Kult-Regisseur Stanley Kubrick für seinen Film *Eyes Wide Shut* (von 1999) die *Traumnovelle* von Arthur Schnitzler als Vorlage. Jurek Beckers Roman *Jakob der Lügner* wurde zweimal verfilmt, einmal in der DDR (1974, Regie Frank Beyer) und einmal in den USA (1999, Regie Peter Kassovitz).

Shakespeare im Film

Wer deutsche Literatur studiert, sollte auch wichtige ausländische Literatur kennen, da es zahlreiche Wechselwirkungen gibt, man denke an den Einfluss Shakespeares auf die Entwicklung des deutschsprachigen Dramas. Beim Studium von Filmen wird die Soll-Bestimmung zu einer Muss-Bestimmung. Andererseits gibt es wohl niemand, der weniger als einige hundert Hollywood-Filme in seinem Leben gesehen hat. Man kann beim Film Wissen voraussetzen, das für die Literatur leider nicht mehr selbstverständlich ist.

Sogar Shakespeare, um dieses Beispiel zu vertiefen, dürfte für viele heute eher durch die zahlreichen Verfilmungen der letzten Jahrzehnte als durch die Texte präsent sein, von der *Othello*-Verfilmung des größten filmischen Multitalents aller Zeiten, Orson Welles (Produktion, Regie, Buch und Hauptdarsteller), aus den Jahren 1949-52 bis zu den beiden spektakulären *Hamlet*-Verfilmungen der 90er Jahre: 1990 durch Franco Zeffirelli mit bekannten Schauspielern wie Mel Gibson (Titelrolle), Glenn Close, Paul Scofield und Helena Bonham Carter; 1996 durch Kenneth Branagh (neben Regie

Abb. 21

Filmplakat „Viel Lärm um Nichts" in der Verfilmung von Kenneth Branagh

auch Buch und Hauptrolle), ebenfalls ein Multitalent, das für weitere Shakespeare-Verfilmungen verantwortlich zeichnet, darunter die bezaubernde Fassung von *Viel Lärm um nichts* aus dem Jahre 1993.

Radio und Hörspiel | 5.5

Das Medium **Radio** bedient sich der gesprochenen Sprache und bezieht Musik mit ein. Der Wechsel des ‚Kanals' der Botschaft (also Radiowellen statt Buchseiten) bedeutet für die Rezeption zweierlei: Das Radio lässt seine Hörer unmittelbar am Geschehen teilhaben (Liveübertragung) oder es informiert sie, kurz nachdem ein Ereignis geschehen ist. Das Radio kann bei **Hörspielen**, die es in Deutschland seit 1924/25 gibt,[18] auch die Fiktion von unmittelbarer Teilhabe an einem angeblich wirklichen Ereignis erzeugen. Legendäres Beispiel hierfür ist das Hörspiel *The War of the Worlds* von 1938,[19] das den späteren Filmregisseur und Schauspieler Orson Welles über Nacht berühmt machte. Zahlreiche Hörer glaubten an den Angriff der Außerirdischen und versuchten aus den Städten aufs Land zu fliehen, insbesondere in New York und New Jersey kam es zu einer Massenpanik.

Orson Welles entfesselte den „Krieg der Welten"

Andererseits handelt es sich um ein flüchtiges Medium. Man kann nicht, wie beim Buch, zu jeder Zeit auf jede Botschaft zugreifen, es sei denn, man zeichnet sie auf – dann muss man aber vorher wissen, wann welche Botschaft gesendet wird, und entsprechende Vorbereitungen treffen. Mitschnitte von verpassten Sendungen zu bekommen ist schwierig und zeitraubend. Nur ganz wenige Zusammenschnitte schaffen es, gespeichert auf Cassetten oder CDs, in die Läden.

Flüchtigkeit des Mediums Radio

Viele Schriftsteller haben Hörspiele geschrieben oder Texte von Schriftstellern wurden zu Hörspielen. Ein Hörspiel lässt sich definieren als eine auditive Inszenierung mit Erzähler, Sprechern und einer Geräuschkulisse. Wie eine Theateraufführung oder ein Film lässt das Hörspiel den Zuhörer über weite Strecken unmittelbar am

Elemente des Hörspiels

---

[18] Vgl. Stefan Bodo Würffel: Das deutsche Hörspiel. Stuttgart: Metzler 1978 (Sammlung Metzler 172), S. 14.
[19] Vgl. Text und Analyse bei Werner Faulstich: Radiotheorie. Eine Studie zum Hörspiel ‚The War of the Worlds' (1938) von Orson Welles. Tübingen: Gunter Narr 1981 (Medienbibliothek, Serie B, Studien 1), S. 17ff.

Geschehen teilhaben. Dem Schnitt im Film und dem Abschnitt oder Kapitel im Buch entspricht die **Blende**.[110] So kann beispielsweise Zeit gerafft oder ein Ortswechsel vorgenommen werden. Natürlich unterscheidet sich das Hörspiel von den beiden anderen Gattungen durch die Konzentration auf den Hörsinn, das bedeutet die Wahl besonderer Mittel. Der Modulation der Stimme und der Präsentation der Geräusche kommt herausragende Bedeutung zu. Die Verwandtschaft mit der Literatur, die sich auch ‚nur' auf einen Sinn beschränkt, ist offenkundig und wird unterstrichen, wenn es, wie in der Prosa, einen Erzähler gibt.

Hinzu kommt das seit den 90er Jahren populäre **Hörbuch**. Auf Kassette oder CD befindet sich der von einem Sprecher gelesene Originaltext. Der Text kann auch gekürzt sein. Dramatisierungen sind üblich. Rufus Beck beispielsweise gibt in seinen Lesungen der *Harry-Potter*-Romane von Joanne K. Rowling den Figuren durch Stimmveränderungen ein eigenes Gepräge. Bei mehreren Sprechern und gestalterischen Elementen, vor allem Musik und Geräuschen, nähert sich das Hörbuch dem Hörspiel.

| Abb. 22

*„Harry Potter"
als Hörbuch,
kongenial gelesen
von Rufus Beck*

5.6 | Text-Bild-Beziehungen

Text-Bild-Beziehungen haben eine lange Geschichte. In der Barockzeit begründeten sie als **Emblematik** eine eigene Gattung, Bild und Text wurden zu einer gemeinsamen Aussage kombiniert. Im 19. Jahrhundert entstanden Bildergeschichten für Kinder, man denke an Wilhelm Busch. Der **Comic** ist ein Phänomen des 20. Jahrhunderts, massenwirksam verbreitet durch Walt Disneys Imperium. Er wechselt schnell einmal das Medium, im Film spricht man dann von **Zeichentrick** oder **Animation**. Eine Entwicklung der 90er Jahre sind nicht mehr gezeichnete, sondern computeranimierte Filme – der erste große kommerzielle Erfolg war *Toy Story*, weitere folgten, etwa *Antz*, *Monster Inc.* und *Ice Age*. Auch von mit ‚echten' Schauspielern gedrehten Filmen wird diese Technik genutzt, man denke an die auf Tolkiens gleichnamigem Kultbuch beruhende Filmtrilogie *Lord of the Rings*. Umgekehrt werden Comics mit ‚echten' Schauspielern verfilmt, die bekanntesten Beispiele sind *Superman*, *Batman* und *Spiderman*.

Bilder sind Texte

Eine eigentlich banale Feststellung, die sich aber bisher in der Literaturwissenschaft nicht allgemein durchgesetzt hat: Auch

Abb. 23

Kurt Tucholsky,
Deutschland, Deutschland über alles

(bewegte) Bilder können wie Texte gelesen werden, Texte und Bilder haben viel miteinander gemein, und wenn sie zusammen kommen, lässt sich ihr potenzieller Sinngehalt nicht durch Isolierung des Textes erfassen. Das gilt sogar für besonders anspruchsvolle Texte wie Kurt Tucholskys Buch *Deutschland, Deutschland über alles* oder die Romane W.G. Sebalds (*Die Ausgewanderten*, *Die Ringe des Saturn*, *Austerlitz*). Sebald bindet unkommentierte, nicht immer authentische Fotos in Geschichten von Menschen ein, die durch den Nationalsozialismus aus ihrer Lebensbahn geworfen wurden.

Song

5.7

Die literaturwissenschaftliche Kompetenz bei der Analyse von Liedern und **Songs** betrifft natürlich den Text. Bisher hat man sich weitgehend darauf beschränkt, Texte zu analysieren, die nachträglich vertont wurden oder die von bekannten Autoren stammen, das Spektrum reicht von Gesangbuchtexten aus der Barockzeit über Vertonungen von Schiller-Balladen und Operntexte Wagners bis zu Kabarett-Texten des 20. Jahrhunderts.

Es wäre zu wünschen, dass auch einmal Songtexte in den Blick genommen werden, die nicht den beiden genannten Kriterien entsprechen. Das erste Kriterium ‚der Text war zuerst da' ist ohnehin stark anzweifelbar, da über den Produktionsprozess von Liedermachern (im Wortsinne verstanden) wenig bekannt ist.

Heute gibt es Musikgruppen, die einen eigenen Texter haben, und es gibt andere, bei denen einer sowohl den Text als auch die Musik dazu schreibt – und dann in der Regel noch als eigener

---

[10] Würffel: Das deutsche Hörspiel, S. 21.

Songtexte sind Gedichte

Interpret auftritt. In Deutschland sind bekannte Namen der letzten Jahrzehnte Heinz Rudolf Kunze (übrigens ein promovierter Philosoph), Marius Müller-Westernhagen und Herbert Grönemeyer. Betrachtet man die Songtexte, dann gibt es nicht immer erkennbare Unterschiede zur lyrischen Produktion der Zeit. Die einzige signifikante Differenz ist und bleibt: Songtexte muss man singen können, Gedichte nicht. Ob das es rechtfertigt, Songtexte nicht zu den Gedichten zu zählen?[111]

Eine *Beispielanalyse* am Ende dieses Kapitels würde zu weit führen. Die Interpretation eines Liedtextes käme einer Gedichtanalyse gleich, erweitert vielleicht um Noten und damit um die musikalische Komponente, für die dem Verfasser leider die Kompetenz fehlt. In der praktischen Anwendung des Buches könnte die Lücke gefüllt werden. Sollte der Dozent trotzdem keinen Film oder kein Hörspiel vorführen, dann wird das an der Materialfülle liegen, die er im Einführungskurs unterbringen muss. Das heißt aber nicht, dass Studenten der Literaturwissenschaft nicht wachsam sein sollten, ob im weiteren Verlauf des Studiums ein entsprechendes Angebot gemacht wird. Nötigenfalls sollten sie es anregen.

5.8 | Wichtige Begriffe zu diesem Kapitel

Code / Zeichensystem
Medium / Leitmedium
Spielfilm
Visualisierung
Filmprotokoll
Sequenzprotokoll
Einstellungsprotokoll
Einstellung
Subsequenz
Einstellungsgrößen
    Super-Totale
    Totale
    Amerikanische
    Nah
    Groß
    Detail
    Zoom

Kamerabewegungen
Schuss-Gegenschuss-Verfahren
Blickperspektive
    Untersicht
    Froschperspektive
    Aufsicht
    Vogelperspektive
Schnitt
Schnittfrequenz
Radio
Hörspiel
Blende
Hörbuch
Emblematik
Comic
Zeichentrick / Animation
Song

5.9 Empfohlene Literatur zu diesem Kapitel

Helmut Korte: Einführung in die systematische Filmanalyse. Ein Arbeitsbuch. 2., durchges. Aufl. Berlin: Erich Schmidt 2001.

Ein hervorragendes Einführungskapitel wird durch umfangreiche Beispielanalysen ergänzt.

Lexikon des internationalen Films 2001 (ggf. neuere Ausgabe). München: Net World Vision 2000 (CD-Rom-Ausgabe des im Rowohlt-Verlag erschienenen Lexikons).

Computergestütztes Nachschlagewerk, das grundlegende Informationen über zahlreiche Filme enthält (Herstellungsdaten, Schauspieler, Regisseure, Inhalt...). Die Recherche am Computer ist einfach, die Rechercheergebnisse lassen sich problemlos ausdrucken oder als Datei speichern.

---

[111] Vgl. hierzu auch Stefan Neuhaus: Revision des literarischen Kanons. Göttingen: Vandenhoeck & Ruprecht 2002, S. 122-129.

6 | Literarische Techniken

Inhalt

6.1	Alles Technik oder was?	97
6.2	Symbolische Verknüpfungen und Vorausdeutungen	97
6.3	Motiv, Stoff und Thema	101
6.4	Rhetorik und Stilistik	103
6.5	Stilmittel und rhetorische Figuren (Auswahl)	105
6.6	Beispielanalyse	107
6.7	Wichtige Begriffe zu diesem Kapitel	111
6.8	Empfohlene Literatur zu diesem Kapitel	111

Zusammenfassung

Literatur schreiben ist harte Arbeit, die dem einen leichter und dem anderen schwerer fällt. Literarische Texte sind Konstruktionen, so wie ein Auto, das auch nicht einfach von einer Fabrik ausgespuckt, sondern in mühsamer Kleinarbeit zusammengeschraubt wird. Wenn ein Auto fahren bzw. ein Text funktionieren soll, dann ist es gut, wenn man Auto fahren bzw. Texte lesen kann. Dazu gehört die Kenntnis wichtiger Symbole, Motive, rhetorischer Figuren und Stilmittel.

Alles Technik oder was? | 6.1

Wenn man Literaturwissenschaft studiert, dann sollte man sich schleunigst von der Vorstellung verabschieden, der Schreibprozess sei eine spirituelle Erfahrung, man müsse die Wirkung von Texten fühlen und dürfte nicht darüber nachdenken, weil dies die Illusion zerstöre. Begabung, also ein Gespür für Texte gehört beim Schreiben und auch beim Lesen von Literatur selbstverständlich dazu, doch wenn man den Verstand nicht einschalten darf, dann handelt es sich stets um Trivialliteratur. Autoren denken genau über das nach, was sie schreiben; manche legen jedes Wort auf die Goldwaage und gehen ihre Texte immer wieder durch. Das kann man bis zum Beginn des Computerzeitalters an den Manuskripten nachvollziehen, etwa wenn man die Manuskriptseiten der verschiedenen Entwicklungsstufen eines Fontane-Romans betrachtet.

Die Illusion der Illusion

Symbolische Verknüpfungen und Vorausdeutungen | 6.2

Erzähltexte, die nicht trivial sind, die also nicht nur aus Klischees, Stereotypen und Leerformeln bestehen, arbeiten viel mit **Symbolen** (von griechisch *symbolon* = Kennzeichen). Im literaturwissenschaftlichen Verständnis sind Symbole **bildhafte Zeichen.** Mit Symbolen wird der Eindruck von Geschlossenheit und Stimmigkeit erzeugt, selbst wenn die Handlung relativ offen gestaltet ist, man also beispielsweise nicht erfährt, wie es mit dem Protagonisten weitergeht. Als Beispiel für Symbolik soll Fontanes *Effi Briest* (von 1895) dienen, hier sind Anfang und Schluss des Romans:

| Abb. 24

Theodor Fontane

> In Front des schon seit Kurfürst Georg Wilhelm von der Familie von Briest bewohnten Herrenhauses zu Hohen-Cremmen fiel heller Sonnenschein auf die mittagsstille Dorfstraße, während nach der Park- und Gartenseite hin ein rechtwinklig angebauter Seitenflügel einen breiten Schatten erst auf einen weiß und grün quadrierten Fliesengang und dann über diesen hinaus auf ein großes, in seiner Mitte mit einer Sonnenuhr und an seinem Rande mit Canna indica und Rhabarberstauden besetztes Rondell warf. Einige zwanzig Schritte weiter, in Richtung und Lage genau dem Seitenflügel entsprechend, lief eine ganz in kleinblättrigem Efeu stehende, nur an einer Stelle von einer

kleinen weißgestrichenen Eisentür unterbrochene Kirchhofsmauer, hinter der der Hohen-Cremmener Schindelturm mit seinem blitzenden, weil neuerdings erst wieder vergoldeten Wetterhahn aufragte. Fronthaus, Seitenflügel und Kirchhofsmauer bildeten ein einen kleinen Ziergarten umschließendes Hufeisen, an dessen offener Seite man eines Teiches mit Wassersteg und angeketteltem [sic] Boot und dicht daneben einer Schaukel gewahr wurde, deren horizontal gelegtes Brett zu Häupten und Füßen an je zwei Stricken hing – die Pfosten der Balkenlage schon etwas schief stehend. Zwischen Teich und Rondell aber und die Schaukel halb versteckend standen ein paar mächtige alte Platanen.
[...]
Es war einen Monat später, und der September ging auf die Neige. Das Wetter war schön, aber das Laub im Parke zeigte schon viel Rot und Gelb, und seit den Äquinoktien, die drei Sturmtage gebracht hatten, lagen die Blätter überallhin ausgestreut. Auf dem Rondell hatte sich eine kleine Veränderung vollzogen, die Sonnenuhr war fort, und an der Stelle, wo sie gestanden hatte, lag seit gestern eine weiße Marmorplatte, darauf stand nichts als „Effi Briest" und darunter ein Kreuz. Das war Effis letzte Bitte gewesen: „Ich möchte auf meinem Stein meinen alten Namen wiederhaben: ich habe dem andern keine Ehre gemacht." Und es war ihr versprochen worden. Ja, gestern war die Marmorplatte gekommen und aufgelegt worden, und angesichts der Stelle saßen nun wieder Briest und Frau und sahen darauf hin und auf den Heliotrop, den man geschont und der den Stein jetzt einrahmte.[11]

Der Garten ist nicht nur ein Garten

Auf den ersten Blick scheint das alles relativ belanglos zu sein. Ein Garten wird beschrieben – na und? Selbst die Tatsache, dass die Titelheldin zum Schluss dort begraben liegt, scheint die ausführliche Beschreibung des Gartens nicht zu rechtfertigen. Inwiefern könnte es sich um Symbole, um bildhafte Zeichen handeln, die auf den Inhalt des Romans verweisen?

Rekapitulieren wir kurz diesen Inhalt: Die blutjunge Effi Briest heiratet auf Anraten der Eltern den mehr als doppelt so alten Geert von Innstetten, einen früheren Verehrer der Mutter. Sie achtet ihren kühlen und etwas strengen Mann, aber sie liebt ihn nicht und sie langweilt sich in ihrer neuen Umgebung, dem Ostsee-Ort Kessin. Aus der Ehe geht bald eine Tochter hervor. Der liebenswürdige Major Crampas macht Effi den Hof, sie lässt sich von ihm verführen. Das Verhältnis der beiden endet, als Innstetten leitender Minsterialbeamter in Berlin wird. Effi bereut die Affäre und beschließt, von nun an ihrem Mann treu zu sein. Jahre später entdeckt Innstetten versteckt gehaltene Liebesbriefe, er fordert Crampas zum Duell und tötet ihn. Von Effi lässt er sich scheiden, das Kind bleibt beim Vater. Sogar Effis Eltern wollen zunächst nichts mit ihrer Tochter zu tun haben. Effi leidet unter der Scheidung, vor allem aber unter der Entfremdung von Kind und Familie. Schließlich darf sie in das elterliche Haus zurückkehren. Doch ist, nicht zuletzt durch den fehlenden Lebenswillen, ihre Gesundheit bereits so angegriffen, dass sie bald darauf stirbt. Soweit die Handlung in groben Zügen; eine solche kurze Skizze der Handlungsstruktur nennt man auch **Fabel** (was von der gleichnamigen Gattung zu unterscheiden ist) oder, mit einem englischen Wort, **plot** (vgl. auch das Kap. 3).

Was also könnte die Beschreibung des Gartens mit dem Inhalt zu tun haben? Betrachten wir zunächst die Jahreszeit- und Wettersymbolik. Am Anfang steht „heller Sonnenschein", am Ende ist auch schönes Wetter, aber die Zeitangabe Ende September und das welkende Laub deuten auf den Herbst hin. Analog zur Lebenszeit Effis kann man schließen, dass sie bereits wie das Laub dahingewelkt ist. Die Eltern stehen vor dem Herbst ihres Lebens, mit Aussicht auf Winter und Tod. Der vorbei gegangene Sturm kann als Symbol für die Handlung gelesen werden; Opfer des Sturms sind vor allem Crampas und Effi geworden. Der Sturm hat drei Tage gedauert, denn die Zahl drei symbolisiert die Wiederherstellung der Einheit auf einer höheren Stufe. Eins ist die ursprüngliche Einheit, zwei die Spaltung. Als Symbolzahl für Einheit hat die drei an dieser Stelle auch ironische Bedeutung. Die zivilisatorische Ordnung ist wiederhergestellt, aber um den Preis des Todes von zwei Figuren und des kommenden Untergangs der Familie.

Effi wird überhaupt stark mit Natur assoziiert, sie spielt am Anfang im Garten und findet dort zum Schluss ihre letzte Ruhestätte. Effi ist ein „Naturkind",[12] dadurch unterscheidet sie sich von dem ‚zivilisierten' Innstetten. Natur und Zivilisation stehen auch in der Auffassung gegeneinander, wie die Affäre zu bewerten ist. Effi

Symbole des Untergangs

---

[11] Theodor Fontane: Nymphenburger Taschenbuch-Ausgabe in 15 Bänden. München: Nymphenburger Verlagshandlung 1969. Bd 12, S. 7 u. 300.
[12] Ebd., S. 38.

folgt ihrem natürlichen Wunsch nach Leidenschaft,[13] nach Liebe und Zärtlichkeit, ohne die Sanktionen zu bedenken, die es in der ‚Zivilisation', in der Gesellschaft dafür gibt. Effi liebt die Schaukel am Schluss des Eingangsbildes, sie ist eine „Tochter der Luft".[14] Das bedeutet nicht nur Natürlichkeit, sondern auch jene Unbekümmertheit und Waghalsigkeit, die sie in die Affäre mit Crampas stolpern lässt.

Prototypische Darstellung des Landadels

Am Anfang wird auf die Geschichte des Herrenhauses und damit auf die traditionsreiche Herkunft der Familie von Briest hingewiesen. Effi nun ist die einzige Tochter, einen männlichen Nachfolger gibt es nicht. Sie ist die letzte Trägerin des Namens, der mit ihr ausstirbt – zumindest wird im Roman keine weitere Verwandtschaft angedeutet, die ihren Platz einnehmen könnte. Die Eltern sehen sich zum Schluss also nicht nur dem Herbst ihres Lebens gegenüber, sondern dem absehbaren Ende der Familiengeschichte. Nun lässt sich vermuten, dass es nicht nur um die eine Familie geht, sondern dass man sie als stellvertretend, also als **prototypisch** für Familien dieser Art ansehen kann. Es handelt sich um Landadelige, zu denen der größte Teil des Adels überhaupt zu zählen ist. Die Vermutung liegt nahe, dass der Roman den Untergang des Adels, oder zumindet den Untergang des Adels in der bisherigen Form, andeutet. Dies belegt auch die satirische Darstellung der Landadeligen Kessins. Kurz gesagt: Fontane zeichnet eine untergehende Welt.

Symbolik von Wasser, Sand und Zeit

Symbole des Untergangs lassen sich bereits am Anfang ausmachen. Der Garten ist ein Idyll, aber ein brüchiges, denn er grenzt an einen Friedhof und an einen Teich. Der Friedhof deutet auf Tod voraus, das Wasser ebenso – es symbolisiert die Gefährdung Effis. Sie wird von Crampas auf einer gemeinsamen Schlittenfahrt verführt, die dazu dient, einer gefährlichen Strömung auszuweichen. Kessin grenzt ans Meer, und am Strand (der Sand symbolisiert wie das Wasser, weil es sich nicht um festen Grund handelt, die Gefährdung Effis) finden die Treffen von Effi und Crampas statt. Die Sonnenuhr des Eingangsbildes wird am Ende fehlen, dort wird die Grabplatte liegen. Der Grund: Effis Zeit, bald auch die Zeit ihrer Eltern und die des Landadels ist abgelaufen. Mit Sonne hat der Heliotrop zu tun, der Effis Grab wie ein Bild (!) einrahmt. Der Name kommt von den griechischen Wörtern für „Sonne" und „wenden"; die Sonnenwende bezeichnet den Übergang zu den kürzer werdenden Tagen, zu Herbst und Winter. Helios, der griechische Sonnengott, und der Sonnensohn Phaeton werden in der Mythologie mit Tod und Wiedergeburt assoziiert.[15]

Diese knappen Hinweise, mit denen die Symbolik von Anfang und Schluss freilich noch nicht ausgedeutet ist, sollen genügen, um zu zeigen, wie wichtig Symbole in Erzähltexten sind. In *Effi Briest* verweist der Anfang auf den Schluss und umgekehrt, so wird eine Kreis-Struktur erzeugt, die sicher nur für wenige Texte charakteristisch ist. Doch sorgen symbolische **Verweisungszusammenhänge** in vielen Texten für Geschlossenheit. Viele Symbole des Anfangs von *Effi Briest* lassen sich auch als **Vorausdeutungen** verstehen. Vorausdeutungen müssen nicht notwendigerweise Bilder sein; es handelt sich um Anspielungen auf späteres Geschehen.

Symbolgeflechte

6.3 Motiv, Stoff und Thema

Gottfried Kellers Novelle *Romeo und Julia auf dem Dorfe* von 1856 spielt bereits im Titel auf einen der berühmtesten **Stoffe** der Weltliteratur an, dessen bekannteste (wenn auch nicht erste) Bearbeitung Shakespeares Drama von 1597 ist. Stoff nennt man also eine Handlungsstruktur, die verschiedenen Texten zugrunde liegt. Stoffe setzen sich aus **Motiven** zusammen, der Romeo-und-Julia-Stoff vor allem aus dem Motiv der verfeindeten Familien und aus dem Motiv des gemeinsamen Liebestods. Das Motiv des gemeinsamen Liebestods findet sich schon in dem sehr alten Pyramus-und-Thisbe-Stoff, den Shakespeare in *Ein Sommernachtstraum* von 1600 und Andreas Gryphius in *Absurda comica. Oder Herr Peter Squentz* von ca. 1658 wieder aufgenommen haben. Eine Wiederaufnahme bei Shakespeare als Motiv, bei Gryphius als Stoff: Shakespeare ordnet es der Haupthandlung als Binnenhandlung unter, Gryphius macht es zum wesentlichen Bestandteil der Haupthandlung.

Stoffe sind wiederkehrende Handlungsstrukturen

Motive wiederum bestehen aus **Zügen**, das kann beim gemeinsamen Liebestod die tödliche Verabreichung von Gift, das Erdolchen oder die Reihenfolge sein, ob sich Mann oder Frau zuerst um-

---

[13] „Nicht so wild, Effi, nicht so leidenschaftlich", sagt die Mutter am Anfang zu ihr (ebd., S. 9).
[14] Ebd., S. 8.
[15] Vgl. Manfred Lurker: Wörterbuch der Symbolik. Unter Mitarb. zahlr. Fachwiss. 5., durchges. u. erw. Aufl. Stuttgart: Kröner 1991 (Kröners Taschenausgabe 464), S. 289.

Gottfried Keller

bringt. Damit ist noch nichts über das **Thema** gesagt. Thema der genannten Stoffe ist die unglückliche Liebe, wobei literarische Texte verschiedene **Isotopien** (= Bedeutungsebenen) aufweisen, also auf einer anderen Bedeutungsebene ein anderes Thema identifiziert werden kann. So wie es in Kellers Novelle der Fall ist, die den Romeo-und-Julia-Stoff bearbeitet, deren Thema zunächst die unglückliche Liebe ist. Darüber hinaus wird die Brüchigkeit einer kleinen Gemeinschaft (als Repräsentation von Gesellschaft) gezeigt, also zum Thema gemacht.

Die Bauern Manz und Marti entzweien sich über die Frage, wem ein Stück Acker gehört. Der Streit führt beide in die Armut und macht sie, da sie jeweils dem anderen die Schuld an ihrem Schicksal geben, zu Todfeinden. Manz' Sohn Sali und Martis Tochter Vrenchen sind ineinander verliebt, doch sie wissen, dass diese Liebe, weil die Väter dagegen sind, keine Zukunft hat. Es bleibt ihnen nur kurze Zeit miteinander:

> „Es ist morgen Kirchweih an zwei Orten nicht sehr weit von hier", erwiderte Vrenchen, „da kennt und beachtet man uns weniger; draußen am Wasser will ich auf dich warten, und dann können wir gehen, wohin es uns gefällt, um uns lustig zu machen, einmal, *ein Mal nur*! Aber je, wir haben ja gar kein Geld!" setzte es traurig hinzu, „da kann nichts daraus werden!" „Laß nur", sagte Sali, „ich will schon etwas mitbringen!" „Doch nicht von deinem Vater, von – dem Gestohlenen?" „Nein, sei nur ruhig! Ich habe noch meine silberne Uhr bewahrt bis dahin, die will ich verkaufen!" „Ich will dir nicht abraten", sagte Vrenchen errötend, „denn ich glaube, ich müßte sterben, wenn ich nicht morgen mit dir tanzen könnte." „Es wäre das beste, wir beide könnten sterben!" sagte Sali [...].[16]

Liebestode finden sich in vielen Texten

Das Motiv des hier angedeuteten, zum Schluss in die Tat umgesetzten gemeinsamen Liebestods oder auch das Thema der unglücklichen Liebe findet sich in vielen anderen literarischen Texten, beispielsweise in Friedrich Schillers bürgerlichem Trauerspiel *Kabale und Liebe* (von 1784). Eine Variation bietet Schiller bereits in dem Schauspiel *Die Räuber* (von 1781), dort tötet der Räuber Karl Moor seine geliebte Amalia und stellt sich der Gerichtsbarkeit. Angesichts der Schwere seiner Taten ist seine Hinrichtung absehbar. Im letzten Teil seiner *Wallenstein*-Trilogie (von 1800) wird das Muster von Schiller erneut aufgegriffen, Max Piccolomini und Thekla Wallenstein müssen sich auf Befehl Wallensteins trennen. Max reitet in einer selbstmörderischen Attacke in den Tod, Thekla begibt sich auf die Suche nach seinem Grab; im Kontext des Dramas ist ihr Tod wahrscheinlich. In dem Roman *Cécile* (von 1887) lässt Theodor Fontane die Protagonistin zum Schluss Selbstmord begehen, nachdem Gordon, in den sie sich verliebt hatte, im Duell mit ihrem herzlosen Mann gefallen ist. In Fontanes *Stine* (von 1890) begeht Graf von Haldern Selbstmord, weil er Stine wegen des Standesunterschieds nicht heiraten darf. Am Ende dieser Novelle wird der Tod der weiblichen Hauptfigur angedeutet. In Frank Wedekinds *Frühlings Erwachen* (von 1891) endet die Romanze zwischen Wendla und Melchior tödlich, zumindest für Wendla, die an den Folgen einer von den Eltern erzwungenen Abtreibung stirbt. Der expressionistische Schluss des Dramas lässt offen, wie es mit Melchior weitergeht; allerdings spielt die letzte Szene des Stücks symbolträchtig auf einem Friedhof.

Rhetorik und Stilistik | 6.4

Rhetorik lässt sich mit „Redekunst" übersetzen und definieren als die „Fähigkeit, durch öffentl. Rede einen Standpunkt überzeugend zu vertreten und so Denken und Handeln anderer zu beeinflussen". Zugleich bezeichnet der Begriff die „Theorie bzw. Wissenschaft dieser Kunst".[17] Die Redevorbereitung gliedert sich in fünf Stufen, die mit lateinischen Begriffen bezeichnet werden. Die Rhetorik kann so ihre Herkunft aus der Antike nicht verleugnen.

Die Kunst der Rede

Die fünf Stufen der Redevorbereitung

inventio: Die passenden Gedanken werden zusammengetragen. [1]
dispositio: Auswahl und Anordnung der Gedanken, Wahl der Strategie. Welche Wirkung ist beabsichtigt? Das Ziel kann sein, den Zuhörer / Leser zu belehren, zu erfreuen und / oder zu rühren. [2]

---

[16] Gottfried Keller: Die Leute von Seldwyla. Erzählungen. Hg. von Bernd Neumann. Stuttgart: Reclam 1993 (RUB 6179), S. 110.
[17] Vgl. Günther u. Irmgard Schweikle (Hg.): Metzler Literatur Lexikon. Begriffe und Definitionen. 2., überarb. Aufl. Stuttgart: Metzler 1990, S. 389.

| 3 | **elocutio**: Einkleidung der Gedanken in Wörter, dabei wird die Stilqualität beachtet. Im Barock beispielsweise gehörten Ausschmückungen mit rhetorischen Figuren und **Tropen** (= sprachlichen Bildern) notwendig dazu. Autoren aller Zeiten verwenden eine ausgefeilte Symbolik, die sich wie ein Netz über den Text legt und so alle Teile des Textes miteinander verbindet. Literarische Texte sind nicht nur Sprachkunstwerke, sondern auch Sprachkonstrukte.
| 4 | **memoria**: Die Rede wird eingeübt, es war ursprünglich vorgesehen, dass man sie frei vortrug. Im Schreibprozess verliert dieser Punkt seine Bedeutung.
| 5 | **pronuntiatio/actio**: wirkungsvoller Vortrag. In der Schreibarbeit lässt sich hier ‚wirkungsvolle Präsentation' einsetzen. [18]

Eine Fabel über den Nutzen der Dichtkunst

Für das Studium der literarischen Techniken ist besonders die Kenntnis der unterschiedlichen **rhetorischen Figuren** wichtig. Christian Fürchtegott Gellert, ein bekannter Autor des 18. Jahrhunderts, hat den Lehrsatz seiner Fabel *Die Biene und die Henne* darauf bezogen:

> Du fragst, was nützt die Poesie?
> Sie lehrt und unterrichtet nie.
>
> Allein wie kannst du doch so fragen?
> Du siehst an dir, wozu sie nützt:
> Dem, der nicht viel Verstand besitzt,
> Die Wahrheit durch ein Bild zu sagen. [19]

Erst behauptet der Erzähler, die Fabel würde nicht unterrichten, dann erklärt er, sie unterrichte den Leser durch ein Bild, weil der nicht viel Verstand besitze, es also anders nicht begreifen würde. Das nennt man eine **paradoxe** Formulierung. Ein Paradoxon konstituiert allerdings eine neue Bedeutung, die sich anders nicht sagen ließe. In diesem Fall scheint die Ambivalenz von Dichtung durch – sie dient der Wahrheit, kann aber die Rhetorik nicht nur dafür einsetzen, denn sonst handelt es sich nicht mehr um Literatur, deren unverzichtbarer Bestandteil Mehrdeutigkeit ist. Dumme Menschen – frei nach Gellert – nehmen nur eine, die oberflächliche Deutungsebene wahr. Diese witzige Beleidigung soll also zur Reflexion anregen.

Man spricht statt von rhetorischen Figuren auch von **Stilmitteln**, ein von dem lateinischen Begriff *stilus* (= Schreibstift, Schreibart) abgeleiteter Begriff. Der sich mit Stilmitteln beschäftigende Wissenschaftszweig heißt – naheliegenderweise – **Stilistik**. Damit werden so bekannte Dinge bezeichnet wie Reime, auch sie gehören zu der Vielzahl von Stilmitteln, aus denen ein Autor auswählen kann (vgl. auch Kap. 2). Hier einige Beispiele in Form einer Übersicht:[110]

Stilmittel und rhetorische Figuren (Auswahl) | 6.5

BILDER:
Trope (gr. „Wendung"): Verwandlung der Vorstellung in ein Bild. Schmuckform.
Metapher (gr. „Übertragung"): Übertragener, „uneigentlicher", bildlicher Ausdruck. Tropische Figur, auf ein Wort oder eine Wortgruppe beschränkt. (Kühne Metapher, z.B. „schwarze Milch" / Verblasste Metapher, z.B. „Redefluss" / Formelhafte Metapher, z.B. „Recke").
Typisierendes Beiwort/Epitheton ornans: Formelhafte Metapher, z.B. „kühles Grab", „silberner Mond".
Synästhesie (gr. „Zugleichempfinden"): Metaphorischer Ausdruck, in dem zwei oder mehrere Sinnesgebiete gemischt sind, z.B. „goldene Töne".
Personifikation: Belebung eines Dinges oder eines Abstraktums (z.B. „Süßer Friede, Komm, ach, komm in meine Brust!"), teilweise zur Formel erstarrt (z.B. „Kunst und Wissenschaft gehen Hand in Hand").
Allegorie: Übersetzt ein Gedachtes ins Bild, das durch Reflexion wieder erschlossen werden muss (z.B. „Justitia" als Bild der Gerechtigkeit).
Metonymie (gr. „anders nennen, anderer Name"): Ersetzt das gebräuchliche Wort durch ein anderes, das zu ihm in enger Beziehung steht, z.B. „Traube" für „Wein". Sonderformen: **Synekdoche/Pars pro toto** (von gr. „durch Andeutungen bezeichnen"): Das Ganze steht für einen Teil oder umgekehrt, z.B. „Arm des Gesetzes" für „Polizist". **Antonomasie** (gr. „anders benennen"): Umschreibung eines Eigennamens durch einen für seinen Träger charakteristischen Begriff, z.B. „die Göttliche" für Greta Garbo. **Appellativum** (von lat. „benennen"): Umschreibung eines Gattungsbegriffs durch einen Eigennamen (z.B. „Casanova" für einen Frauenhelden).
Vergleich: Zielt nicht nur auf verdeutlichende Analogie, sondern auch auf Verschmelzung des gemeinsamen Gehalts aus zwei Bereichen. Sonderform **Gekürzter Vergleich:** Wegfall der Vergleichspartikel.
Gleichnis: Breite Ausmalung des Vergleichsbereichs.
Parabel (von gr. „nebeneinanderstellen"): Gleichnis mit selbstständiger Handlung, in der eine Wahrheit durch einen Vorgang aus einem anderen Vorstellungsbereich anschaulich gemacht wird.
Symbol (von gr. „vergleichen"): Erkennungszeichen oder bildhafte Gestaltung.

---

[18] Ebd., S. 389f.
[19] Christian Fürchtegott Gellert: Fabeln und Erzählungen. Hg. von Karl-Heinz Fallbacher. Stuttgart: Reclam 1986 (RUB 161), S. 54.
[110] Die Auswahl orientiert sich an: Ivo Braak: Poetik in Stichworten. Literaturwissenschaftliche Grundbegriffe. Eine Einführung. 7., überarb. u. erw. Aufl. von Martin Neubauer. Unterägeri: Hirt 1990 (Hirts Stichwörterbücher), ergänzend wurden Begriffsdefinitionen in Schweikle (Hg.): Metzler Literatur Lexikon hinzugezogen.

Sonderform **Emblem** (von gr. „hineinwerfen"): Kennzeichen, Abzeichen, Sinnbild. In Renaissance und Barock Verbindung von bildender Kunst und Dichtkunst durch Kombination von Motto, gemaltem Bild und Epigramm.
Chiffre (arab. „Null"): Geheimzeichen, Kondensierung und Verkürzung (z.B. „Mit allen Augen sieht die Kreatur *das Offene*").
Topos (gr. „Ort, Gegend"): Inhaltliches Motiv, das in der literarischen Tradition fortlebt. Feste Klischees oder Denkschemata. Literarische Formel (Plural: Topoi).

WORTFIGUREN:

Emphase (von gr. „verdeutlichen"): Nachdrückliches Reden, Hervorheben eines Wortes, einer Wortgruppe.
Hyperbel: Bildhafte Übertreibung. Steigerung des Ausdrucks durch starke Vergrößerung oder Verkleinerung (z.B. „Er hat einen Mund wie ein Scheunentor").
Litotes: „Understatement", Verneinung des Gegenteils (z.B. „nicht ohne Fleiß"). Der Ironie verwandt.
Ironie: Übertreibung des Gegenteils dessen, was man sagen will, in der Regel in kritischer Absicht; z.B. „das sieht aber gut aus!" für etwas Hässliches.
Periphrase/Umschreibung: Umschreibung eines Begriffs, z.B. durch eine seiner Eigenschaften (vgl. Metonymie). Sonderformen: **Euphemismus** (von gr. „gut" und „Wort"): Verhüllende, beschönigende Umschreibung (z.B. „entschlafen" für „gestorben").
Preziosität (von lat. „Kostbarkeit"): Gekünstelte, geschraubte, gezierte Umschreibung, geblümter Stil (oft Gebrauch von unüblichen Wörtern der Bildungssprache, z.B. „Bonmot" für „Witz").
Aischrologie (von gr. „hässlich"): Schimpfrede oder abwertende Bezeichnung (z.B. „Pillendreher" für „Apotheker").

SATZFIGUREN:

Paraphrase (gr. „dazu sagen"): Verdeutlichende, weiter ausführende Umschreibung, auch erklärende, freie Übertragung eines Textes.

Asyndeton (gr. „unverbunden"): Unverbundenheit im Satz, Fehlen verknüpfender Bindewörter (z.B. „kam, sah, siegte").
Polysyndeton: Vielverbundenheit im Satz. Sprache häuft die Bindewörter, erzeugt durch Reihung sich steigernder Begriffe machtvolle Bewegung („Und es wallet und siedet und brauset und zischt").
Ellipse (gr. „Auslassung"): Weglassen von inhaltlich Unwichtigem, sprachlich unvollständiger Satz(-teil). Zu unterscheiden von:
Aposiopese (von gr. „verstummen"): Verschweigen des Wichtigen.
Reihung/Akkumulation: Aneinanderreihung mehrerer Unterbegriffe anstelle des zusammenfassenden Oberbegriffs (z.B. „Kaufleute, Richter, Ärzte, Funktionäre...").
Epiphrasis (gr. „Nachsatz"): Hinzufügen von Aussagen an einen abgeschlossenen Satz (z.B. „Edel sei der Mensch, hilfreich und gut!").
Klimax (gr. „Leiter"): Abstufung einer Wortfolge nach oben, Steigerung; dagegen als Abstufung nach unten: **Antiklimax**.
Anapher: Wiederholung eines Wortes oder einer Wortgruppe am Satzanfang, z.B. „Endlich blüht die Aloe, / Endlich trägt der Palmbaum Früchte". Am Satzende: **Epipher**.
Parallelismus (von gr. „gleichlaufend"): Die in etwa gleichlaufende Wiederkehr der Wortreihenfolge in mehreren Versen oder Sätzen.
Chiasmus/Überkreuzstellung: Kreuzweise Stellung von vier Satzgliedern, so dass das 1. und 4., das 2. und 3. Glied einander entsprechen (z.B. „Der Einsatz war groß, klein war der Gewinn").
Anakoluth/Fügungsbruch: An sich sprachlich falsche Satzfolge, Fügungsbruch im Satz.
Hysteron proteron/Falsche Folge: Verkehrung der ‚richtigen' inhaltlichen Reihenfolge, z.B. „Ihr Mann ist tot und läßt Sie grüßen".
Inversion (lat. „Umkehrung"): Umstellung der Satzteile entgegen des üblichen grammatikalischen Schemas zum Zweck der Hervorhebung (z.B. „Bestraft muß er werden").
Parenthese (gr. „Einschub"): Einfügung

einer grammatikalisch selbständigen Einheit in einen Satz, ohne dass dessen syntaktische Ordnung gestört wird.

GEDANKENFIGUREN:
Apostrophe (gr. „Abwendung"): Abwenden des Dichters von der Realität und anrufendes Hinwenden zu Gestalten visonärer Wirklichkeit. Zu unterscheiden von der Anrufung Gottes oder der Musen: **Invokation.**
Rhetorische Frage: Scheinbare Frage, eigentlich nachdrückliche Aussage oder Aufforderung.
Antithese/Entgegenstellung: Zusammenstellung entgegengesetzter Begriffe, z.B. „Gut und Böse".
Oxymoron (gr. „scharfsichtige Dummheit"): Enge Verbindung von zwei einander widersprechenden Begriffen in pointierender Absicht, z.B. „traurigfroh". Sonderform: **Contradictio in adjecto:** Widerspruch zwischen Substantiv und adjektivischem Beiwort, z.B. „beredtes Schweigen".
Paradoxon (gr. „Gegenmeinung"): Scheinbarer Widerspruch, z.B. „Das Leben ist der Tod, und der Tod ist das Leben".
Katachrese (gr. „Missbrauch"): Stilblüte. Fehlerhaftes Bild, z.B. „Wenn alle Stricke reißen, hänge ich mich auf".

Beispielanalyse | 6.6

Eines der berühmtesten Gedichte der deutschsprachigen Literatur stammt aus dem Zyklus *Die Heimkehr* in Heinrich Heines *Buch der Lieder* von 1827:

Ein berühmtes Gedicht

Ich weiß nicht, was soll es bedeuten,
Daß ich so traurig bin;
Ein Märchen aus alten Zeiten,
Das kommt mir nicht aus dem Sinn.

Die Luft ist kühl und es dunkelt,
Und ruhig fließt der Rhein;
Der Gipfel des Berges funkelt
Im Abendsonnenschein.

Die schönste Jungfrau sitzet
Dort oben wunderbar,
Ihr goldnes Geschmeide blitzet,
Sie kämmt ihr goldenes Haar.

Sie kämmt es mit goldenem Kamme,
Und singt ein Lied dabei;
Das hat eine wundersame,
Gewaltige Melodei.

> Den Schiffer im kleinen Schiffe
> Ergreift es mit wildem Weh;
> Er schaut nicht die Felsenriffe,
> Er schaut nur hinauf in die Höh.
>
> Ich glaube, die Wellen verschlingen
> Am Ende Schiffer und Kahn;
> Und das hat mit ihrem Singen
> Die Lore-Lei getan. [111]

Brentano stand Pate

Der Stoff geht zurück auf ein Gedicht Clemens Brentanos mit dem Titel *Zu Bacharach am Rheine*, zuerst gedruckt 1802. Es handelt sich um ein Produkt der Frühromantik, wobei Brentano die Sage um den im Rhein stehenden Felsen neu schreibt und über lokale Grenzen hinaus popularisiert. Bei ihm ist Lorelei eine Person aus Fleisch und Blut, eine Zauberin der Liebe, die so geworden ist, weil ihr Geliebter sie betrogen und verlassen hat. Weil sie „viel Herzen hin" riss, muss sie sich vor dem Bischof rechtfertigen, dessen Urteil angesichts der Schwere des Vorwurfs Zauberei milde ausfällt – wobei entweder Zauberei im üblichen Sinne oder die Verführung und erotische Gefährdung von Männern gemeint sein kann. Statt sie, wie Lorelei möchte, mit dem Tode zu bestrafen, hat der Bischof Mitleid und befiehlt, sie in ein Kloster zu bringen. Doch Lorelei entkommt ihren drei Begleitern (Zahlensymbolik! 3 ist die Zahl der höheren Einheit, z.B. Gottvater, Sohn und der Heilige Geist; Paradies – Gegenwart – Himmel), klettert auf den nach ihr benannten Felsen, glaubt ihren Geliebten auf einem Schiff vorbei fahren zu sehen und stürzt sich in den Rhein. Die Bewacher sind ihr gefolgt, können aber den steilen Felsen nicht mehr verlassen und müssen ebenfalls sterben. Zuletzt gibt das Gedicht eine Quelle an:

> Wer hat dies Lied gesungen?
> Ein Schiffer auf dem Rhein. [112]

Brentanos Gedicht soll hier nicht untersucht werden, sondern das Heines, mit dem die Lorelei zu Weltruhm kam. Heine übernimmt einige wenige grundlegende Motive des Stoffs, vor allem sind das: Die Doppelexistenz schöne Frau / Felsen und die von der schönen Frau ausgehende Gefährdung. Heines Gedicht kann als Fortsetzung des Brentano-Gedichts gelesen werden. Dabei spielt der spätere

Text vielfach auf den früheren an, so in dem Hinweis auf den Schiffer. Bei Brentano handelt es sich um die Vision des Geliebten. Bei Heine werden die Positionen vertauscht: Die Vision ist die schöne Frau auf dem Felsen, an Leib und Leben gefährdet ist der Schiffer im Fluss. Der Stoff wird übrigens rund ein Jahrhundert später von Erich Kästner wieder aufgegriffen, in dem satirischen Gedicht *Der Handstand auf der Loreley* von 1932. Diesmal stürzt sich ein Turner vom Felsen, das Motiv aus Brentanos Gedicht wieder aufgreifend. Die entscheidende Änderung ist, dass dies nichts mehr mit einer sagenhaften Gestalt zu tun hat:

Kästners Satire

> Wir wandeln uns. Die Schiffer inbegriffen.
> Der Rhein ist reguliert und eingedämmt.
> Die Zeit vergeht. Man stirbt nicht mehr beim Schiffen,
> bloß weil ein blondes Weib sich dauernd kämmt. [13]

Der Handlung liegen konkrete zeitgeschichtliche Einstellungen zugrunde – der Turner ist ein Fanatiker, aller Wahrscheinlichkeit nach hat er rechtsradikale Überzeugungen (Burschenschaften und Turnerverbände waren zu der Zeit Horte rechter Gesinnungen). Kästner verwendet erkennbar das Stilmittel der Ironie, indem er das vorgeblich Realistische der Zeit übertreibt und zugleich kritisiert. Jetzt wird es kompliziert, denn das Gedicht wünscht sich nicht in eine sagenhafte Zeit zurück, sondern es demaskiert die Vorstellungen der neuen Zeit als mindestens ebenso gefährlich – damals wie heute sterben Menschen. Das wäre dann das Thema von Kästners Gedicht.

Nun aber zurück zu Heine, in dessen Text sich ebenfalls in Ironie mündende Übertreibungen feststellen lassen. Die auf dem Felsen sitzende Gestalt wird mit dem Superlativ „schönste Jungfrau" bedacht und mit superlativischen Merkmalen ausgestattet – so müssen Geschmeide und Kamm aus Gold sein. In der Beziehung von Schiffer und Jungfrau etabliert das Gedicht eine antithetische Struktur: Die Loreley ist unsterblich, der Schiffer sterblich; sie ist

Antithesen in Heines Gedicht

---

[11] Heinrich Heine: Gedichte. Ausgew. u. hg. v. Christoph Siegrist. Frankfurt/Main u. Leipzig: Insel 1994 (Werke in vier Bänden 1. Insel-TB 1628), S. 49.
[12] Vgl. den Gedichtabdruck in: Gunter E. Grimm (Hg.): Deutsche Balladen. Gedichte und Interpretationen. Stuttgart: Reclam 1998 (RUB 8457), S. 133-136.
[13] Erich Kästner: Werke. Hg. von Franz Josef Görtz. München u. Wien: Hanser 1998. Bd. 1, S. 182.

oben, er ist unten; sie sitzt auf einem Felsen (festes Element), er schwimmt auf dem Wasser (flüssiges Element); der Felsen ist groß, das Schiff ist klein; der Felsen oben funkelt im Abendsonnenschein, auf dem Wasser unten ist es dunkel. Den Schiffer kostet es möglicherweise das Leben, dass er nicht auf die Felsenriffe unten, sondern auf die Jungfrau oben schaut. Aber nur möglicherweise, da das lyrische Ich es nicht weiß: „Ich glaube". Das ist erkennbar ein Bruch in der Klimax des Gedichts.

Funktion der Stilmittel

Wozu solche Hyperbolik, wozu ein solcher Bruch in der Klimax? Es handelt sich um Signale, dass das Gedicht nicht lediglich als ‚romantisch' bezeichnet werden kann. Heine ruft Topoi (Plural von *Topos*) der Romantik auf, als da sind: die durch die ersten Verse evozierte (= erzeugte) melancholische Stimmung; die mythische Lorelei-Figur, die Antithese Himmel – Erde, die Situierung in einer romantischen Landschaft... Romantisch macht die Landschaft die symbolische und die bildhafte Ausgestaltung. Symbolisch verweist die Abenddämmerung auf die (optische) Verschmelzung von Himmel und Erde; symbolisch für die Gefährdung des Lebens steht der Lauf des Flusses, der erst „ruhig" ist und dann durch „Felsenriffe" unterbrochen wird. Die ganze Szenerie kann gar als Trope gelesen werden, als Verbildlichung einer romantischen Landschaft mit Felsen, Fluss, Abendsonne...

Auch formal ist die Annäherung an die Lyrik der Romantik erkennbar. Die lyrische Sprache wirkt stark stilisiert, durch dem Rhythmus geschuldete Inversionen („Ich weiß nicht, was soll es bedeuten, dass" statt „Ich weiß nicht, was es bedeuten soll, dass" etc.), parallelen Satzbau („Die Luft..." / „Der Gipfel des Berges..." etc.), Verknüpfung zweier Strophen durch Anapher: „Sie kämmt..." / „Sie kämmt..."), durch die Dramatik erzeugt wird (auch bei „Er schaut..." / „Er schaut..."). Das könnte nun der Einstieg in eine umfangreiche, Kategorien aus dem Kapitel *Lyrische Texte* einbeziehende Analyse sein, auf die hier aber aus Platzgründen verzichtet werden soll.

Ein romantisches Gedicht?

Festzuhalten bleibt: Heines Gedicht verwendet Muster romantischer Lyrik und wirkt dadurch auf der Textoberfläche romantisch. Blickt man tiefer, dann lassen sich Ironie und Brüche feststellen, die eine Distanzierung von der romantischen Lyrik bedeuten. Lebt der Schiffer am Ende noch oder lebt er nicht? Bereits die Eingangsformulierung „Ich weiß nicht..." / „Ein Märchen..." relativiert das, was danach beschrieben wird. Die verwendeten literarischen Techniken dienen der Erzeugung einer solchen Ambivalenz.

6.7 Wichtige Begriffe zu diesem Kapitel

(Dazu gehört natürlich auch die tabellarische Übersicht „Stilmittel und rhetorische Figuren", die hier nicht wiederholt werden soll!)

Symbolik	Zug
Fabel	Rhetorik
plot	inventio
prototypisch	dispositio
Verweisungszusammenhänge	elocutio
Vorausdeutungen	memoria
Thema	pronuntiatio
Stoff	rhetorische Figuren
Motiv	Stilmittel
Isotopie	Stilistik

6.8 Empfohlene Literatur zu diesem Kapitel

Ivo Braak: Poetik in Stichworten. Literaturwissenschaftliche Grundbegriffe. Eine Einführung. 7., überarb. u. erw. Aufl. von Martin Neubauer. Unterägeri: Hirt 1990 (Hirts Stichwörterbücher).
Ein Lehr-, Lern- und Nachschlagebuch mit knappen Definitionen und vielen Beispielen.

Horst S. u. Elisabeth Daemmrich: Themen und Motive in der Literatur. 2., überarb. u. erw. Aufl. Tübingen u. Basel: Francke 1995 (UTB 8034).
Vergleichsweise neues Lexikon wichtiger, sehr allgemein gehaltener Stoffe und Motive.

Elisabeth Frenzel: Stoffe der Weltliteratur. Ein Lexikon dichtungsgeschichtlicher Längsschnitte. 8., überarb. u. erw. Aufl. Stuttgart: Kröner 1992 (Kröners Taschenausgabe 300).
Umfangreiches Nachschlagewerk zahlreicher Stoffe.

Elisabeth Frenzel: Motive der Weltliteratur. Ein Lexikon dichtungsgeschichtlicher Längsschnitte. 4., überarb. u. erg. Aufl. Stuttgart: Kröner 1992 (Kröners Taschenbuchausgabe 301).
Umfangreiches Nachschlagewerk zahlreicher, auch kleinerer Motive.

Günther u. Irmgard Schweikle (Hg.): Metzler Literatur Lexikon. Begriffe und Definitionen. 2., überarb. Aufl. Stuttgart: Metzler 1990.
Grundlegendes und erschwingliches Nachschlagewerk zur Literaturwissenschaft.

7| Grundzüge der deutschsprachigen Literaturgeschichte

Inhalt

7.1	Probleme der Literaturgeschichte(n)	114
7.2	Barock und Aufklärung	120
7.3	Empfindsamkeit und Sturm und Drang	126
7.4	Klassik und Romantik	130
7.5	Biedermeier und Vormärz	138
7.6	Frührealismus und bürgerlicher (poetischer) Realismus	141
7.7	Naturalismus	144
7.8	Jahrhundertwende	145
7.9	Expressionismus	146
7.10	Dadaismus, Literatur der Weimarer Republik, Neue Sachlichkeit	148
7.11	Völkische Literatur	154
7.12	Exilliteratur und Innere Emigration	156
7.13	Nachkriegsliteratur, Gegenwartsliteratur	159
7.14	Postmoderne Literatur, Popliteratur	167
7.15	Beispielanalyse	170
7.16	Wichtige Begriffe zu diesem Kapitel	173
7.17	Empfohlene Literatur zu diesem Kapitel	174

Zusammenfassung

Die deutschsprachige Literaturgeschichte, von der Bedeutung mittelalterlicher Literatur abgesehen (*Nibelungenlied, Till Eulenspiegel*, geistliche und höfische Dichtung u.v.m.), beginnt in größerem Umfang erst mit der Ablösung des Lateinischen als Schriftsprache im 17. Jahrhundert. Die Barockzeit ist von Kriegen und Seuchen geprägt, die wenigen Autoren und die nicht viel zahlreicheren Leser richten ihren Blick auf ein jenseitiges besseres Leben. Die Menschen des 18. Jahrhunderts entwickeln ein ganz neues Selbstbewusstsein, ausgelöst durch die Entwicklung der Naturwissenschaften, die Erstarkung des Bürgertums und die beginnende Industrialisierung. Die Autoren der Aufklärung möchten die Menschen in Freiheit setzen.

Die Literatur orientiert sich immer weniger an überkommenen Regeln und gibt sich neue, eigene – der Dichter wird zum Genie, zum Schöpfer. Die Klassik zieht aus der neuen Entwicklung die Summe, sie formuliert zeitlose Gedanken literarischer Ästhetik wie menschlichen Zusammenlebens. Auslöser der Romantik ist das vernachlässigte Bedürfnis nach Transzendenz, nach einem über das tägliche Leben hinaus weisenden Sinn. Zwischen diesen Polen des Rationalen und des Abgründigen wird sich die Literatur von nun an bewegen.

Mit dem Wunsch nach Gründung einer modernen deutschen Nation wird die Literatur des 19. Jahrhunderts politisiert oder, durch Zensur, entpolitisiert – Vormärz und Junges Deutschland fordern Einigkeit und Freiheit, während sich die Autoren des Biedermeier in das Private zurückziehen. Am Ausgang des 19. Jahrhunderts werden, unter dem Einfluss moderner naturwissenschaftlicher Erkenntnisse und der Entstehung einer neuen Armut im Arbeiterstand, zunehmend soziale Probleme in den Mittelpunkt gerückt.

Die Unzufriedenheit mit den politischen und sozialen Verhältnissen führt zum Wunsch nach einem neuen Menschen im Expressionismus, eine Bewegung, die zunächst sogar den 1. Weltkrieg für diesen Zweck dienstbar machen will, sich unter dem Eindruck der Kriegsgräuel aber zu pazifistischen Inhalten bekehrt. Die Neue Sachlichkeit der 1920er Jahre bildet die Misere des Kleinbürgertums ab, zelebriert aber auch die Hoffnung auf technische und damit wirtschaftliche Entwicklung. Die Machtergreifung der Nationalsozialisten führt zur Emigration zahlreicher bekannter Autoren, im neuen Deutschen Reich dürfen nur ideologisch einwandfreie – d.h. aus heutiger Sicht extrem fragwürdige – Autoren publizieren.

Die Nachkriegsliteratur bemüht sich um die Aufarbeitung der Schrecken von Krieg und Holocaust, zugleich wird die deutsche Teilung zum Thema. Die Studentenbewegung der 60er Jahre führt zu einer politisierten, systemkritischen Literatur, die in den 70ern, unter dem Eindruck geringer Veränderungsmöglichkeiten, in eine subjektive ‚Nabelschau' umschlägt. Die postmoderne Literatur spielt mit Traditionen und entwickelt vielfältige Sichtweisen auf die zeitgenössische Gesellschaft. Viele Autoren orientieren sich – nicht zuletzt unter dem Eindruck einer diversifizierten Mediennutzung beim Publikum, eines immer größeren Buchangebots und der Konkurrenz durch fremdsprachige Literaturen – stärker an Leserbedürfnissen.

7.1 | Probleme der Literaturgeschichte(n)

Literatur ist immer von bestimmten Entstehungsbedingungen abhängig. Deren historische Koordinaten versucht man in literaturgeschichtlichen Arbeiten zu fixieren und zu erforschen. Es gibt zahlreiche Literaturgeschichten, die solches leisten und doch nur die Spitze eines Eisbergs sind. Germanisten in der ganzen Welt sind damit beschäftigt, durch Archivarbeit und Interpretation neue Ergebnisse zu Tage zu fördern, die in Büchern und Fachzeitschriften veröffentlicht und später Bestandteil neuer Überblicksdarstellungen werden.

Literaturgeschichten widmen sich in der Regel einer Nationalphilologie (ein eingeführter, aber irreführender Begriff, zumal der deutsche Sprachraum aus verschiedenen Nationen besteht), obwohl es zahlreiche Beziehungen zwischen den Autoren und Texten über Sprachgrenzen hinweg gibt. Ohne die klassische griechische Literatur und ihre Theorie – vor allem die Vorgaben von Aristoteles – gäbe es die deutschsprachige Literatur des 17. und 18. Jahrhunderts in der Form nicht. Für das 18. und 19. Jahrhundert lässt sich der Einfluss Shakespeares auf die Dramenproduktion gar nicht überschätzen. Lord Byron wurde für viele deutschsprachige Lyriker des 19. Jahrhunderts zum Vorbild. Die Literatur des deutschsprachigen Naturalismus wäre ohne den Einfluss von Emile Zola (Frankreich) und Henrik Ibsen (Norwegen) gar nicht zu denken. Die Popliteraten der 1990er Jahre ließen sich von US-amerikanischer Literatur anregen, beispielsweise durch Bret Easton Ellis' Roman *American Psycho*. Und so weiter, und so fort. Dazu kommen komplizierte Wechselwirkungen. Sir Walter Scott, der ‚Erfinder' des Historischen Romans am Anfang des 19. Jahrhunderts, hat mit Begeisterung Goethe gelesen und ist durch dessen Drama *Götz von Berlichingen* zur Darstellung historischer Ereignisse in literarischen Texten angeregt worden. Scott wiederum hat wegen seines großen Erfolges zahlreiche Epigonen in Deutschland gehabt und er hat sogar Autoren wie Theodor Fontane stark beeinflusst.

<small>Literatur kennt keine Grenzen</small>

Eine Geschichte solcher Verflechtungen kann hier nicht geschrieben, es kann nicht einmal ein Überblick über die Entwicklungen ausgewählter Nationalphilologien gegeben werden. Das würde eine Einführung quantitativ sprengen und die Fähigkeiten des Verfassers weit überfordern. Die folgenden Grundzüge beziehen sich also auf die Geschichte der deutschsprachigen Literatur, wobei zu hoffen bleibt, dass das Kapitel Nicht-Germanisten Vergleichsmöglichkeiten eröffnet und Germanisten zur vergleichenden Lektüre englischer, französischer, italienischer etc. Literaturgeschichten anregt, je nachdem, wo ihre Interessen liegen (denn keiner – von den wenigen Genies, die es sicher gibt, einmal abgesehen – kann alles abdecken).

Literaturgeschichten sind nicht nur inhaltlich, sondern auch methodisch einem Alterungsprozess unterworfen. Im 19. Jahrhundert sah man die Entwicklung der Literatur analog zur Entwicklung der Geschichte als Wechsel von Blüte und Verfall. Der Nationalsozialismus bemühte sich, in literarischen Texten Hinweise für deren biologische (z.B. rassische) und geographische Herkunft aufzufinden, oder vielmehr: solche Bezüge gewaltsam zu konstruieren. Lange Zeit war es außerdem üblich, Literaturgeschichte als die Lebens- und Werkgeschichte bestimmter herausragender Autoren zu beschreiben. Deren Genie galt es zu erfassen und am Beispiel ihrer Texte darzustellen.

<small>Entwicklung von Literaturgeschichten</small>

Im Zusammenhang mit der sogenannten Studentenrevolution von 1968 kam es zur doppelten Öffnung der Perspektive. Zum einen wollte man demokratischer sein und Texte nicht nach fragwürdigen, zeitabhängigen Qualitätskriterien auswählen, also bezog man auch Essays, journalistische und sogenannte Gebrauchstexte in literarhistorische Darstellungen mit ein. Zum anderen waren die jüngeren Wissenschaftler für die sozialhistorischen Entstehungsbedingungen von Literatur sensibilisiert. Man fragte nun nach der Interaktion von Autor, Text, Leser und Gesellschaft. In der Folge entstanden die **Sozialgeschichten der Literatur** (vgl. auch das Kapitel zur *Literaturtheorie*). Die Erfahrungen damit waren aber nicht nur positiv. Wenn alle Texte gleich sind, wie soll man die zweifellos für eine Überblicksdarstellung notwendige Auswahl treffen? Was ist mit der nicht zu leugnenden ästhetischen Qualität von Literatur? In den 80er und 90er Jahren kam man von dem Konzept der Sozialgeschichte ab, ohne gleich wieder in alte Fehler zu verfallen. Die besten Literaturgeschichten, die man heute kaufen kann, haben Mut zur Auswahl, thematisieren ihre eigene Relativität und berücksichtigen die konkreten Entstehungsbedingungen von Literatur, ohne sie zu verabsolutieren.

Ein Band einer empfehlenswerten Literaturgeschichte

Literaturgeschichte wird in der Regel in **Epochen** eingeteilt. Allerdings gibt es nicht immer Konsens darüber, wie die Epochenschubladen zu beschriften sind oder welche Zeit, welcher Autor und welches Werk in welche Schublade einsortiert werden soll. Die nachfolgende Übersicht zeigt links in reduzierter Form das Epochenraster einer beliebten einbändigen Literaturgeschichte (es handelt sich um: *Deutsche Literaturgeschichte. Von den Anfängen bis zur Gegenwart. 6., verb. u. erw. Aufl. Mit 524 Abb. Von Wolfgang Beutin u.a. Stuttgart u. Weimar: Metzler 2001*), rechts findet sich der Vorschlag einer Synthese aus der Kenntnis anderer Einteilungsversuche.

Unterschiedliche Epocheneinteilungen

Gliederung	*‚Übliche' Epocheneinteilung (grob)*
Literatur des Barock	Barock
Aufklärung	Aufklärung
	Empfindsamkeit
	Sturm u. Drang

Kunstepoche	Klassik
	Romantik
Vormärz	Biedermeier
	Junges Deutschland
	Vormärz
	Frührealismus
Realismus und Gründerzeit	Bürgerl. / Poet. Realismus
Die literarische Moderne	Naturalismus
	Jahrhundertwende
	Expressionismus
Literatur in der Weimarer Republik	Expressionismus
	Neue Sachlichkeit, Magischer Realismus u.a. Strömungen
Literatur im 3. Reich	Völkische Literatur
	Literatur der Inneren Emigration
Die deutsche Literatur des Exils	Exilliteratur
Deutsche Literatur nach 1945	Gegenwartsliteratur (Oberbegriff)
	Literatur der Gruppe 47
Die Literatur der DDR	DDR-Literatur
Die Literatur der Bundesrepublik	Nachkriegsliteratur
	Literatur der Gruppe 47
	Gegenwartsliteratur
Tendenzen i. d. deutschsprachigen Gegenwartsliteratur seit 1989	Wendeliteratur
	Popliteratur

Vielfalt der Epochenbegriffe

Es gibt zahlreiche offene Fragen der Epocheneinteilung, darunter die folgenden: Wie ist die Literatur der Zeit um 1800 am besten zu benennen? ‚Goethezeit' wäre ein weiterer, zeitweise populärer Begriff, der den Nachteil hat, einen Autor auf den Schild zu heben und gleichzeitig das vielfältige literarische Leben auszublenden, das mit diesem Autor nichts zu tun hatte. Wann beginnt der ‚Vormärz'? Bereits nach den Karlsbader Beschlüssen 1819, oder nach der Julirevolution von 1830, oder erst mit der Thronbesteigung Friedrich Wilhelm IV. 1840? Soll man nun vom Poetischen oder vom Bürgerlichen Realismus reden, also auf die vom Idealismus geprägte Ästhetik oder auf die äußere wie innere Abhängigkeit dieser Literatur vom Bürgertum hinweisen?

Manchmal wird auch nicht von Epochen, sondern von **Strömungen** oder Richtungen gesprochen. ‚Strömung' wäre ein Begriff, der verschiedene Schubladen nebeneinander für eine bestimmte Zeit zulässt. So kann man als Oberschublade von der ‚Literatur der Weimarer Republik' reden und darunter die Schubladen ‚Expressionismus', ‚Magischer Realismus', ‚Neue Sachlichkeit' einrichten – will man nicht alles ganz anders organisieren.

Zu allem Übel entziehen sich manche Autoren jeder Epocheneinteilung. Kleist ist weder Klassiker noch Romantiker, auch wenn sein Werk Züge beider Epochen trägt. Letztlich sind solche Einteilungen **heuristisch**, nach einer Duden-Definition heißt das: Es handelt sich um vorläufige Annahmen zum besseren Verständnis eines Sachverhalts.

Die Geschichtlichkeit der Literatur

Auch wenn sich die meisten Studierenden auf die Literatur der Neuzeit (also seit der Aufklärung) konzentrieren, darf man nicht vergessen, dass es eine Entwicklung davor gibt. Im Mittelalter liegen die Wurzeln der deutschen Sprache und ihrer Gestaltung als Literatur. Dazu kommen zahlreiche inhaltliche Einflüsse früherer Zeiten, etwa der Antike, deren Mythologie bis in Gegenwartstexte hineinreicht – beispielsweise in Christa Wolfs Romane *Kassandra* und *Medea*, oder die Bibel als einer der wichtigsten Prätexte überhaupt. Auch nicht schweigen darf man von den zahlreichen Bezugnahmen auf fremdsprachige Literatur, da ist etwa der immense Einfluss des Griechen Aristoteles und des Engländers Shakespeare auf das deutsche Drama. Es gibt eigentlich keine deutschsprachige Literatur, das ist auch wieder so ein heuristisches Konstrukt. Doch bleibt aus Platzgründen diesem Kapitel keine andere Wahl, als das Konstrukt widerwillig zu akzeptieren. Es muss der Hinweis genügen: Wer germanistische Literaturwissenschaft studiert, sollte und darf nicht nur deutschsprachige Literatur lesen.

Die Literatur vor der Aufklärung, wobei nicht nur die des Barock gemeint ist, erscheint aus heutiger Perspektive deshalb so fremd und rätselhaft, weil sie anders ‚funktioniert'. Autoren schreiben nach Regeln und verstehen ihren Beruf als Handwerk. Viele literarische Texte sind zweckgerichtete Auftragsdichtungen, so werden die Tugenden der Fürsten und Mäzene gelobt, die sich auf diese Weise etwas Unsterblichkeit erkaufen. In erster Linie jedoch gilt es Gott zu preisen und dem Leser die christliche Religion näher zu bringen, als Ansporn, Trost und Regulativ in harten Zeiten, die von Krieg, Ausbeutung und Hungersnöten geprägt sind. *(Regelkonforme Literatur)*

Das Verhältnis von Autor und Regeln kehrt sich im 18. Jahrhundert um, mit dem *Sturm und Drang* hält die **Genieästhetik** Einzug. Literatur gilt nun als individuelle Leistung. Die Variation vorgegebener Muster und die Abweichung davon werden zur neuen Norm, nach der ein Text für gut oder schlecht befunden wird. Diese Entwicklung lässt sich als Paradigmenwechsel bezeichnen, und sie vollzieht sich parallel mit dem Aufstieg des Bürgertums, das zahlenmäßig immer größer und dadurch einflussreicher wird. Das 19. Jahrhundert sieht eine Revolution in Bildung und Technik. Bis zu seinem Ende können fast alle Deutschen lesen und schreiben, die Produktion und Distribution von Druckwerken ist nun kein Problem mehr. Rotationsdruckmaschinen sorgen für Massenfabrikation, die Eisenbahn für schnelle Verbreitung. *(Abkehr von der Regelpoetik)*

Die Aufklärung hat die Religion vom Thron gestoßen, die Naturwissenschaften haben ihr nach und nach den Rang abgelaufen. Das Fehlen eines einheitlichen Weltbildes wirkt sich auch auf die Literatur aus. Seit Beginn der so genannten klassischen Moderne um 1900 dominiert als Generalthema das Geworfensein in die Welt, das Gefühl der Verlorenheit und des Ausgeliefertseins, oder es wird gestaltet, welche Chancen damit verbunden sind. *(Abkehr vom geschlossenen Weltbild)*

Seit den 60er Jahren hat sich die sogenannte Postmoderne durchgesetzt, das Spiel mit Traditionen und Mustern, das der früheren Ernsthaftigkeit seinen Stachel nimmt. Solche Abgrenzungen, zumal in der hier gebotenen Oberflächlichkeit, sind und bleiben aber schwierig. Mit Traditionen und Mustern spielen Autoren nicht erst seit der Postmoderne. Noch schwieriger als die Festschreibung dessen, wie sich alles entwickelt hat, ist die Frage, wohin die Reise geht. *(Spiel mit Traditionen und Mustern)*

Die folgende Darstellung ist nur eine knappe Skizze. Sie versteht sich als Hinführung und Anregung zur Lektüre einer ‚richtigen' Literaturgeschichte, die zwar auch nicht vollständig sein kann, aber wenigstens nicht auf zahlreiche wichtige Autoren und Texte verzichten muss. Allerdings – keine Darstellung kann die eigenen Erkundungsfahrten im Reich der Literatur ersetzen!

7.2 | Barock und Aufklärung

Epochenbegriffe

Der Begriff **Barock** stammt aus dem Portugiesischen und bedeutet usprünglich soviel wie „unregelmäßig". Seit dem 19. Jahrhundert wird er als Stilbegriff für schwulstige, ornamentale Literatur verwendet, so hat man das bezeichnet, was man der Literatur des 17. Jahrhunderts vorwarf. Im 20. Jahrhundert wird differenzierter argumentiert. Barock nennt man nun eine Literaturepoche, die sich zeitlich ziemlich genau mit dem 17. Jahrhundert deckt. Das 16. Jahrhundert wird mit **Renaissance** oder **Humanismus**, das 18. dann mit **Aufklärung** etikettiert. Für alle drei Epochen verwendet man den Begriff der **Frühen Neuzeit**. Die Neuere deutsche Literaturwissenschaft beschäftigt sich in der Regel mit den Jahren 1600ff., also sie beginnt mit dem Barock. Einige Professuren sind allerdings mit dem Schwerpunkt Frühe Neuzeit ausgeschrieben, was zeigt: man sollte solche willkürlich gezogenen Grenzen nicht zu ernst nehmen.

Die deutsche Sprache setzt sich langsam durch

Das lässt sich an einem Beispiel nachweisen. Eine entscheidende Voraussetzung dafür, dass es eine deutsche Sprach- und Literaturwissenschaft gibt, schafft Martin Luther mit seiner Bibelübersetzung von 1522-1545. Ihm ist es zu verdanken, dass die deutsche Sprache beginnt, literaturfähig zu werden, wobei Literatur hier im weitesten Sinne verstanden werden muss. Die meisten Schriften der Zeit, von wenigen Gebildeten für ein kleines Publikum aus Adel und Klerus geschrieben, sind religiöser Natur. Bis 1692 ist der größere Teil der Bücher in lateinischer Sprache verfasst.[11] Die Dichtung deutscher Sprache oder die so genannte ‚schöne', fiktionale Literatur erobert erst im Laufe des 18. Jahrhunderts einen bedeutenden Anteil an der Gesamtproduktion. Ebenfalls im 18. Jahrhundert beginnt die streng hierarchische Gliederung der Gesellschaft aufzuweichen. Bis dahin regiert der Adel die wenigen Bürger und die vielen Bauern, von denen die meisten Analphabeten sind. Eine regelmäßige Schulausbildung für viele Kinder wird im 18. Jahrhundert konzipiert und im Laufe des 19. Jahrhunderts üblich.

Die meisten Zeitgenossen des 17. Jahrhunderts leben auf dem Land. 1650 ist Hamburg mit 75000 Einwohnern die größte Stadt des Heiligen römischen Reiches deutscher Nation,[12] so heißt der lose Bund von Fürstentümern, dem ein von den Fürsten gewählter Kaiser vorsteht. Das Reich ist, vom Adel abgesehen, alles andere als reich. 80 Prozent des Bruttosozialprodukts werden durch Land- und Forstwirtschaft erzielt (2000 sind es weniger als 2 Prozent). Nicht nur das harte Arbeitsleben, auch Missernten, Seuchen und Kriege bescheren vielen ein frühes Ende. Der längste und bekannteste Krieg ist der 30jährige. Protestanten und Katholiken beenden ihren grausamen Konflikt schließlich im Westfälischen Frieden vom 24.10.1648. Die Religion und die einfache hierarchische Gliederung der Gesellschaft geben den Menschen etwas Halt in ihrem wenig beneidenswerten Dasein. Hier konzentrieren sich nicht zuletzt deshalb die wirtschaftlichen Mittel, die katholische Kirche beispielsweise baut die uns wohlbekannten barocken Glaubenshäuser. Um sich vom Protestantismus abzusetzen, spart man nicht am Prunk und beschert so den Gläubigen eine seltene sinnliche Erfahrung. Wie gefährlich zur Ideologie gewordener Glaube werden kann, demonstrieren neben den Kriegen die Hexenverfolgungen.

Gesellschaftliche und religiöse Voraussetzungen

Wie das Leben ist die Literatur des Barock durch Regeln geprägt, die es zu beachten gilt. Den gesellschaftlichen Normen entsprechen literarische, um einer bestimmten Form zu genügen und um einen Beitrag zur Eingliederung des Rezipienten in die allgemeine Ordnung zu leisten. Die strengen Regelvorgaben werden erst gegen Ende der Epoche hin stärker in Frage gestellt, als die Entwicklung der Wissenschaften und damit die Säkularisierung (= Verweltlichung) beginnt.

Bekannte Texte der Epoche sind Hans Jacob Christoph Grimmelshausens umfangreicher Roman *Simplicissimus Teutsch* von 1668, die Dramen von Daniel Caspar von Lohenstein, Christian Weise und Andreas Gryphius, Lieder und Gedichte von Paul Gerhardt,

Wichtige Autoren des Barock

---

[11] Vgl. Reinhard Wittmann: Geschichte des deutschen Buchhandels. München: C.H. Beck 1999 (Beck'sche Reihe), S. 82f.
[12] Vgl. Dirk Niefanger: Barock. Stuttgart u. Weimar: Metzler 2000 (Lehrbuch Germanistik), S. 29.

Regeln und Religion

Friedrich von Logau oder Christian Hoffmann von Hoffmanswaldau, um nur einige Namen zu nennen. Als herausragende Leistung der Epoche gelten Sonette, vor allem die von Andreas Gryphius, der aus heutiger Sicht zum Hauptvertreter der Barockliteratur geworden ist. Die Literatur folgt, generell gesprochen, zwei Maximen, wobei mal die eine und mal die andere überwiegt: **carpe diem** (= pflücke den Tag) und **memento mori** (= gedenke, dass Du sterblich bist). Beide ergänzen sich sinnvoll in der Ausrichtung auf die Religion. Man soll sich grundsätzlich so verhalten, dass man Gott Ehre macht und das Ticket ins Paradies erwirbt. Das *carpe diem* kann allerdings auch auf Liebeserfahrungen bezogen werden, daran knüpft sich eine Tradition galanter bis erotischer Lyrik.

Welche Regeln die deutschen Dichter bei ihrer Arbeit zu beachten haben, hat maßgeblich Martin Opitz mit seinem *Buch von der Deutschen Poeterey* von 1624 festgelegt. Dabei hat er auf die Traditionen griechischer und lateinischer Literatur zurückgegriffen. Das

Funktion der Rhetorik

zeigt sich am Festhalten an der Rhetorik als „Leitdisziplin des 17. Jahrhunderts",[13] also an der sprachlichen Ausschmückung dessen, was man sagen will (vgl. hierzu auch Kap. 6). So kommt man zu einem Text: Man findet These und Argumente (inventio); ordnet sie wirkungsvoll an (dispositio); setzt sie auf angemessene Weise sprachlich um und schmückt sie aus (elocutio); übt seine Rede und prägt sie sich ein (memoria); dann trägt man sie vor (actio/pronuntiatio) und berücksichtigt dabei sein Publikum. Der hohe Stil (genus grande) soll die Rezipienten bewegen (movere), der mittlere Stil (genus medium) soll sie unterhalten (delectare), der niedere Stil (genus subtile) soll sie belehren (docere). Eine didaktische Absicht ist allerdings fast immer dabei, ob beim Fürstenlob oder bei der Mahnung, an die eigene Sterblichkeit zu denken.

Abb. 27

Ein Emblem

Ein besonderer Bereich der Barockforschung betrifft die **Emblematik**. Embleme sind mit Textergänzungen versehene, allegorische Bilder. Sie bestehen aus der Überschrift **(inscriptio)**, dem Bild **(pictura)** und der Unterschrift **(subscriptio)**.[14] Alles zusammen lässt sich als Aussage oder Lehrsatz entziffern.

Literatur ist eine exklusive Angelegenheit, es gilt das Ideal des gelehrten Dichters (poeta doctus) und Lesers. Das ändert sich erst mit der Aufklärung. Tragende Schicht dieser und aller folgenden Epochen ist das Bürgertum, eine Schicht zwischen Adel und Bauern, die zahlenmäßig und damit auch an Selbstbewusstsein immer mehr wächst. Mit der Entstehung einer Bildungsschicht geht die

Entwicklung der Wissenschaften einher, sie führt zu neuen, nicht primär theologischen Erklärungsmodellen über die Entstehung und den Aufbau von Welt und Natur. Das Zentrum der neuen philosophischen Lehre bildet nun die Selbstbestimmung des Menschen. Daraus entsteht die bis heute immer nur vorläufig beantwortete Frage, wie das Verhältnis von Individuum und Gesellschaft zu gewichten ist.

René Descartes ist bereits im 17. Jahrhundert zu der Erkenntnis gekommen: Cogito ergo sum – Ich denke, also bin ich. Die Fähigkeit des Menschen zu denken ist Immanuel Kants Ausgangspunkt, sein sogenannter **kategorischer Imperativ** hat bis heute nichts von seiner Aktualität eingebüßt: „Handle so, daß du wollen kannst, deine Maxime soll ein allgemeines Gesetz werden [der Zweck mag sein welcher er wolle]."[15] (Volkstümlich gewendet und stark vereinfacht wurde daraus eine Handlungsanweisung, die Eltern ihrem Nachwuchs mit auf den Lebensweg gaben: Was Du nicht willst, das man Dir tu, das füg auch keinem andern zu.) Die Aufbruchstimmung der Epoche ist festgehalten in Kants Definition: „Aufklärung ist der Ausgang des Menschen aus seiner selbstverschuldeten Unmündigkeit. Unmündigkeit ist das Unvermögen, sich seines Verstandes ohne Leitung eines andern zu bedienen." Kant fügt die Aufforderung hinzu: „Sapere aude! Habe Mut, dich deines eigenen Verstandes zu bedienen!"[16]

Kants kategorischer Imperativ

Sapere aude! Wage zu denken!

Eine wichtige Voraussetzung für ein solches (im Wortsinne) Selbstbewusstsein ist die Entstehung einer bürgerlichen Öffentlichkeit im 18. Jahrhundert. Diese wiederum wäre ohne die Gründung periodischer Publikationen nicht zu denken, vor allem der *Moralischen Wochenschriften* nach dem Vorbild von mehreren ab 1709 in England gegründeten Zeitschriften. Johann Christoph Gottsched beispielsweise formt nach dem Vorbild des *Tatler* (= Schwätzer) seine *Vernünftigen Tadlerinnen*, die 1725-26 erscheinen.

Gottsched gilt als großer Reformer der **Frühaufklärung**. Der Leipziger Professor für Weltweisheit erschafft ein neues Regelsystem für die Dichtung, das auf den Barockpoetiken aufbaut und sie

---

[13] Ebd., S. 66.
[14] Vgl. ebd., S. 68f.
[15] Erika und Ernst von Borries: Aufklärung und Empfindsamkeit, Sturm und Drang. 4. Aufl. München: Deutscher Taschenbuch-Verlag 1999 (Deutsche Literaturgeschichte 2), S. 26.
[16] Ebd.

Nachahmung der Natur

zugleich ablöst. Zentral hierfür ist sein *Versuch einer Critischen Dichtkunst vor die Deutschen*, erstmals 1730 aufgelegt. Die neuen Regeln wenden sich ab vom äußerlichen Schmuck, Schöpfer ornamentaler Dichtungen tituliert der Professor „elende Reimschmiede". [17] Ein „zum Nachahmen geschicktes Naturell" reicht nicht, Dichter müssen möglichst viel wissen und vor allem „eine gründliche Kenntnis des Menschen" mitbringen. [18] Der Dichter ahmt die Natur nach, er richtet sich dabei nach der Harmonie und Ordnung, die Gott in die Natur gelegt hat. [19] Daraus ergibt sich einerseits, dass die Handlung eines Texts wahrscheinlich sein muss – wenn es nicht so war, dann könnte es sich zumindest so zugetragen haben. Andererseits hat die Orientierung an einer natürlichen Ordnung auch eine pädagogische Absicht. Was gegen die Natur ist, wird verurteilt, was Vorbildfunktion hat, wird zur Nachahmung empfohlen. Literatur hat einen Erziehungsauftrag, sie erzieht zum „Gebrauch der gesunden Vernunft". [110] Dem Schriftsteller obliegt es, „den Geschmack seines Vaterlandes, seines Hofes zu läutern." [111]

Gottsched setzt wie die anderen Autoren seiner Zeit eine Tradition der Barockliteratur fort: Literatur hat bestimmten Regeln zu folgen, um eine Wirkung zu erzielen, die Teil des gesellschaftlichen Regelsystems ist. Das heißt nicht, dass sich die Texte darin erschöpfen. Konstitutiv für Literatur ist ihre Mehrdeutigkeit und ihre Abhängigkeit von der jeweiligen Perspektive, sei es des Autors, eines prototypischen oder eines individuellen Lesers (vgl. Kap. 9).

Vielleicht noch mehr als für Gottsched gilt dies für Christian Fürchtegott Gellert, dessen Band *Fabeln und Erzählungen* von 1746 wohl der literarische Bestseller des 18. Jahrhunderts im deutschen

Abb. 28

C.F. Gellert, „Fabeln und Erzählungen"

Sprachraum war. Auch heute noch wirken vor allem die Fabeln frisch und gewitzt, und oft sind sie selbstreflexiv, also auf das Literarische selbst bezogen. In der Fabel *Das Gespenst* vertreibt ein Dichter, indem er aus seinem unendlich langweiligen Trauerspiel liest, einen Geist. Wie bei der Gattung üblich wird ein Lehrsatz angeschlossen, der mit folgenden ironischen Versen beginnt:

> Ein jeder, der dies Wunder liest,
> Zieh sich daraus die gute Lehre,
> Daß kein Gedicht so elend ist,
> Das nicht zu etwas nützlich wäre. [112]

Der Aufstieg des Bürgertums

Mitte des 18. Jahrhunderts gerät das Erklärungsmodell der Gottschedschen Frühaufklärung, das den Glauben an Gott, die Entstehung der modernen Wissenschaften und die hierarchische Gesellschaftsordnung in Übereinstimmung bringen will, ins Wanken. Das Bürgertum wird größer und es keimen erste Zweifel, ob der Adel seine Bestimmung, die gesellschaftliche Entwicklung positiv voranzutreiben, wirklich erfüllen kann. Das immer gebildetere bürgerliche Individuum möchte über sein Leben zumindest mitbestimmen und sich nicht nur nach Regeln richten, die zunehmend als willkürlich und als für einen selbst nachteilig erkannt werden. Das gilt auch für Dichter, und nun passiert etwas, das man nicht überbewerten kann. Es entsteht die Vorstellung vom Dichter als Schöpfer. Der Dichter hat sich nicht nach Regeln zu richten, die ihm vorgegeben werden, sondern *er schafft seine eigenen Regeln*. Für die Zeit dieses **Paradigmenwechsels** Mitte des 18. Jahrhunderts hat sich der Begriff der Genieästhetik eingebürgert. Hierzu mehr, wenn es um die Epoche des Sturm und Drang geht.

Für die sogenannte **Hochaufklärung** gibt es eine wesentliche Einschränkung. Das Ziel des Genies bleibt gleich: die Beförderung

---

[7] Johann Christoph Gottsched: Versuch einer Critischen Dichtkunst vor die Deutschen. In: Ders.: Schriften zur Literatur. Hg. von Horst Steinmetz. Stuttgart: Reclam 1998 (RUB 9361), S. 20.
[8] Ebd., S. 43 u. 48.
[9] Ebd., S. 63ff.
[110] Ebd., S. 67.
[111] Ebd., S. 73.
[112] Christian Fürchtegott Gellert: Fabeln und Erzählungen. Hg. von Karl-Heinz Fallbacher. Stuttgart: Reclam 1986 (RUB 161), S. 24.

des allgemeinen Guten oder, wie es Gotthold Ephraim Lessing in seiner *Hamburgischen Dramaturgie* von 1769 formuliert, die „Verwandlung der Leidenschaften in tugendhafte Fertigkeiten".[113] Das Genie soll zu diesem Zweck aus seinem Material „ein eigenes Ganze [...] machen, mit dem es seine eigene [sic] Absichten verbindet".[114] Es gibt weiterhin eine Einheit, nur wird sie nicht von außen an das Werk herangetragen: „das Ganze dieses sterblichen Schöpfers sollte ein Schattenriß von dem Ganzen des ewigen Schöpfers sein; sollte uns an den Gedanken gewöhnen, wie sich in ihm alles zum Besten auflöse, werde es auch in jenem geschehen."[115]

7.3 | Empfindsamkeit und Sturm und Drang

Die individuelle Glaubenserfahrung rückt in den Mittelpunkt

Gegen Ende des 17. Jahrhunderts entsteht im Heiligen römischen Reich deutscher Nation eine neue Glaubensbewegung, die auf dem Protestantismus aufbaut: der **Pietismus**. Im Zentrum stehen die individuelle Glaubenserfahrung und der zwischenmenschliche Austausch darüber. Aus dem Pietismus heraus entwickelt sich die das 18. Jahrhundert prägende **Gefühlskultur**. Als Folge der Betonung des Gefühls und des Gemeinschaftserlebnisses entsteht ein **Freundschaftskult**, der sich unter anderem im regen Austausch von Briefen niederschlägt. Literarisches Ergebnis sind die zahlreichen, zunächst in England entstandenen Briefromane. Wie in der Aufklärung soll Literatur erziehen, allerdings mehr in Glaubensdingen und vor allem im moralischen Sinn. Die Empfindsamkeit im Bürgertum ist Teil oder Spielart der generellen Entwicklung eines tugendbasierten neuen, spezifisch bürgerlichen Selbstbewusstseins in Abgrenzung zum moralisch verderbten, in dekadentem Luxus schwelgenden Adel.

Der Glaubensaspekt spielt dabei eine immer geringere Rolle, das zeigt beispielsweise die Abrechnung mit dem Pietismus als unvernünftiger Schwärmerei in Luise Adelgunde Victorie Gottscheds *Die Pietisterey im Fischbein-Rocke. Oder: Die doctormäßige Frau*. Die Komödie der ‚Gottschedin', also der Frau Johann Christoph Gottscheds, wird 1736 anonym publiziert. (Der Fischbein-Rock entspricht etwa dem, was wir Korsett nennen.) Stärker akzentuiert wird das Politische, die Autoren entdecken das ‚Vaterland' als wichtiges Thema.

Eine interessante Mischung aus religiösen Motiven, Gefühls- und Vaterlandskult bietet die Literatur eines der erfolgreichsten und beliebtesten Autoren der Zeit, gemeint ist Friedrich Gottlieb Klopstock. Heute ist er fast unbekannt, schon in den 20er Jahren des 19. Jahrhunderts hat ihn Christian Dietrich Grabbe in einem Lustspiel verspottet. Grabbe lässt den Teufel sagen:

> Es ist doch gut, daß ich mein altes, unfehlbares Schlafmittelchen, Klopstocks Messias, mitgebracht habe! Ich brauche nur drei Verse zu lesen, dann bin ich so müde wie der Daus! *(Das Buch aufschlagend.)* Wo blieb ich doch das letzte Mal stehen? Ah, pag. 29. *(Er liest zwei Verse und schläft ein.)* [116]

Welche Rolle Klopstock aber im 18. Jahrhundert spielte, demonstriert eine Stelle in Goethes zwischen **Empfindsamkeit** und **Sturm und Drang** einzuordnendem Briefroman *Die Leiden des jungen Werthers* (von 1774, 2. Fassung 1787). Es kommt zu einer ersten Liebesszene zwischen Werther und Lotte, dabei bewundern die beiden ein Gewitter als Naturschauspiel:

> Sie stand auf ihren Ellenbogen gestützt, ihr Blick durchdrang die Gegend; sie sah gen Himmel und auf mich, ich sah ihr Auge tränenvoll, sie legte ihre Hand auf die meinige und sagte: „Klopstock!" [117]

Empfindsam am *Werther* ist die Schwärmerei der Titelfigur, stürmisch dagegen sind die Auswirkungen dieser Schwärmerei. Werther gibt sich nicht damit zufrieden, seiner zunächst mit einem anderen verlobten und dann mit diesem verheirateten Lotte ein guter Freund zu sein, er bedrängt sie und tötet sich schließlich selbst. Empfindsam wäre der Verzicht gewesen, der Sieg der Vernunft über das Gefühl. Der bereits erwähnte Gellert hat es in seinem Roman *Das Leben der schwedischen Gräfin von G...* (1747/48) vor-

Zwischen Schwärmerei und Rebellion

---

[113] Gotthold Ephraim Lessing: Hamburgische Dramaturgie. Hg. und komm. von Klaus L. Berghahn. Stuttgart: Reclam 1999 (RUB 7738), S. 401.
[114] Ebd., S. 177.
[115] Ebd., S. 404f.
[116] Christian Dietrich Grabbe: Scherz, Satire, Ironie und tiefere Bedeutung. Ein Lustspiel in drei Aufzügen. Nachwort u. Anm. von Alfred Bergmann. Stuttgart: Reclam 1995 (RUB 397), S. 25. Messias ist der Titel von Klopstocks bekanntestem Werk, „Daus" ist ein veraltetes Wort für Teufel, „pag." steht für Seite.
[117] Johann Wolfgang von Goethe: Werke. Hamburger Ausgabe in 14 Bänden. München: dtv 1996, Bd. 6, S. 27.

gemacht. Die Titelfigur will gerade heiraten, als ihr totgeglaubter Gemahl überraschend zurückkehrt. Beide Männer sind tugendhafterweise bereit zum Verzicht. Da der Ehegatte die rechtmäßigen Ansprüche hat, ist es aber vernünftig, die Ehe wieder aufzunehmen. Das alte und neue Paar lebt mit dem Hausfreund in moralisch einwandfreier, trauter Eintracht, sogar eine frühere Geliebte des Grafen lässt sich noch integrieren. So vorbildlich konnte man und frau damals sein, jedenfalls in der Literatur, zumindest auf der Ebene der Handlung (die erotischen Konnotationen wären ein anderes Kapitel...).

Die Entdeckung des Volkstümlichen

Dem Sturm und Drang gibt der Titel eines Dramas von Friedrich Maximilian Klinger seinen Namen, es erscheint 1776. Heute noch wesentlich bekannter als Klinger ist Johann Gottfried Herder, der – als Theoretiker der Epoche – „den Schöpfungsvorgang in den Mittelpunkt des Interesses" rückt.[118] Wieder ist die Natur das Vorbild, dabei legt Herder besonderen Wert auf das Volkstümliche. Vorbildhaft erscheint ihm wie vielen anderen eine schottische Heldendichtung, mit verkürztem Titel als *Ossian* in die Literaturgeschichte eingegangen. Nicht zufällig liest Werther Lotte aus Ossian vor, bevor er sich erschießt. Dabei ist die angeblich uralte Volksdichtung ein Plagiat, eine der bedeutendsten Fälschungen überhaupt. Fiktiver Herausgeber und heimlicher Autor ist James Macpherson. (Wie wir am Beispiel der Brüder Grimm sehen werden, waren Herausgeber aber noch nie zimperlich, wenn es darum ging, Eigenes dazuzutun.) Sicher glaubwürdiger und noch folgenreicher als *Ossian* ist die Rezeption Shakespeares als „Diener der Natur", der „mit Götterkraft begabt" ist (so Herder).[119]

Konjunktur der Ballade

In den Kontext der Entdeckung des Volkstümlichen fügt sich die Karriere der Gattung Ballade ein. Wegbereitend und geradezu legendär ist Gottfried August Bürgers *Lenore* von 1774. Die Ballade beginnt:

> Lenore fuhr ums Morgenrot
> Empor aus schweren Träumen,[120]

denn Lenore ahnt, dass ihr Verlobter Wilhelm als Soldat gefallen ist. Überraschend taucht Wilhelm auf und holt Lenore, doch entpuppt er sich während des wilden Ritts als Geist. Ob Lenore dies überlebt, bleibt offen; die Ballade schließt mit den mahnenden Worten eines Geisterreigens, man solle nicht – wie dies Lenore getan hat – mit Gott hadern. Ob dies die moralische Botschaft der Ballade ist oder nicht, ob sie den furiosen Ritt nur der grandiosen Wirkung wegen inszeniert – die Forschung ist sich nicht einig, die Qualität des folgenreichen Texts bleibt umstritten. Der Volksmund hat sich offenbar eine eigene Meinung gebildet, geht man nach der ebenfalls volkstümlich gewordenen Parodie eines unbekannten Verfassers:

Lenore fuhr ums Morgenrot,
Und als sie rum war, war sie tot.[121]

Geschichte in der Literatur

Zu den Wegbereitern und Hauptvertretern des Sturm und Drang gehören in ihren jungen Jahren zwei Autoren, die später ganz andere Texte schreiben sollten: Johann Wolfgang Goethe und Friedrich Schiller. Goethes Geschichtsdrama *Götz von Berlichingen mit der eisernen Hand* von 1773 war sehr einflussreich, und das über Grenzen hinaus. Ohne das Vorbild des Götz hätte der Schotte Walter Scott vielleicht nicht 1814 mit *Waverley oder 's ist sechzig Jahre her* den ersten modernen historischen Roman vorgelegt, und dann wäre er auch nicht mit den Folgeromanen zum weltweit erfolgreichsten Autor seiner Zeit aufgestiegen – neben Goethe.

Goethes Götz ist eine ambivalente Figur, deren Kraft und Durchsetzungsvermögen nicht ausreicht, um die alte Ritterzeit gegen die neue höfische Zeit zu verteidigen. Insofern ist Schillers Erstling, das Schauspiel *Die Räuber* von 1781, radikaler. Karl von Moor rebelliert gegen familiäre wie gesellschaftliche Normen und führt das Leben eines modernen Robin Hood. Karl scheitert, aber in seinem Scheitern liegen Hoffnung und Größe. Er liefert sich an einen armen Mann aus, der elf Kinder hat; die entsprechenden Schlussworte des Dramas sind in den deutschen Zitatenschatz eingegangen: „dem Mann kann geholfen werden."[122] Auch nicht unbekannt ist der erste Satz des Karl Moor, der die Epoche wunderbar charakterisiert: „Mir ekelt vor diesem tintenklecksenden Säkulum, wenn

---

[118] Erika und Ernst von Borries: Aufklärung und Empfindsamkeit, Sturm und Drang, S. 193.
[119] Ebd., S. 197.
[120] Hartmut Laufhütte (Hg.): Deutsche Balladen. Stuttgart: Reclam 1991 (RUB 8501), S. 36.
[121] Theodor Verweyen u. Gunther Witting (Hg.): Deutsche Lyrik-Parodien aus drei Jahrhunderten. Stuttgart: Reclam 1983 (RUB 7975), S. 134.
[122] Friedrich Schiller: Die Räuber. Ein Schauspiel. Mit einem Nachwort. Stuttgart: Reclam 1986 (RUB 15), S. 139.

ich in meinem Plutarch lese von großen Menschen."[23] Mit dem aufklärerischen Vernunftgebot und beschränkten bürgerlichen Tugendvorstellungen hat das nicht mehr viel zu tun.

Die menschliche Existenz wird problematisch

Wie die Aufklärung ist auch der Sturm und Drang keineswegs abgeschlossen. Beide Epochen formulieren zentrale Themen der folgenden Zeiten. Vielleicht deshalb wirken einige ihrer Autoren auch heute noch so modern, beispielsweise Jakob Michael Reinhold Lenz mit seinen gar nicht sehr komischen Komödien *Der Hofmeister* (1774) und *Die Soldaten* (1776), in denen zentrale Probleme der gesellschaftlichen Über- und Unterordnung und der brüchigen menschlichen Existenz formuliert werden. Noch radikaler wird sich Jahrzehnte später Heinrich von Kleist in Dramen und Erzählungen diesen Themen widmen. Das Trauerspiel *Penthesilea* von 1808 stellt ebenso jede bekannte menschliche Ordnung zur Disposition wie die Erzählung *Das Erdbeben in Chili* (1807, maßgebliche 2. Fassung 1810).

Die heitere Spielart des Gefühlskults vertritt Mitte des 18. Jahrhunderts die Literatur des **Rokoko** und der **Anakreontik**. Das Rokoko, vom französischen Wort für Muschel abgeleitet, betont das Anmutige und Geistreiche, führt zu Lebensfreude und verfeinertem Sinnengenuss. Die Anakreontik ahmt die dem Griechen Anakreon zugeschriebene Literatur nach und drückt vor allem Freude am Leben und an der Welt aus. Gestaltet werden Erfahrungen von Sinnlichkeit und Geselligkeit. Ein beliebtes, allegorisch für Leben und Liebe gedachtes Thema ist der Tanz.

7.4 | Klassik und Romantik

Vorbild griechische Antike

Der Vorbildcharakter der griechischen Kunst stand nie außer Frage, aber Mitte des 18. Jahrhunderts wird unter Berufung auf sie ein neues Kunstideal entwickelt. Johann Joachim Winckelmann veröffentlicht die dafür grundlegenden kunsttheoretischen Schriften, vor allem die *Gedanken über die Nachahmung der griechischen Werke in der Malerei und Bildhauerkunst* von 1755. Darin findet sich der folgenreiche Satz: „Das allgemeine vorzügliche Kennzeichen der griechischen Meisterstücke ist endlich eine edle Einfalt, und eine stille Größe, sowohl in der Stellung als im Ausdrucke."[24]

Dem Ideal der edlen Einfalt und stillen Größe verschreiben sich die Autoren der **Klassik**. Sie beleben die griechischen literarischen

Traditionen wieder, soweit sie in ihr jeweiliges Literaturprogramm passen. Der Unterschied der beiden bedeutendsten Autoren der Epoche, Goethe und Schiller (beide für ihre literarischen Verdienste geadelt!), liegt in der Anwendung. Goethe interessiert sich primär für die Naturwissenschaften, Schiller für Politik und Philosophie. Das wird schon deutlich, wenn man die Balladen nebeneinander stellt, beispielsweise Goethes naturmagischen *Erlkönig* von 1782 und Schillers politischen *Taucher* von 1797, wobei man dazu sagen muss, dass zwischen den Gedichten die Französische Revolution liegt und dass Schiller mehr vom politischen Zeitgeist ergriffen wurde.

Goethe und Schiller

Die Gemeinsamkeiten, das Charakteristische der Epoche bringt nichts besser auf den Punkt als Goethes Gedicht *Das Göttliche* von 1783, hier Anfang und Schluss:

Edel sei der Mensch,
Hilfreich und gut!
Denn das allein
Unterscheidet ihn
Von allen Wesen,
Die wir kennen.

[...]

Abb. 29

Und wir verehren
Die Unsterblichen,
Als wären sie Menschen,
Täten im großen,
Was der Beste im kleinen
Tut oder möchte.

J.W.v. Goethe

Der edle Mensch
Sei hilfreich und gut!
Das Nützliche, Rechte,
Sei uns ein Vorbild
Jener geahneten Wesen! [125]

---

[123] Ebd., S. 19. Säkulum heißt Jahrhundert; Plutarch ist der Name eines griechischen Autors.
[124] Johann Joachim Winckelmann: Gedanken über die Nachahmung der griechischen Werke in der Malerei und Bildhauerkunst. Sendschreiben. Erläuterung. Hg. von Ludwig Uhlig. Bibliographisch ergänzte Ausg. Stuttgart: Reclam 1995 (RUB 8338), S. 20.
[125] Johann Wolfgang von Goethe: Werke. Bd. 1, S. 147ff.

Ein Teufelspakt

Wie andere Zeitgenossen beschäftigt Goethe die Frage, auf welchen Wegen sich der Mensch entsprechend veredeln könnte. Eine stark problematisierende Antwort darauf gibt er in *Faust. Der Tragödie erster Teil* von 1808 (der zweite Teil wurde erst 1833 veröffentlicht), der Stoff des Dramas ist einem Volksbuch entnommen. Faust wird von Mephistopheles (dem Teufel) zu einem Bündnis verführt, damit seine Überhebung über Gott und Natur dokumentierend. Doch das Unvorhergesehene geschieht, Faust verliebt sich in Gretchen und hätte nun die Möglichkeit, die gesuchte Erfüllung zu finden – wäre da nicht der Teufelspakt. Obwohl durch die verheimlichte Liebe Gretchens Mutter und Bruder sterben und sie ihr Kind, das sie von Faust bekommen hat, tötet, ist Gretchen die positive Figur des Stücks. Sie wird durch äußere Umstände zum Äußersten gezwungen, bereut ihre Taten und gibt sich in die Hand Gottes, der sie rettet, während Faust mit Mephisto (vermutlich in der Hölle) verschwindet. Fortsetzung folgt – der zweite Teil wird dann auch für Faust den Weg der Läuterung aufzeigen, allerdings in starker Abstraktion, unter Rückgriff auf die antike und christliche Mythologie.

Es zeigt sich: Die Rezeption der Spätaufklärung (insbesondere Kants), aber auch der Einfluss des Sturm und Drang wird in der Literatur der Weimarer Klassik (so genannt, weil in Weimar zu der Zeit neben anderen Goethe und Schiller lebten) ganz deutlich. Die Klassiker wollen Natur und Mensch erforschen und damit die Lebensbedingungen des Individuums in der staatlichen Gemeinschaft verbessern. Zugleich entwickeln sie ein ambitioniertes Literaturprogramm und etablieren eine neue Ästhetik. Für die Klassiker gehören das WAS (was will ich erreichen?) und das WIE (wie will ich es erreichen?) zusammen, für den gemeinsamen Zielpunkt werden verschiedene Wege beschritten.

Schillers Programm

Schillers Schrift *Über die ästhetische Erziehung des Menschen in einer Reihe von Briefen* (Erstdruck 1795) ist die umfangreichste Positionsbestimmung und, wie andere theoretische Schriften des Autors, für die Beschäftigung mit seinem Werk grundlegend. Die Schrift entwirft ein Bildungsprogramm und die Utopie eines menschlichen Zusammenlebens, in dem sich jeder aus Überzeugung so verhält, dass individuelle Freiheit und überindividuelles Zusammenleben optimal aufeinander abgestimmt sind. Solches kann nur erreicht werden, wenn der Einzelne lernt, Gefühl und Vernunft, „Sensualität" und „Rationalität",[126] Sinnliches und Sittliches miteinander in Einklang zu bringen. Das geschieht laut Schiller im „Spieltrieb":

> Der sinnliche Trieb will bestimmt *werden*, er will sein Objekt empfangen; der Formtrieb [der sittliche Trieb, die Vernunft] will *selbst* bestimmen, er will sein Objekt hervorbringen; der Spieltrieb wird also bestrebt sein, so zu empfangen, wie er selbst hervorgebracht hätte, und so hervorzubringen, wie der Sinn zu empfangen trachtet. [127]

Anders gesagt: Das Triebhafte muss sich auf das Vernunftgemäße beziehen, das Vernunftgemäße muss man instinktiv wollen. Diese Forderung entsteht aus einer für die Zeit unglaublich modernen Einsicht in die menschliche Psyche (Schiller war gelernter Arzt). Sigmund Freud wird 100 Jahre später seine Psychoanalyse auf vergleichbaren Annahmen gründen und auch die Zielvorstellung übernehmen. Teil des Erwachsenwerdens ist nach Freud die Sublimierung von sexuellen Trieben, ihr Verschieben auf andere, gesellschaftlich akzeptierte Ziele.

Trieb und Vernunft

Schiller ist allerdings auch Realist und fügt nüchtern hinzu: „Dieses Gleichgewicht (zwischen sinnlichem Trieb und Vernunft) bleibt aber immer nur Idee, die von der Wirklichkeit nie ganz erreicht werden kann." [128] Das ist wieder ein unglaublich vorausweisender Satz. Hätten Marx und andere Theoretiker des Kommunismus, die schrieben, als Schiller längst begraben war, diese Erkenntnis beherzigt, hätte die Weltgeschichte wohl anders ausgesehen.

In seinem letzten zu Lebzeiten fertiggestellten Stück *Wilhelm Tell* (von 1804) lässt sich Schillers Utopie studieren. Das Verhalten des Einzelnen (Tells) und der Gemeinschaft (vertreten durch die Versammlung auf dem Rütli) soll sich sinnvoll ergänzen. „Der brave Mann denkt an sich selbst zuletzt", [129] sagt Tell. Doch muss er erkennen, dass das nicht ausreicht, weil andere sich nicht so verhalten wie er: „Es kann der Frömmste nicht in Frieden bleiben, / Wenn es dem bösen Nachbar nicht gefällt." [130] Tell tötet den Tyrannen Geßler nicht aus Rache (weil er ihn zum Apfelschuss auf seinen

Tell handelt aus sozialer Verantwortung

---

[126] Friedrich Schiller: Sämtliche Werke. München: Wiss. Buchges. 1993 (Lizenzausg. des Hanser-Verlags), Bd. 5, S. 608f.
[127] Ebd., S. 613.
[128] Ebd., S. 619.
[129] Friedrich Schiller: Sämtliche Werke. Bd 2, S. 922.
[130] Ebd., S. 1007.

Sohn gezwungen hat), sondern um die unschuldigen Mitmenschen vor ihm zu beschützen, also aus sozialer Verantwortung. Die Zwingburgen der Tyrannenherrschaft werden durch die Rütli-Gemeinschaft geschleift und es wird – durch Adel, Bürgertum und Bauernstand gemeinsam – eine neue Ordnung etabliert. Programmatisch erklärt Rudenz, nach dem Tod seines Onkels neuer Freiherr von Attinghausen, im letzten Satz des Dramas: „Und frei erklär ich alle meine Knechte." [131]

Vorbild deutsches Mittelalter

Die **Romantik** entwickelt davon zu unterscheidende utopische Vorstellungen, schon die Ausgangslage ist eine andere. Die Romantiker setzen an die Stelle der griechischen die mittelalterliche deutsche Kunst, die sich nicht primär durch Reflexion, sondern durch Emotionen erschließt. Programmatisch hierfür ist das Manifest der Frühromantik, die *Herzensergießungen eines kunstliebenden Klosterbruders* von 1797. Verantwortlich zeichnet Wilhelm Heinrich Wackenroder, beteiligt ist aber auch Ludwig Tieck, mit dem Wackenroder durch Franken reist. Aus den dortigen Schlössern, Kirchen oder Klöstern stammt das Material für die Schrift, die sich direkt gegen die klassizistische Kunsterfahrung richtet: „Mit wie viel unnützen Worten haben sich nicht die überklugen Schriftsteller neuerer Zeiten bei der Materie von den *Idealen* in den bildenden Künsten versündigt!" [132] Betont wird nun „das Himmlische im Kunstenthusiasmus", [133] also der Bereich, der sich Vernunft, Logik und überhaupt Erklärungen aus dem Diesseits entzieht. Dabei sind romantische Vorstellungswelten nicht auf irgendeine Religion abonniert; behauptet wird ein transzendentales Moment, das Vernunft keineswegs ausschließt.

Einheit – Spaltung – Rückkehr zur Einheit

Die Romantiker gehen davon aus, dass es einmal ein Goldenes Zeitalter gab, das durch eine allumfassende Harmonie innerhalb der Schöpfung gekennzeichnet war. Die Gegenwart ist das Zeitalter der Spaltung. Zwar fehlen nun Harmonie und Geborgenheit, doch ist der Mensch zu einem vernunftbegabten Wesen geworden, er kann Spuren der verloren gegangenen und der künftig zu erlangenden Harmonie erkennen. In der Natur wie in der (mittelalterlichen) Kunst lässt sich die frühere Einheit allen Seins noch spüren, in der Literatur lässt sich diese frühere Einheit ebenso gestalten wie die kommende antizipieren. Märchen spielen in der Zeit unmittelbar nach der Spaltung, als noch ein Nachklang der verloren gegangenen Harmonie in der Natur zu vernehmen war: Deshalb können Tiere und manchmal sogar Pflanzen sprechen. Sie sind ebenso Teil der Natur wie der Mensch, nur dass letzterer die am höchsten entwickelte Daseinsform darstellt.

Die frühere und künftige Einheit allen Seins lässt sich nach Auffassung der romantischen Dichter am besten in der Literatur darstellen. Friedrich Schlegel formuliert es im berühmten 116. Fragment der Zeitschrift *Athenäum* wie folgt:

Eine „progressive" Universalpoesie

> Die romantische Poesie ist eine progressive Universalpoesie. Ihre Bestimmung ist nicht bloß, alle getrennten Gattungen der Poesie wieder zu vereinigen und die Poesie mit der Philosophie und der Rhetorik in Berührung zu setzen. Sie will und soll auch Poesie und Prosa, Genialität und Kritik, Kunstpoesie und Naturpoesie bald mischen, bald verschmelzen, die Poesie lebendig und gesellig und das Leben und die Gesellschaft poetisch machen [...].[134]

Der Autor soll also schon auf der formalen Ebene das romantische Programm umsetzen, indem er – wie Schlegel – Fragmente schreibt oder Texte verschiedener Gattungen zu einem größeren Text zusammenfügt. Novalis' *Heinrich von Ofterdingen* von 1802 beispielsweise ist Fragment geblieben, enthält lyrische Texte und Binnenmärchen. Aus diesem ‚Roman' genannten Konglomerat stammt auch die bekannteste Metapher der Romantik: die blaue Blume. Die Blume steht für die Natur und die Erde, das Blau für den Himmel, also für das Transzendentale. Dieses gedankliche Prinzip findet sich auch in Joseph Freiherr von Eichendorffs berühmtem Gedicht *Mondnacht* (Erstdruck 1837):

Sehnsucht nach Transzendenz

> Es war, als hätt' der Himmel
> Die Erde still geküßt,
> Daß sie im Blütenschimmer
> Von ihm nun träumen müßt'.
>
> Die Luft ging durch die Felder,
> Die Ähren wogten sacht,

---

[131] Ebd., S. 1029.
[132] Wilhelm Heinrich Wackenroder u. Ludwig Tieck: Herzensergießungen eines kunstliebenden Klosterbruders. Nachwort von Richard Benz. Stuttgart: Reclam 1987 (RUB 7860), S. 7.
[133] Ebd., S. 5.
[134] Zitiert nach: Hans-Jürgen Schmitt (Hg.): Romantik I. Stuttgart: Reclam 1986 (Die deutsche Literatur. Ein Abriß in Text und Darstellung 8. RUB 9629), S. 23f.

Es rauschten leis die Wälder,
So sternklar war die Nacht.

Und meine Seele spannte
Weit ihre Flügel aus,
Flog durch die stillen Lande,
Als flöge sie nach Haus.[135]

Himmel und Erde vereinigen sich im Kuss und stellen so für einen Moment die verloren gegangene Harmonie wieder her. Die beste Zeit hierfür ist die Nacht, da die Dunkelheit die optische Trennung durch das Licht aufhebt und die Sterne am Himmel sichtbar werden. Aus solchen Gegensätzen, die es andeutungsweise zu vereinen gilt, speist sich die **romantische Ironie**.

Die so genannte Jenaer Romantik oder **Frühromantik** gestaltete das skizzierte Programm aus, vor allem die Schriften des bereits genannten, früh verstorbenen Novalis (Pseudonym für Friedrich von Hardenberg) sind hier zu nennen. Das romantische Programm klingt aber etwas vage und hat schließlich auch die Romantiker nicht dauerhaft befriedigt. Die Hinwendung zum Mittelalter bedeutet eine Hinwendung zum Katholizismus, dies wird konsequent aber erst bei den Vertretern der Heidelberger Romantik oder **Hochromantik**, also beispielsweise bei Eichendorff oder Clemens Brentano, bis hin zu Glaubensbekenntnis und Konversion vollzogen.

Die Romantik ist dennoch keine Gegenbewegung zur Aufklärung, sie baut auf ihr auf, genauer auf dem Unbehagen an der starken Betonung der Vernunft, die als sinnen- und phantasiefeindlich gilt. Dabei wird gern auch weniger romantische als vielmehr direkte Ironie eingesetzt, etwa in E.T.A. Hoffmanns Kunstmärchen *Klein Zaches genannt Zinnober* von 1819. Fürst Paphnutius will in seinem Ländchen die Aufklärung einführen, Minister Andres gibt zu bedenken:

Abb. 30

E.T.A. Hoffmann

„Ehe wir mit der Aufklärung voranschreiten, d.h. ehe wir die Wälder umhauen, den Strom schiffbar machen, Kartoffeln anbauen, die Dorfschulen verbessern, Akazien und Pappeln anpflanzen, die Jugend ihr Morgen- und Abendlied zweistimmig absingen, Chausseen anlegen und die Kuhpocken einimpfen lassen, ist es nötig, alle Leute von gefährlichen Gesinnungen, die keiner Vernunft Gehör geben und das Volk durch lauter Albernheiten verführen, aus dem Staate zu verbannen."[136]

Gesagt, getan: Die Feen werden, als „Feinde der Aufklärung", des Landes verwiesen. Doch erst dadurch entstehen die eigentlichen Probleme. Nebenbei enthält das Zitat nicht nur Kritik an der Aufklärung, sondern auch am politischen System und an der Zensur – das Märchen ist im Jahr der Karlsbader Beschlüsse erschienen, die für fast drei Jahrzehnte Schriftstellern und anderen kritischen Geistern einen Maulkorb verpassen.

Feen sind „Feinde der Aufklärung"

Die Romantik ist bekanntlich das Zeitalter der Märchen. Am bekanntesten sind die *Kinder- und Hausmärchen* der Brüder Jacob und Wilhelm Grimm, erstmals erschienen 1812-15, eine Sammlung von Texten, die gern als Volksmärchen bezeichnet werden. Allerdings handelt es sich bei folgender Behauptung der Grimms um eine Mystifikation:

Die Sammlung von Volksmärchen

> Die Plätze am Ofen, der Küchenherd, Bodentreppen, Feiertage noch gefeiert, Triften und Wälder in ihrer Stille, vor allem die ungetrübte Phantasie sind die Hecken gewesen, die sie [die Märchen] gesichert und einer Zeit aus der andern überliefert haben.[137]

Tatsächlich entstammt der Stoff vieler Märchen früheren und oftmals fremdsprachigen Texten, die keineswegs mündlich überliefert und dann aufgezeichnet, sondern von Autoren geschrieben wurden. So hat Charles Perrault Ende des 17. Jahrhunderts die Vorlagen für *Dornröschen*, *Rotkäppchen*, *Blaubart*, *Der gestiefelte Kater*, *Frau Holle* und *Aschenputtel* geliefert.[138] Das späte 18. und 19. Jahrhundert hat eine Tendenz, die Vergangenheit weniger zu rekonstruieren als vielmehr zu konstruieren, so wie man sie sich für die nationale Literatur und Geschichte denkt und wünscht.

---

[135] Zitiert nach: Wulf Segebrecht (Hg.): Klassik und Romantik. Stuttgart: Reclam 1984 (Gedichte und Interpretationen 3. RUB 7892), S. 394.
[136] E.T.A. Hoffmann: Klein Zaches genannt Zinnober. Ein Märchen. Nachwort von Gerhard R. Kaiser. Stuttgart: Reclam 1995 (RUB 306), S. 16.
[137] Vorrede zur Ausgabe von 1819, vgl. Brüder Grimm: Kinder- und Hausmärchen. Ausgabe letzter Hand. 3 Bde. Mit den Originalanmerkungen der Brüder Grimm. Mit einem Anhang sämtlicher, nicht in allen Auflagen veröffentlichter Märchen und Herkunftsnachweisen hg. von Heinz Rölleke. Stuttgart: Reclam 1995. Bd. 1, S. 15.
[138] Vgl. Max Lüthi: Märchen. 8., durchges. u. erg. Aufl. Bearb. v. Heinz Rölleke. Stuttgart: Metzler 1990 (Sammlung Metzler 16), S. 48.

7.5 | Biedermeier und Vormärz

Die Zeit vom Ende des Wiener Kongresses 1815, der die politischen Verhältnisse auf dem europäischen Kontinent neu regelt, bis zur gescheiterten Revolution von 1848/49 wird literarhistorisch unterschiedlich eingeteilt. **Biedermeier** ist ein ironischer Begriff, der das Unpolitische der Epoche betont – geknebelt durch die Zensur wenden sich die meisten Autoren Themen zu, die möglichst weit von Politik und Tagesgeschehen entfernt sind. Typisch hierfür ist die – allerdings sehr kunstvolle – Lyrik und Prosa von Eduard Mörike. Andere Autoren versuchen die Zensur zu unterlaufen, oder sie publizieren politische Texte, die sie in die Emigration zwingen. Ludwig Börne und Heinrich Heine leben lange Zeit in Paris und führen von dort aus eine literarische Fehde gegen den Feudalismus und die Kleinstaaterei im Deutschen Bund (der als Ordnungsstruktur das von Napoleon zu Fall gebrachte Heilige Römische Reich deutscher Nation ablöst). Der Streit, der zwischen Börne und Heine ausbricht, illustriert zweierlei: 1. dass Autoren stets Individualisten sind; 2. dass die Gewichtung von Ästhetik und Politik ein Problem darstellt. Dabei sind sie im Ziel – politische Reformen im Deutschen Bund nach französischem Vorbild anzuregen – gar nicht so weit voneinander entfernt. Börne erkennt nicht, dass Heine die literarische Qualität seiner Texte genauso wichtig ist wie die politische, und Heine sieht nicht ein, dass Börne bei aller politischen Agitation ein glänzender Stilist ist.

| Abb. 31

Ludwig Börne

| Abb. 32

Heinrich Heine

Nach den wenigen politischen Autoren, die aus heutiger Sicht die Mehrzahl der bleibenden Dichtungen verfasst haben, wird die Epoche gern **Vormärz** genannt – gemeint ist die Zeit *vor* der *März*revolution von 1848. Teil davon ist die Bewegung des **Jungen Deutschland**, so wird eine Gruppe von Schriftstellern genannt, gegen die der Deutsche Bund mit Zensurmaßnahmen vorgeht. Auslöser ist eine Rezension des damaligen Kritikerpapstes Wolfgang Menzel von 1835, die sich auf Karl Gutzkows Roman *Wally, die Zweiflerin* bezieht. Neben Gutzkow und anderen ist auch Heine betroffen, der allerdings schon im französischen Exil lebt und seine Kritik eher intensiviert, unter anderem in dem Epos (= Langgedicht) *Deutschland. Ein Wintermärchen* von 1844.

Erzählt wird darin eine Reise quer durch das winterlich – auf symbolischer Ebene zu lesen als: politisch – erstarrte Deutschland nach Hamburg. Dort lässt Hammonia, halb Schutzgöttin der Stadt und halb Prostituierte, das reisende Ich in den Nachttopf ihres Vaters Karls des Großen schauen: „Die Zukunft Deutschlands erblickst du hier". Im wahrsten Sinne des Wortes berüchtigt ist das in folgenden Zeilen festgehaltene Ergebnis:

Eine Reise durch Deutschland

> Entsetzlich waren die Düfte, o Gott!
> Die sich nachher erhuben;
> Es war, als fegte man den Mist
> Aus sechsunddreißig Gruben. [139]

Gemeint sind die 36 deutschen Kleinstaaten, deren politischer Mist wenig Hoffnung für die Zukunft gibt. Andererseits zeigt die Satire immer das Gegenteil von dem, was sie erreichen will, das Epos ist also auch ein Aufruf zu Veränderungen. In ein auf seine Weise nicht weniger gewagtes Bild kleidet Georg Herwegh in den *Gedichten eines Lebendigen* von 1841-43 seine Kritik, hier die Anfangsstrophe des Gedichts *Aufruf*:

Deutschlands Zukunft: politischer Mist

> Reißt die Kreuze aus der Erden!
> Alle sollen Schwerter werden,
> Gott im Himmel wird's verzeihn.
> Laßt, o laßt das Verseschweißen!
> Auf den Amboß legt das Eisen!
> Heiland soll das Eisen sein. [140]

Mit seiner Gewaltmetaphorik begibt sich der kühne Liberale in ungute Gesellschaft. Schon in den 1840er Jahren werden die xenophoben (= fremdenfeindlichen) Töne lauter, Frankreich gilt seit den Befreiungskriegen als der „Erzfeind" und die deutschen Staaten am Rhein sehen ihre westlichen Grenzen bedroht. Unter dem Eindruck der Rheinkrise wird die Forderung nach nationaler Einheit zunehmend wichtiger, und das auf Kosten der Forderung nach größerer politischer Freiheit. Dem verdankt auch *Das Lied der Deutschen* von August Heinrich Hoffmann (genannt von Fallersleben) mit dem

Eine problematische Hymne

---

[139] Heinrich Heine: Gedichte. Mit einer Einleitung v. Hans Mayer. Ausgew. u. hg. von Christoph Siegrist. Frankfurt/Main u. Leipzig: Insel 1994 (Werke in vier Bänden 1. Insel-Taschenbuch 1628), S. 484.
[140] Georg Herwegh: Herweghs Werke in einem Band. Ausgew. u. eingel. v. Hans-Georg Werner. 4. Aufl. Berlin u. Weimar: Aufbau 1980 (Bibliothek deutscher Klassiker), S. 33.

Untertitel „Helgoland 26. August 1841" seine Entstehung. Die nach 1945 nicht mehr öffentlich gesungene erste Strophe lautet:

> Deutschland, Deutschland über alles:
> Über alles in der Welt,
> Wenn es stets zum Schutz und Trutze
> Brüderlich zusammenhält,
> Von der Maas bis an die Memel,
> Von der Etsch bis an den Belt –
> Deutschland, Deutschland über alles,
> Über alles in der Welt! [41]

Verteidiger des Deutschlandliedes glauben, mit „über alles" sei die Forderung nach Freiheit gemeint und das Gedicht werde durch die Zeitumstände entschuldigt. Das ist doch sehr fraglich, abgesehen davon, dass es sich um keinen ausgesprochen gelungenen literarischen Text handelt. Aber das Bedürfnis nach nationaler Sinnstiftung lässt offenbar eine Ablösung durch eine bessere Hymne nicht zu, etwa durch Bertolt Brechts *Kinderhymne* von 1950, hier die schöne erste Strophe:

Ein Gegenvorschlag

> Anmut sparet nicht noch Mühe
> Leidenschaft nicht noch Verstand.
> Daß ein gutes Deutschland blühe
> Wie ein andres gutes Land. [42]

Das Scheitern der Revolution von 1848/49 werten viele als Quittung für die starke Politisierung zuvor, Autoren wie Emanuel Geibel besingen nun zunehmend in epigonalen (= nachahmenden, unoriginellen) Versen und mit viel Pathos ein zunächst herbeigesehntes, dann von dem Preußen Bismarck in drei Kriegen (1864 gegen Dänemark, 1866 gegen Österreich und 1870/71 gegen Frankreich) errichtetes starkes Deutsches Kaiserreich. Dass das Reich alle Macht dem Preußenkönig Wilhelm I. als neuem Kaiser und seinem Reichskanzler Bismarck überantwortet, was das Ende von republikanischen und sogar liberalen Ideen bedeutet, wird von vielen als notwendiges Übel gesehen.

Frührealismus und bürgerlicher (poetischer) Realismus | 7.6

Einen Mittelkurs zwischen biedermeierlichem Rückzug ins Private und politischer Euphorie steuern Autoren, die man als Frührealisten bezeichnen kann. Sie schildern nüchtern den Alltag, allerdings meist den des Bürgertums. Die soziale Frage wird nur vorübergehend in den 30er und 40er Jahren ein Thema, etwa bei Heinrich Heine, Georg Weerth oder dem damals kaum rezipierten Georg Büchner. Erst der Naturalismus Ende der 1880er Jahre wird das darstellen, was für die Realisten nicht darstellbar war. Zum **Frührealismus** kann man beispielsweise den späten E.T.A. Hoffmann oder Wilhelm Hauff zählen, der in seinem Gegenwarts-Märchen *Das kalte Herz*, 1826 erschienen als Teil des Zyklus *Das Wirtshaus im Spessart*, am Beispiel seines Protagonisten (= Hauptfigur) Peter Munk die sozialen Probleme der Zeit thematisiert und deren märchenhafte Behebung nicht ohne Ironie schildert.

Der **Realismus** ist eigentlich ein Idealismus, insofern er vom Autor verlangt, bestimmte soziale wie ästhetische Grenzen einzuhalten und mit der kritischen Darstellung des bürgerlichen Alltags auch gleich Ideen und Anregungen zur positiven Veränderung mitzuliefern. Programmatisch hierfür ist beispielsweise Theodor Fontanes Aufsatz *Unsere lyrische und epische Poesie seit 1848* von 1853. „Was unsere Zeit nach allen Seiten hin charakterisiert, das ist ihr Realismus",[143] heißt es darin. Und weiter: „Der Realismus in der Kunst ist so alt als die Kunst ja noch mehr: *er ist die Kunst*. Unsere moderne Richtung ist nichts als eine Rückkehr auf den einzig richtigen Weg, die Wiedergenesung eines Kranken [...]."[144] Dabei ist wichtig, was Realismus nicht bedeutet: „Vor allen Dingen verstehen wir *nicht* darunter das nackte Wiedergeben alltäglichen Lebens, am wenigsten seines Elends und seiner Schattenseiten."[145]

Der Idealismus des Realismus

---

[141] August Heinrich Hoffmann (von Fallersleben): Gedichte und Lieder. Im Auftrag der Hoffmann von Fallersleben-Gesellschaft hg. v. Hermann Wendebourg u. Anneliese Gerbert. Hamburg: Hoffmann und Campe 1974, S. 249.
[142] Bertolt Brecht: Ausgewählte Werke in sechs Bänden. Jubiläumsausgabe zum 100. Geburtstag. Frankfurt/Main: Suhrkamp 1997. Bd. 3, S. 396f.
[143] Theodor Fontane: Aufsätze und Aufzeichnungen: Aufsätze zur Literatur. Hg. von Jürgen Kolbe. Frankfurt/Main u.a.: Ullstein 1979 (Werke und Schriften 28), S. 38.
[144] Ebd., S. 40.
[145] Ebd., S. 42.

Als adäquate Wiedergabeform haben sich Ballade, Novelle und Roman herausgestellt, bedeutende Dramen sind in der zweiten Hälfte des 19. Jahrhunderts erst wieder von den Naturalisten geschrieben worden. Zu den aus heutiger Sicht wichtigsten Realisten zählen neben Fontane noch Gottfried Keller, Wilhelm Raabe, Conrad Ferdinand Meyer und Theodor Storm. Andere, die damals bekannter waren, sind heute weitgehend vergessen: der Lyriker Emanuel Geibel oder die Prosaschriftsteller und Dramatiker Gustav Freytag, Joseph Viktor von Scheffel, Felix Dahn und Paul Heyse, der sogar 1910 den Nobelpreis erhält. Das ist typisch für die Literaturgeschichte und es lässt sich annehmen, dass die meisten Bestsellerautoren des beginnenden 21. Jahrhunderts an dessen Ende kaum noch gelesen werden. Ausnahmen bestätigen wie immer die Regel. Warum ist das so? Ob ein Text auch unabhängig von seiner Entstehungszeit den Lesern etwas zu sagen hat, kann sich nur mit zeitlichem Abstand herausstellen. (Was nicht heißt, dass es nicht spannend sein kann, darüber zu spekulieren.)

Ein unbekannter Nobelpreisträger

Neben der literarischen Auseinandersetzung mit der Situation des Bürgertums ist eine ausgefeilte Symbolik kennzeichnend. Dazu kommt ein naturmagischer (eindrucksvoll in Storms Novelle *Der Schimmelreiter* von 1888) oder, der kritischen bürgerlichen Selbstbespiegelung angemessen, ironischer Zug, etwa in Gottfried Kellers Novellenzyklus *Die Leute von Seldwyla* (von 1856, erweitert 1874). In der berühmten Binnennovelle *Kleider machen Leute* wird der Seldwyler Nachbarort Goldach so geschildert:

Realismus und Ironie

> Das Mittelalter spiegelte sich ab in den ältesten Häusern oder in den Neubauten, welche an deren Stelle getreten, aber den alten Namen behalten aus der Zeit der kriegerischen Schultheiße und Märchen. Da hieß es: zum Schwert, zum Eisenhut, zum Harnisch, zur Armbrust, zum blauen Schild, zum Schweizerdegen, zum Ritter, zum Büchsenstein, zum Türken, zum Meerwunder, zum goldnen Drachen, zur Linde, zum Pilgerstab, zur Wasserfrau [...] und dergleichen. Die Zeit der Aufklärung und der Philanthropie war deutlich zu lesen in den moralischen Begriffen, welche in schönen Goldbuchstaben über den Haustüren erglänzten, wie: zur Eintracht, zur Redlichkeit, zur alten Unabhängigkeit, zur neuen Unabhängigkeit, zur Bürgertugend a, zur Bürgertugend b, zum Vertrauen, zur Liebe, zur Hoffnung, zum Wiedersehen 1 und 2, zum Frohsinn, zur inneren Rechtlichkeit, zur äußeren Rechtlichkeit, zum Landeswohl (ein reinliches Häuschen, in welchem

hinter einem Kanarienkäficht, ganz mit Kresse behängt, eine freundliche alte Frau saß und mit einer weißen Zipfelhaube und Garn haspelte), zur Verfassung (unten hauste ein Botticher, welcher eifrig und mit großem Geräusch kleine Eimer und Fäßchen mit Reifen einfaßte und unablässig klopfte); ein Haus hieß schauerlich: zum Tod! ein verwaschenes Gerippe erstreckte sich von unten bis oben zwischen den Fenstern; hier wohnte der Friedensrichter. Im Hause zur Geduld wohnte der Schuldenschreiber, ein ausgehungertes Jammerbild, da in dieser Stadt keiner dem andern etwas schuldig blieb. Endlich verkündete sich an den neuesten Häusern die Poesie der Fabrikanten [...].[146]

Die Ironie ergibt sich aus dem Kontrast von alter und neuer Zeit, von Häusernamen und Bewohnern oder aus dem pietätlosen Umgang mit den Namen, etwa durch die Untergliederung der Bürgertugend in a und b. Kellers spielerisches, verhalten kritisches Vermessen einer bürgerlichen Topographie kann heute noch überzeugen. Auch wenn die Häuser im deutschen Sprachraum meist keine Namen haben – der Kontrast zwischen Fassade und Inhalt, zwischen Anspruch und Wirklichkeit ist geblieben.

Anspruch und Wirklichkeit

Fontane ist mit Einschränkungen zum Realismus zu zählen, da er in seinen späten Werken zeitlich wie inhaltlich nicht mehr ganz dazu passt. Die Romane *Irrungen, Wirrungen* (von 1888) oder *Stine* (von 1890) zeigen, wie die soziale Kluft in der Gesellschaft die Liebe zwischen Adeligen und Bürgerlichen verhindert. *Frau Jenny Treibel* (von 1892) zeichnet ein ironisch-kritisches Bild der Berliner Bourgeoisie, *Cécile* (von 1887) und *Effi Briest* (von 1895) berichten schonungslos, wie die Titelfiguren willkürlich gesetzten gesellschaftlichen Normen geopfert werden. Der Erzähler und Lyriker Fontane ist auf dem Weg zum **Naturalismus**, den er konsequenterweise als einziger bedeutender Kritiker enthusiastisch begrüßt.

---

[146] Gottfried Keller: Die Leute von Seldwyla. Erzählungen. Hg. von Bernd Neumann. Stuttgart: Reclam 1993 (RUB 6179), S. 297f.

7.7 | Naturalismus

1889 kommt es in Berlin „zu einem der großen Skandale der Bühnengeschichte". [147] Aufgeführt wird Gerhart Hauptmanns Drama *Vor Sonnenaufgang*. Eine so offene Darstellung von Alkoholismus, Inzest und sexuellen Handlungen hat es vorher noch nicht gegeben. Eng verknüpft sind im Naturalismus soziale Frage und naturwissenschaftliches Interesse, zur theoretischen Grundlage für die Literatur wird die auf Charles Darwin und andere zurückgehende Evolutionstheorie und Vererbungslehre. Der Mensch wird determiniert durch seine biologische Herkunft, er ist seinen Trieben und seiner Umwelt unterworfen. Arno Holz entwickelt 1891 ein **Kunstgesetz**, eine Formel, die den Zusammenhang von Literatur, Leben und Natur auf einen Nenner bringen soll: „Kunst = Natur − x", [148] wobei „x" möglichst klein sein soll.

Einfluss der Evolutionstheorie

Damit will man sich natürlich auch vom Realismus abgrenzen, dessen Ästhetik gerade das ausmacht, was Holz mit „x" bezeichnet. Die Literatur des Naturalismus zeigt, dass man letztlich doch an das Vorangehende anknüpft und Konventionen übernimmt. Gerhart Hauptmanns *Bahnwärter Thiel* von 1892, im Untertitel als „novellistische Studie" bezeichnet, besitzt eine ausfernde Symbolik und ist damit konzeptionell den Novellen des Realismus ähnlich. So steht die Eisenbahn für die Verbindung von Sexualität und Tod. Thiel ist Bahnwärter und in zweiter Ehe mit Lene verheiratet, die den Sohn Thiels aus erster Ehe, Tobias, schlecht behandelt. Sie verschuldet seinen Tod, Tobias wird (passend zur Symbolik) vom Zug überfahren. Dieses Ereignis bewirkt, dass Thiel sich aus seiner sexuellen Abhängigkeit von Lene löst und – sie erschlägt. Vor solchem Hintergrund muss die Symbolik der folgenden Textstelle nicht näher erläutert werden:

> Ein Keuchen und Brausen schwoll stoßweise fernher durch die Luft. Dann plötzlich zerriß die Stille. Ein rasendes Tosen und Toben erfüllte den Raum, die Geleise bogen sich, die Erde zitterte – ein starker Luftdruck – eine Wolke von Staub, Dampf und Qualm, und das schwarze, schnaubende Ungetüm war vorüber. [149]

Jahrhundertwende | 7.8

Die Literatur gegen Ende des 19. Jahrhunderts und um die **Jahrhundertwende** lässt sich in viele Strömungen ausdifferenzieren, die mit verschiedenen Begriffen belegt werden: Symbolismus, Jugendstil, **Fin de Siècle**. Die Literatur des Fin de Siècle, französisch für ‚Schluss des Jahrhunderts', wird auch mit dem Begriff der **Dekadenz** bedacht. Autoren wie Peter Altenberg und Arthur Schnitzler gelten als Vertreter. Wie die Dekadenzdichtung kommt der **Symbolismus** aus Frankreich und beeinflusst Autoren wie Hugo von Hofmannsthal oder Rainer Maria Rilke. Der ebenfalls geläufige Begriff **Jugendstil** leitet sich von der Münchner Zeitschrift *Jugend* ab, die so bezeichnete Tendenz zum Ornamentalen und Arabeskenhaften findet sich in Kunst, Musik, Architektur und Literatur. Als Vertreter für letztere können Stefan George oder Else Lasker-Schüler genannt werden.

Vielfalt der Strömungen

Potsdamer Platz in Berlin um die Jahrhundertwende | Abb. 33

Ein vielen Autoren gemeinsames, die Tradition einiger realistischer und vor allem naturalistischer Autoren fortsetzendes Merkmal ist die Auseinandersetzung mit der menschlichen Psyche. Bekanntlich übt bereits zur Jahrhundertwende der Wiener Arzt Sigmund Freud großen Einfluss aus. Mit grundlegenden Studien wie *Die Traumdeutung* von 1900 gilt er als Begründer der modernen Psychoanalyse (in die er mit zwei als Vorlesungsreihen konzipierten Bänden ein-

Die Erfindung der Psychoanalyse...

---

[147] Annemarie und Wolfgang van Rinsum: Realismus und Naturalismus. 3. Aufl. München: dtv 2000 (Deutsche Literaturgeschichte 7), S. 334.
[148] Vgl. ebd., S. 309.
[149] Gerhart Hauptmann: Bahnwärter Thiel. Novellistische Studie. Nachwort von Fritz Martini. Stuttgart: Reclam 1987 (RUB 6617), S. 19.

führt), außerdem ist er ein glänzender Stilist. Sein ebenfalls in Wien praktizierender Kollege Arthur Schnitzler gilt als Freuds *Alter ego* auf dem Gebiet der Literatur. Bei Schnitzlers Novelle *Leutnant Gustl* von 1901 handelt es sich um den ersten durchgehenden Inneren Monolog in der deutschen Literatur, anders gesagt: Die Novelle gibt ausschließlich die Gedanken Gustls wider. Am Beispiel des jungen Militärs zeichnet Schnitzler ein kritisches Bild der österreichischen Gesellschaft zur Kaiser- und Vorkriegszeit, zugleich legt er die psychischen Dispositionen der Figur offen. Gustl lässt sich von seinen Bedürfnissen nach materieller Sicherheit, gesellschaftlicher Anerkennung und sexueller Trieberfüllung steuern, ohne die Leere seines Lebens zu bemerken.

…und ihr Einfluss auf die Literatur

Die Literatur der Jahrhundertwende markiert den Beginn der Moderne. Die Autoren gehen nicht mehr von einem geschlossenen Weltbild aus, das man in der Literatur in kleinem Maßstab abbilden könnte. Folgende Erkenntnis hat sich durchgesetzt: Der Mensch ist den anderen Menschen wie sich selbst entfremdet, er ist von zahlreichen äußeren und inneren Bedingungen abhängig, seine Identität ist brüchig, seine Wahrnehmungsmöglichkeiten sind eingeschränkt. Die Literaten interessieren sich nun für bisher ausgeblendete Randgebiete der menschlichen Existenz, dazu gehören auch – in der Nachfolge des Naturalismus, aber ohne dessen welterklärenden, naturwissenschaftlichen Anspruch – Armut und Krankheit.

7.9 | Expressionismus

Gesucht: der „neue Mensch"

Der mit den zuletzt genannten Strömungen und Epochen einhergehende Verlust an Werten führt zur Gestaltung eines Wunschbildes – des „neuen Menschen". Auch wenn nicht klar ist, wie dies geschehen kann – der neue Mensch soll die Unzulänglichkeiten der Existenz überwinden. Als sich die außenpolitische Krise zuspitzt und 1914 der 1. Weltkrieg beginnt, wird er von zahlreichen Autoren freudig begrüßt, hofft man doch, nun endlich die gewünschte Wiedergeburt zu erleben, eine aus der Not geborene Läuterung. Das Menschenopfer für einen guten Zweck gilt als Station auf dem Weg dazu. In Georg Kaisers historischem Drama *Die Bürger von Calais* (von 1914) wird die französische Hafenstadt belagert. Sechs Bewohner sollen den Feinden ausgeliefert, also geopfert werden, um die Stadt zu befreien. Eustache de Saint-Pierre tötet sich selbst, um den anderen ein Vorbild zu sein.

Aus heutiger Sicht erscheint die Tendenz des **Frühexpressionismus** als ebenso naiv wie gefährlich; die Autoren müssen schließlich ihren Irrtum einsehen. Viele Expressionisten werden zu Pazifisten, schildern während des Kriegs und danach die erlebten Gräuel. Das Wunschbild des neuen Menschen wird dennoch nicht aufgegeben, aber es wird um eine pazifistische Komponente angereichert. Zugleich beginnen die Autoren stärker über die politischen Rahmenbedingungen zu reflektieren, teilweise mischen sie sich sogar direkt ein. Ernst Toller schreibt mit *Die Wandlung* (von 1919) eines der wichtigsten expressionistischen Dramen, zeitgleich ist er an der Führung der Münchner Räterepublik beteiligt. Als die Kommunisten aufgeben und einer konservativen Regierung Platz machen müssen, bringt ihm dies fünf Jahre Festungshaft ein. Georg Kaiser macht, wenn auch nicht frei von Irrationalismen, mit seiner *Gas*-Trilogie (*Die Koralle*, *Gas I* und *Gas II*, 1917-20) sogar die Gefahr der Auslöschung der Menschheit in einem neuen, technisierten Krieg zum Thema.

> Ernst Toller mischt sich ein

Noch bekannter als die genannten Autoren ist ein anderer, den man zum Expressionismus zählt, weil er zu der Zeit gelebt und geschrieben hat: Franz Kafka. Das Interesse am Krankhaften schließt an die Literatur der Jahrhundertwende an. Kafkas Texte können als Psychogramme gelesen werden, als Selbst- und Fremderkundungen. Allerdings sind sie so deutungsoffen, dass es nicht möglich ist, sie darauf festzulegen. Berühmtester Text und Schullektüre ist *Die Verwandlung* von 1915, eine Erzählung, die so beginnt: „Als Gregor Samsa eines Morgens aus unruhigen Träumen erwachte, fand er sich in seinem Bett zu einem ungeheueren Ungeziefer verwandelt." [150] Hier wird im Berichtstil etwas konstatiert, das vollkommen unerklärlich ist. Sind seine unruhigen Träume Vorausdeutungen oder träumt Gregor weiter? Seit Sigmund Freuds *Traumdeutung* von 1900 wissen wir (und wusste Kafka), dass Träume Wunscherfüllungen sind – hat Gregor sich die Verwandlung gewünscht? Und warum gerade ein Ungeziefer? Der Text bietet verschiedene Deutungsmöglichkeiten an, ohne sie zur Gewissheit werden zu lassen. Beispielsweise wirkt der spätere Tod Gre-

> Gregor Samsa verwandelt sich

---

[150] Franz Kafka: Sämtliche Erzählungen. Hg. von Paul Raabe. Frankfurt/Main: Fischer 1983 (Fischer-TB 1078), S. 56.

gors auf den Rest der Familie wie eine Befreiung. Mit der Verwandlung wird eine soziale Ordnung kurzzeitig außer Kraft gesetzt und schließlich wieder hergestellt – das könnte man als Kritik an einer Ordnung lesen, die an sich harmlose Außenseiter wie ‚Ungeziefer' behandelt. Dazu kommt die erotische Gefährdung innerhalb der Familie – soll vielleicht dargestellt werden, dass der Sexualtrieb eine Gefahr darstellt, die es zu unterdrücken gilt? Oder ist vielmehr die Unterdrückung des Sexualtriebs das Problem?

Der große Erfolg Kafkas erklärt sich gerade aus seinem deutungsoffenen Stil. Schließlich soll Literatur zur Reflexion anregen, ohne dabei die Bedürfnisse des Lesers nach geistreicher Unterhaltung zu vernachlässigen. Solche Ansprüche erfüllen Kafkas Texte, die zwischen Ironie und Tragik oszillieren, auf besondere Weise.

7.10 | Dadaismus, Literatur der Weimarer Republik, Neue Sachlichkeit

Abb. 34

Karikatur zur neusachlichen Innenarchitektur

Der **Expressionismus** ragt weit in die Weimarer Republik hinein, in den mit der Hypothek des Kaiserreichs, mit dem verlorenen Krieg belasteten, ersten demokratischen deutschen Staat. Er ist auch Impulsgeber, viele seiner stilistischen Merkmale – die kurzen Sätze mit gebrochener Syntax, das Bemühen um Einfachheit und Einprägsamkeit – werden von den Autoren späterer Strömungen weiterentwickelt. Die wichtigste Strömung der Zeit, die **Neue Sachlichkeit,** kann etwa an Jakob van Hoddis (Pseudonym für Hans Davidsohn) anknüpfen. In der legendären expressionistischen Gedichtsammlung *Menschheitsdämmerung*, 1920 von Kurt Pinthus herausgegeben, findet sich Hoddis' *Weltende*, das wohl berühmteste Gedicht der Epoche:

Dem Bürger fliegt vom spitzen Kopf der Hut,
In allen Lüften hallt es wie Geschrei.
Dachdecker stürzen ab und gehn entzwei
Und an den Küsten – liest man – steigt die Flut.

Der Sturm ist da, die wilden Meere hupfen
An Land, um dicke Dämme zu zerdrücken.
Die meisten Menschen haben einen Schnupfen.
Die Eisenbahnen fallen von den Brücken.[151]

Das bereits 1911 erstmals gedruckte Gedicht lebt von seinen Bildern und seinen Kontrasten. Kaum etwas, das zusammen zu passen scheint: Dachdecker „gehn entzwei", obwohl man das eher von Dachziegeln erwarten würde; dass Menschen „einen Schnupfen" haben, scheint ebenso wichtig zu sein wie die davor und danach geschilderten, höchstwahrscheinlich zahlreiche Menschenleben kostenden Katastrophen. Das Ganze wirkt grotesk und doch beängstigend.

Und es wirkt vorausweisend, wenn man sieht, was 1916 in Zürich entsteht. *Dadaistisches Manifest* heißt eine poetologische Programmschrift, die zahlreiche Künstler und Schriftsteller unterzeichnen, darunter der Maler und Zeichner George Grosz und der Schriftsteller Richard Huelsenbeck. Zum Expressionismus sagen die **Dadaisten** enttäuscht „NEIN! NEIN! NEIN!", sie erklären:

Abwendung vom Expressionismus

> Das Wort Dada symbolisiert das primitivste Verhältnis zur umgebenden Wirklichkeit, mit dem Dadaismus tritt eine neue Realität in ihre Rechte. Das Leben erscheint als ein simultanes Gewirr von Geräuschen, Farben und geistigen Rhythmen [...].[152]

Die Strömung reagiert auf die Kriegssituation, indem sie der uniformen Propaganda literarische Vielfalt wie Freizügigkeit entgegensetzt: „Das Wort Dada weist zugleich auf die Internationalität der Bewegung, die an keine Grenzen, Religionen oder Berufe gebunden ist. Dada ist der internationale Ausdruck dieser Zeit [...]." Das zielt direkt auf den zeittypischen, sich im Krieg entladenden Nationalismus. Keine Regeln werden anerkannt, weil Regeln Einschränkungen bedeuten. Die letzte Konsequenz davon ist der letzte, also nur scheinbar paradoxe Satz des Manifests: „Gegen das Manifest sein, heißt Dadaist sein!"[153]

Auf der einen Dada-Seite stehen stark politisierte Künstler wie George Grosz, der mit seinen drastischen, durch Verfremdung und Überzeichnung wirkenden Bildern von exemplarischen Vertretern der Weimarer Führungseliten Kritik an den Machtverhältnissen

---

[151] Zitiert nach: Harald Hartung (Hg.): Vom Naturalismus bis zur Jahrhundertmitte. Stuttgart: Reclam 1984 (Gedichte und Interpretationen 5. RUB 7894), S. 118.
[152] Zitiert nach: Otto F. Best (Hg.): Expressionismus und Dadaismus. Bibliogr. erg. Ausg. Stuttgart: Reclam 1988 (Die deutsche Literatur. Ein Abriß in Text und Darstellung 14. RUB 9653), S. 293f.
[153] Ebd., S. 295.

Abb. 35

KARAWANE
jolifanto bambla ô falli bambla
grossiga m'pfa habla horem
égiga goramen
higo bloiko russula huju
hollaka hollala
anlogo bung
blago bung
blago bung
bosso fataka
ü üü ü
schampa wulla wussa ólobo
hej tatta gôrem
eschige zunbada
wulubu ssubudu uluw ssubudu
tumba ba- umf
kusagauma
ba - umf

„Karawane" von Hugo Ball

Zwischen politischer und Unsinnspoesie

ausdrückt, auf der anderen Seite finden sich dem Lautmalerischen verpflichtete und scheinbar unkritische Gedichte, etwa das *Karawane* betitelte von Hugo Ball, das mit „jolifanto bambla o falli bambla" beginnt und mit „ba – umf" endet.[154] Es wird die Strategie des Gedichts erkennbar, an die Geräusche einer fernöstlichen Karawane zu erinnern. Vielleicht macht sich Ball damit auch über klischeehafte Vorstellungen vom Orient lustig – wer weiß. Dem Spiel der Assoziationen sind wenig Grenzen gesetzt.

Eher Hoddis als den Dadaisten verwandt sind zwei andere große, zeitgenössische Autoren der Un-Sinnspoesie: Joachim Ringelnatz (Pseudonym für Hans Bötticher) und Christian Morgenstern. Morgenstern gehört zu den ersten, die in betont simpler Form und mit einfachen Worten Hintergründiges formulieren. Da er bereits 1914 stirbt, wirkt sein Gedicht *Das Knie* prognostisch. Aus heutiger Sicht weist es auf die Grausamkeiten des 1. Weltkriegs voraus:

> Ein Knie geht einsam durch die Welt.
> Es ist ein Knie, sonst nichts!
> Es ist kein Baum! Es ist kein Zelt!
> Es ist ein Knie, sonst nichts.
>
> Im Kriege ward einmal ein Mann
> erschossen um und um.
> Das Knie allein blieb unverletzt –
> als wärs ein Heiligtum.

Seitdem gehts einsam durch die Welt.
Es ist ein Knie, sonst nichts.
Es ist kein Baum, es ist kein Zelt.
Es ist ein Knie, sonst nichts. [155]

Anknüpfend an Hoddis, Ringelnatz, Morgenstern und die Dadaisten (die man als Wegbereiter sehen kann) werfen Autoren der Neuen Sachlichkeit einen kühl-distanzierten Blick auf den (klein-)bürgerlichen Alltag. Die Bezeichnung *Neue Sachlichkeit* stammt aus der bildenden Kunst, so war eine Ausstellung in der Mannheimer Kunsthalle von 1925 überschrieben. Sachlich sind Sprache und Anliegen der Autoren, sie wollen ein möglichst großes Publikum erreichen, die Texte sollen für ihre Leser nützlich sein. „Diese Hauspostille ist für den Gebrauch der Leser bestimmt. Sie soll nicht sinnlos hineingefressen werden", beginnt zum Beispiel die *Anleitung zum Gebrauch der einzelnen Lektionen* von Bertolt Brechts Gedichtband *Hauspostille* (von 1927). [156] Der Titel ist letztlich nichts als ein ironischer Bezug zur Hauspostille Martin Luthers und anderen Exemplaren der Gattung (die Bezeichnung meint eine Sammlung erbaulicher religiöser Texte). Brecht plädiert für die Emanzipation des Lesers von Zwängen, das schließt religiöse Vertröstungen auf das Jenseits mit ein.

Eine Bezeichnung aus der bildenden Kunst

Die Weimarer Republik bedeutet nur für eine kleine Schicht die ‚goldenen Zwanziger'. Für die meisten Menschen ist sie geprägt von ökonomischen Problemen oder gar Desastern. Die Republik startet mit einer heute unvorstellbaren Inflation, nur Mitte der 20er Jahre – vor dem US-amerikanischen Börsencrash von 1929 – gibt es eine Phase wirtschaftlicher Stabilisierung. Da verwundert es nicht, dass sich die Neue Sachlichkeit bei aller Distanziertheit mit leidenschaftlichem Eifer der Probleme des ‚kleinen Mannes' und der ‚kleinen Frau' annimmt. Geradezu programmatisch ist der Titel von Hans Falladas (Pseudonym für Rudolf Ditzen) 1932 erschienenem Roman *Kleiner Mann – was nun?*. Der Roman schildert das kurze Glück und den unaufhaltsamen Abstieg von Johannes Pinneberg. Zum Schluss leben Pinneberg, seine Frau und sein Kind völlig

Wirtschaftliche Rahmenbedingungen

---

[154] Ebd., S. 303.
[155] Christian Morgenstern: Gedichte, Verse, Sprüche. Limassol (Zypern): Lechner 1993, S. 61.
[156] Vgl. Bertolt Brecht: Hauspostille. Mit Anleitungen, Gesangsnoten und einem Anhang, 14. Aufl., Frankfurt/Main: Suhrkamp 1996 (bibliothek suhrkamp 4), S. 7f.

verarmt in einem Gartenhaus. Die Odyssee Pinnebergs durch gesellschaftliche Instanzen und Arbeitswelt wird zur kritischen Bestandsaufnahme der zeitgenössischen Gesellschaft.

Bereits ein Jahr zuvor ist, mit vergleichbarem Thema, Erich Kästners Roman *Fabian. Die Geschichte eines Moralisten* erschienen. Protagonist Jakob Fabian befindet sich auf der Suche nach einem Lebenssinn, den er kurzzeitig in der Beziehung zu Cornelia Battenberg findet. Als Cornelia sich einem Filmproduzenten in die Arme wirft und Fabians bester Freund Stephan Labude Selbstmord begeht, hält es ihn nicht länger in Berlin. Doch auch in der Provinzstadt seiner Eltern findet er keine Ruhe: „Hier hatte Deutschland kein Fieber. Hier hatte es Untertemperatur." [57] Fabian stirbt, als er versucht, ein Kind aus einem Fluss zu ziehen. Es ist ein ironischer Tod, denn im Gegensatz zu Fabian kann das Kind schwimmen. Der letzte Teil der Überschrift des letzten Kapitels ist als Aufforderung an den Leser gedacht, sich nicht einfach treiben zu lassen wie Fabian, sondern sich um Änderung der gezeigten Missstände zu bemühen: „Lernt schwimmen!" [58]

„Lernt schwimmen!"

Weniger pessimistisch oder satirisch ist Alfred Döblins Roman *Berlin Alexanderplatz. Die Geschichte vom Franz Biberkopf* aus dem Börsenkrach-Jahr 1929. Protagonist Franz Biberkopf wird aus dem Gefängnis entlassen und versucht sich in verschiedenen Berufen, gerät in Verbrecherkreise und kommt zum Schluss noch einmal davon, allerdings bleibt offen, inwieweit es sich um eine gebrochene Existenz handelt. Döblin montiert Zeitungsberichte in die Schilderung Berlins mit ein, dennoch gibt es eine stark mythisierende Tendenz des Romans, die auf den Expressionismus oder die zu der Zeit wichtige Strömung des **magischen Realismus** verweist, dessen Vertreter das Magische, Irrationale hinter dem Sachlichen aufspüren wollten.

Oft wird der Neuen Sachlichkeit vorgeworfen, den Nationalsozialismus nicht verhindert zu haben. Darüber wird gern vergessen, dass die Autoren der Zeit nicht vorhersehen konnten, was geschehen würde, und dass sie sich trotzdem massiv gegen die aufkommende Bewegung der Nationalsozialisten wandten. Die Kritik von Autoren wie Kästner, Fallada oder Kurt Tucholsky (beispielsweise in seinem ungewöhnlichen Buch *Deutschland, Deutschland über alles* von 1929) an der Weimarer Republik ist die Einforderung einer echten Demokratisierung der Gesellschaft, wie sie in der Verfassung vorgegeben wird. Die Autoren haben erkannt, dass Anspruch und

Kritik an den alten Eliten

Wirklichkeit deutlich auseinander klaffen. Die alten Eliten des Kaiserreichs, vor allem in Wirtschaft, Justiz und Militär, haben nichts an Einfluss eingebüßt, sie sind schließlich mitschuldig am Untergang der ersten deutschen Demokratie – und nicht die Autoren, die sie kritisieren.

Ein gutes Beispiel für die Kritik demokratisch gesinnter Autoren ist Kurt Tucholskys Gedicht *Das dritte Reich* von 1930, hier der Schluss:

> Da sind wir alle reich und gleich
> im dritten Reich.
> Und wendisch und kaschubisch reine Arier.
>
> Ja, richtig... Und die Proletarier!
> Für die sind wir die Original-Befreier!
> Die danken Gott in jeder Morgenfeier –
>   Und merken gleich:
> Sie sind genau so arme Luder wie vorher,
> genau solch schuftendes und graues Heer,
> genau so arme Schelme ohne Halm und Haber –
>   Aber:
>   im dritten Reich.
>
> Und das sind wir.
>   Ein Blick in die Statistik:
> Wir fabrizieren viel. Am meisten nationale Mistik. [159]

Die Wortschöpfung „Mistik", gebildet aus Mist und Mystik, beschreibt in größtmöglicher Prägnanz, was es bereits gab und was ab der Machtergreifung der Nationalsozialisten 1933 zwangsweise zur vorherrschenden literarischen Strömung werden sollte: die Völkische Literatur.

---

[157] Erich Kästner: Werke. 9 Bde. Hg. von Franz Josef Görz. München u. Wien: Hanser 1998. Bd. 3, S. 194.
[158] Ebd., S. 195.
[159] Kurt Tucholsky: Gedichte. Hg. v. Mary Gerold-Tucholsky. 21.-25. Tausend. Reinbek: Rowohlt 1996, S. 702f.

7.11 | Völkische Literatur

Trotz des Tucholsky-Wortes, das die ‚Qualität' faschistischer Dichtung hervorragend bezeichnet, kann man nicht einfach auf ein Studium der NS-nahen Literatur verzichten. Die Texte wirken heute hochpathetisch, inhaltsleer und so aussagekräftig wie Horoskope in Publikumszeitschriften, sie halten einer näheren Prüfung nicht Stand und sind hochgradig trivial. Andererseits sind sie in ihrer Zeit sehr wichtig und wirkungsmächtig. Es ist mit der Literaturgeschichte wie mit der Geschichte – besonders lehrreich sind die dunklen Kapitel.

Wie stark sich die sogenannten NS-Barden (NS-Lyriker) kompromittiert haben, zeigt beispielsweise Baldur von Schirachs Gedicht *Hitler*:

Abb. 36

John Heartfield, „Der Sinn des Hitlergrußes"

> Ihr seid viel tausend hinter mir,
> und ihr seid ich und ich bin ihr.
>
> Ich habe keinen Gedanken gelebt,
> der nicht in euren Herzen gebebt.
>
> Und forme ich Worte, so weiß ich keins,
> das nicht mit eurem Wollen eins.
>
> Denn ich bin ihr und ihr seid ich,
> und wir alle glauben, Deutschland, an Dich! |60

In dem Wunsch der Vereinigung alles Getrennten kommt das pervertierte Erbe der Romantik zum Ausdruck. Die ausschließliche Betonung des Nationalen hat seine Wurzeln in der nationalistischen Literatur des 19. Jahrhunderts, eine Entwicklung, die mit dem Preisen des Opfertodes in der Lyrik der Befreiungskriege einsetzt. Die Lyrik der NS-Zeit führt also, auf perverse Weise, Traditionen fort, die sich im Laufe der Literaturgeschichte herauspräpariert haben. Auch der expressionistische Wunsch nach dem neuen Menschen wird durch eine solche Stilisierung Hitlers bedient.

Vom Expressionisten zum NS-Dichter

Diese Traditionslinie wird noch deutlicher, wenn man weiß, dass sich Hanns Johst vom Expressionisten zum überzeugten Nationalsozialisten entwickelt. Johst ist zunächst „einer der meistgelobten Dramatiker des Expressionismus", später „DER Dramatiker des Nationalsozialismus", so Helmut Pfanner.[161] *Der Einsame. Ein Menschenuntergang* von 1917 heißt eines von Johsts expressionistischen Dramen. Für die Rezeption im Nationalsozialismus einschlägig ist das berüchtigte Heldenstück *Schlageter* von 1933, Hitler „in liebender Verehrung und unwandelbarer Treue" zugeeignet und anlässlich des Geburtstags des „Führers" in Berlin uraufgeführt. Es ist nur folgerichtig, dass Johst von 1935-45 als Präsident der Reichsschrifttumskammer eingesetzt wird.

Nun sind nicht alle von den Nationalsozialisten gefeierten Autoren so in die politische Struktur eingebunden. Hans Grimm lässt sich zwar feiern, geht allerdings teilweise auch auf Distanz, weil er seine verschwiemelten Ideen nicht ganz mit den nicht weniger krankhaften Wahnvorstellungen der Nazis zur Deckung bringen kann. Grimm hat 1926 den umfangreichen Roman *Volk ohne Raum* veröffentlicht, dessen Titel zum Schlagwort und zur Rechtfertigung der Eroberungspolitik eingesetzt werden wird. Der Roman schildert das Leben Cornelius Friebotts von 1880 bis zu seinem Tod 1925. Es soll sich um einen exemplarischen Lebenslauf handeln, um ein Leben, in dem „unser gemeinsames deutsches Schicksal sein Antlitz nackend zeigt".[162] Schon dieses kurze Zitat zeigt eher etwas anderes: wie pathetisch und zugleich trivial der Roman ist. Die ausfernde Handlung mit Friebotts Reise in die afrikanischen Kolonien bedient das Bedürfnis des Lesers nach Exotik und Abenteuer, die rassistischen und nationalistischen Ressentiments kommen reaktionären politischen wie nationalmythologischen Vorstellungen entgegen. Grimm sammelt Punkte, indem er mitten in der wirtschaftlichen und politischen Dauerkrise der Weimarer Republik die Vergangenheit glorifiziert und die Deutschen zum auserwählten Volk stilisiert. Ein erfolgreiches Produkt des herrschenden ZeitUNgeists also.

> Pathos ohne Inhalt

---

[160] Zitiert nach Ingrid Girschner-Woldt: Theorie der modernen politischen Lyrik. Berlin: Spieß 1971, S. 22.
[161] Helmut F. Pfanner: Hanns Johst. Vom Expressionismus zum Nationalsozialismus. The Hague u. Paris: Mouton 1970 (Studies in German Literature 17), S. 17.
[162] Hans Grimm: Volk ohne Raum. 2 Bde. Lippoldsberg: Klosterhaus 1991, Bd. 1, S. 10.

7.12 | Exilliteratur und Innere Emigration

Tod im Exil

Viele Autoren gehen in die Emigration, die einige nicht überleben. Kurt Tucholsky stirbt 1935 in Schweden, Ernst Toller 1939 in den USA – beide begehen Selbstmord. Carl von Ossietzky, der langjährige Herausgeber der bedeutenden linksintellektuellen Zeitschrift *Die Weltbühne*, wird 1933 verhaftet und ins Konzentrationslager gesteckt. Doch selbst die Verleihung des Friedensnobelpreises 1935 nützt ihm nichts, er stirbt 1938 an der Lungentuberkulose, die er sich im KZ zugezogen hat. Der neusachliche Dramatiker – vielleicht der bedeutendste und einflussreichste seiner Zeit aus heutiger Sicht – Ödon von Horváth wird im selben Jahr von einem herabfallenden Ast in Paris erschlagen. Als der bedeutende Kulturtheoretiker Walter Benjamin von Portugal aus nicht mehr in die USA ausreisen darf und davon ausgehen muss, dass die Nazis ihn fassen werden, nimmt er eine Überdosis Morphium.

Den beiden bedeutendsten **Exilautoren** geht es dagegen vergleichsweise gut. Sie könnten kaum verschiedener sein. Bertolt Brecht steht dem Kommunismus nahe, Thomas Mann ist ein durch und durch bürgerlicher Autor. Brecht flieht durch zahlreiche europäische Länder, hält sich mehrere Jahre in Dänemark auf, geht über Schweden und Finnland nach Russland und schließlich in die USA. Mann wohnt zunächst in der Schweiz und reist 1939 in die USA aus, von wo aus er die Alliierten in der Propaganda gegen das NS-Regime unterstützt. Berühmt geworden sind seine von der British Broadcasting Company (BBC) von 1940-45 nach Deutschland ausgestrahlten Radiosendungen *Deutsche Hörer!*.

Brecht konzipiert das Theater neu

Brecht und Thomas Mann lassen sich kaum in eine der Epochen einordnen. Brecht begann als spätexpressionistischer und neusachlicher Autor. Dann entwickelte er das Konzept des **Epischen Theaters**, eines Theaters, das – wie der Roman – eine Erzählerinstanz einführt. Das Geschehen auf der Bühne wird durch einen Erzähler oder durch Figuren, die sich an das Publikum wenden, kommentiert, es werden Spruchbänder und andere Mittel verwendet, mit denen die Fiktion durchbrochen werden soll. Auf diese Weise sollen die Zuschauer an einer Identifikation mit den Figuren gehindert und zur Reflexion über ihr Verhalten stimuliert werden. Andererseits hat Brecht Figuren geschaffen, die trotz Erzählinstanz und stark betonter Fehler so lebensecht und charismatisch wirken, dass eine Identifikation in Grenzen gar nicht zu vermeiden ist. Ein gutes Beispiel hierfür ist Mutter Courage aus *Mutter Courage und ihre Kinder* von 1941. Das Stück spielt im 30jährigen Krieg, die Titelfigur verliert durch ihr ‚kapitalistisches' Hauptinteresse ihre drei Kinder. Doch wird sie zumindest teilweise durch die Grausamkeit von Zeit und Umgebung entschuldigt. Immerhin handelt es sich um den Versuch einer älteren Frau, sich in einer Welt des Krieges und der Männer zu behaupten.

Thomas Mann wurde mit seiner autobiographisch gefärbten Familiensaga *Buddenbrooks. Verfall einer Familie* von 1901 praktisch über Nacht berühmt. Einflüsse der Dekadenzliteratur lassen sich hier ebensowenig verleugnen wie etwa in der Novelle *Der Tod in Venedig* von 1912. Der bürgerliche Autor Gustav von Aschenbach gerät in eine physische wie psychische Lebenskrise und will sich während eines Venedigaufenthaltes erholen. Das Gegenteil geschieht, Aschenbach verliebt sich in den Jüngling Tadzio. Doch geht es nur vordergründig um Homoerotik – Tadzio steht ambivalent für die wiedergeborene Schönheit griechischer Kunst und für sinnlichen Genuss. Im Anschauen Tadzios schreibt Aschenbach einen kurzen Text, der sich von seiner bisherigen umfangreichen, wenig sinnlichen Produktion deutlich abhebt. Die Cholera wütet in Venedig; dies und andere Merkmale weisen voraus auf das, was im Titel bereits angekündigt ist. Aschenbach stirbt in der Anschauung Tadzios einen ironischen Tod, der zugleich auch als Entgrenzung gelesen werden kann. Der Text zeichnet sich durch Symbolik und die zahlreichen Bezugnahmen auf antike Mythologie aus. Auf diese Weise knüpft Thomas Mann an die Literatur des 19. Jahrhunderts an, beispielsweise an den von ihm bewunderten Theodor Fontane.

Thomas Mann: Bürger und Künstler

Die philosophische Tendenz wird in *Der Zauberberg* (entstanden 1913, publiziert 1924) noch verstärkt. Der Bürgersohn Hans Castorp kommt in ein Lungensanatorium, dort wird er unter anderem mit Naphta und Settembrini konfrontiert, die gegensätzliche philosophische Vorstellungen verkörpern. Der Roman *Doktor Faustus. Das Leben des deutschen Tonsetzers Adrian Leverkühn, erzählt von einem Freunde*, erschienen 1947, bezieht in die Manns Werk beherrschende Künstlerproblematik die Erfahrung des Faschismus mit ein. Wie schon in Goethes *Faust* ist es ein Teufelspakt, der den Untergang des Protagonisten besiegelt.

Ebenso wie das Werk Thomas Manns kann das Gottfried Benns nicht isoliert mit Blick auf die Nazizeit betrachtet werden. Im

Die „Innere Emigration"

Gegensatz zu Thomas Mann blieb Benn in Deutschland. Für Autoren, die nicht emigrierten, sich aber auch nicht zum Diener des Ungeistes machen ließen, ist der – mal vorwurfsvoll, mal entschuldigend gebrauchte – Begriff der **Inneren Emigration** geprägt worden. Benn, im Hauptberuf Arzt, gilt als einer der bedeutendsten deutschsprachigen Lyriker. Seine Gedichte zeigen und beschreiben auf provozierend genaue Weise das, was Menschen gern ausgrenzen oder verdrängen: Ekel, Krankheit, Tod, Sinnlosigkeit des Lebens. Zu seinen berühmtesten Gedichten zählt *Kleine Aster*, 1912 in seiner ersten Gedichtsammlung *Morgue* enthalten:

> Ein ersoffener Bierfahrer wurde auf den Tisch gestemmt.
> Irgendeiner hatte ihm eine dunkelhellila Aster
> zwischen die Zähne geklemmt.
> Als ich von der Brust aus
> unter der Haut
> mit einem langen Messer
> Zunge und Gaumen herausschnitt,
> muß ich sie angestoßen haben, denn sie glitt
> in das nebenliegende Gehirn.
> Ich packte sie ihm in die Brusthöhle
> zwischen die Holzwolle,
> als man zunähte.
> Trinke dich satt in deiner Vase!
> Ruhe sanft,
> kleine Aster! [63]

Das ist eine eindeutige Tabuverletzung und auf makabre Weise ironisch. Die Distanz und zugleich so merkwürdige Anteilnahme des lyrischen Ich, offenkundig ein Pathologe, soll sich auf den Leser übertragen.

Wie können sich die in Deutschland gebliebenen Autoren verhalten?

Zunächst begrüßt Benn den Nationalsozialismus als Chance, das nihilistische (= sinnentleerte) Weltbild zu überwinden. Doch erkennt er bald seinen Irrtum, ohne offensiv gegen das Regime vorzugehen. Dazu muss man sagen, dass für Autoren öffentliche Kritik in Wort oder Schrift zu dieser Zeit tödlich oder zumindest lebensgefährlich ist. Auch der schon damals sehr bekannte Erich Kästner bleibt in Deutschland. Er publiziert (teilweise unter Pseudonymen und in Zusammenarbeit mit Freunden) Romane und Theaterstücke oder schreibt an Filmskripten mit, um Geld zu verdienen; dabei versucht er stets, diesen Texten einen kritischen Subtext mitzugeben. Bekanntestes Beispiel für Kästners ambivalente Haltung ist das Drehbuch des Films *Münchhausen*, umgesetzt mit Hans Albers in der Titelrolle. Zum 25jährigen Ufa-Jubiläum soll der prächtig ausgestattete und (was ebenso neu wie teuer ist) in Farbe gedrehte Spielfilm die Leistungsfähigkeit der reichsdeutschen Filmindustrie demonstrieren. Allerdings sind weder Sujet noch Handlung für Propaganda geeignet – der Individualist Münchhausen geht seinen eigenen Weg und entkommt stets den Nachstellungen diktatorischer Regierungen. Die finstern Pläne des sinistren Grafen Cagliostro und Sätze wie „Die Zeit ist kaputt"[164] lassen sich problemlos auf die letzte Phase des zwölf Jahre dauernden 1000jährigen Reiches beziehen. Schließlich hat Münchhausen Recht mit der (im Film auf Venedig gemünzten) Feststellung: „Die Staatsinquisition hat zehntausend Augen und Arme."[165]

Nachkriegsliteratur, Gegenwartsliteratur | 7.13

Die Versuche von Autoren, eine Bilanz des Grauens zu ziehen, beginnen nicht erst mit Kriegsende 1945. Bertolt Brecht hat in einem berühmten Gedicht von 1939 schon wesentliche Punkte vorweggenommen, hier der Anfang von *An die Nachgeborenen*:

Literatur in finsteren Zeiten

Wirklich, ich lebe in finsteren Zeiten!

Das arglose Wort ist töricht. Eine glatte Stirn
Deutet auf Unempfindlichkeit hin. Der Lachende
Hat die furchtbare Nachricht
Nur noch nicht empfangen.

Was sind das für Zeiten, wo
Ein Gespräch über Bäume fast ein Verbrechen ist
Weil es ein Schweigen über so viele Untaten einschließt![166]

---

[163] Zitiert nach dem Abdruck in: Marcel Reich-Ranicki (Hg.): 1000 deutsche Gedichte und ihre Interpretationen. 10 Bde. 2. Aufl. Frankfurt/Main u. Leipzig: Insel 1995. Bd. 6, S. 199.
[164] Erich Kästner: Werke. Bd. 5, S. 301.
[165] Ebd., S. 259.
[166] Bertolt Brecht: Ausgewählte Werke in sechs Bänden. Bd. 3, S. 349.

Nach dem Krieg macht Theodor W. Adornos Wort „nach Auschwitz ein Gedicht zu schreiben, ist barbarisch" die Runde.[167] Hat die Literatur versagt? Ist es überhaupt möglich, auch nur annäherungsweise, das Grauen über den millionenfachen Mord an Juden in Worte zu fassen? Für einige, insbesondere jüdische, durch KZ-Haft oder Ermordung von Familienmitgliedern unmittelbar betroffene Autoren gibt es dazu gar keine Alternative, für sie ist es notwendig und wichtig, über das Erlebte oder Erfahrene zu berichten. Eines der eindrucksvollsten und – gerade wegen seiner außerordentlichen stilistischen Virtuosität – beklemmendsten Beispiele ist Paul Celans Gedicht *Todesfuge*, das den Holocaust in ein Bild fasst und so beginnt:

> Schwarze Milch der Frühe wir trinken sie abends
> wir trinken sie mittags und morgens wir trinken sie nachts
>
> wir trinken und trinken
> wir schaufeln ein Grab in den Lüften da liegt man nicht eng[168]

Die Sprachmelodie (einer Fuge nachgebildet) und die Eleganz der Bilder kontrastieren mit dem schrecklichen Geschehen, auf das sie bezogen sind. Die „schwarze Milch" ist kein lebensspendendes, sondern todbringendes Getränk, vielleicht das Gas, mit dem man die deportierten Menschen umbringt; das Grab in den Lüften ist der Rauch, zu dem die vergasten Juden verbrannt werden.

Das deutsche Trauma

Das schwere Trauma des gerade Vergangenen ist das eine, das zerstörte Deutschland der Gegenwart das andere. Heimkehrende Soldaten finden die Städte in Schutt und Asche, der den meisten Menschen noch verbliebene Besitz reduziert sich auf wenige Habseligkeiten. Dies thematisiert Günter Eich in seinem 1947 veröffentlichten Gedicht *Inventur*, das einer Selbstvergewisserung gleichkommt und somit einen Funken Hoffnung enthält:

> Dies ist meine Mütze,
> dies ist mein Mantel,
> hier ist mein Rasierzeug,
> im Beutel aus Leinen.[169]

In der Prosa entwickelt Günter Grass mit seinem Romandebüt *Die Blechtrommel* von 1959 einen erst umstrittenen und später hochgelobten Zugang zur Kriegsthematik. Er lässt seinen dreijährigen Protagonisten Oskar Matzerath beschließen, nicht mehr zu wachsen. Ausgestattet mit dem titelgebenden Instrument trommelt sich Oskar durch die Vorkriegs- und Kriegszeit. Seine Außenseiterrolle wird durch den berühmten ersten Satz verstärkt, der die Ausgangslage von Oskars Erzählungen beschreibt:

Abb. 37

> Zugegeben: ich bin Insasse einer Heil- und Pflegeanstalt, mein Pfleger beobachtet mich, lässt mich kaum aus dem Auge; denn in der Tür ist ein Guckloch, und meines Pflegers Auge ist von jenem Braun, welches mich, den Blauäugigen, nicht durchschauen kann.[170]

Günter Grass, „Die Blechtrommel"

Damit wird vieles angedeutet und wenig ausgesprochen: Das Braun der Pflegeraugen verweist auf die bevorzugte Farbe der Nazis, das Blau einerseits auf die Naivität Oskars, andererseits auf seine ‚arische'/deutsche Herkunft. Als Kind und Kleinwüchsiger ist Oskar immer ein Gefangener seiner Umgebung gewesen. Sicher deutet der Einstieg auch an, dass die Gefangenschaft weiter dauert, genauer gesagt: dass die Vergangenheit nicht vorbei ist. Oskar ist beschädigte Existenz, angepasster Durchschnittsbürger und Widerständler in einer Person, zu seinen literarischen Vorfahren lassen sich Don Quixote, Till Eulenspiegel und der brave Soldat Schwejk zählen. 1999 wird Günter Grass, vor allem für *Die Blechtrommel*, der Nobelpreis für Literatur verliehen – wie zehn deutschsprachigen Autoren vor ihm (Theodor Mommsen 1902; Rudolf Eucken 1908; Paul Heyse 1910; Gerhart Hauptmann 1912; Carl Spitteler 1919; Thomas Mann 1929; Hermann Hesse 1946; Nelly Sachs 1966; Heinrich Böll 1972; Elias Canetti 1981).[171]

Nobelpreis für die „Blechtrommel"

Im selben Jahr wie *Die Blechtrommel* erscheint ein weiterer epochemachender Roman: Uwe Johnsons *Mutmassungen über Jakob*. Der

---

[167] Vgl. Petra Kiedaisch (Hg.): Lyrik nach Auschwitz? Adorno und die Dichter. Stuttgart: Reclam 1998 (RUB 9363), S. 27ff.
[168] Zitiert nach Marcel Reich-Ranicki (Hg.): 1000 deutsche Gedichte und ihre Interpretationen. Bd. 8, S. 375.
[169] Zitiert nach Walter Hinck (Hg.): Gegenwart. Stuttgart: Reclam 1985 (Gedichte und Interpretationen 6. RUB 7895), S. 71.
[170] Günter Grass: Die Blechtrommel. Roman. Darmstadt u. Neuwied: Luchterhand 1987 (Werkausgabe in zehn Bänden 2), S. 6.
[171] Für die Autoren vor Grass vgl. Hansjürgen Blinn: Informationshandbuch deutsche Literaturwissenschaft. Völlig überarb. Neuausg. Frankfurt/Main: Fischer 1991, S. 369.

Jakob und die deutsche Teilung

Roman steht am Beginn der literarischen Auseinandersetzung mit der deutschen Teilung. Johnson ist gerade aus der DDR in die Bundesrepublik übersiedelt. Der kritische Blick auf die Verhältnisse im anderen Deutschland, beispielsweise die Darstellung der Überwachung durch die Staatssicherheit (Stasi), hätte ihm vermutlich große Schwierigkeiten, wenn nicht gar Gefängnis eingebracht. Der Roman beginnt mit dem Tod von Jakob Abs und rollt die vorherigen Geschehnisse auf, ohne eine Antwort auf die Frage anzubieten, weshalb Jakob vom Zug überfahren wurde. Diese Offenheit wird angedeutet im Titel und prägnant zusammengefasst in dem ersten Satz: „Aber Jakob ist immer quer über die Gleise gegangen." [171] Ein mögliches Motiv für einen Selbstmord ist Jakobs Liebe zu Gesine Cresspahl, die später die Protagonistin von Johnsons monumentalem Roman *Jahrestage* (von 1970-83) sein wird. Gesine lebt in Westdeutschland, Jakob ist zwischen In-der-DDR-bleiben und ‚Zu-Gesine-ausreisen' hin und her gerissen. Die letztlich todbringenden Gleise symbolisieren Trennung (Teilung einer Landschaft) und Vereinigung (Verbindung nach Westdeutschland) zugleich.

Rita und der Sozialismus

Gerade die Offenheit des Romans wird stilbildend – das weitgehend neutrale und ausgesprochen lakonische Erzählen, die Wiedergabe von Gesprächs- und Gedankenfetzen ohne erkennbare chronologische Reihenfolge. Das nimmt sich beispielsweise eine ostdeutsche Autorin zum Vorbild. Christa Wolfs Erzählung *Der geteilte Himmel* von 1963 verarbeitet literarisch den Bau der Mauer zwischen den deutschen Staaten DDR und BRD. Protagonistin Rita Seidel arbeitet in einem Waggonwerk und wird dort Ende August 1961 (der 13. August dieses Jahres ist das Datum des Mauerbaus) beinahe von zwei der neuen Waggons überrollt. Es bleibt unklar, ob es sich um einen Selbstmordversuch handelt. Rita hat sich von ihrem älteren Freund Manfred getrennt, der wegen familiärer und beruflicher Frustrationen nach West-Berlin übergesiedelt ist. Im

Abb. 38

SED-Plakat:
Händedruck mit Gespenstern

Gegensatz zu Johnsons Jakob stirbt Wolfs Rita nicht, doch würde es zu weit führen, dies als Durchhalteparole für DDR-Bürger zu interpretieren. Die Erzählung plädiert zwar dafür, nicht vor den Herausforderungen des sozialistischen Aufbaus zu fliehen, sie zeichnet aber zugleich ein sehr kritisches Bild des sozialistischen Staates.

Die in den 50er Jahren weitgehend linientreue, dann immer stärker am eigenen Land zweifelnde Christa Wolf radikalisiert ihre Kritik, beginnend mit dem Roman *Nachdenken über Christa T.* von 1968. Christa T. kann ihre Individualität nicht verwirklichen und stirbt an einer Krankheit, nach Meinung westdeutscher Rezensenten der Zeit heißt die Krankheit DDR. Doch auch das wäre zu einfach – hier wie später beschäftigen die Autorin vor allem die Rechte und Möglichkeiten des Individuums in der (sozialistischen) Gemeinschaft. Mit der Erzählung *Kein Ort. Nirgends* von 1979 beginnt Wolf zwar nicht von der sozialistischen Utopie, aber dafür vom DDR-Staat Abschied zu nehmen.

Das hat viel mit dem zu tun, was 1976 dem ostdeutschen Liedermacher Wolf Biermann passiert. Er wird nach einer Tournee im Westen nicht mehr in die DDR zurückgelassen, ihm wird die Staatsbürgerschaft aberkannt. Diese Ausbürgerung führt zu – ungewöhnlichen, weil gefährlichen – Protesten von zahlreichen Intellektuellen, darunter Christa Wolf. Der Unterdrückungsstaat reagiert mit einer perfiden Strategie: Viele Autoren und Künstler werden ausgewiesen oder durch Schikanen zur Ausreise gedrängt, andere (um Misstrauen zwischen den Intellektuellen zu schüren) verschont oder gar gefördert. Bei Christa Wolf streut die Stasi das Gerücht, sie habe ihre Unterschrift unter die Petition für Biermann zurückgezogen. Befriedigt wird in einem Stasibericht vom 19.9.1978 festgestellt: „Der unterschiedliche Ausgang der Parteiverfahren gegen Christa Wolf (strenge Rüge, Verbleiben in der Partei) und [Ehemann] Gerhard Wolf (Ausschluß aus der Partei), unterstützt durch von inoffiziellen Quellen ausgesprochene gezielte Vermutungen über mögliche interne Zustimmungserklärungen Christa Wolfs zur Politik der Partei, brachten [sic] vor allem Christa Wolf bei einem Teil der übrigen Zweitunterzeichner teilweise Mißtrauen ein." [172]

Die Biermann-Ausbürgerung

---

[171] Uwe Johnson: Mutmassungen über Jakob. Roman. Frankfurt/Main: Suhrkamp 1992 (edition suhrkamp 1818), S. 7.
[172] Hermann Vinke (Hg.): Akteneinsicht Christa Wolf. Zerrspiegel und Dialog. Eine Dokumentation. Hamburg: Luchterhand 1993, S. 288.

Auch nach dem Fall der Mauer hat es die Autorin nicht leicht. Das Erscheinen ihrer Erzählung *Was bleibt* im Jahr 1990 nehmen zahlreiche Rezensenten zum Anlass, sie stellvertretend für die ostdeutsche Intelligenz als Mitläuferin, in ihrer besonderen Rolle gar als „Staatsdichterin" abzukanzeln.[174] Das Bekanntwerden ihrer kurzen, oberflächlichen und sehr frühen Zusammenarbeit mit der Stasi bedeutet Wasser auf die Mühlen ihrer Kritiker, die geflissentlich die langjährige Bespitzelung Christa Wolfs ignorieren.[175]

Neben der Behandlung der Teilung geht die Aufarbeitung der NS-Vergangenheit weiter, eines der herausragenden Beispiele ist zweifellos Jurek Beckers Roman *Jakob der Lügner* von 1969. Um den Mithäftlingen im Konzentrationslager etwas Hoffnung zu geben, tut Jakob so, als besitze er verbotenerweise ein Radio und erfahre daraus von den Niederlagen der Deutschen. Die Befreier kommen, so malt er es den anderen aus, immer näher. Der Roman der Hoffnung endet mit Deportation und Tod.

Faschismus im Alltag

In Österreich gehen Autoren dazu über, den alltäglichen Faschismus zu schildern, als Relikt der NS-Zeit und als innere Korrumpierung des Menschen. Dass das nicht ohne Skandale bleibt, versteht sich fast von selbst. Skandalgeschichte schreibt beispielsweise der heute als moderner Klassiker der österreichischen Literatur angesehene Thomas Bernhard mit seinem Stück *Heldenplatz* von 1988. Bei Landsfrau Elfriede Jelinek wird der Faschismus auf das Geschlechterverhältnis bezogen. In dem Roman *Lust* von 1989 wird mit drastischen Worten geschildert, wie „der Mann", der auch „der Direktor" und „der Vater" ist, seine Frau auf brutale Weise „fickt".[176] Damit der Sohn nicht wird wie der Vater, bringt ihn die Mutter um.

Die Politisierung der jungen Intellektuellen in den 60er Jahren führt zur Studentenrevolution, die mit dem Datum 1968 versehen wird, obwohl sie früher begann und länger dauerte. Hier vollzieht sich auch die Ablösung der Nachkriegsliteratur, die mit der Bezeichnung eines losen Verbundes von Autoren in Verbindung gebracht wird – gemeint ist die *Gruppe 47*. Zur Gruppe 47 (1947 gilt als Gründungsjahr) um den Schriftsteller Hans Werner Richter gehören unter anderem Günter Grass, Uwe Johnson, Peter Handke und Heinrich Böll. Die Gruppe veranstaltet Tagungen mit Lesungen und sie vergibt Preise. Für viele Verlagslektoren und Journalisten werden die Versammlungen zu Kontaktbörsen, auf denen es neue Talente zu entdecken gilt.

Die Gruppe 47

Nun sind Krieg, Politik, Geschlechterverhältnisse und Skandale nicht das, was die deutschsprachige Nachkriegs- und Gegenwartsliteratur allein ausmacht. In der Schweiz schreiben Max Frisch und Friedrich Dürrenmatt Literaturgeschichte, indem sie die brüchige Identität und die vordergründige Moral des modernen Menschen auf den Prüfstand stellen. Frischs Roman *Homo Faber* von 1957 ist eine moderne Ödipus-Geschichte, er schildert eine tragische Liebe zwischen Vater und Tochter, die zu spät von ihrem nahen Verwandtschaftsverhältnis erfahren. Der Protagonist ist als exemplarischer, von der modernen technisierten Existenz überzeugter Mensch angelegt, darauf weist schon der Titel hin. Identitätsprobleme zeichnen auch die Figuren des auf deutscher Bodenseeseite lebenden Martin Walser aus. Die Novelle *Ein fliehendes Pferd* von 1978 spürt den Befindlichkeiten zweier Paare nach, deren Begegnung zu erotischen Versuchungen führt und in einer lebensgefährlichen Bootsfahrt gipfelt.

Nach dem Ausklingen der Studentenbewegung widmen sich Autoren verstärkt der Erforschung innerer Abgründe. Das Pendel schlägt wieder zur anderen Seite aus, einer Phase großer Politisierung folgt die zunehmende Konzentration aufs Private. Wie stets gibt es viele Ausnahmen zu konstatieren, etwa die sich am ostdeutschen Regime abarbeitenden DDR-Autoren oder die bundesrepublikanische Gegenwart kritisch begleitende Schriftsteller wie Günter Grass und Friedrich Christian Delius.

Erkundungen des Privaten

Uwe Timm, der 1974 mit dem Roman *Heißer Sommer* eine kritische Bilanz der Studentenbewegung gezogen hat, arbeitet 1978 mit *Morenga* einen Teil der deutschen Kolonialgeschichte auf. Die **Polyperspektivität** (also die Vielzahl der Perspektiven) und die zahlreichen faszinierenden Nebenhandlungen relativieren die koloniale Perspektive auf den afrikanischen Kontinent. Das Fremde, so ließe sich als ein Fazit der Lektüre formulieren, ist einem machmal näher als das Eigene.

---

[174] Vgl. die Dokumentation von Thomas Anz (Hg.): „Es geht nicht um Christa Wolf." Der Literaturstreit im vereinigten Deutschland. Erw. Neuausg. Frankfurt/Main: Fischer 1995. Der Begriff „Staatsdichterin" fällt bereits in einem Artikel Marcel Reich-Ranickis von 1987 (ebd., S. 35), er wird 1990 von Ulrich Greiner wieder aufgenommen (ebd., S. 66 u. 70).
[175] Vgl. hierzu auch Vinke (Hg.): Akteneinsicht Christa Wolf.
[176] Elfriede Jelinek: Lust. Reinbek: Rowohlt 1999, S. 8ff.

Die deutsche Wiedervereinigung

Mit der so genannten Wiedervereinigung von 1989/90 ist eine zunehmende Politisierung auf breiter Front festzustellen. Eine der besonders leidenschaftlich geführten Literaturdebatten betrifft einen Roman von Günter Grass von 1995, der mit dem Zitat *Ein weites Feld* aus Fontanes Roman *Effi Briest* betitelt ist. Grass, bis 1990 ein Befürworter einer deutsch-deutschen Konföderation und danach ein Kritiker des Einigungsprozesses, der seiner Auffassung nach auf Kosten der Bürger im Osten geht, spiegelt die Ereignisse seit dem Mauerfall in einer Figur namens Fonty, ein Wiedergänger Theodor Fontanes. Dieser Kunstgriff erlaubt es Grass, eine Parallele zwischen der vergrößerten Republik von 1989/90 und dem 1870/71 gegründeten zweiten Kaiserreich zu ziehen. Der Roman lässt sich auch als Warnung lesen, Fehler zu wiederholen. Seine historische Tiefendimension und seine komplexe Konstruktion unterscheiden ihn allerdings deutlich von einem primär politischen Text.

Abrechnungen mit der DDR

Das ist *eine* Zeitperspektive, hier eine andere: Viele ehemalige DDR-Autoren gehen mit dem untergegangenen Staat hart ins Gericht. Eine ebenso hintergründige wie bitterböse Abrechnung ist Monika Marons Roman *Stille Zeile Sechs* von 1991. Die den Rahmen bildende Beerdigung des früheren DDR-Funktionärs Beerenbaum kann auch als symbolisches Begräbnis der DDR gelesen werden. Das Groteske des DDR-Lebens zeichnet Thomas Brussig in seinem Roman *Helden wie wir* von 1995 nach. Protagonist Klaus mit dem unaussprechlichen Nachnamen Uhltzscht behauptet, mit seinem Penis die Mauer zu Fall gebracht zu haben. Seine Lebensgeschichte ist aberwitzig, aber auch tragisch. Der naive Klaus geht – mangels Alternative – wie sein Vater zur Stasi, die einzige echte Liebesbeziehung scheitert, ihm wird als Blutspender für Erich Honecker ein Serum gespritzt, das ihn fast umbringt – bis dann das Zurschaustellen seines durch Serum und Verletzung vergrößerten Penis zur Öffnung der Grenzen führt.

Die Politik im Privaten

Die politischen und privaten Verhältnisse können sehr viel miteinander zu tun haben, das zeigt schon Jurek Beckers Roman *Amanda herzlos* von 1992, dessen Handlung vor dem Mauerfall endet. Eine junge Frau wird aus der Perspektive ihres Ex-Mannes und ihrer beiden späteren Lebensgefährten geschildert. Der Ex-Mann ist DDR-Journalist und Macho, der erste Freund windelweicher oppositioneller DDR-Schriftsteller und der letzte Lebensgefährte ein Journalist aus dem Westen. Mit ihm scheint Amanda, die im Gegensatz zu ihren ersten beiden Männern gar nicht herzlos ist, endlich die Liebe ihres Lebens gefunden zu haben. Beckers Roman lebt nicht nur von Kritik und Satire, sondern auch von seinem Humor und seinem Grundoptimismus, der sich schon in der unerschütterlichen Sympathie für die zwar verletzliche, aber innerlich gefestigte Amanda ausdrückt.

Postmoderne Literatur, Popliteratur | 7.14

Postmoderne bezeichnet, wie der Name schon sagt, die Literatur nach der Moderne. Doch wann hört die Moderne auf? (Auch darf man mit Recht fragen, wann sie anfängt.) Das kann keiner genau sagen. Jedenfalls gibt es in der Nachkriegsliteratur zunehmend Bücher, die sich stärker als zuvor bekannte Motive und Zitate aus der früheren Literatur anverwandeln. Solche Texte *spielen* mit literarischen Traditionen, das ist wohl das wichtigste Charakteristikum. Dieses Spiel bedeutet für eine Gruppe von Texten, dass sie sich selbst kaum ernst nimmt, für eine andere, dass sie die beabsichtigte Wirkung verstärken will – und für eine dritte gilt beides zugleich.

Spiel mit Traditionen

Ein Beispiel für die erste Gruppe ist Durs Grünbeins Gedichtband *Den Teuren Toten*. Eines der „Epitaphe" (= Grabinschriften) schildert den Tod eines japanischen Touristen, gestorben in einem durch Florenz fahrenden Reisebus:

> Erst Tage später stand die Diagnose fest. Ein Bulletin
> Sprach vom Zusammenbruch des Kreislaufs durch Kulturschock.

Und die Moral von der Geschicht':

> O du, Tourist und Gruppenreisender, wo du auch herkommst,
> Vergiß nie den Japaner, dem es schlimm erging. Bedenke
> Wenn du Prospekte siehst und Urlaubsfilme
>
> Daß du vielleicht nie wiederkehrst vom fremden Ort. [177]

Grünbein spielt mit literarischen Traditionen und Klischees, hier mit dem des besichtigungssüchtigen Japaners. Die pathetische Wendung zum Schluss gehört ebenso zum Spiel dazu wie die

---

[177] Durs Grünbein: Den Teuren Toten. 33 Epitaphe. 2. Aufl. Frankfurt/Main: Suhrkamp 1995, S. 13.

Eine Erfolgsgeschichte: Patrick Süskind, „Das Parfum"

kaum ernst zu nehmende Aufforderung, Prospekte und Urlaubsfilme als Warnung vor der Fremde zu verstehen.

Patrick Süskind hat mit *Das Parfum. Die Geschichte eines Mörders* von 1985 einen der erfolgreichsten deutschsprachigen Romane überhaupt geschrieben. Die Lebensgeschichte von Jean-Baptiste Grenouille, dem Mann ohne Geruch, der Frauen umbringt, um aus ihnen Parfum zu machen, variiert Bauformen verschiedener Gattungen (Historischer Roman, Schauerroman) und verweist in satirischer Brechung auf den Führerkult des Nationalsozialismus. Vor allem aber spielt Süskind mit Mustern des Trivialromans, folglich mit dem nach Identifikation und Spannung suchenden Leser. Süskind bedient diesen Leser und dreht ihm gleichzeitig eine Nase, das wird auf jeder Seite deutlich, etwa in der Namensgebung (Grenouille = Frosch) und in der Beschreibung der Geburt des Protagonisten:

> Hier nun, am allerstinkendsten Ort des gesamten Königreichs, wurde am 17. Juli 1738 Jean-Baptiste Grenouille geboren. Es war einer der heißesten Tage des Jahres. Die Hitze lag wie Blei über dem Friedhof und quetschte den nach einer Mischung aus fauligen Melonen und verbranntem Horn riechenden Verwesungsbrodem in die benachbarten Gassen.[178]

Selbstreflexives Schreiben

Weniger drastisch formuliert Ulrich Woelk, doch hat seine Abrechnung mit der 68er-Generation in dem Roman *Rückspiel* von 1993 typische Merkmale postmodernen Erzählens. Dazu gehört, dass der Schreibprozess selbst thematisiert und so die Fiktion durchbrochen wird. Woelks Roman schließt mit dem Satz des an der Schreibmaschine sitzenden Protagonisten: „Und alles endet in dem Moment, in dem ich die Finger von den Tasten hebe."[179]

Das wäre ein schönes Schlusswort gewesen, doch geht die Literaturgeschichte weiter. Die vorläufig letzte und offenbar schon wieder etwas Neuem Platz machende literarische Strömung wird als **Popliteratur** bezeichnet. Sie widmet sich den Befindlichkeiten der jüngeren, in den 80er und 90er Jahren aufgewachsenen Generation, wobei Lebensleere und Langeweile thematisiert und durch Konsum kompensiert werden. Bahnbrechend für die Strömung ist Christian Krachts Roman *Faserland* von 1995. Der Titel spielt mit dem englischen Ausdruck für Vaterland (= Fatherland) und einer textilen Bezeichnung für Deutschland (= Land der Fasern). Der junge Protagonist reist von einer Party zur anderen oder einem Freund (der sich dann als gar nicht so freundlich herausstellt) zum anderen längs durch die Republik, von Sylt bis an den Bodensee. Er begegnet innerlich leeren Altersgenossen, die sich mit Drogen den nötigen Kick verschaffen.

Langeweile und Konsum

Die Helden der Popliteraten sind Wohlstandskinder, deren Gespräche sich vorrangig um Label, also um Marken drehen. Wieso nennt man die Richtung dann Popliteratur? Schließlich gibt es Pop-Art schon seit den 60er Jahren, ebenso lange existieren Einflüsse der Popmusik auf die Literatur. Mit der Bezeichnung soll vielmehr ein neues Selbstbewusstsein ausgedrückt werden, das mit einer entsprechenden Selbstinszenierung einhergeht. Die Popliteraten schreiben nicht nur über Marken, sie vermarkten sich auch hervorragend, allen voran Benjamin von Stuckrad-Barre, dessen Lesungen sogar auf MTV angekündigt werden. Die Popliteraten setzen bei ihren Lesungen auf Unterhaltung, deshalb hat sich eingebürgert, dass ein Disc-Jockey dabei sein und Platten auflegen muss.

Das ist nicht das Ende der Literatur. Aber das Ende dieses Kapitels.

Benjamin v. Stuckrad-Barre und Christian Kracht machen Werbung

Abb. 40

---

[178] Patrick Süskind: Das Parfum. Die Geschichte eines Mörders. Zürich: Diogenes 1994 (detebe 22800), S. 7.
[179] Ulrich Woelk: Rückspiel. Roman. Frankfurt/Main: Fischer 1995 (Fischer-TB 12667), S. 295.

7.15 | Beispielanalyse

GROSSMUTTER. Es war eimal ein arm Kind und hat kei Vater und kei Mutter war Alles tot, und war Niemand mehr auf der Welt. Alles tot, und es ist hingangen und hat greint Tag und Nacht. Und weil auf der Erd Niemand mehr war, wollt's in Himmel gehn, und der Mond guckt es so freundlich an und wie's endlich zum Mond kam, war's ein Stück faul Holz und da ist es zur Sonn gangen und wie's zur Sonn kam, war's ein verreckt Sonneblum und wie's zu den Sterne kam, warens klei golde Mück, die waren angesteckt wie der Neuntöter sie auf die Schlehe steckt und wie's wieder auf die Erd wollt, war die Erd ein umgestürzter Hafen und war ganz allein und da hat sich's hingesetzt und geweint und da sitzt es noch und ist ganz allein. [80]

Ein unzeitgemäßes Drama

Das Zitat stammt aus einer Fassung von Georg Büchners kurzem Drama *Woyzeck*. Die Entstehungs- und Überlieferungsgeschichte ist kompliziert. Dem Drama liegen möglicherweise mehrere historische Kriminalfälle zugrunde, vor allem der des Johann Christian Woyzeck, der 1821 seine Geliebte erstach und dafür 1824 hingerichtet wurde. Büchner, der 1837 nur 23jährig starb, hat vermutlich ab 1836 an der Niederschrift gearbeitet. 1879 wird eine erste, vom Herausgeber bearbeitete Fassung gedruckt. Erst 1913 wird das Stück in München uraufgeführt.

Büchners Drama entsteht während des Vormärz, aber es steht dem Naturalismus viel näher oder weist auf diesen voraus. Dargestellt wird, wie die Titelfigur durch seine Umwelt zu der Tat gebracht wird. Die kritische Sicht auf die zeitgenössische Gesellschaft mit ihrer klaren hierarchischen Ordnung ist offensichtlich. Darüber hinaus wird die Ausweglosigkeit der menschlichen Existenz thematisiert, die Naturwissenschaften haben die Theologie abgelöst und es gibt kein heil- oder sinnversprechendes Weltbild mehr. Eine solche Weltsicht wird sich erst mit Beginn der Moderne, also zur Jahrhundertwende, auf breiter Front durchsetzen. Darin geht Büchner also weiter als seine Zeitgenossen.

Zugleich weist Büchners Stück zurück auf die Romantik, auf eine Epoche, die zwar noch weiterwirkt, die aber zur Entstehungszeit des Dramans ihren Zenit seit etwa zwei Jahrzehnten überschritten hat. Die Großmutter erzählt nicht irgendeine Geschichte, sie erzählt ein Märchen, das sie auf signifikante Weise verändert. Es handelt sich um das Märchen *Die Sterntaler* aus den *Kinder- und*

Hausmärchen der Brüder Grimm. Hier der Text (Urfassung von 1810), der Motive aus einem Roman von Jean Paul und einer Novelle von Achim von Arnim aufnimmt:

> Es war einmal ein kleines Mädchen, dem war Vater und Mutter gestorben, und es war so arm, daß es kein Kämmerchen mehr hatte, darin zu wohnen, und kein Bettchen mehr, darin zu schlafen, und endlich gar nichts mehr als die Kleider auf dem Leib und ein Stückchen Brot in der Hand, das ihm ein mitleidiges Herz geschenkt hatte. Es war aber gut und fromm. Und weil es so von aller Welt verlassen war, ging es im Vertrauen auf den lieben Gott hinaus ins Feld. Da begegnete ihm ein armer Mann, der sprach: „Ach, gib mir etwas zu essen, ich bin so hungrig." Es reichte ihm das ganze Stückchen Brot und sagte: „Gott segne dirs", und ging weiter. Da kam ein Kind, das jammerte und sprach: „Es friert mich so an meinem Kopfe, schenk mir etwas, womit ich ihn bedecken kann." Da tat es seine Mütze ab und gab sie ihm. Und als es noch eine Weile gegangen war, kam wieder ein Kind und hatte kein Leibchen und fror: da gab es ihm seins; und noch weiter, da bat eins um ein Röcklein, das gab es auch von sich hin. Endlich gelangte es in einen Wald, und es war schon dunkel geworden, da kam noch eins und bat um ein Hemdlein, und das fromme Mädchen dachte: „Es ist dunkle Nacht, da sieht dich niemand, du kannst wohl dein Hemd weggeben", und zog das Hemd ab und gab es auch noch hin. Und wie es so stand und gar nichts mehr hatte, fielen auf einmal die Sterne vom Himmel, und waren lauter harte blanke Taler: und ob es gleich sein Hemdlein weggegeben, so hatte es ein neues an, und das war vom allerfeinsten Linnen. Da sammelte es sich die Taler hinein und war reich für sein Lebtag.[181]

Quelle: Ein Märchen

Weil das Mädchen fromm ist und an die Güte Gottes glaubt, wird es belohnt. Symbolischerweise sind es drei Prüfungen, denen es sich unterziehen muss, um seine Frömmigkeit unter Beweis zu stellen. Es handelt sich um die Zahl der wiederhergestellten Einheit (1 = Einheit, 2 = Spaltung, 3 = Einheit auf höherer Stufe), man denke an die heilige Dreifaltigkeit oder an das triadische Modell

Die Symbolik der Zahl 3

---

[180] Georg Büchner: Werke und Briefe. Nach der historisch-kritischen Ausgabe von Werner R. Lehmann. Komm. von Karl Pörnbacher u.a. 7. Aufl. München: dtv 1986 (dtv klassik), S. 131f.
[181] Brüder Grimm: Kinder- und Hausmärchen. 1. Bd., S. 269f.

des christlichen Glaubens: Paradies – Vertreibung – Eingehen in das himmlische Paradies. Parallel dazu lässt sich das romantische Modell setzen: Goldenes Zeitalter – Gegenwart – Wiederkehr des Goldenen Zeitalters (auf höherer Stufe). Offen ist, ob die Grimms schon etwas Ironie intendiert haben, indem sie es „harte blanke Taler" regnen und das neue Kleid „vom allerfeinsten Linnen" sein lassen. Solche Zutaten deuten eine Ökonomisierung der Glücksvorstellung an.

Keine Zuflucht. Nirgends.

Büchner hält sich an die triadische Struktur und lässt sein Mädchen Mond, Sonne und Sterne besuchen. Zugleich kehrt er das Prinzip um – das Mädchen findet keine Erlösung. Die entfernten Boten einer transzendentalen Existenz werden entzaubert, es handelt sich nur um faules Holz, eine vergammelte Sonnenblume und tote, aufgespießte Mücken, also Beispiele für die unbarmherzige, auf kein Paradies verweisende Vergänglichkeit der Natur. Folglich ist die Erde nur noch ein „umgestürzter Hafen", der nicht, wie Häfen dies üblicherweise tun, Zuflucht bietet.

Der Märchenstoff wird wieder aufgegriffen in Erich Kästners Roman *Fabian. Die Geschichte eines Moralisten* von 1931, der im Berlin der Weimarer Republik spielt:

> Die Stadt glich einem Rummelplatz. Die Häuserfronten waren mit buntem Licht beschmiert, und die Sterne am Himmel konnten sich schämen. Ein Flugzeug knatterte über die Dächer. Plötzlich regnete es Aluminiumtaler. Die Passanten blickten hoch, lachten und bückten sich. Fabian dachte flüchtig an jenes Märchen, in dem ein kleines Mädchen sein Hemd hochhebt, um das Kleingeld aufzufangen, das vom Himmel fällt. Dann holte er von der steifen Krempe eines fremden Hutes einen Taler herunter. „Besucht die Exotikbar, Nollendorfplatz 3, Schöne Frauen, Nacktplastiken, Pension Condor im gleichen Hause", stand darauf. Fabian hatte mit einem Male die Vorstellung, er fliege dort oben im Aeroplan und sehe auf sich hinunter, auf den jungen Mann in der Joachimstaler Straße, im Gewimmel der Menge, im Lichtkreis der Laternen und Schaufenster, im Straßengewirr der fiebrig entzündeten Nacht. [82]

Die Entzauberung des Märchenstoffes wird beibehalten, allerdings orientiert sie sich nicht mehr an der Struktur des Märchens, sondern an den Gedanken und der Umgebung Fabians. Im Grimmschen Märchen hatte das Mädchen nichts mehr an, als die Taler fielen, in Fabians ungenauer Erinnerung hebt sie ihr Hemd hoch – wie freilich in Illustrationen des Märchens, die wohl aus Prüderie kein nacktes Mädchen darstellen wollten. Dazu ist der Gedanke „flüchtig", also relativ unwichtig im Vergleich zu dem, was passiert. Die Distanz zwischen der Märchenwelt und der erlebten Gegenwart wird durch die Beschaffenheit der Taler betont. Sie sind aus billigem Aluminium und dienen als Werbeträger für ein Nachtlokal, das sich mit dem Hinweis „Schöne Frauen, Nacktplastiken, Pension Condor im gleichen Hause" als Bordell entpuppt. Das Verhältnis von Erde und Himmel wird nun umgekehrt – Fabian stellt sich vor, wie er aus einem Flugzeug auf sich herabsieht. Das Flugzeug ist die Signatur des modernen, technisierten Zeitalters. Für Sonne, Mond und Sterne ist in einer ganz auf die Befriedigung gegenwärtiger Bedürfnisse konzentrierten Zeit kein Platz mehr.

Eine Märchenentzauberung im 20. Jahrhundert

Das ist neusachlich und ist es auch wieder nicht. Die Requisiten des technisierten Zeitalters, die Realitätsnähe der Schilderung, die Fokussierung der unmittelbaren Gegenwart und des Lebens in der Großstadt sind typische Elemente neusachlicher Literatur. Zugleich wird durch satirische Überzeichnung (Aluminiumtaler, Werbung für ein Bordell etc.) und das kritische Sich-selbst-Beobachten Distanz erzeugt. Die Gegenwart wird, hier wie im ganzen Roman, einer kritischen Prüfung unterzogen, der sie nicht standhält.

Sowohl bei Büchner als auch bei Kästner kann oder sollte man die Illusionslosigkeit nicht als Fatalismus (= Hinnahme), sondern als Provokation begreifen – etwas an den Mängeln auf Erden zu ändern, wenn es schon keine übernatürliche Gerechtigkeit und auch kein kommendes Goldenes Zeitalter gibt, auf das man sich freuen kann.

Literatur als Provokation

Wichtige Begriffe zu diesem Kapitel | 7.16

Sozialgeschichten der Literatur
Epochen
Strömungen
heuristisch
Genieästhetik
Barock

Renaissance
Humanismus
Aufklärung
Frühe Neuzeit
carpe diem
memento mori

[82] Erich Kästner: Werke. Bd. 3, S. 10f.

Emblematik
  inscriptio
  pictura
  subscriptio
kategorischer Imperativ
Frühaufklärung
Paradigmenwechsel
Hochaufklärung
Pietismus
Gefühlskultur
Freundschaftskult
Empfindsamkeit
Sturm und Drang
Rokoko
Anakreontik
Klassik
edle Einfalt
stille Größe
Weimarer Klassik
Romantik
romantische Ironie
Frühromantik
Hochromantik
Biedermeier
Vormärz
Junges Deutschland
epigonal

Frührealismus
Realismus
Naturalismus
Kunstgesetz
Jahrhundertwende
Fin de Siècle
Dekadenz
Symbolismus
Jugendstil
Expressionismus
Frühexpressionismus
Dadaismus
Literatur der Weimarer
    Republik
Neue Sachlichkeit
Magischer Realismus
Völkische Literatur
Exilliteratur
Innere Emigration
Episches Theater
Nachkriegsliteratur
Gegenwartsliteratur
Gruppe 47
Polyperspektivität
Postmoderne Literatur
Popliteratur

7.17 | Empfohlene Literatur zu diesem Kapitel

Erika und Ernst von Borries / Annemarie und Wolfgang van Rinsum: Deutsche Literaturgeschichte. 12 Bände. Stuttgart: Deutscher Taschenbuch-Verlag 1991 ff.

Eine neuere und sehr ausgewogene Literaturgeschichte, ein gelungener Spagat zwischen traditioneller und innovativer Literaturgeschichtsschreibung, dabei ausgesprochen leserfreundlich.

Kanon und literarische Wertung | 8

Inhalt

8.1	Der Kanon, das unbekannte Wesen	175
8.2	Was ist schön?	180
8.3	Beispielanalyse	182
8.4	Wichtige Begriffe zu diesem Kapitel	187
8.5	Empfohlene Literatur zu diesem Kapitel	187

Zusammenfassung

Die in der Überschrift genannten Begriffe bezeichnen nicht nur einen Forschungsbereich, sondern Fragen, die grundsätzlicher nicht sein könnten: Welche Bücher sind gut oder schlecht, welche Maßstäbe gibt es, um das zu beurteilen? Welche Bücher lohnt es sich zu lesen, auch noch nach vielen Jahren oder gar Jahrhunderten? Die Antworten auf diese Fragen haben sehr viel damit zu tun, was man unter Literatur versteht und von ihr erwartet.

Der Kanon, das unbekannte Wesen | 8.1

Als **Kanon** bezeichnet man die Summe der literarischen Texte, die man als literaturinteressierter Mensch unbedingt gelesen haben sollte. **Literarische Wertung** ist der gängige Begriff für die Bewertung von literarischen Texten, also die Beantwortung der Frage, wie trivial oder qualitativ hochwertig sie sind. Mit Blick auf den Kanon ist literarische Wertung die Bezeichnung für die Argumentationsgrundlage, also für die Summe der Argumente, die dafür oder dagegen spricht, ob ein Text dem Kanon angehören sollte.

Ein breites Spektrum von Meinungen

So weit, so gut. Alles, was danach kommt, lässt sich kaum noch definieren. In der Forschung reicht das Spektrum der Meinungen von:

> Es gibt einen Kanon, ob man das will oder nicht, er ist empirisch nachweisbar durch die Lektürepraxis beispielsweise in Schulen und an Universitäten,

bis:

> Es gibt keinen verbindlichen Kanon und kann auch keinen geben, weil kein Bildungsbürgertum und damit kein Konsens über Lektüre mehr existiert. Jeder liest, was er möchte. Kanones (Plural von Kanon) lassen sich höchstens auf der Ebene von Gruppen nachweisen, beispielsweise der Gruppe der Feuilletonredakteure oder der Hochschulgermanisten.

Innerhalb der erstgenannten Gruppe reicht das Spektrum der Meinungen von:

> Es gibt einen Kanon hochliterarischer Werke oder es sollte ihn zumindest geben, sonst gibt es für Intellektuelle keine gemeinsame Gesprächsgrundlage,

bis:

> Es gibt einen Pool qualitätvoller literarischer Texte; die Qualitätsunterschiede sind oftmals gar nicht so groß und es ist nicht so wichtig, welche Werke man liest; dabei kann und sollte man den eigenen Interessen folgen.

Das Kanon-Spiel

Es ist Mode geworden, im Internet, in Zeitungen und Zeitschriften die Kanonfrage zu stellen, dazu Artikel und Stellungnahmen ebenso wie Umfragen zu publizieren. Das Internet-Rezensionsforum *literaturkritik.de* betreibt ein *Kanon-Spiel*, jeder Nutzer kann seine bevorzugten Titel nennen. Anfang März 2005 wurde die Liste der Dramen- und Prosatexte von Goethes *Faust I* angeführt, gefolgt von Lessings *Nathan der Weise*, Texten von Heine, Büchner und (wieder) Goethe. Das Ergebnis bestätigt den klassischen Kanon, obwohl die Beteiligung freigestellt ist und anonym erfolgt. Entweder sind die Texte wirklich so gut oder es handelt sich um das Ergebnis eines Kanonisierungsprozesses – dann würden die Teilnehmer am Kanon-Spiel ihrem Votum angelernte Wertungsentscheidungen zugrunde legen.

In der Wochenzeitschrift *Die Zeit* konnte man im Mai 1997 die Ergebnisse einer Umfrage unter Personen des öffentlichen Lebens (darunter Autoren, Verleger, Politiker) nachlesen, die alle Lektüreempfehlungen gaben. Die meisten Nennungen betrafen Werke Goethes, gefolgt von Franz Kafka und Thomas Mann. Ende 2002 begann dieselbe Zeitschrift eine Artikelserie zum Schülerkanon, den zuvor eine Jury aus Literaturexperten festgelegt und auf 50 Titel beschränkt hatte. Nicht dabei sind Werke noch lebender Autoren – ein höchst zweifelhaftes Kriterium, von anderen Fragwürdigkeiten einmal abgesehen (so ist Kleist mit vier Texten vertreten, Schiller nur mit einem).

Noch weniger demokratisch ging es im Juni 2001 in der Wochenzeitung *Der Spiegel* zu, die einen Schülerkanon Marcel Reich-Ranickis präsentierte; Reich-Ranicki hat sich bekanntlich als Feuilleton-Chef der *Frankfurter Allgemeinen Zeitung* und als Kopf des *Literarischen Quartetts* im Zweiten Deutschen Fernsehen einen Namen gemacht. Die Liste umfasst 74 Autoren mit exemplarischen Werken und reicht vom *Nibelungenlied* bis zu Gedichten Robert Gernhardts, der einzigen wirklichen Überraschung (alle anderen Autoren werden schon lange an Schulen wie Hochschulen gelesen). Angesichts des Umfangs erstaunt eher das Fehlen allgemein angesehener Autoren wie Martin Walser und Christa Wolf. Allerdings ist es ein offenes Geheimnis, dass Reich-Ranicki die Werke dieser beiden nicht schätzt.

Abb. 41

Marcel Reich-Ranicki als „Bücher-Nörgeli"

Kanon und Wertung haben also offenbar viel mit **Geschmack** zu tun. So ist das schon, seitdem es ein öffentliches Nachdenken über die Qualität literarischer Texte in deutscher Sprache gibt, also seit dem 18. Jahrhundert. Bereits Autoren wie Gottsched und Lessing haben sich zu Sachwaltern des guten Geschmacks ernannt, um ihre poetologischen Positionen durchzusetzen. Seither gibt es verschiedene **Instanzen** im Literaturbetrieb, die durch Werturteile am Kanon arbeiten; das Ganze lässt sich als **Prozess** beschreiben, der sich an manchen Stellen verfestigt (wie im Falle von Goethes *Faust. Der Tragödie erster Teil*) und an anderen im Fluss bleibt (so bei der Frage, was von Martin Walser und Christa Wolf zum Kanon gehört – dass sie zu berücksichtigen sind, darüber sollte eigentlich kein Zweifel bestehen).

Dieser Prozess verläuft keineswegs linear, das liegt auch an den unterschiedlichen Interessenlagen der Beteiligten, die durch bestimmte Lektüren **sozialisiert** (= geprägt) wurden; andererseits

Rollen im Literaturbetrieb

ist er durch die enge Verknüpfung der Rollen relativ **homogen** (= gleichförmig). Autoren wählen ihre Vorbilder, Lektoren wählen ihre Autoren (und ermöglichen so überhaupt einen Zugang zum Buchmarkt), Literaturkritiker wählen Bücher für ihre Besprechungen (und sorgen so für Orientierung), Literaturwissenschaftler wählen Texte, die sie unterrichten, erforschen oder interpretieren (und ermöglichen ihnen das Eingehen in Literaturgeschichten oder kanonrelevante Handbücher); Lehrer suchen Lektüren für ihre Schüler aus (die dadurch sozialisiert werden). Dabei haben manche zur gleichen Zeit oder zu unterschiedlichen Zeiten verschiedene Handlungsrollen – der Kritiker kann Wissenschaftler oder Lehrer sein; der Lektor oder Wissenschaftler kann selber fiktionale Texte schreiben...

Kanonprobleme der Gegenwart

Je näher man der Gegenwart kommt, desto weniger kann man sich auf frühere Urteile stützen und desto schwieriger ist die Prognose, ob der Autor oder sein Text zum Kanon gehören werden – wobei man zwischen dem Kanon der Gegenwart und der Zukunft ebenso unterscheiden muss wie zwischen nach Gruppen unterschiedenen Kanones, darunter sogenannte Gegenkanones, die beispielsweise nur Texte von Frauen berücksichtigen, weil Frauen in der traditionellen Literaturgeschichtsschreibung unterrepräsentiert waren. Auch durch pragmatische Überlegungen können Kanones begründet werden. Von Thomas Mann wird in der Schule aus Umfangs- und Schwierigkeitsgründen wohl eher *Der Tod in Venedig* als *Der Zauberberg* behandelt. Durch ein Germanistik-Studium kann man aber kommen, ohne Thomas Mann gelesen zu haben – auch wenn das vermutlich keinem Germanistikdozenten gefällt.

Bei manchen Autoren lassen sich durchaus Zeiten feststellen, in denen sie Konjunktur hatten, und andere, in denen man sie weniger gern las oder empfahl. Als Fontane seine Romane veröffentlichte, wurden sie zunächst nur einem kleinen Publikum bekannt, den Gründervätern galt Gustav Freytag als Repräsentant bürgerlicher Literatur. Heinrich Böll wird heute deutlich weniger gelesen als vor 20 Jahren, während Günter Grass durch den Nobelpreis 1999 Aufwind bekam; das dokumentiert die sehr positive Reaktion fast aller Rezensenten auf Grass' 2002 publizierte Novelle *Im Krebsgang*.

Abgrenzungen und Grenzauflösungen

Immer wieder wird konstatiert, dass es in der deutschsprachigen Literatur eine deutliche Unterscheidung zwischen Trivialliteratur und Literatur gibt. Tatsächlich ist schwer vorstellbar, wie sich zwischen Arztromanen in Heftchenform, die man am Kiosk oder in

Bahnhofsbuchhandlungen kaufen kann, oder den in Millionen Exemplaren verbreiteten Romanen Heinz G. Konsaliks einerseits und Werken von Günter Grass oder Martin Walser andererseits eine Brücke schlagen lassen soll. In anderen Ländern, so die gängige Auffassung, ist die Kluft nicht so ausgeprägt. Allerdings steckt die in Deutschland seit den frühen 70er Jahren betriebene **Leserforschung** noch in den Kinderschuhen, erst recht, was den internationalen Vergleich angeht.

In eben jenen 70er Jahren bemühte sich die Wissenschaft – angeregt durch die politischen Positionen der Studentenbewegung – um eine Demokratisierung des Kanons. **Professionelle Leser** beschäftigten sich plötzlich mit Essays, Reiseberichten und anderen Texten, die üblicherweise nicht zum Kanon gezählt werden. Die Differenz von U- und E-Literatur (Unterhaltungs- und ernster Literatur, analog zur U- und E-Musik) wurde jedoch beibehalten. Damals begann zwar die **Trivialliteraturforschung**, doch mit der primären Absicht, triviale Texte als Manifestationen der bürgerlichen Vorstellungen zu lesen, die man ablösen wollte. Anders gesagt: Trivialliteratur galt als Beruhigungsmittel der Herrschenden fürs Volk. Ganz ähnlich wurden Fernseh- und Spielfilme oder Vorabendserien eingeschätzt.

Demokratisierung des Kanons

Will man es positiv formulieren, dann gibt es heute einen pluralen Meinungskanon. Andererseits zeigen etwa die Aktivitäten des Großkritikers Marcel Reich-Ranicki, dass es Bestrebungen gibt, wieder einen normativen, also allgemein verbindlichen Kanon stark zu machen. Man könnte manchmal zu dem Schluss kommen, dass sich die in den letzten Jahrzehnten aufgebauten Fronten verhärtet und die Schlachten um den Kanon Dimensionen eines Glaubenskrieges angenommen haben. Anders gesagt: Es ist und bleibt spannend.

Ein Glaubenskrieg?

Aufgabe von Literaturwissenschaftlern sollte sein, solche Zusammenhänge zu reflektieren und nicht einfach irgendwelche Kanones ungefragt zu akzeptieren. Dabei darf man das Beharrungsvermögen überkommener Urteile nicht unterschätzen. Viele Bemühungen, den Kanon auf sinnvolle Weise zu erweitern, sind an den Rand gedrängt worden – so die Einbeziehung von Reiseliteratur, die unter ‚Journalismus' oder ‚historische Texte' verbucht und damit ausgegrenzt wird, oder von Kinder- und Jugendliteratur, die bisher weitgehend den Didaktikern, Psychologen und Volkskundlern überlassen wird – obwohl es sich um literarische

Texte mit oftmals großen literarischen Qualitäten handelt (von Erich Kästners *Emil und die Detektive* bis Paul Maars *Sams in Gefahr*).

8.2 | Was ist schön?

Kriterien zur Beurteilung von Literatur

Die bisherigen Ausführungen zeigen, dass es offenbar unterschiedliche Kriterien gibt, nach denen literarische Texte bewertet werden können. Grundsätzlich lässt sich zwischen **autonom-ästhetischen** (= eigengesetzlich-ästhetischen) und **heteronom-ästhetischen** (= fremdgesetzlich-ästhetischen) **Kriterien** unterscheiden.[11] Bei ersteren handelt es sich meist um formale Werte, die man früher mit dem Sammelbegriff **Schönheit** bezeichnete. Was schön ist, ist zunächst subjektiv; der eine wird Gedichte von Gottfried Benn wegen ihrer direkten bis drastischen Ausdrucksweise als ‚hässlich' bezeichnen, der andere wird dahinter ein ästhetisches Programm entdecken, das er ‚schön' findet.

Weniger subjektiv wäre der formale Wert **Originalität**, den man ermitteln kann, wenn man in Erfahrung bringt, ob Ausdrucksweise und Form gängige Muster **adaptieren** (= aufgreifen) oder zu der Zeit, in der die Texte entstehen, neu sind. Wenn sie – wie bei Benn – neu sind, kann man sie als ‚originell' bezeichnen und als literarische Leistung würdigen. Ein ebenfalls sehr wichtiger Wert ist **Stimmigkeit**. Der Text ist eine sorgfältige **Konstruktion**. Alle Teile dieser Konstruktion (Wörter, Ideen, Anspielungen...) sind – auf allen Ebenen der Deutung – aufeinander abgestimmt. Stimmigkeit bedeutet allerdings nicht, dass der Text eine geschlossene Struktur haben muss, wie das noch im 19. Jahrhundert weitgehend der Fall war.

Wie erkennt man Trivialliteratur?

Generell kann Trivialliteratur am exzessiven Verwenden von **Stereotypen** (= Vorurteile, verfestigte Vorstellungen) und **Klischees** (= abgegriffene Nachahmungen ohne Aussagewert) erkannt werden. Die Handlung reproduziert gängige Muster, die Figurencharakterisierung gängige Vorurteile, was bei Liebesromanen oft zu folgendem Schema führt: Armes, aber ehrbares Mädchen heiratet nach diversen Anfechtungen wohlhabenden, aber liebenswerten Mann. Beim Kriminalroman ist es noch einfacher: Ein Verbrechen wird begangen, der Täter von einem Detektiv gefasst. Entweder kennt man den Täter von Anfang an, dann richtet sich die Spannung auf die Frage, wie er entlarvt wird; oder es geht darum herauszufinden, wer der Täter ist. Der triviale Text will nur unterhalten, nach der Lektüre wirkt er nicht weiter.

Im Unterschied zur Trivialliteratur lässt sich feststellen, dass literarische Texte **überstrukturiert** oder mehrfach codiert sind. Sie bestehen aus einem engen Netz von Symbolen und Verweisen. Der Anspielungsreichtum oder die charakteristische **Offenheit** für Deutungen regt den Leser zur Reflexion über das Gelesene an. Die für die Überstrukturiertheit charakteristischen autonom-ästhetischen Werte gelten seit der Goethe- und Schillerzeit als die wichtigsten, heteronom-ästhetische Werte können aber dazukommen. So wird an Fontanes Romanen gern das Problematisieren von Geschlechterrollen und von moralisch-politischen Auffassungen der Zeit positiv hervorgehoben.

Literarische Texte: Anregung zur Reflexion statt Identifikation

Hingegen gelten andere heteronom-ästhetische, etwa lebenspraktische Werte als Ausweis von Trivialität, beispielsweise der Trost, den jemand aus der Lektüre eines Romans mit Happy-End zieht. Dabei sollte man nicht den Fehler machen, **hedonistische** (= lust- und genussorientierte) Werte generell zu verteufeln. Vielmehr ist jede freiwillige Lektüre lustvoll.[12] Der eine Leser freut sich am Entziffern intertextueller Verweise (das sind z.B. eingearbeitete Zitate oder Anspielungen auf Figuren aus anderen Werken) in Gedichten Durs Grünbeins, der andere genießt es, Agatha Christies Hercule Poirot bei der Detektivarbeit über die Schulter zu schauen oder sich mit dem Arzt aus einem Heftchenroman zu identifizieren, den seine Patientinnen anhimmeln.

Der ganz persönliche Kanon hängt also von den eigenen **Lesepräferenzen** ab. Damit sind **Funktionen** bezeichnet, die Literatur für ihre Leser erfüllt. Der eine möchte durch **Identifikation** mit positiven Figuren getröstet, der andere spannend unterhalten und wieder ein anderer intellektuell gefordert werden. Für Literaturwissenschaftler ist die Sache klar – nur intellektuell fordernde, zur Reflexion anregende Lektüre bringt den Leser gedanklich weiter und ist Bildung im besten Sinne. Hier wie überall sollte man aber

Der individuelle Kanon

---

[11] Diese Unterscheidung erfolgt in Anlehnung an Renate von Heydebrand u. Simone Winko: Einführung in die Wertung von Literatur. Systematik – Geschichte – Legitimation. Paderborn u.a. 1996 (UTB 1953), S. 29f. – Vgl. außerdem Stefan Neuhaus: Revision des literarischen Kanons. Göttingen: Vandenhoeck & Ruprecht 2002.

[12] Vgl. Thomas Anz: Literatur und Lust. Glück und Unglück beim Lesen. München: C.H. Beck 1998.

Beruf und Privatleben trennen können. Man muss nicht immer nur Kafka und Joyce lesen, es kann wichtig sein, zur Erholung abends mit Sherlock Holmes ins London der Jahrhundertwende zu reisen oder Schimanski im Fernsehen anzuschauen. Damit sind allerdings Beispiele benannt, die in der Grauzone zwischen U und E liegen. Wer viel Literatur liest, wird für wirklich Triviales verdorben sein. Das ist indes kein Grund für Überheblichkeit. Jede Profession hat ihr Spezialwissen und ein Arzt tut gut daran, Menschen nicht danach zu beurteilen, ob sie Krankheiten diagnostizieren können. (Wenn dies alle könnten, wäre er arbeitslos.)

8.3 | Beispielanalyse

Aenor beugte sich über ihn und küßte ihn leicht auf die Lippen. Ihre niedergeschlagenen Lider verbargen ihre Gedanken. Seit ihrer Heirat hatte sie schon viele Streitereien zwischen dem Herzog und ihrem Gemahl erlebt. Doch Guillaume IX konnte, wenn er wollte, freundlich und gütig sein, Menschen bezaubern, als sei er ein Jahrmarktsgaukler, und er schien genau zu wissen, welche Saiten er im Herzen seines Sohnes anrühren mußte, um ihn immer aufs neue in hilfloser Liebe und Bewunderung an sich zu binden. Sie wußte, daß Guillaume sich in den zwanzig Jahren seines Lebens nichts mehr als die Anerkennung seines Vaters gewünscht hatte, und ahnte, daß dieses Bedürfnis nie endgültig erlöschen würde. Sie spürte, wie er sie in ungewohnter Heftigkeit an sich preßte, und war zugleich erfreut und beunruhigt. Bisher war er wohl zärtlich, aber kaum leidenschaftlich ihr gegenüber gewesen. Diesmal küßte er sie mit der Verzweiflung eines Erstickenden, hob sie auf und trug sie zu ihrem Lager. Dieser Nacht der Liebe, des Zorns und Hasses, des Verlangens und der Erbitterung verdankte Alienor ihr Leben.[13]

Ein geschlossenes Weltbild

Diese Passage stammt aus dem 1991 erstveröffentlichten, historischen Roman *Die Löwin von Aquitanien* der Autorin Tanja Kinkel, es handelt sich um das Ende des ersten Kapitelabschnitts. Die umfängliche Romanhandlung muss an dieser Stelle nicht nacherzählt und erläutert werden, zur ersten Beurteilung reicht das Zitat aus. Wir haben es erkennbar mit einem auktorialen Erzähler zu tun, der die Gedanken und Gefühle seiner Figuren genau kennt, genauer, als sich die Figuren darüber Rechenschaft ablegen könnten, und der den Leser darüber umfassend informiert. Ein solcher Erzähler ist eigentlich im Laufe der zweiten Hälfte des 19. Jahrhunderts außer Mode geraten. Er suggeriert die Sicht einer geschlossenen und geordneten Welt, deren Probleme genau identifiziert werden können. Dass es so einfach nicht ist, hat die Literatur der Moderne gezeigt, man denke an die Texte Franz Kafkas.

In diesem Fall erfahren wir, dass der junge Guillaume unter der autoritären Behandlung seines Vaters leidet. Die den Figuren überlegene Position des Erzählers überträgt sich auf den Leser. Das ist wie jedes Überlegenheitsgefühl angenehm, aber es regt nicht gerade zur Reflexion an. Die Diagnose ist getroffen, für weitere Überlegungen gibt es keinen Spielraum.

Der Text gibt vor, die Geschichte einer im Mittelalter lebenden, bereits emanzipierten Frau zu schildern, den Werdegang der Eleonore (Alienor) von Aquitanien. Hier wird die Zeugung dieser Frau inszeniert. Das Verhalten des Liebespaares ist hochgradig konventionell – man könnte sagen, dass Guillaume sich an Aenor sexuell abreagiert, was diese sich offenbar ohne Widerwillen gefallen lässt. Es fehlen Distanz-Signale, Wörter oder Stellen im Text, die das gezeigte Verhalten problematisieren. Da dies nicht geschieht, wirkt der Text, als ob er das Verhalten für selbstverständlich und unkritisch hält. Ein an Gender-Fragen (vgl. Kap. 9.14) orientierter Text würde das nicht tun. Später wird sich zeigen, dass das emanzipierte Verhalten von Tochter Alienor aufgesetzt wirkt; es drängt sich die Vermutung auf, dass sie sich eigentlich nur einen starken und klugen Mann wünscht, der ihr sagt, wo es langgeht, und dass ihre emanzipierte Haltung aus Mangel an solchen Männern entsteht. Das gezeigte Verhalten ist demnach stereotyp. Die beschriebenen Gefühle sind eigentlich keine, es handelt sich um Abstrakta, um inhaltsleere Worthülsen, also um Klischees: Liebe, Zorn, Hass, Verlangen, Erbitterung. Jeder Leser darf sich darunter vorstellen, was er möchte. Nicht nur die Figuren sind klischeehaft, die Handlung ist es auch. Abgesehen von der Frage, woher der Erzähler weiß, dass Alienor gerade in der Nacht gezeugt wurde – die Umstände der Zeugung sollen fadenscheinige Dramatik erzeugen, ohne dass dies später irgendeinen weiteren Sinn bekäme.

Der Text ist nicht deutungsoffen, weil er keine Anspielungen enthält. Das Verhalten der Figuren wird genau motiviert und

Stereotype und Klischees

---

[13] Tanja Kinkel: Die Löwin von Aquitanien. Roman. 1. Aufl. München: Goldmann 1991, S. 13.

beschrieben, während die klischeehafte Gefühlswelt seltsam *leer* bleibt – ein Projektionsraum für anspruchslose, nach Identifikation und nicht nach Reflexion suchende Leser. Für solche Lesergruppen erfüllt der Text fraglos die Funktion des Zeitvertreibs, eines emotionalen Engagements ohne Selbstbeteiligung.

Abb. 42

Wilhelm Hauff

Ironie und Parodie

Bereits in den 20er Jahren des 19. Jahrhunderts hat Wilhelm Hauff solche Textstrategien identifiziert und auf grandiose Weise parodiert – in dem Roman *Der Mann im Mond oder Der Zug des Herzens ist des Schicksals Stimme* (1825/26). An folgendem Zitat lässt sich zeigen, was Hauff aus einem Kapitelende machen kann:

> Es war ihr so bange, so warm; mit einem Ruck war der seidene Plumeau am Fußende des Bettes, und auch die dünne Seidenhülle, die jetzt noch übrig war, mußte immer weiter hinabgeschoben werden, daß die wogende, entfesselte Schwanenbrust Luft bekam. Aber wie, ein Geräusch von der Türe her? Die Tür geht auf, im matten Schimmer des Nachtlichtes erkennt sie Martiniz' blendendes Gesicht; sein dunkles, wehmütiges Auge fesselt sie so, daß sie kein Glied zu rühren vermag, sie kann die Decke nicht weiter heraufziehen, sie kann den Marmorbusen nicht vor seinem Feuerblick verhüllen; sie will zürnen über den sonderbaren Besuch, aber die Stimme versagt ihr. Aufgelöst in jungfräuliche Scham und Sehnsucht, drückt sie die Augen zu; er naht, weiche Flötentöne erwachen und wogen um ihr Ohr, er kniet nieder an ihrem bräutlichen Lager, ‚der Zug des Herzens ist des Schicksals Stimme', flüstert er in ihr Ohr; er beugt das gramvolle, wehmütige Gesicht über sie hin, heiße Tränen stürzen aus seinem glühenden Auge herab auf ihre Wangen, er wölbt den würzigen Mund – er will sie kü– Sie erwachte, sie fühlte, daß ihre eigenen heftigströmenden Tränen sie aus dem schönen Traume erweckt hatten.[14]

Wie bei Tanja Kinkel finden wir einen Erzähler, der in den Gefühlen seiner Figur wie in einem offenen Buch lesen kann, stereotype Figuren und klischeehafte Formulierungen. Anders als bei Kinkel werden sie von Hauff über ihre erotische Konnotation symbolisch verknüpft, übertrieben und gesteigert. Die Stelle endet mit einer Pointe. Das erwartete erotische Abenteuer kommt nicht, vielmehr zeigt sich kurz vor dem ersten Höhepunkt, dass es sich um einen Traum handelt. Jedes Wort, jeder Satz verrät Formulierungskunst, hingewiesen sei beispielhaft auf die erwähnten sexuellen Konnotationen (z.B. dünne Seidenhülle, entfesselte Schwanenbrust), den darauf bezogenen Gegensatz heiß – kalt (z.B. Marmorbusen – Feuerblick) und auf den Wechsel von Präsens und Präterium, mit dem Spannung erzeugt wird. Auf diese Weise wird von Hauff erst eine Lesererwartung geweckt und dann zerstört. Ein nach Identifikation suchender Leser wird enttäuscht sein, während der Bruch am Schluss für professionelle Leser ein Signal zur Reflexion über das Gelesene darstellt. Hier beginnt die Deutungsoffenheit des Textes, die aber nicht mit Beliebigkeit verwechselt werden darf. Hauff parodiert triviale Erzählmuster und problematisiert damit nicht nur das identifikatorische Leseverhalten, sondern auch das Geschlechterverhalten und die Sexualmoral der Zeit. Der Vergleich mit Kinkel offenbart die Originalität von Hauffs Roman, und das, obwohl sein Text mehr als eineinhalb Jahrhunderte älter ist.

> Enttäuschung von Lesererwartungen

Tanja Kinkels Roman ist demnach unoriginell, vom Konzept her veraltet, misst man ihn – was vielleicht ungerecht ist – mit Maßstäben qualitätvoller Literatur. Wie steht es mit anderen Texten der Erzählliteratur in den 1990er Jahren? Zum Vergleich soll eine Passage aus der Erzählung *Die Handlanger* dienen, ebenfalls von einer jungen Autorin mit Namen Felicitas Hoppe. Es handelt sich um die erste Erzählung einer den Titel *Picknick der Friseure* tragenden Sammlung von 1996, für den Band erhielt Hoppe den angesehenen *Aspekte*-Literaturpreis des *Zweiten Deutschen Fernsehens*:

> Mein Geliebter, begann ich, erklärt, er könne nicht mehr Hand an mich legen, da aus mir nichts wird. Ist das denn wahr, fragte entzückt der Gärtner. Das allerdings ist wahr, entgegnete ich, denn mir fehlt dreierlei: erstens der Glanz des Ruhms, zweitens der Glanz des Geis-

---

[14] Wilhelm Hauff: Sämtliche Werke. 2 Bde. Hg. v. Hermann Engelhard. Essen: Magnus 1981. Bd. 1, S. 388.

Felicitas Hoppe

tes, drittens der Glanz des Körpers. Diese Auflistung, rief begeistert der Gärtner, ist ganz nach den Gesetzen der Logik zusammengestellt, aber sie ist alles andere als vollständig. Und wie um die Leere meiner Rede durch entschlossenes Tun auszufüllen, zog er mich unter einen in der Nähe wachsenden Busch, wo er mich nach den Regeln des Gartenbaus zu trösten versuchte.[15]

Eine neue Logik

Diese Liebesgeschichte ist zweifellos originell: Eine Frau und ein Gärtner finden unter merkwürdigen Bedingungen zusammen. Der Text behauptet Logik und ist, gemessen an vertrauten Denkmustern, vollkommen unlogisch – das ist ein deutliches Signal zur Reflexion über das Gelesene. Wieso, beispielsweise, lässt sich der Gärtner begeistert mit der Frau ein, wenn ihr jedes Schönheitsattribut fehlt? Originell wirkt der Text auch durch sein Wörtlichnehmen verfestigter sprachlicher Bilder oder durch metaphorischen Gebrauch einer an sich klaren Aussage. ‚An jemanden Hand anlegen' bedeutet ursprünglich keine erotische, sondern eine gewalttätige Handlung, und ‚nach den Regeln des Gartenbaus' kann man Blumen züchten, aber doch eigentlich keine Frau verführen. Wenn man darüber nachdenkt, leuchtet die neue, originelle Verwendung des Bildes und die neue, originelle Bedeutung der Tat aber ein. Dadurch wird Offenheit der Deutung geschaffen und zugleich begrenzt. Das Verhalten der Frau steht gegen jedes bekannte Rollenstereotyp – eine alles andere als gut aussehende Frau hat ein erotisches Abenteuer mit einem sie bestens behandelnden, sich überhaupt nicht überlegen gebenden Gärtner. Damit steht die Erzählung quer zu jeder auf Bekanntem gründenden Lesererwartung.

Hoppes Text zeugt von sprachlichem Können und wird so zum Lesegenuss. Er etabliert keine neue geschlossene Weltsicht, aber er beklagt auch nicht auf larmoyante Weise den Verlust der alten. Er spielt auf Probleme der Geschlechter- und Rollenstereotype an, ohne eine Patentlösung zu präsentieren. Damit richtet er sich an Leser, für die Texte nicht primär die Funktion haben, geistiges Kaugummi zu sein.

8.4 Wichtige Begriffe zu diesem Kapitel

Kanon
Geschmack
Instanzen
Prozess
sozialisieren
homogen
Leserforschung
professionelle Leser
Trivialliteraturforschung
autonom-ästhetische Kriterien
heteronom-ästhetische Kriterien
Schönheit
Originalität
adaptieren
Stimmigkeit
Konstruktion
Stereotype
Klischees
überstrukturiert
Offenheit
hedonistisch
Lesepräferenzen
Funktionen
Identifikation
Reflexion

8.5 Empfohlene Literatur zu diesem Kapitel

Renate von Heydebrand u. Simone Winko: Einführung in die Wertung von Literatur. Systematik – Geschichte – Legitimation. Paderborn u.a. 1996: Schöningh (UTB 1953).

Der umfassende, sehr eindrucksvolle, wissenschaftlich fundierte und zugleich sehr lesbare Versuch, das Phänomen Kanon zu beschreiben und Hinweise zur Wertungspraxis zu geben. Von den zahlreichen Begriffsbestimmungen sollte man sich nicht einschüchtern lassen.

Wulf Segebrecht: Was sollen Germanisten lesen? 2., überarb. u. erw. Aufl. Berlin: Erich Schmidt 2000.

Eine umfangreiche Leseliste, die sich nicht als verbindlicher Kanon versteht, sondern Angebote machen und Orientierung vermitteln will.

---

[15] Felicitas Hoppe: Picknick der Friseure. Geschichten. 1. Aufl. Reinbek: Rowohlt 1996, S. 7f.

9 | Literaturtheorie

Inhalt

9.1	Wozu Literaturtheorie?	189
9.2	Autor, Text, Leser und Kontext	191
9.3	Literaturwissenschaft und Literaturkritik	193
9.4	Positivismus und Editionsphilologie	194
9.5	Geistesgeschichte	195
9.6	Völkische Literaturwissenschaft	196
9.7	Sozialistische und marxistische Literaturwissenschaft	196
9.8	Werkimmanenz	197
9.9	Literaturwissenschaftliche Hermeneutik	198
9.10	Literaturwissenschaftlicher Strukturalismus	199
9.11	Psychoanalytische Literaturwissenschaft	202
9.12	Rezeptionsästhetik	204
9.13	Sozialgeschichte der Literatur	206
9.14	Feministische Literaturwissenschaft und Gender Studies	207
9.15	Alterität	209
9.16	Intertextualität	211
9.17	Systemtheorie	211
9.18	Empirische Literaturwissenschaft	212
9.19	(Radikaler) Konstruktivismus	214
9.20	Dekonstruktion / Poststrukturalismus	215

9.21	Diskursanalyse	216
9.22	Beispielanalyse	219
9.23	Wichtige Begriffe zu diesem Kapitel	226
9.24	Empfohlene Literatur zu diesem Kapitel	228

Zusammenfassung

Es gibt eine Vielzahl literaturtheoretischer Ansätze, die sich bei genauerem Hinsehen vervielfachen: Jede Arbeit bastelt ihre eigene, mehr oder weniger kleine Theorie zusammen, abhängig von dem Erkenntnisinteresse, also der Frage, was man eigentlich herausfinden will, wenn man diesen oder jenen literarischen Text untersucht. Eine Auswahl so genannter Methoden soll hier in möglichst einfachen Worten vorgestellt werden, um einen allerersten Überblick zu geben, der im Studium (zumindest punktuell) stark vertieft werden sollte.

Wozu Literaturtheorie? | 9.1

Ein Buch lesen und sich zusammensetzen, darüber reden: Das sollte man weiterhin tun und ein Seminarleiter ist gut beraten, das als ersten Schritt oder als (neudeutsch) ‚warming up' einzusetzen. Doch reicht das natürlich nicht aus. Wer nur ganz allgemein über Bücher sprechen, sich über seine subjektiven Leseerfahrungen austauschen will, der ist mit einem Kurs bei der Volkshochschule bes-

Ein erster Schritt zur Literatur

ser beraten. Der wissenschaftliche Zugang zur Literatur setzt, eigentlich überflüssig zu sagen, Wissenschaftlichkeit voraus, also:

1. eine möglichst objektive Auseinandersetzung mit einem literarischen Text,
2. eine logische Argumentation,
3. eine methodische, wissenschaftlich abgesicherte (in der Regel bereits erprobte) Vorgehensweise bei Analyse und Interpretation.

Objektivität kann natürlich nur angestrebt werden, man wird sie nie erreichen. Besser spricht man von intersubjektivem Verständnis eines literarischen Texts, also von einem Konsens, zu dem man mit einer möglichst großen Zahl von anderen Lesern kommen kann. Doch auch dann sollte man wissen, dass dieses intersubjektive Verständnis von vielen Faktoren abhängt, die mit dem Text wenig zu tun haben, und zwar vor allem:

1. von dem eigenen Erfahrungshorizont, der anders ist als der anderer Menschen,
2. von dem Erfahrungshorizont der Zeit und der Gesellschaft, in der man lebt.

Theorien sind Werkzeugkästen

Jede Gesellschaft und jede Zeit favorisiert bestimmte Perspektiven auf Literatur, so hat sich – glücklicherweise ein extremes Beispiel – die Literaturwissenschaft in sozialistischen Ländern darum bemüht, gesellschaftskritische Akzente herauszuarbeiten und zu propagieren, die im Dienste des Aufbaus des Sozialismus standen.

Das Bemühen um intersubjektives Verständnis führt zur Logik als der Basis jeder wissenschaftlichen Arbeit und zur Wahl eines methodischen Instrumentariums. Bei aller Unvergleichbarkeit: Ein Kraftfahrzeugmechaniker kann auch nicht mit bloßen Händen ein Auto reparieren und warten, er benötigt dafür Werkzeug. Je nach Aufgabe und nach Autotyp muss das Werkzeug verschieden sein. Ein Literaturwissenschaftler benötigt ebenfalls ‚Werkzeuge', allgemeinere und speziellere. **Literaturtheorie** ist der Oberbegriff für alle Werkzeuge, die es gibt und noch geben wird. Untergliedert wird üblicherweise in **Methoden**, das sind die einzelnen Werkzeugkästen, wobei man durchaus mehrere davon in einen größeren Kasten packen oder einen durch Griffe in andere einfach aufstocken kann. Man wird natürlich nie alle Werkzeuge brauchen, die man bereithält, sondern die, die man gerade für das benötigt, was man mit dem Text tun will.

Wie bei einer Autoreparatur stellt man sich erst seinen Werkzeugkasten zusammen und geht dann ans Werk. Daraus ergibt sich der mittlerweile klassische Aufbau einer Hausarbeit. Vor der Analyse (Beschreibung von Strukturen) und Interpretation (Deutung der Ergebnisse der Analyse) eines Texts wird gesagt, *was* man *wie* herausfinden will, also mit welcher Methode oder mit welchem **Methodenmix** – das ist der selber zusammengestellte Werkzeugkasten. Man darf natürlich auch neue Werkzeuge selbst schmieden und dem Werkzeugkasten hinzufügen, man darf sich überall bedienen, sofern es – siehe oben – logisch nachvollziehbar bleibt und als Mittel zum Zweck der Erkenntnis dient, also nicht zum Selbstzweck wird.

Analyse und Interpretation

Eine nicht unberechtigte Kritik an der Literaturtheorie ist, dass sie zum Selbstzweck geworden ist. Das kann man so sicher nicht verallgemeinern, doch es stimmt, dass es mittlerweile eine Reihe von Arbeiten gibt, in denen Literatur fast keine Rolle mehr spielt. Genauso falsch wäre es aber, daraus zu schließen, dass man auf Theorie verzichten kann.

Nun gibt es, wie schon angedeutet, allgemein wichtige Werkzeuge, die in keinem Werkzeugkasten fehlen dürfen. Das sind beispielsweise Schraubenzieher und -schlüssel, denen grundlegendes Wissen über die sprachlichen Möglichkeiten (Stilistik und Rhetorik), über die Interpretation der einzelnen Gattungen und über die Literaturgeschichte entspricht (vgl. die vorhergehenden Kapitel dieses Buches). Dazu addieren sich unter anderem – ein vollständiger Überblick ist nicht möglich – die in diesem Kapitel vorgestellten Werkzeugkästen, die teilweise miteinander kombinierbar sind.

Zunächst jedoch zu einer grundlegenden Struktur, die alle Methoden betrifft.

Autor, Text, Leser und Kontext | 9.2

Ein Mensch schreibt ein Buch, sagen wir mal: einen Roman. Für ihn macht sein Text einen bestimmten Sinn. Der Vergleich mit einer Geburt ist nicht abwegig: Nachdem er geboren ist, entwickelt der Text seine Selbstständigkeit. Es handelt sich, wie wir nicht vergessen dürfen, um eine Ansammlung von Sätzen und Wörtern, also von sprachlichen Zeichen, und die sind mehrdeutig, gerade bei literarischen Texten, die ja nicht für den Tag geschrieben sind und die auch Menschen anderer Kulturen und Zeiten noch etwas sagen sollen. Bis hierher lautet die wichtigste Frage: Wem soll man nun im Zweifelsfall glauben, der Meinung des Autors oder dem, was der Text sagt?

Ein Text wird zum Sprechen gebracht

Nun spricht der Text nicht, er wird zum Sprechen gebracht – von Lesern. Für sie macht der **Text** einen bestimmten Sinn, und zwar oftmals einen anderen als für den **Autor**. Hat nun der **Leser** Recht? Falls ja, welcher Leser? Denn jeder Mensch könnte, wegen seiner ganz eigenen biographischen Prägung, mit bestimmten Wörtern und Sätzen etwas anderes verbinden. Liest dann jeder seinen eigenen Text?

Literaturwissenschaftliche Methoden setzen an solchen Fragen an. Traditionell haben sich die Interpretatoren vor allem für den Autor interessiert, dann kam der Text dazu und schließlich der Leser, man könnte dies auch als Prozess der schleichenden Demokratisierung beschreiben.[11]

Wer welche Methode wählt oder welche Methoden miteinander kombiniert, hängt ab von

- den besonderen Eigenarten des Texts;
- dem Erkenntnisinteresse (was will ich herausfinden?);
- den persönlichen wissenschaftlichen Vorlieben.

Endgültige Wahrheiten gibt es nicht

Methoden können bestimmte Aspekte oder Facetten der Deutung offen legen. Ihre Grenzen ergeben sich aus ihren methodischen Voraussetzungen, die immer auch Beschränkungen sind. Manche der Methoden sind als ‚Supertheorien' angetreten, sie wollen die Wissenschaft erobern und die Welt erklären. Das sollte man nicht zu ernst nehmen. Der Vergleich mit anderen Methoden zeigt, dass niemand im Besitz der allgemeingültigen Wahrheit ist. Um es mit einem Gleichnis zu sagen: Der heilige Gral ist noch nicht gefunden worden und er wird auch nicht gefunden werden. Es genügt, wenn man ihn sucht. Der Weg ist das Ziel.

Literaturwissenschaft und Literaturkritik | 9.3

In seiner Abhandlung *Grundbegriffe der Literaturkritik* unterscheidet René Wellek 1963 (Übersetzung: Stuttgart: Kohlhammer 1965) zwischen Literaturtheorie, Literaturgeschichte und Literaturkritik, die er allerdings eng miteinander verknüpft sieht. Aufschlussreich ist für ihn die unterschiedliche Begriffsbedeutung im englischen und deutschen Sprachgebrauch: „Im englischen Gebrauch des Wortes ‚criticism' sind häufig literarische Theorie und Poetik miteingeschlossen. Dieser Gebrauch ist im Deutschen dagegen selten; dort wird Literaturkritik gewöhnlich in dem sehr engen Sinne der Buchbesprechung in Tageszeitungen verstanden" (S. 9f.). Damit denkt Wellek Literaturwissenschaft und **Literaturkritik** zusammen, wobei, so könnte man schlussfolgern, die Scharnierstelle die Kompetenz in der Beurteilung literarischer Texte ist, eine Fähigkeit, die Literarhistoriker, Literaturtheoretiker und Kritiker für die Selektion und Interpretation literarischer Texte haben müssen. Zwar gibt es angesichts der Komplexität literarischer Texte für Wellek eine Grauzone der Interpretation, die ja immer eine Bewertung mit einschließt, doch lassen sich immer noch „völlig verfehlte" Interpretationen von den plausiblen unterscheiden.

Zur Unterscheidung von Kritik und Wissenschaft

Aus seinem Befund leitet sich Welleks Forderung nach einer engen Verzahnung von Literaturwissenschaft und Literaturkritik ab. Norbert Mecklenburg und andere haben später in die gleiche Kerbe geschlagen und das „kritische Interpretieren" (so der Titel von Mecklenburgs 1972 erschienenem Buch) als Verfahrensweise für Kritiker wie Wissenschaftler beschrieben. In der Tat ist nicht zu leugnen, dass auch Wissenschaftler Texte bewerten, schon allein durch die Auswahl für die Behandlung in Seminaren oder Publikationen – man vergleiche hierzu das vorige Kapitel *Kanon und literarische Wertung*.

Nicht leugnen lässt sich außerdem, dass die meisten Literaturkritiker Germanisten sind, dass sie eine germanistische Ausbildung haben oder sogar an Universitäten Literaturwissenschaft unterrichten. Dieser Praxisbezug wird im Germanistikstudium zunehmend stark gemacht, so gibt es entsprechende Angebote an

Viele Literaturkritiker sind Germanisten

---

[1] Vertiefend hierzu lässt sich folgende Sammlung von Grundlagentexten der Literaturtheorie lesen: Fotis Jannidis u.a. (Hg.): Texte zur Theorie der Autorschaft. Stuttgart: Reclam 2000 (RUB 18058).

Praxisorientiertes Studieren

den Universitäten Bamberg, Marburg und Innsbruck. In Bamberg kann man Diplom-Germanistik mit Schwerpunkt Literaturvermittlung studieren, in Marburg sind Studierende an der größten und renommiertesten Internet-Zeitschrift für Literaturkritik beteiligt (*literaturkritik.de*), in Innsbruck hält man das umfangreichste deutschsprachige Zeitungsarchiv mit Rezensionen und Artikeln über zahlreiche Autoren bereit, außerdem werden Rundfunk- und Fernsehbeiträge archiviert (vgl. auch Kap. 10.3). Solche und weitere Angebote zeigen, dass die Verbindung von Kritik und Wissenschaft ein Faktum ist, auf das auch weniger praxisorientierte Studiengänge zumindest hinweisen sollten.

9.4 | Positivismus und Editionsphilologie

Sammeln und Beschreiben

Nun zur Theorie im engeren Sinne. Der nach naturwissenschaftlicher Objektivität strebende **Positivismus** (von lat. *positivus* = gegeben) befasst sich vor allem mit dem Entwickeln von Gesetzmäßigkeiten und Kausalitäten. Mittel hierzu sind das Sammeln, Beschreiben und Klassifizieren von literarischem wie biographischem Material. Editionen, stoff- und motivgeschichtliche Untersuchungen, Literaturgeschichten, umfassende Biographien, mit umfangreichem, faktenbezogenem Material versehene Werkausgaben sind auf diese Weise entstanden.

Regeln für die Herausgabe von Texten

Das Erbe des im 19. Jahrhundert dominierenden, aber dann außer Mode gekommenen Positivismus hat die **Editionsphilologie** angetreten. Sie diskutiert Regeln für die Edition, also die Herausgabe von Texten, höchstes Gut sind die historisch-kritischen Ausgaben (vgl. Kap. 10.2). Zugleich werden die Tugenden des Positivismus durchaus auch an anderen, vor allem an literarhistorischen Arbeiten geschätzt. Das genaue Quellenstudium und das Offenlegen zahlreicher unbekannter Texte oder Belege, die einen Autor, ein Werk oder ein Thema in neuem Licht erscheinen lassen, ist zweifellos besonders verdienstvoll.

Abwertend wird der Begriff Positivismus gebraucht, wenn jemand meint, dass Fakten um ihrer selbst willen angehäuft werden. Gerade bei der Interpretation von Texten gehört es zu den häufigsten Fehlern der Studierenden, sich nicht zu fragen, was sie eigentlich mit welcher Methode herausfinden wollen. Zunächst herrscht die kindliche Naivität vor, die Freude am Entdecken, Sammeln und Wiedergeben. Bis man dann bemerkt, dass das, was man wiedergibt, oft schon in vielen Büchern steht und die Wiederholung eigentlich nur, im Wortsinne, ermüdend ist.

Geistesgeschichte | 9.5

Wir befinden uns im 19. und im beginnenden 20. Jahrhundert. Nach Wilhelm Dilthey gibt es einen erkennenden (Wissenschaftler, Leser) und einen zu erkennenden Geist (Autor, Zeit). Ein literarisches Werk ist in erster Linie Ausfluss des Geistes einer durch den Autor vermittelten Epoche. Diesen Geist gilt es zu verstehen und in einen Sinnhorizont einzuordnen. Das Bemühen um Verstehen gilt als grundsätzlicher Unterschied zur erklärenden Naturwissenschaft und zur Empirie, wie sie der Positivismus pflegt.

Der Geist der Zeit

Ausgehend von der zeitlosen Gültigkeit bestimmter menschlicher Grunderfahrungen werden die zeittypischen Ausprägungen dieses Zeit-Geistes untersucht. In dem Zusammenhang entstehen erstmals Epochen-, Motiv- und Gattungsbeschreibungen. Der zur bekannten Redewendung gewordene Titel *Geist der Goethezeit* einer grundlegenden Schrift von Hermann Korff illustriert die geistesgeschichtliche Tradition.

Eine Radikalisierung innerhalb der Geistesgeschichte bedeutet die Position von Friedrich Gundolf. Große Autoren sind für ihn „Titanen", „Genies", säkularisierte Götter, deren letztlich unergründlichen Geist es zu bewundern gilt. Gundolf betreibt eine Mythisierung von Autoren, die präfaschistische Züge trägt. Die Übergänge zur **Völkischen Literaturwissenschaft** (s.u.) werden fließend.

Geister, die ich rief

Auch in der Gegenwart sind die Geister der Geistesgeschichte keineswegs gebannt. Dass man die Leistungen eines Autors anerkennt und würdigt, etwa durch Einladung zu Dichterlesungen oder die zeremonielle Auszeichnung mit Literaturpreisen, ist selbstverständlich. Doch gibt es manchmal darüber hinausgehende Züge fast schon religiöser Anbetung, die auch bei jüngeren Studierenden nachwirken, etwa wenn als wichtigste Frage gilt, was der Autor denn mit seinem Werk meinte. Das ist erstens, gerade bei toten Autoren, schwer zu ermitteln und bedeutet zweitens nur, dass *eine* Perspektive auf den Text beleuchtet wird.

Als Weiterführung der **Geistesgeschichte** mit anderen Mitteln kann man den Biographismus sehen. Alle bekannten Autoren haben ihre Biographen gefunden, wobei die Lebensdarstellungen, je jünger sie sind, weniger zur Idolisierung und mehr zu einer sachlichen Darstellung mit allen Fehlern und Eigenarten neigen. Die Autorität des Autors ist, so könnte man sagen, auf eine gesunde Normalgröße geschrumpft. Meistens jedenfalls.

9.6 | Völkische Literaturwissenschaft

Von deutschem Unwesen

Schon der Titel der *Literaturgeschichte der deutschen Stämme und Landschaften* Josef Nadlers (1884-1963) verrät, dass Literatur nun nach „Rasse" und „Blut" der Autoren bewertet wird. Umgekehrt manifestieren sich „Rasse" und „Blut" in den Werken, zeigt sich entweder die „deutsche Seele", das „deutsche Wesen" oder die kulturelle wie rassische Andersartigkeit, die mit Minderwertigkeit gleichgesetzt wird. Es wundert nicht, dass dies die literaturwissenschaftliche Hauptrichtung während des Nationalsozialismus war.

Heute weiß man natürlich, dass Blut kein so besonderer Saft ist und die Scholle lediglich aus Erde besteht. Ebenso ist es Gott sei Dank zum Gemeinplatz geworden, dass Kulturen, Angehörige einer anderen Hautfarbe, eines anderen Glaubens, einer anderen Sprache zwar unterscheidbar, aber deshalb nicht besser oder schlechter sind, sondern eben einfach anders, so dass man gut daran tut, sich um ein Verständnis des Anderen zu bemühen. Doch dazu mehr unter dem Stichwort **Alterität**.

9.7 | Sozialistische und marxistische Literaturwissenschaft

Die Völkische Literaturwissenschaft war nicht die einzige mit einem Ideologieproblem. In der Nachfolge von Karl Marx wurde in sozialistischen Gesellschaften Literatur als Überbauphänomen zu den materiellen Grundlagen einer Klassengesellschaft verstanden.

Marxistisch arbeitende Literaturwissenschaftler haben aus ihrer besonderen Optik heraus das literarische Werk zur sozialgeschichtlichen Entwicklung in Beziehung gesetzt. Wahr und richtig ist, was dem Aufbau des Sozialismus dient, also einen festgelegten gesellschaftspolitischen Zweck erfüllt. Ein literarischer Text gilt als bürgerlich und damit als dekadent, wenn er nicht gegen die bestehenden feudalen oder autokratischen Herrschaftsverhältnisse Stellung nimmt, wenn sich in ihm nicht zumindest in die genannte Richtung weisende, humanistische oder gesellschaftlich progressive Positionen ausmachen lassen.

Wenn Literatur sozial erziehen soll

Im Zentrum des Interesses stehen also bestimmte inhaltliche Aussagen eines literarischen Werks, seine formalen Qualitäten treten als Bewertungskriterium zurück. Als wichtigster, wenn auch nicht extremster Vertreter der Richtung gilt Georg Lukács. Er hatte im Gegensatz zu anderen eine große Vorliebe für bürgerliche Autoren wie Theodor Fontane, deren stilistische Brillanz er schätzte und denen er bescheinigte, die Probleme der bürgerlichen Gesellschaft zumindest – wenn auch ohne Absicht – diagnostiziert zu haben.

Mit dem Ende der DDR ist in der deutschsprachigen Literaturwissenschaft jede ideologisch zweckgerichtete Bewertung von Literatur endgültig diskreditiert.

Werkimmanenz 9.8

Mit der **Werkimmanenz** rückt *Das sprachliche Kunstwerk* in den Mittelpunkt der wissenschaftlichen Betrachtung, so der Titel eines 1948 erschienenen, immer wieder neu aufgelegten Einführungsbuches von Wolfgang Kayser (1992 in der 20. Auflage!). Damit ist das gemeint, was heute immer noch unter **Interpretation** verstanden wird: Die Deutung des Werks aus sich heraus. Kayser stellt im Vorwort fest: „Eine Dichtung lebt und entsteht nicht als Abglanz von irgend etwas anderem, sondern als in sich geschlossenes sprachliches Gefüge."[12]

Abb. 44

Wolfgang Kayser, „Das sprachliche Kunstwerk"

Die Blütezeit der Richtung liegt in den 50er Jahren. Der Schock der Instrumentalisierung der Literaturwissenschaft durch die Nationalsozialisten saß tief und man wollte nun jede politische Indienstnahme vermeiden. Das ging am besten, indem man sich auf die eigene Kernkompetenz beschränkte, den Umgang mit dem literarischen Text.

Dabei gab es, vor allem bei Kayser, Annäherungen an den **Strukturalismus** (s.u.). Andere Vertreter, vor allem der bekannte Züricher

---

[12] Vgl. Wolfgang Kayser: Das sprachliche Kunstwerk. Eine Einführung in die Literaturwissenschaft. 20. Aufl. Tübingen u. Basel: Francke 1992, S. 5.

Germanist Emil Staiger, setzten statt dessen stärker auf emotionale Kategorien. Über das grundlegende, stets wichtige literarhistorische und poetologische Wissen hinaus gibt es für Staiger einen – entscheidenden – Rest, den Mehrwert von Kunst und Literatur, den man nicht in Worte fassen kann.

Tendenz zur Verdrängung

Damit zieht Staiger ebenfalls Lehren aus der Vergangenheit, allerdings bewegt er sich an der Grenze zur Verdrängung des Unangenehmen, entwickelt eine Tendenz zum Eskapismus: „Sie [die Kunst, das gilt auch für die Literatur] verwandelt uns, wie sie die Welt verwandelt. So würden wir mit der Kunst nichts Geringeres als die Gabe der Verwandlung, der ständig erneuerten Jugend, verlieren. Wir kennen Epochen der Weltgeschichte, in denen das Leben derart stockte. Wir halten uns nicht gern bei ihnen auf; das trübe Licht ist lähmend."[13]

9.9 | Literaturwissenschaftliche Hermeneutik

Der vom griechischen *hermeneuein* (= aussagen, auslegen) abgeleitete Begriff bezeichnet die Theorie der Auslegung, also der Interpretation. Grundvoraussetzung ist die Annahme, dass es einen zu rekonstruierenden Textsinn gibt. Die **Hermeneutik** bemüht sich um das Verstehen eines literarischen Werkes, dafür zieht sie nicht nur

Abb. 45 | *Hans-Georg Gadamer*

den Text selbst, sondern auch alle anderen relevanten Dokumente heran, zum Beispiel Briefe des Autors.

Der hermeneutisch vorgehende Wissenschaftler befindet sich also auf der Suche nach dem Sinn des Texts. Hans-Georg Gadamer formuliert dies so: „Jede Anstrengung des Verstehens vom Sinn eines Textes bedeutet das Annehmen einer Herausforderung, die der Text darstellt." [14] Damit ist allerdings eine Grundvoraussetzung wissenschaftlichen Arbeitens und, allgemein, der menschlichen Existenz benannt, denn wir suchen überall nach Sinn und sind darauf angewiesen, dass alles Sinn macht, Verkehrszeichen, Studium und Lebensplan. Hierzu wieder Gadamer: „[...] die Kunst der Auslegung und des Verstehens ist nicht eine spezifische Fertigkeit, die einer erlernen kann, um ein solcher zu werden, der das gelernt hat, [...] sondern gehört zum Menschsein als solchen [sic]." [15]

Menschen sind Sinn-Sucher

Die Hermeneutik ist demnach allgemeine Grundlage wissenschaftlichen Arbeitens und spezielle Methode zugleich, oder – wie man aus der Perspektive anderer Methoden kritisch sagen könnte – auch Nicht-Methode, weil der Sinn-Suche keine Einschränkungen auferlegt werden, von der Forderung nach logischer Argumentation in wissenschaftlichen Arbeiten einmal abgesehen.

Der sprichwörtlich gewordene **hermeneutische Zirkel** bezeichnet das Phänomen, dass das Einzelne nur aus dem Ganzen verstehbar ist, dass sich das Ganze aber aus dem Einzelnen konstituiert und somit ein Wechselverhältnis entsteht. Genauer gesagt handelt es sich um eine Spiralbewegung in Richtung des Erkenntniszieles, also in Richtung des Verständnisses dessen, was ein literarischer Text aussagt.

Literaturwissenschaftlicher Strukturalismus | 9.10

So heißt ein von der Sprachwissenschaft oder Linguistik (grundlegend hierfür war Ferdinand de Saussure) ausgehender Versuch, Strukturen und (Teil-)Systeme des Textes freizulegen, um auf diesem Wege ein Verstehen des Gesamttextes zu erreichen. Die einzelnen Textelemente, auch als Daten bezeichnet, sollen auf ihre Bedeutung und die Gründe ihrer speziellen Wahl hin untersucht, dann in Beziehung zueinander gesetzt werden.

Einfluss der Sprachwissenschaft

---

[13] Emil Staiger: Geist und Zeitgeist. Zürich: Atlantis 1964, S. 56.
[14] Hans-Georg Gadamer: Rhetorik und Hermeneutik. Als öffentlicher Vortrag der Junius-Gesellschaft der Wissenschaften gehalten am 22.6.1976 in Hamburg. Göttingen: Vandenhoeck & Ruprecht 1976, S. 12.
[15] Ebd., S. 19.

Wie funktioniert ein sprachliches Zeichen?

Wie in der interdisziplinären **Semiotik** (= Lehre vom sprachlichen Zeichen) wird die Auffassung vertreten, dass einem die Welt vor allem durch mit Bedeutung aufgeladene Zeichen vermittelt wird. Anders und mit Umberto Eco gesagt: Die Welt ist für den Menschen „nichts anderes [...] als ein komplexes *System von Zeichensystemen*".[16] Wir halten an einer Ampel, weil wir die Farbe ‚Rot' als Aufforderung ‚Anhalten!' verstehen. Wir sehen die Blätter von den Bäumen fallen und ‚lesen' dies als Zeichen für ‚Herbst'. Jurij M. Lotman stellt verallgemeinernd fest: „Jegliche Erkenntnis kann man sich als Dechiffrierung einer Mitteilung vorstellen."[17]

Im Fall der Literatur handelt es sich um schriftsprachliche Zeichen. Das Zeichen selbst ist der **Signifikant** (= das Bezeichnende), er steht für ein **Signifikat** (= das Bezeichnete). Dem Signifikat entspricht im Bereich des Gegenständlichen der **Referent**. Konkret: Das Wort Baum ist Signifikant für eine Vorstellung von einem Baum, die man mit dem Wort verbindet. Der Referent ist der Gegenstand Baum.

Im Prozess der **Semiose** (= Bedeutungsbildung) gibt es allerdings einige Haken und Ösen, hier die zwei wichtigsten:

1. Das Verhältnis von Signifikant und Signifikat ist **arbiträr** (= willkürlich). Ein Schotte, der kein Deutsch spricht, wird nicht verstehen, was jemand meint, wenn er „Baum" sagt. Er wird es aber wohl verstehen, wenn jemand „tree" sagt. Die Zuordnung von Signifikant und Signifikat unterliegt also **Konventionen** oder Regeln, die z.B. in Wörterbüchern festgehalten werden.

2. Wenn Otto „Baum" zu Elfriede sagt und gleichzeitig auf einen Baum zeigt, der sich in unmittelbarer Nähe befindet, ist die Sache klar. Ansonsten kann die Vorstellung stark vom Zuhörer abhängen. Der eine wird sich eine „Fichte" und der andere eine „Eiche" vorstellen. **Substituiert** (= ersetzt) man den Begriff „Baum" durch „Eiche", dann ist damit nicht klar, wie alt die Eiche ist, wie groß sie ist, wie viele Blätter sie hat und so weiter. Es bleibt, wenn der Referent nicht als Gegenstand da ist, eine Unschärfe. Selbst wenn er da ist, kann die Wahrnehmung variieren, der eine wird die Blätter im Herbst eher als „gelb", der andere wird sie als „rötlich" bezeichnen.

Hat man es mit Abstrakta wie „Wahrheit" zu tun, dann wird die Abweichung der Vorstellungen von Rezipient zu Rezipient noch größer werden.

Bei der Ermittlung der Bedeutung spielt neben der Auswahl die Anordnung der Wörter eine wichtige Rolle, also die **Selektion** (= Auswahl) auf der **paradigmatischen** (Reihe von Wörtern mit gemeinsamen Merkmalen) wie auf der **syntagmatischen Ebene** (= Abfolge von Wörtern auf der Satzebene). Auf der paradigmatischen Ebene findet die Entscheidung zwischen „Baum", „Fichte" und „Eiche" statt, auf der syntagmatischen die simple Frage, ob man sagt: „Das ist mein Baum", oder „Mein Baum ist das", oder, bei anderer Konstruktion, „Den Baum will ich haben".

Literarische Texte nutzen die **Polysemie** (= Mehrdeutigkeit) der Sprache, damit Leser in verschiedenen zeitlichen und örtlichen Kontexten etwas mit dem Text anfangen, ihn für sich weiter denken können. Insofern ist bei literarischen Texten die Deutungsunschärfe besonders groß. Für eingefleischte Strukturalisten ist das aber auch schon der einzige Unterschied zu Gebrauchstexten. Ansonsten ist es – wie Kritiker der Strukturalisten sagen würden – ihnen egal, ob sie eine Gebrauchsanweisung für eine Waschmaschine oder ein Gedicht von Goethe untersuchen. Beide Texte lassen sich mit den gleichen Begriffen in ihrer Struktur beschreiben.

Texte sind codiert

Der Strukturalismus will die Form eines Texts ergründen. So werden im Text vorkommende Themen und Begriffe in **Oppositionen** (= Gegensätzen) oder **Äquivalenzen** (= Übereinstimmungen) zusammengefasst, um **semantische Strukturen** (= Bedeutungsstrukturen) deutlich zu machen. So lassen sich die verschiedenen **Isotopien** (= Bedeutungsebenen) des Textes erkennen. Auf der ersten Bedeutungsebene kann der Text über das Wetter sprechen, auf der zweiten Ebene kann von den Befindlichkeiten der Figuren die Rede sein, auf die durch bestimmte Wetterlagen symbolisch verwiesen wird. Dies wären Beispiele für zwei **Codes**, so nennt man die Regelsysteme, nach denen die Zuordnungen von Signifikant, Signifikat und Referent funktionieren. Der erste Code entspricht den üblichen Bedeutungen der deutschen Sprache, darüber geben die **Denotate** (= Wörterbuchbedeutungen) der Wörter Auskunft (etwas wird denotiert, der Prozess heißt **Denotation**). Der zweite Code ist ein literarischer. Er folgt einerseits Konventionen (schlech-

Die Bedeutungsstruktur von Texten

---

[16] Umberto Eco: Zeichen. Einführung in einen Begriff und seine Geschichte. Frankfurt/Main: Suhrkamp 1977 (edition suhrkamp 895), S. 14.
[17] Jurij M. Lotman: Die Struktur literarischer Texte. Übers. von Rolf-Dietrich Keil. 4., unveränd. Aufl. München: Fink 1993 (UTB 103), S. 92.

tes Wetter = schlechte Stimmung) und andererseits eigenen Regeln, die der Text selber aufstellt. Der literarische Code lässt sich weiter untergliedern, je nachdem, welche **Konnotationen** (= übertragene Bedeutungen) des Texts decodiert werden, etwa Bezugnahmen auf Zeitgeschichte oder familiäre Ordnungsstrukturen. Konnotationen lassen sich meist nur im Gesamtzusammenhang des Texts feststellen, sofern man an objektiven Konnotationen interessiert ist. Solche objektiven Konnotationen hält beispielsweise die Natursymbolik bereit, so bedeutet „Frühjahr" die Jahreszeit, aber auch Hoffnung und beginnendes Leben. Nicht zufällig beginnt Goethes *Die Leiden des jungen Werther* im Frühjahr und endet im Winter.

Mit Lotman lässt sich das Fazit ziehen: „Aus den oben angestellten Überlegungen ergibt sich, daß man den künstlerischen Text als einen vielfach kodierten Text ansehen kann."[18]

9.11 | Psychoanalytische Literaturwissenschaft

Aufbauend auf der **Pychoanalyse** Sigmund Freuds werden psychische Befindlichkeiten und Probleme des Autors, der Figuren oder des Lesers untersucht, je nachdem, wofür man sich gerade interessiert. Autor, Figur und Leser werden, wie jeder Mensch, in erster Linie als sexuelles Wesen gesehen, das seine entsprechenden Wünsche **sublimiert** (= auf andere, von der Gesellschaft als positiv bewertete Ziele ausrichtet). Wenn jemand seine Wünsche **verdrängt**, also einfach unterdrückt, kann dies neurotische Störungen zur Folge haben.

Am Beginn der Sexualität des Menschen steht seine ödipale Fixierung auf das gegengeschlechtliche Elternteil. Kastrationsangst beim Jungen und Penisneid beim Mädchen setzen hier Grenzen. Heranwachsende wenden sich daher anderen gegengeschlechtlichen Personen und, weil sie ihre Sexualität nicht frei ausleben dürfen, nicht-sexuellen Zielen zu, beispielsweise dem Studium und in diesem Zusammenhang der Lektüre des vorliegenden Einführungsbandes.

Aufbau der menschlichen Psyche

Die Psyche des Menschen unterteilt Freud bekanntlich in **Es**, **Ich** und **Über-Ich**. Das „Es" enthält die Triebstruktur des Menschen, von Freud auch **Libido** genannt. Das „Ich" ist die Persönlichkeitsstruktur, das „Über-Ich" die Vernunftinstanz. Im Laufe der **Soziali-**

Sigmund Freud | Abb. 46

sation, also der Erziehung durch Elternhaus und Umwelt, lernt der Mensch, dass er nicht ungezügelt seinen Trieben folgen kann. Das Über-Ich wird somit gestärkt und das Ich, die Persönlichkeit, gefestigt. Diesen Zivilisationsprozess bewertet Freud ausdrücklich als positiv, und wer möchte ihm widersprechen: „Wo Es war, soll Ich werden." [9]

Freud geht davon aus, dass Menschen Unlust vermeiden und lustvolle Tätigkeiten suchen. Jemand wird nur dann ein Buch lesen, wenn es ihm Lust bereitet. Allerdings kann die Lust von Leser zu Leser ganz verschieden sein. Ein naiver Leser möchte sich mit einer Figur identifizieren und deren Erfolge miterleben. Ein im Umgang mit Texten erfahrener Leser wird durch Klischees abgeschreckt. Für ihn sind nur Texte lustvoll, die formal und inhaltlich Neues schaffen. Er wird also Kafka lesen, aber nicht Konsalik.

Texte sind Wunscherfüllungen

Nach Freud enthält jeder Traum eine verborgene Wunscherfüllung. Analog zum Traum offenbart der literarische Text das Verdrängte. Die regressiven, der Libido entstammenden Wünsche kommen auf verhüllte Weise zur Sprache. Freud ist der Überzeugung, „daß uns der Dichter in den Stand setzt, unsere eigenen Phantasien nunmehr ohne jeden Vorwurf und ohne Schämen zu genießen." [10]

Der psychoanalytisch arbeitende Literaturwissenschaftler hat die verborgenen Beziehungen, also die verhüllten Äußerungen der

---

[8] Ebd., S. 95.
[9] Sigmund Freud: Gesammelte Werke. 18 Bde. Frankfurt/Main: Fischer 1999, Bd. 15: Neue Folge der Vorlesungen zur Einführung in die Psychoanalyse, S. 86.
[10] Ebd., Bd. 7: Werke aus den Jahren 1906-1909 [hier der Aufsatz: Der Dichter und das Phantasieren], S. 223.

psychischen Instanzen, zu identifizieren. Ein einfaches Beispiel ist die relativ **homogene** (= gleichbleibende) Struktur des Kriminalromans. Der Leser kann sich insgeheim mit dem Täter identifizieren und so verborgene Aggressionen ausleben. Da dies eigentlich – durch Gesellschaft und Über-Ich – verboten ist, muss der Täter bestraft werden. Durch den Erfolg des Detektivs wird das Über-Ich zufriedengestellt.

Texte und Triebe

Solche Strukturen lassen sich auch auf der Figurenebene beobachten. Der Täter wird das Ausleben seiner Aggressionen als lustvoll empfinden, der Detektiv die Bestrafung des Täters. Wenn es einen Kampf gibt, vereinigt der Detektiv die Lust am Ausleben von Aggressionen und an der Bestrafung auf sich. Solche auf virtuelle Triebbefriedigung zielenden Muster von Gewalt und Gegengewalt werden tagtäglich im Fernsehen vorgeführt und oftmals bis ins Unerträgliche gesteigert.

Für literarisch wertvolle Texte gelten bestimmte, aus dem Gesagten ableitbare Regeln. Thomas Anz vertritt dabei folgende Auffassung: „Ein schöner Text muß [...] in jeder Hinsicht zwanglos erscheinen. Ihm darf weder der emotionale Druck, unter dem er entstanden ist, angemerkt werden noch die Anstrengung der formalen Gestaltung. Nur dann läßt er auch den Lesenden eine Freiheit, in der sie sich weder durch ihre Affekte überwältigen lassen noch ihren moralischen und rationalen Ansprüchen hörig sind." [11]

9.12 | Rezeptionsästhetik

Die **Rezeptionsästhetik**, durch die Schriften von Wolfgang Iser und Hans Robert Jauß maßgeblich geprägt, betrachtet ein literarisches Werk in seiner Wirkung auf den Leser. Die sich in Geschichte und Gegenwart ständig verändernden Rezeptionsbedingungen führen zu einer Offenheit des Bedeutungs- und Sinnangebots des Textes. Erst der Erwartungs-, Verständnis- und Sinnhorizont des jeweiligen Lesers begründet den für ihn gültigen Sinn.

Die Entdeckung des Lesers

Das heißt aber nicht, dass der Sinn nun allein vom Leser abhängt. Jauß war der Überzeugung, dass die Rezeptionsgeschichte des Texts immer neue Sinnschichten freilegt und man auf diesem Wege in der Deutung des Texts immer weiter voran schreitet. Deshalb ist es für ihn wichtig, dass man die vorhergehenden Deutungen kennt, bevor man seine eigene formuliert. Iser führte für die

Deutungsoffenheit von Textstellen den Begriff der **Leerstelle** ein, das ist für ihn das „Umschaltelement zwischen Text und Leser".[112] Einen zweiten populär gewordenen, nicht weniger abstrakten Begriff erklärt Iser wie folgt: „Der implizite Leser meint den im Text vorgezeichneten Aktcharakter des Lesens und nicht eine Typologie möglicher Leser."[113] Anders gesagt: **Der implizite Leser** entspricht dem, was der Text an Bedeutung bereithält. Insofern handelt es sich um den vom Text vorgegebenen **idealen Leser**, der vom **empirischen Leser** als dem tatsächlichen Feld-, Wald- und Wiesenleser, dem Otto Normalleser, zu unterscheiden ist.

Welcher Leser ist gemeint?

Vielleicht ist es praktikabler, Iser nur soweit zu folgen, dass Leser einen Text **aktualisieren**.[114] Sie füllen die Unbestimmtheiten in der Bedeutung mit ihren eigenen Gedanken auf, stellen Verknüpfungen her, denken an bestimmte eigene Erfahrungen. Doch nur wenn sie die Bedeutungsspielräume des Texts – soweit dies möglich ist – unabhängig von persönlichen Gefühlen und Gedanken darstellen und beschreiben, leisten sie eine wissenschaftliche, intersubjektive, also von vielen Lesern teilbare Lektüre.

Der Leser stiftet den Sinn

Der Rezeptionsästhetik an die Seite zu stellen sind die geradezu spektakulären Forschungen von Rudolf Schenda, vor allem seine Studie *Volk ohne Buch*.[115] Schenda widmete sich als erster in großem Stil der empirischen Lese- und Buchmarktforschung. Dabei konnte er zeigen, dass – seit der weitgehenden Alphabetisierung der Bevölkerung im 18. und, vor allem, 19. Jahrhundert – die Lektüre von Literatur im engeren Sinne immer die Angelegenheit einer kleinen Gruppe war, während die „populären Lesestoffe" ungleich höhere Auflagen hatten.

---

[111] Thomas Anz: Literatur und Lust. Glück und Unglück beim Lesen. München: C.H. Beck 1998, S. 106.
[112] Wolfgang Iser: Die Appellstruktur der Texte. Unbestimmtheit als Wirkungsbedingung literarischer Prosa. Konstanz: Universitätsverlag 1970 (Konstanzer Universitätsreden 28), S. 15, 29, 33.
[113] Wolfgang Iser: Der implizite Leser. Kommunikationsformen des Romans von Bunyan bis Beckett. München: Fink 1972 (Theorie und Geschichte der Literatur und der schönen Künste 31), S. 8f.
[114] Iser: Die Appellstruktur der Texte, S. 8.
[115] Rudolf Schenda: Volk ohne Buch. Studien zur Sozialgeschichte der populären Lesestoffe 1770-1910. Frankfurt/Main: Klostermann 1970 (Studien zur Philosophie und Literatur des 19. Jahrhunderts 5). Für neuere Zahlen, eine umfassende Darstellung der Entwicklung des Leseverhaltens wie des Buchmarkts vgl. Reinhard Wittmann: Geschichte des deutschen Buchhandels. München: C.H. Beck 1999 (Beck'sche Reihe).

9.13 Sozialgeschichte der Literatur

Wie bei der Rezeptionsästhetik ist Hans Robert Jauß' Konstanzer Antrittsvorlesung von 1967 mit dem Titel *Literaturgeschichte als Provokation der Literaturwissenschaft* eine Art Gründungsmanifest gewesen. Die Ausgangsüberlegung lautet, dass ein literarischer Text in einem bestimmten historischen und sozialen Kontext entsteht. Das bedeutet einerseits, dass sich dieser Kontext auf den Text auswirkt und in ihm verarbeitet wird, und andererseits, dass der literarische Text auf den historischen und sozialen Kontext einwirkt. In den Worten von Hans Robert Jauß: „Der Erwartungshorizont der Literatur zeichnet sich vor dem Erwartungshorizont der geschichtlichen Lebenspraxis dadurch aus, daß er nicht allein gemachte Erfahrungen aufbewahrt, sondern auch unverwirklichte Möglichkeit antizipiert, den begrenzten Spielraum des gesellschaftlichen Verhaltens auf neue Wünsche, Ansprüche und Ziele erweitert und damit Wege zukünftiger Erfahrung eröffnet."[116]

Literatur wird als **soziales Phänomen** betrachtet, ästhetische Kriterien spielen gar keine oder eine untergeordnete Rolle. Dadurch geraten auch bisher wenig beachtete Autoren, Werke und Gattungen in den Blick der Wissenschaftler. Trivial- und Sachliteratur gehören zu den nun besonders beforschten Gebieten, beispielsweise Essays oder journalistische Texte. Das ganze Spektrum der Produktion von Literatur im weitesten Sinn wird interessant und verändert die Wahrnehmung. Wenn man sich für den Poetischen oder Bürgerlichen Realismus interessiert, dann ist es zweifellos wichtig zu wissen, dass nicht Gottfried Keller, Theodor Storm und Theodor Fontane zu den bekanntesten und meistgelesenen Autoren der Zeit gehörten, sondern Felix Dahn, Paul Heyse (der sogar 1910 den Literaturnobelpreis bekam) und Gustav Freytag. Neben der nur eine Bildungselite bedienenden *Deutschen Rundschau* als qualitativ bedeutendster Kulturzeitschrift der ersten Jahrzehnte des Kaiserreichs gab es eben auch eine *Gartenlaube*, die mit populären Themen und weniger anspruchsvoller Darstellung ein um viele Male größeres Publikum erreichte.

Solche und andere Zusammenhänge erläutern auch die in den 70er und 80er Jahren entstandenen *Sozialgeschichten der Literatur*, vor allem die beiden großen.[117]

Abb. 47

Titelsignet der „Deutschen Rundschau"

Feministische Literaturwissenschaft und Gender Studies

9.14

Die **Feministische Literaturwissenschaft** sieht die bisherige Literaturgeschichte und -interpretation als einseitig von Männern und von männlichen Denkmustern geprägt an. Das ist nicht von der Hand zu weisen, wenn man bedenkt, dass Frauen bis ins 20. Jahrhundert hinein wenig politische und juristische Rechte hatten. Ihr zentraler Platz war der Haushalt. Erst im späten 18. und im 19. Jahrhundert bildete sich in der größer werdenden bürgerlichen Schicht ein weibliches Selbstbewusstsein, das sich allerdings nur kleine Freiräume schaffen konnte. Es wurde geduldet von den Männern, die es zu schätzen lernten, wenn ihre Frauen Bildung genug besaßen, um sie und ihre Freunde zu unterhalten. Als Schriftstellerinnen konnten Frauen nur tätig werden, wenn sie finanziell und von Männern unabhängig waren und wenn sie es akzeptierten, als Außenseiter zu gelten; deshalb gab es viele weibliche Autoren, die männliche Pseudonyme annahmen.

Frauen wurden ausgegrenzt

Ein wichtiges Anliegen vor allem von Forscherinnen ist es daher, bisher vernachlässigte, von Frauen geschriebene Literatur wiederzuentdecken und als Leistung weiblichen Schreibens zu würdigen. Bei der Interpretation von Texten stehen literarische Frauenfiguren im Mittelpunkt des Interesses. Dabei wird untersucht, wie sich das Rollenverhalten der Geschlechter darstellt. Kritisiert werden die sich in den Figuren manifestierenden Männerphantasien und Weiblichkeitsmythen, oft Stereotype, in denen die Unterdrückung der Frau offenbar wird und die eine solche Unterdrückung zugleich zementieren.

Die Feministische Literaturwissenschaft ist weitgehend in den **Gender Studies** aufgegangen. Aus Sicht der Gender Studies werden Geschlechter, von den biologischen Fakten einmal abgesehen, **sozial konstruiert**. Für Simone de Beauvoir und andere Theoretikerinnen sind, wie Lena Lindhoff ausführt, Frauen „[...] nichts außerhalb der patriarchalischen Wesenszuschreibungen, die definieren,

Geschlechter sind konstruiert

---

[116] Hans Robert Jauß: Literaturgeschichte als Provokation. 1. Aufl. Frankfurt/Main: Suhrkamp 1970 (edition suhrkamp 418), S. 202.
[117] Horst Albert Glaser (Hg.): Deutsche Literatur. Eine Sozialgeschichte. 9 Bände. Reinbek: Rowohlt 1980ff.; Hansers Sozialgeschichte der Literatur. Begründet von Rolf Grimminger. 12 Bände. München u. Wien: Hanser 1980ff.

was ‚weiblich' ist."[118] Geschlechterrollen sind weitgehend ein Ergebnis der Sozialisation, der Erziehung durch die Umwelt. Das gilt aber nicht nur für die weiblichen, sondern auch für die männlichen Rollenmuster: Mädchen bekommen einen rosa und Jungen einen blauen Strampelanzug geschenkt, Mädchen legt man Puppen und Jungen Autos unter den Weihnachtsbaum, Mädchen dürfen sich nicht schmutzig machen und Jungen können nicht wild genug sein, Mädchen machen Ballett und Jungen spielen Fußball, Mädchen tragen Röcke und Jungen Hosen.

Geschlechterrollen sind codiert

Man spricht von der **Codierung** von Weiblichkeit und Männlichkeit, um das Konstruierte daran noch deutlicher zu machen. Die Codierungen männlich/weiblich sind Teil einer übergeordneten Struktur. Hier schließen Gender-Theoretikerinnen an die Diskursanalyse nach Foucault an (s.u. **Diskursanalyse**), etwa wenn Judith Butler formuliert: „Die Macht ist dem Subjekt äußerlich, und sie ist zugleich der Ort des Subjekts selbst."[119] Anders gesagt: Auf uns wirken Zwänge und in uns wirken Zwänge, wobei wir – als Teil des Diskurses, der Machtstruktur – die Möglichkeit haben, an der Erweiterung und Veränderung der durch die Zwänge gesetzten Grenzen mitzuwirken.

Nicht nur Männlichkeit und Weiblichkeit sind Ergebnis von Codierungen. Auch das Geschlechtsverhalten, also die Sexualität, ist Codierungen unterworfen. Homosexuelle haben dies am Beispiel der Konstruktion von Verhaltensstereotypen der Schwulen und Lesben nachgewiesen. Daraus hat sich die Richtung der **Queer Studies** entwickelt.

Die Rolle der Sprache

Von den Gender und Queer Studies wurde es als Problem erkannt, dass Sprache die Codierung der Geschlechter und sexuellen Präferenzen transportiert, dass es also nur eine – männliche, heterosexuelle – Normsprache gibt. Um dagegen aktiv vorzugehen, bemüht man sich, Wörter mit neuen Bedeutungen zu füllen, etwa indem als Schimpfwörter gebräuchliche Bezeichnungen wie schwul, lesbisch und queer (= ungewöhnlich, sonderbar) besonders herausgestellt und im Kontext der Äußerung als positiv bewertet werden.

Alterität | 9.15

Das im Duden-Universalwörterbuch (in der Auflage von 2001) nicht vorhandene, aber in der Wissenschaft sehr wichtig gewordene Wort stammt vom lateinischen *alter*, was sich mit „anders" übersetzen lässt. Es geht um das Anderssein, um das Fremdsein, oder vielmehr um den Blick auf **das Fremde** und – als Gegensatz dazu – auf **das Eigene**. Grenzüberschreitend spricht man auch von **Interkulturalität**, ein neues Handbuch skizziert auf knapp 700 Seiten den Bereich einer interkulturellen Germanistik. Literaturwissenschaftliche Fragestellungen machen aber nur einen kleinen Teil dieses neuen Studienfaches aus.[120]

Menschen organisieren sich in Gruppen, die in Größe und Hierarchie unterschiedlich sind. So gibt es die sehr große Gruppe der Europäer, die Gruppe der Deutschsprachigen, die kleineren Gruppen der Deutschen oder Österreicher oder Schweizer, die Bayern oder Franken, die Fahrer deutscher Autos und die Arbeiter bei Siemens, bis hin zur Organisationsebene des Fußballvereins und zum informellen Freundeskreis in der Nachbarschaft. Alle diese Gruppen **konstituieren** (= bilden) sich durch **Inklusion** (= Einschluss) und **Exklusion** (= Ausschluss). Exklusion bedeutet, dass zunächst einmal die nicht zur Gruppe gehören, denen die konstituierenden Merkmale fehlen, in der deutschen Sprachgemeinschaft die deutsche Sprache, im Fußballverein das Interesse und die Begabung für Fußball. Nicht-Gruppenmitglieder sind für die Gruppenmitglieder Fremde.

Gruppen schließen ein und grenzen aus

Gruppen tendieren dazu, das Eigene besonders hoch zu schätzen und das Fremde abzuwerten. Nun kann diese Abwertung gefährliche Tendenzen annehmen. Wie wir im Nationalsozialismus gesehen haben, kann sie sogar bis zum Völkermord führen. Juden wurden als die Anderen schlechthin dargestellt und es wurde eine existenzielle Bedrohung für das Eigene konstruiert. Dies ist der schlimmstmögliche Verlauf der Abwertung des Fremden, dem jahrhundertelange Exklusion der Juden vorangegangen war. Wäre ein

---

[118] Lena Lindhoff: Einführung in die feministische Literaturtheorie. Stuttgart u. Weimar: Metzler 1995 (Sammlung Metzler 285), S. 4.
[119] Judith Butler: Psyche der Macht. Das Subjekt der Unterwerfung. Aus dem Amerik. von Reiner Ansén. Frankfurt/Main: Suhrkamp 2001 (edition suhrkamp 1744), S. 20.
[120] Vgl. Alois Wierlacher u. Andrea Bogner (Hg.): Handbuch interkulturelle Germanistik. Stuttgart u. Weimar: Metzler 2003.

allgemeines Bewusstsein da gewesen, dass Inklusionen und Exklusionen über bestimmte Merkmale sozial konstruiert werden, also nur so weit nicht beliebig sind, wie sie eine Funktion für die Gruppe erfüllen, dann wäre dies wohl nicht geschehen.

Solche furchtbaren historischen Erfahrungen sollten nicht darüber hinwegtäuschen, dass tagtäglich Menschen wegen ihres Glaubens, ihrer Hautfarbe oder ihres Geschlechts zu Fremden gemacht werden. Ihr Anders-Sein stärkt den Zusammenhalt der Gruppe mit dem Merkmal ‚Christen' oder ‚weiße Haut' oder ‚Männer' oder ‚Skinheads', zugleich bedeutet ein aggressives Moment der Exklusion eine Gefahr für Toleranz und Menschlichkeit.

Eine dritte Kategorie zwischen Fremdem und Eigenem

Neuere Theorieansätze, etwa die Arbeiten von Homi K. Bhabha, gehen nicht von einer **Dichotomie** (= Zweiteilung) aus und führen eine dritte Kategorie ein: das **Hybride** (= das Gemischte). In Deutschland leben zahlreiche Deutsche, deren Eltern aus der Türkei eingewandert sind. Sie haben oftmals ‚fremd', d.h. nicht deutsch klingende Namen und ein ‚fremdes', nicht deutsches Aussehen, doch sind sie in Deutschland aufgewachsen und kennen die Heimat ihrer Eltern nur von Urlauben. Daraus kann sich ein Identitätsproblem ergeben: Weder zur Gruppe der Türken noch zur Gruppe der Deutschen scheinen sie ganz dazu zu gehören, es sei denn (was leider selten genug vorkommt), die Menschen, mit denen sie Kontakt haben, sind intelligent genug, das Eigene der Zugehörigkeit zu einer Nation und Kultur nicht automatisch höher zu bewerten.

Menschen mit einem doppelten (oder mehrfachen) nationalen wie kulturellen Hintergrund sind also Vertreter einer gemischten, hybriden Kultur. Dass das Wissensvorsprünge bedeuten und damit große Vorteile haben kann, beispielsweise für die Vermittlung zwischen den Kulturen, haben Schriftsteller wie Rafik Shami oder Nevfel Cumart gezeigt.

Wenn man mit dem skizzierten speziellen Blick literarische Texte liest, dann kann man feststellen, dass der Prozess von Exklusion und Inklusion auf der Ebene der Rezeption von Literatur wie auf der Ebene der Figuren im Text nachvollziehbar ist. Die literarischen Zuordnungen zum Fremden oder Eigenen können vom Leser **affirmativ** (= zustimmend) oder kritisch bewertet werden. Davon ist, weil jeder anders liest, die Ebene des Texts zu unterscheiden: Inwieweit stellt er das Eigene oder Fremde affirmativ oder kritisch dar?

Intertextualität | 9.16

Viele Autoren verwenden oft nicht als solche gekennzeichnete Zitate oder sie nutzen Gebrauchstexte zu Collage-Zwecken. Alfred Döblins Roman *Berlin Alexanderplatz* von 1929 etwa enthält zahlreiche Gebrauchstexte (beispielsweise Zeitungsartikel), die von Döblin in das Manuskript eingeklebt wurden – in der Buchausgabe ist kaum mehr festzustellen, wo Zitate anfangen und wo sie aufhören.

Bei der **Intertextualität**, zu deren Gründervätern und -müttern Michail Bachtin und Julia Kristeva gehören, steht der Text-Text-Bezug im Blickpunkt, die Funktion anderer Texte oder Textzitate in einem literarischen Werk wird untersucht. Die Ausgangsthese ist, dass mit der Übernahme von Zitaten ein Bedeutungswandel des Texts einhergeht. Ins Extrem weitergedacht bedeutet dies, dass Texte immer nur vor der Folie anderer Texte geschrieben und gelesen werden können. Alle Texte zusammen ergeben einen einzigen großen Text, der sich selbst permanent zitiert. Hier berühren sich Intertextualität und **Poststrukturalismus** (s.u.).

Literatur als Zitat

Systemtheorie | 9.17

Systemtheorie gibt es schon lange, doch seit den Schriften von Niklas Luhmann wird sie vor allem in Auseinandersetzung mit ihm fortgeführt. Menschen sind **psychische Systeme**, also kleinste Einheiten **sozialer Systeme**, die durch Kommunikation miteinander verbunden sind. Man kann zwischen System und Umwelt unterscheiden, von der Ebene des Einzelnen bis zur Ebene der Gesellschaft: „Jeder soziale Kontakt wird als System begriffen bis hin zur Gesellschaft als Gesamtheit der Berücksichtigung aller möglichen Kontakte."[121] Das Individuum oder das Subjekt im emphatischen Sinn hat im Reich der Systemtheorie keine Bedeutung mehr. Es existiert nur, insoweit es kommuniziert (also soziale Kontakte hat), und es steckt in einem Netz voller Abhängigkeiten.

---

[121] Niklas Luhmann: Soziale Systeme. Grundriß einer allgemeinen Theorie. 7. Aufl. Frankfurt/Main: Suhrkamp 1999 (suhrkamp taschenbuch wissenschaft 666), S. 33. – Zur Einführung in Luhmanns Systemtheorie vgl. Niklas Luhmann: Aufsätze und Reden. Hg. von Oliver Jahraus. Stuttgart: Reclam 2001 (RUB 18149), bes. das Nachwort des Herausgebers S. 299-334.

Systeme sind **selbstreferenziell**, ihre Handlungen beziehen sich auf sie selbst. Sie erzeugen sich auch selbst als Systeme (durch Kommunikation), dies wird in der Systemtheorie mit dem Begriff der **Autopoiesis** ausgedrückt. Sinn wird als **Medium** psychischer und sozialer Systeme bezeichnet. In Gedanken psychischer Systeme und in Kommunikation wird Sinn erzeugt oder **prozessiert**. Gesellschaften sind funktional ausdifferenziert, die sozialen Systeme unterscheiden sich durch eine **Leitdifferenz**, einfacher gesagt:

Es lebe die Differenz

sie stehen durch ein entscheidendes Merkmal im Gegensatz zueinander. Die System-Umwelt-Differenz des **Sozialsystems Literatur** und dessen, was es umgibt, ist mit dem Begriff der Literatur bezeichnet – im System beschäftigt man sich damit auf professionelle Weise, außerhalb tut man dies nicht.

Auch Texte können als Systeme mit Umwelt aufgefasst und von Systemtheoretikern beobachtet werden. So kann die gesamte Literatur als Umwelt einer Gruppe von Texten oder eines Textes gesehen werden. Dabei gilt es, Leitdifferenzen ausfindig zu machen. So unterscheidet sich die Autobiographie vom Roman durch den **binären** (= zweiseitigen) **Code** fiktional – nichtfiktional, was so allerdings nicht stimmt, denn auch Autobiographien enthalten zumindest fiktionale Elemente. Ein Text kann sich von anderen nach dem binären Code modern – nicht modern unterscheiden, wobei die Frage ist, ob man nicht eher in bestimmter Mischung moderne Elemente und das Anknüpfen an Traditionen ausfindig machen kann.

Das Problem der Systemtheorie ist zugleich ihr Vorzug: ihr Schubladendenken. Ganz unsystemtheoretisch gesagt: Man muss sie mögen. Aber das gilt für alle anderen Methoden auch.

9.18 | Empirische Literaturwissenschaft

Die Vertreter der **Empirischen Literaturwissenschaft** begreifen, damit knüpfen sie an die Systemtheorie an, Gesellschaft als ein aus psychischen Systemen (= Menschen) bestehendes, in soziale (Sub-)Systeme aufgliederbares Gesamt-System. Literatur ist ein Prozess in einem gesellschaftlichen Subsystem, im **Sozialsystem Literatur**. Dieses Subsystem besteht aus Menschen, die bestimmte Rollen ausfüllen und Aktionen ausführen oder darauf reagieren, daher spricht man auch von **Aktanten** und **Reaktanten**. Der Autor schreibt ein Kinderbuch, er ist ein Aktant, aber vielleicht reagiert er damit auf einen Zeitungsartikel, in dem steht, dass es einen großen Mangel an guten Kinderbüchern gibt – dann ist er zugleich Leser und Reaktant.

Der Prozess im Sozialsystem Literatur lässt sich untergliedern in **Literaturproduktion** (durch Autoren und Verlage), **Literaturvermittlung** (durch Rezensenten und Zeitungen), **Literaturrezeption** (durch Leser) und **Literaturverarbeitung** (durch reagierende Leser, also Reaktanten). Wie gezeigt kann eine Person mehrere Rollen ausfüllen. Marcel Reich-Ranicki ist nicht nur Leser und Literaturkritiker, sondern auch Autor (seiner Autobiographie).

Literatur als Prozess

Wo bleibt das, was Literatur ausmacht, Form und Inhalt? Außen vor. Helmut Hauptmeier und Siegfried J. Schmidt legen fest: „Der literarische Text spielt also nur da eine Rolle, wo er tatsächlich in Handlungen von Aktanten vorkommt: als produzierter, vermittelter, rezipierter oder verarbeiteter Text. Nur in solchen Text-Handlungs-Konstellationen ‚lebt' ein Text als literarischer Text, weil ihm Aktanten Bedeutungen zuordnen, ihn bewerten, ihn für ‚schön' oder ‚wichtig' halten usw."[122] Es geht also nicht um den Text, sondern um das ‚Drumherum', mit der Begründung, dass man ja nichts anderes empirisch messen kann.

Form und Inhalt spielen keine Rolle

Jeder Teilnehmer im System hat bestimmte Bedürfnisse, Fähigkeiten, Motivationen und Absichten. Der Autor will beispielsweise möglichst viele Exemplare seines Romans verkaufen oder er will möglichst viel Anerkennung von Kritikern und Wissenschaftlern erlangen. Beides zugleich ist selten, denn im Sozialsystem Literatur gilt die sogenannte **Ästhetikkonvention**. Eine bestimmte ästhetische Qualität, so die Norm, macht einen Text erst zu einem literarischen Text. Diese Qualität ergibt sich vor allem aus der **Polyvalenz** (= Mehrdeutigkeit) des Texts. Leser haben allerdings unterschiedliche Erwartungen. Diese können kognitiver, moralischer oder hedonistischer Art sein; aus Texten kann man etwas lernen, sie können die Moral (im weitesten Sinne) stärken oder ganz einfach Vergnügen bereiten.

Ein empirisch arbeitender Literaturwissenschaftler hat als oberstes Ziel, zu möglichst objektiven, das heißt empirisch überprüfbaren Ergebnissen zu kommen. Um das zu schaffen, geht er folgen-

---

[122] Helmut Hauptmeier u. Siegfried J. Schmidt: Einführung in die Empirische Literaturwissenschaft. Braunschweig u. Wiesbaden: Vieweg 1985, S. 15.

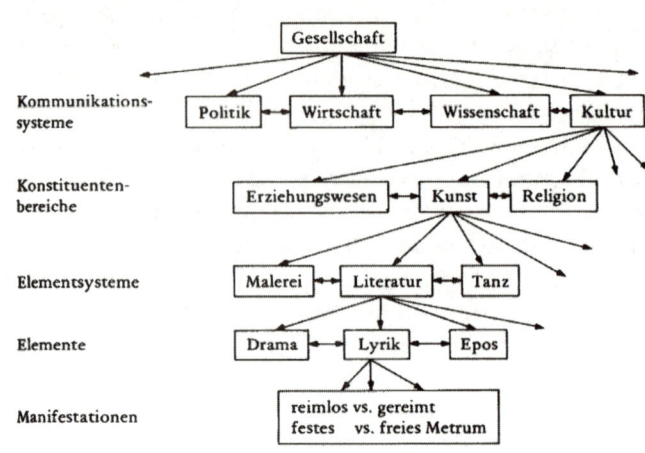

Abb. 48

Empirische Literaturwissenschaft – Schema zur „Theorie Ästhetischen Kommunikativen Handelns"

dermaßen vor: Er wählt eine Fragestellung, die gesellschaftlich relevant ist; er formuliert seine theoretischen Voraussetzungen, die vollständig, widerspruchsfrei, objektiv, rational, verständlich, präzise, logisch nachvollziehbar und überprüfbar sein sollen; er führt seine Untersuchung durch, das ist eine Erhebung von Daten durch Beobachtung, Befragung oder Experiment; er wertet die Daten aus und stellt sie in einer Publikation dar.

Das Problem der Repräsentativität

Das Problem der empirischen Literaturwissenschaft ist, dass sich ihr Gegenstand – die Literatur – ihr entzieht. Man kann zwar Leseverhalten empirisch erheben, doch ist die Frage, ob der Mittelwert einer Ansammlung subjektiver Eindrücke wirklich zu einem objektiven Ergebnis führt. Immerhin hat diese Methode deutlich gemacht, dass eine literaturwissenschaftliche Arbeit Voraussetzungen erfüllen muss, die ihre Ergebnisse nachvollziehbar und überprüfbar machen.

9.19 | (Radikaler) Konstruktivismus

Der Begriff der Konstruktion ist schon mehrfach gefallen, was zeigt, dass der **Konstruktivismus** auch auf andere Methoden gewirkt hat. Im Anschluss an die Sozialwissenschaften betrachten Konstruktivisten die Welt als konstruiert, als Ergebnis eines Prozesses, der auch anders hätte ablaufen können. Die Welt ist nicht einfach da, sondern sie ist durch den Menschen so, wie sie ist, erst erschaffen worden, und sie wird durch jeden Einzelnen beständig neu erschaffen.

Es gibt keine objektiven Gegebenheiten, sondern nur subjektives Erkennen. Um Siegfried J. Schmidt zu zitieren, einen Mitbegründer und prominenten Vertreter sowohl der Empirischen Literaturwissenschaft als auch des literaturwissenschaftlichen Konstruktivismus: „Der Mensch kann nur erkennen, was er selber gemacht hat. Darum ist die Welt und muß die Welt, die der Mensch erlebt, so sein, wie sie ist, *weil* der Mensch sie *so* gemacht hat." [123] Texte sind demnach **Kommunikationsmittel**, deren Realisierungen im Kopf des Lesers sind hingegen von Emotionen abhängige „kognitive Konstrukte". [124]

Die Welt existiert nur als Konstruktion des Menschen

Man kann das auch auf die Figurenebene übertragen und beobachten, wie Figuren ihre subjektiven Wirklichkeiten konstruieren, die sich möglicherweise nicht mit der Wahrnehmung anderer Figuren decken – daraus können dann komische oder tragische Situationen entstehen.

Dekonstruktion / Poststrukturalismus | 9.20

Der Begriff **Dekonstruktion** wird in der Regel synonym mit **Poststrukturalismus** verwendet. Zurückgehend auf Theoretiker wie Jacques Derrida wird die Rekonstruktion eines Textsinns für unmöglich gehalten, da die sprachlichen Zeichen **selbstreferenziell** sind – Zeichen verweisen nicht unmittelbar auf eine außer ihnen liegende Bedeutung, sondern in erster Linie auf sich selbst. Dem Wort ‚Baum' entspricht keine Vorstellung von einem Baum, sondern von unendlich vielen Bäumen. Selbst wenn man eine genauere Bezeichnung wählt und genau definiert, welche Art von Baum man meint, entspricht der Beschreibung nur eine subjektive Vorstellung. Wir haben beim Strukturalismus bereits gesehen, dass

---

[123] Siegfried J. Schmidt: Vom Text zum Literatursystem. Skizze einer konstruktivistischen (empirischen) Literaturwissenschaft. In: Heinz von Foerster u.a.: Einführung in den Konstruktivismus. München u. Zürich: Piper 1998 (Veröffentlichungen der Carl Friedrich von Siemens Stiftung 5), S. 147-166, hier S. 152.
[124] Vgl. ebd., S. 154.

die Beziehung von Zeichen und Bezeichnetem, also von Wort und Vorstellung **arbiträr** (= willkürlich) ist, und beim Konstruktivismus, dass jeder seine eigene Wirklichkeit erschafft.

Bevor man nun dem Signifikanten, also dem Zeichen, ein Signifikat, also eine Vorstellung von einer Sache oder einem Sachverhalt zuordnen kann, hat sich die vermutete Bedeutung bereits verschoben. Sie ist nur denkbar als **„différance"**, damit meint Derrida die Flüchtigkeit und Instabilität von Bedeutung. „Différence" ist das französische Wort für Differenz, es wird von Derrida durch das Ersetzen eines „e" durch ein „a" verändert. Man spricht das Wort noch genauso aus, doch es ist ein anderes geworden, seine materielle Existenz und seine Bedeutung haben sich verändert.[125]

Verstehen ist nicht möglich – wer soll das verstehen?

Signifikanten verweisen nicht mehr auf Signifikate, sondern wieder nur auf Signifikanten. Das führt zu der paradoxen Situation, dass auch ein Schreiben über die Dekonstruktion eigentlich nicht möglich ist, weil es sich dabei im Grunde wieder um einen nicht verstehbaren Text handelt. Von solchen Überlegungen unberührt bleibt, dass der Leser einem von ihm rezipierten Text eine individuelle, nicht repräsentative Bedeutung geben kann.

Schon eine normale Unterhaltung enthält große Unschärfen, kann Missverständnisse produzieren und wird nur durch starke Ritualisierung („Guten Morgen", „Wie geht es Ihnen?", „Schönes Wetter heute", „Auf Wiedersehen") sowie das Wohlwollen der Gesprächsteilnehmer zum Erfolg geführt. Literatur ist prinzipiell deutungsoffen, sie verstößt gegen Normen und verweigert sich Ritualen. Deshalb ist sie das Paradebeispiel der Poststrukturalisten. Ihre Interpretationen literarischer Texte führen stets zu dem Ergebnis, dass sich nicht feststellen lässt, welche Bedeutung ein Text trägt. Das hat etwas Revolutionäres, ist im Ergebnis dann aber auch langweilig. Abgesehen davon führt die Fixierung auf die arbiträren Beziehungen im Zeichenprozess zur Vernachlässigung der simplen Beobachtung, dass durchaus Übereinstimmung über bestimmte Bedeutungen literarischer Texte hergestellt werden kann.

9.21 | Diskursanalyse

Mit dem Begriff **Diskurs** wird zunächst zweierlei besonders akzentuiert: **Kommunikation** und **Prozess**. Das zwischenmenschliche Zusammenleben organisiert sich durch geschriebene oder gesprochene Sprache (also durch Kommunikation). Der permanente und **polyphone** (= vielstimmige) Austausch (also der komplexe Prozess) führt zu Ergebnissen, die in der Regel nur vorläufig sind und um deren Veränderung oder Verbesserung man sich bemüht. Selbst Gesetze werden immer wieder neu diskutiert und gegebenenfalls geändert.

In der germanistischen Literaturwissenschaft ist weniger der Diskursbegriff von Jürgen Habermas als der Michel Foucaults zur Theoriebildung genutzt worden. Habermas steht in der Tradition der Aufklärung. Er setzt auf die Vernunft und appelliert an ethische Prinzipien. Der *Strukturwandel der Öffentlichkeit* (so der bekannte Titel seiner Habilitationsschrift) vom 18. Jahrhundert bis heute hält Risiken und Chancen bereit. Einer Machtkonzentration durch Elitebildung lässt sich für Habermas „vorbeugen", und zwar durch „eine prozeduale Fassung der Volkssouveränität als Inbegriff der Bedingungen für die Ermöglichung eines diskursförmigen Prozesses der öffentlichen Kommunikation".[126] Habermas glaubt demnach an die Möglichkeit und das Ziel des Diskurses, zu einem friedlichen und harmonischen menschlichen Zusammenleben zu führen.

<small>Habermas contra Foucault</small>

Damit unterscheidet sich der deutsche politische Philosoph Habermas von dem französischen Theoretiker Foucault. Foucault verstand sich als Historiker, formulierte aber Ideen, die in zahlreichen wissenschaftlichen Disziplinen aufgegriffen wurden. Für Foucault ist der Begriff der Macht zentral. Macht haben nicht Institutionen oder Personen, sondern Macht manifestiert sich in Diskursen und wird durch sie kontrolliert. Für Foucault ist der heutige Mensch nicht grundsätzlich freier als der Mensch des Mittelalters oder früherer Zeiten. Die Entstehung der bürgerlichen Öffentlichkeit ist für Foucault lediglich eine Veränderung der **Technologie der Macht**.

<small>Diskurs und Macht</small>

Die klare hierarchische Struktur des Feudalismus führte zu immer größeren Legitimationsdefiziten. Außerdem zeigten die aufkommenden Wissenschaften die Notwendigkeit der Bevölkerungs-

---

[125] Vgl. Peter V. Zima: Die Dekonstruktion. Einführung und Kritik. Tübingen u. Basel: Francke 1994 (UTB 1805), S. 52f.
[126] Jürgen Habermas: Strukturwandel der Öffentlichkeit. Untersuchungen zu einer Kategorie der bürgerlichen Gesellschaft. Mit einem Vorwort zur Neuauflage 1990. Frankfurt/Main: Suhrkamp 1990 (suhrkamp taschenbuch wissenschaft 891), S. 44.

Michel Foucault

kontrolle für ein möglichst optimal funktionierendes Gemeinwesen, also beispielsweise die Bedeutung der Gesundheit oder der Einbindung in die Familie. Das Individuum wurde nicht mehr nur von außen kontrolliert, sondern die Kontrolle wurde zunehmend in das Individuum selbst verlagert. Entsprechend war es nicht mehr notwendig, Menschen in Schauprozessen zu exekutieren, um die herrschenden Machtverhältnisse zu bestätigen.

Foucault identifiziert durch den Diskurs hervorgebrachte Regeln der **Ausschließung**. Menschen lernen Verbote von sich aus zu akzeptieren. Wer nicht so ist oder funktioniert, wie es der Diskurs vorgibt, wird dafür bestraft, beispielsweise indem man ihn als ‚wahnsinnig' oder als ‚verbrecherisch' einstuft und in Heimen oder Gefängnissen ‚verwaltet'. Das Individuum ist also im doppelten Sinne Subjekt, es ist dem Diskurs unterworfen, es kann ihn aber auch – je nachdem, an welcher Stelle es sich befindet und mit wieviel Macht es ausgestattet ist – mit gestalten. In den Worten Foucaults: „Die Doktrin [oder das System aus geschriebenen und ungeschriebenen Regeln] führt eine zweifache Unterwerfung herbei: die Unterwerfung der sprechenden Subjekte unter die Diskurse und die Unterwerfung der Diskurse unter die Gruppe der sprechenden Individuen." [27]

Literatur kann diskursanalytisch nach Diskurs- und Machtstrukturen untersucht werden. Feministische Literaturwissenschaft und Gender Studies konnten hier anschließen und unter Rückgriff auf Foucaults Theorien einen männlichen Diskurs identifizieren, der die Unterwerfung der Frau durch den Mann zum Ziel und zur Folge hat. Foucaults Theorien sind erkennbar vom Strukturalismus beeinflusst, obwohl er für sich die Bezeichnung ‚Strukturalist' immer abgelehnt hat. Auch in den Poststrukturalismus wird Foucault gern eingeordnet, obwohl er dessen radikal sprachkritische Basis nicht teilt.

Für Foucault ist der Diskurs zwar ein ungeheuer komplexer Prozess. Doch hält er ihn, zumindest in seinen allgemeinen Strukturen, durchaus für beschreibbar und für sinnhaft – auch wenn es für Foucault keinen allgemein verbindlichen Sinn im Diskurs gibt, wie ihn Habermas unterstellt.

Beispielanalyse | 9.22

Die Beispielanalyse kann nur sehr grob Möglichkeiten aufzeigen, wie man den Methoden entsprechende Fragestellungen entwickeln kann und im Falle einer Ausarbeitung weiter verfolgen müsste. Hier das gewählte Beispiel:

Bertolt Brecht: Über die Städte

Unter ihnen sind Gossen
In ihnen ist nichts, und über ihnen ist Rauch.
Wir waren drinnen. Wir haben nichts genossen.
Wir vergingen rasch. Und langsam vergehen sie auch. [128]

Abb. 50

Bertolt Brecht

Über diesen Text kann man zunächst allgemeine Informationen nach folgenden Gesichtspunkten zusammentragen: Lässt sich nachvollziehen, welche Intentionen der Autor damit verbunden hat? Um was für einen Text handelt es sich, wie stellt sich die Struktur des Textes dar? Welche Wirkung hat er offenbar auf seine Leser? In welchen Kontexten lässt er sich – wie man in der Literaturwissenschaft gern sagt – verorten?

Ganz allgemein lässt sich darauf antworten: Es handelt sich um ein vierzeiliges, über Kreuz gereimtes Gedicht aus der Feder Bertolt Brechts. Es erschien in der Gedichtsammlung *Hauspostille*, deren Publikation in die Zeit der Weimarer Republik fällt und erkennbar

---

[127] Michel Foucault: Die Ordnung des Diskurses. Aus dem Französischen von Walter Seitter. Mit einem Essay von Ralf Konersmann. 7. Aufl. Frankfurt/Main: Fischer 2000 (Fischer Wissenschaft), S. 29.
[128] Bertolt Brecht: Hauspostille. Mit Anleitungen, Gesangsnoten und einem Anhang. 14. Aufl. Frankfurt/Main: Suhrkamp 1996 (Bibliothek Suhrkamp), S. 73.

gesellschaftskritische Absichten verfolgt. Brecht war ein linker Intellektueller, der zeitweise sogar versuchte, sozialistische Lehrstücke zu schreiben. Dies bildet einen gewollten Kontrast zum Titel der Gedichtsammlung, die auf Martin Luthers *Hauspostille* anspielt. Auf Luthers religiöse Erbauungsschrift antwortet Brecht mit kritischen, areligiösen und – hier noch, trotz erkennbar linker Positionsbestimmung – weitgehend antiideologischen Texten.

Luther stand Pate

Editionsphilologen haben viele Informationen über diesen Text zusammengetragen, die in Anhängen von Textausgaben zu finden sind, bei Brecht ist das beispielsweise die Jubiläumsausgabe zum 100. Geburtstag im Suhrkamp-Verlag. Dort wird ausführlich über die Entstehung der *Hauspostille* und der einzelnen Gedichte referiert, soweit man Informationen aus Manuskripten, Briefen und anderem zeitgenössischen Material zusammentragen konnte. Außerdem werden schwer verständliche Textstellen erklärt.[129]

Was unseren Text betrifft, werden wir nicht fündig, er steht in der Werkausgabe nicht dort, wo er sich in dem angeblichen Nachdruck der Erstausgabe (ebenfalls im Suhrkamp-Verlag erschienen) befindet. Auch ist *Über die Städte* nicht im alphabetischen Verzeichnis der Gedichtanfänge der Werkausgabe verzeichnet. Ein fleißiger Positivist hätte also zunächst zu klären, warum das so ist und welche Fehler möglicherweise seine Vorgänger-Editoren gemacht haben. Dieses Beispiel zeigt, dass man gut daran tut, auch Textausgaben kritisch zu lesen.

Autoren sind keine besseren Menschen

Positivistischen Ehrgeiz zu entwickeln macht Sinn, nicht aber – im Anschluss an die Geistesgeschichte – eine Verehrung Brechts als Übervater, an den wir und viele andere kleine Geister nicht heranreichen. Brecht ist zweifellos einer der großen deutschsprachigen Schriftsteller des 20. Jahrhunderts, er hatte eine außergewöhnliche Begabung vor allem als Lyriker und Dramatiker, doch macht ihn dies nicht zu einem besseren Menschen oder gar zu einem gottgleichen Wesen. Viele Menschen leisten Bedeutendes, und sei es auch ‚nur' im Aufziehen von Kindern oder in der Hilfsbereitschaft anderen Menschen gegenüber. Also: Bewunderung ja, Verehrung nein.

Brecht musste bekanntlich vor den Nazis fliehen und die Völkische Literaturwissenschaft hatte über ihn den Stab gebrochen. Die lebensgefährliche Geringschätzung der Nazis und die Bewunderung durch Interpreten der Sozialistischen Literaturwissenschaft (denen Brecht aber immer noch zu literarisch war, zu wenig konkret auf die sozialistische Erziehung zielend) zeigt einmal mehr, wie stark die Bewertung von Literatur oftmals von politischen Überzeugungen abhängt. Auch das sollte ein um intersubjektives Verständnis bemühter Wissenschaftler erkennen.

Eine werkimmanente Interpretation lässt solche Überlegungen außen vor. Sie bemüht sich um ein allgemeines Verständnis des Texts. Das Gedicht handelt von Städten, doch sein eigentliches Thema ist die Vergänglichkeit. Die letzte Zeile stellt diese Vergleichsebene her: Wie der Mensch vergeht, vergehen die Städte und verschwindet damit das von Menschen Geschaffene.

Die wesensverwandte Hermeneutik fragt nach dem Sinn des Ganzen. Offenbar handelt es sich um einen kulturkritischen Text, der davor warnt, den Fortschrittsoptimismus überzubewerten. Wie in einem Gedicht des Barockzeitalters wird der Mensch an seine Sterblichkeit erinnert, doch geschieht dies (im Gegensatz zum üblichen Muster der Barockgedichte) nicht, um ihn auf den Himmel zu vertrösten. Dem Menschen bleibt kein erkennbarer Trost, höchstens der, gelebt zu haben.

Vielleicht kommen wir weiter, wenn wir die Struktur des Texts untersuchen. Zunächst lässt sich eine Opposition (ein Gegensatz) von ‚unten‘ und ‚oben‘ feststellen. Unter den Städten sind die Gossen, über ihnen ist Rauch. Die Städte befinden sich dazwischen, doch ist dieses Dazwischen durch Leere gekennzeichnet („In ihnen ist nichts"). Diese Opposition wird formal unterstützt, „Gossen" (für ‚unten‘) schließt den ersten Vers ab, „Rauch" (für ‚oben‘) den zweiten. Über den Reim „Gossen"/„genossen" ergibt sich eine weitere, mit der ersten verwandte Opposition. Gossen sind schmutzig und im moralischen Verständnis ‚niedrig‘, Genuss hingegen wird von unserer Zivilisation ‚hoch‘ geschätzt. Der Gedichttitel passt sich in diese Struktur ein, das *Über die Städte* konnotiert (= deutet an) eine überlegene Position des Gedichts oder des Dichters.

Oppositionen und Äquivalenzen

In den Städten, also in der Leere befanden sich auch die Menschen, es gibt also eine Äquivalenz (= Gemeinsamkeit) von Menschen und Städten. Diese Äquivalenz wird durch Nennung eines zweiten gemeinsamen Merkmals weiter ausgebaut: Menschen wie Städte sind vergänglich. Der zweite Reim „Rauch"/„auch" unterstreicht diese Äquivalenz, wie der Rauch vergehen die Menschen –

---

[129] Vgl. Bertolt Brecht: Ausgewählte Werke in sechs Bänden. Jubiläumsausgabe zum 100. Geburtstag. Frankfurt/Main: Suhrkamp1997. 3. Bd., S. 418ff.

wenn man sie verbrennt, lösen sie sich sogar buchstäblich in Rauch auf. Durch die Analogie zum Rauch wird die Flüchtigkeit des menschlichen Lebens unterstrichen.

Der Faktor Zeit etabliert neben dem der Höhe eine zweite große Isotopie (= Bedeutungsebene). Das Thema Vergänglichkeit ist der gemeinsame Nenner, die Synthese der Opposition von Höhe im religiösen und im säkularisierten Sinn. In Opposition stehen in der letzten Zeile des Gedichts „rasch" und „langsam", allerdings sind beide über das Merkmal ‚vergänglich' äquivalent. Die Menschen vergehen rasch, die Städte langsam, aber beide müssen vergehen. Der Mensch sieht sich also auf die kurze Dauer seines Lebens und die nur etwas längere Dauer seiner Werke zurückgeworfen.

Psychoanalytisch betrachtet scheint das Gedicht zunächst wenig herzugeben, es gibt kein erkennbares lyrisches Ich (das kollektive „wir" ist zu unspezifisch), über dessen Motivationen sich Aussagen machen ließen. Allerdings kann man sich fragen, warum jemand ein solches Gedicht schreibt und warum es Menschen lesen. Welche Art von Lust kann die Lektüre oder das Schreiben eines Texts bereithalten, der den Menschen an seine Vergänglichkeit erinnert und ihm keinen Trost spendet? Wer sich nichts vormacht, der weiß, dass Religionen nur Möglichkeiten der Wirklichkeitserfahrung anbieten. Einen Gottesbeweis im naturwissenschaftlichen Sinn gibt es nicht. Schon im 18. Jahrhundert beginnt diese Entwicklung der geistigen Säkularisierung. Die Forschungsarbeiten Charles Darwins sorgten im 19. Jahrhundert dann dafür, dass sich diese Erkenntnis auf wissenschaftlicher Ebene weitgehend durchsetzte. Der Beginn der so genannten Moderne um 1900 markiert einen Einschnitt in der Darstellung der Welt durch die Literatur. Literarische Texte gestalten keine ganzheitlichen Erfahrungen von Welt mehr, sie zeigen vielmehr das Fragmentarische, Chaotische, Determinierte des menschlichen Lebens auf.

Das Fragmentarische der Erkenntnis

Wer also – und das sind viele Menschen – keinen Trost in Religionen findet, kann vielleicht Trost in der Ermahnung finden, dass man sich nicht zu wichtig nehmen sollte. Der Mensch hat sich fälschlicherweise ‚hoch' eingeordnet, an das Eingehen in den Himmel geglaubt. Wenn er nun bereit ist zu erkennen, dass das Leben nach dem Tod zumindest ein für ihn unlösbares Mysterium ist, kann er sich entspannter auf das Diesseits konzentrieren.

Eine zweite Möglichkeit der psychologischen Wirkung betrifft die Auseinandersetzung mit dem wirtschaftlichen und technologischen Fortschritt, symbolisiert durch die mit Höhe in Verbindung gebrachten Städte. Der Fortschritt hat für viele den Status einer Ersatz-Religion eingenommen. Der Relativierungsmechanismus ist der gleiche: Indem man erkennt, dass das alles gar nicht so wichtig ist, kann man sich entspannen und das Leben vielleicht anders genießen, als es das kollektive ‚wir' offenbar getan hat. Sowohl das Schreiben als auch das Lesen kann also eine befreiende Wirkung haben, dem Menschen etwas von dem Druck und von den Zwängen nehmen, denen er sich durch Religion und Fortschrittsglaube beständig ausgesetzt sieht.

Hiermit ist auch bereits eine allgemeine rezeptionsästhetische Deutung gegeben. Der Text gibt sein Thema Vergänglichkeit preis, wenn man, wie geschehen, seine Symbolik entschlüsselt. Aus rezeptionsästhetischer Perspektive müssten wir noch fragen, ob es schon Interpretationen des Gedichts gibt und welche zusätzlichen Deutungsaspekte sich daraus herleiten lassen. Außerdem wäre zu überlegen, welche Aktualisierungsmöglichkeiten der Text noch bereithält. Subjektiv lässt er sich beispielsweise in bestimmten zeitlichen und gesellschaftlichen Kontexten aktualisieren. In unserer Zeit kann man ihn mit erkennbaren ökologischen Grenzen des Fortschritts in Verbindung bringen (Ozonloch, klimatische Veränderungen, Umweltverschmutzung). Das allgemeine Thema des Texts und seine Vermittlung über Symbole erlaubt bestimmte Aktualisierungen, während die erkennbaren Bedeutungsstrukturen auch Grenzen aufzeigen. Man kann oder sollte zumindest nicht voller Überzeugung behaupten, das Gedicht sei eine frühe Warnung vor den Folgen der Umweltverschmutzung. Das wäre eine unzulässige Vereindeutigung.

Möglichkeiten der Aktualisierung

Die Sozialgeschichte nimmt ebenfalls Vereindeutigungen vor, die allerdings zulässiger erscheinen, weil sie den Text vor den gesellschaftlichen Rahmenbedingungen der Zeit lesen. Die Weimarer Republik war geprägt durch wirtschaftliche Krisen, die eine Verarmung weiter Teile der Bevölkerung und einen sozialen Abstieg des Kleinbürgertums bewirkten. Die Schattenseiten des Fortschritts wurden zunehmend sichtbar – die Konzentration von Kapital und Macht in wenigen Händen auf der einen, die Machtlosigkeit und Not der Bevölkerung auf der anderen Seite. Brechts lyrisch-kritisches Porträt wäre dann ein Symptom für strukturelle Hindernisse des Aufbaus einer sozial gerechten und menschlichen Gesellschaft.

Aus der Perspektive der Gender Studies könnte man fragen, ob es sich bei der Darstellung zivilisatorischer Ausweglosigkeit nicht um eine männlich codierte Perspektive auf die Welt handelt. Der Mann beklagt seine Machtlosigkeit und bestätigt zugleich seine Macht, indem er eine übergeordnete Perspektive („Über die Städte") zu erlangen vorgibt.

Isotopien

Man könnte die Isotopie von (fehlender) Größe aber auch als unfreiwilliges Eingeständnis interpretieren, dass das phallozentrische (männlich codierte) Weltbild am Ende ist. Hochhäuser können Phallussymbole (symbolische Repräsentationen des männlichen Geschlechtsteils) sein, ihre Vergänglichkeit steht dann für die Vergänglichkeit männlicher Macht oder der männlich codierten Zivilisation, wie wir sie kennen. Dieser Interpretation folgend wäre die Aussage des „wir" nur mehr ein Pfeifen im (männlichen) Walde.

Die Erfahrung von Fremdheit lässt sich im Gedicht eindeutig nachweisen. Das Gedicht zeigt das Vertraute – die Städte – als etwas Fremdes und ermöglicht dem Leser somit einen neuen Blick auf seine nur scheinbar vertraute Welt. Das Aufbrechen von verkrusteten Wahrnehmungsstrukturen ist stets eine besondere Leistung von Literatur. Dabei wird über das „wir" eine Inklusion aller vorgenommen, es gibt also keine Exklusion, oder es gibt sie nur auf der Ebene der Rezeption, etwa wenn der Leser das Gedicht ablehnt und nicht Teil des „wir" sein möchte. Doch diese Entscheidung steht ihm frei, er wird nicht durch das Gedicht verurteilt, wenn er sich ihm entzieht.

Kritik an Fortschritt und Industrialisierung

Das Gedicht steht in einem Rezeptionszusammenhang oder auch in einem intertextuellen Verweisungszusammenhang, denn es ruft einen Topos der literarischen Beschreibung von Städten auf, den es vorher gab und weiterhin gibt. Die Kritik an dem Wachstum der Städte mit all seinen Nachteilen und am industriellen Fortschritt findet sich beispielsweise bei Theodor Fontane, der in seinem Schottland-Buch *Jenseit des Tweed* beschreibt, wie er Glasgow sofort wieder den Rücken kehrt, als er die Schornsteine der Stadt sieht, also die Symbole der fortschreitenden Industrialisierung.[30] In unserer Zeit hat Robert Gernhardt eine ironische, damit kritische Antwort auf den andauernden Prozess der Stadtentwicklung gefunden: „Wer möchte leben / ohne den Trost der Hochhäuser!"[31]

Systemtheoretisch ließe sich nun das Gedicht wie das bereits über das Gedicht Gesagte als Teil eines Kommunikationsprozesses identifizieren, der innerhalb des Sozialsystems Literatur abläuft.

Sowohl auf der Ebene des Texts als auch auf der Ebene der Interpretation wird Sinn prozessiert, wobei die Unterschiede zu beschreiben wären. Der systemtheoretische Blick zeigt wie der empirische, dass Literatur und Literaturwissenschaft Teil einer Struktur sind, in der Autoren und Leser (von Literatur und literaturwissenschaftlichen Texten) miteinander kommunizieren. Die Auflagenhöhe dieser Einführung und ihr Gebrauch in Kursen wird ein Indikator dafür sein, inwieweit es sich hier um einen geglückten Prozess der Sinn-Vermittlung handelt.

Systemtheorie und Empirische Literaturwissenschaft gehen davon aus, dass die Welt durch den Menschen prozessual konstruiert wird. Konstruktivistisch gesprochen lässt sich das Gedicht sogar als ein Beleg für den Prozess der Konstruktion von Welt durch das Individuum bezeichnen. Städte sind menschliche Konstruktionen wie alles andere auch, und sie werden als solche gezeigt, indem das Gedicht ihre Vergänglichkeit vorführt. (Das Gedicht wird hier selbstreferenziell, es verweist auf sein eigenes Gemachtsein.)   **Konstruktion von Welt**

Der Poststrukturalismus würde wohl mit dem bisher andauernden Prozess der Sinnsuche wenig anfangen können. Die Verbindungen, die hier zwischen Wort und symbolischer Bedeutung hergestellt wurden, sind anzweifelbar. Andererseits lässt sich erwidern, dass die Verbindung von ‚hoch' und Himmel (im religiösen Sinn) auf Konventionen beruht und jedem Leser einsichtig sein dürfte, der entsprechende kulturelle Erfahrungen mitbringt.

Diskursanalytisch lässt sich der Text als Bestandteil eines Machtspiels begreifen, in dem versucht wird, religiöse Deutungen von Welt und die offenkundigen Tendenzen des Fortschritts (Konzentration von Bevölkerung und Wirtschaft in den Städten, Bau von Hochhäusern etc.) einer Kritik zu unterziehen und damit bestehende Auffassungen zu verändern. Zu fragen wäre, ob sich solche Äußerungen nicht innerhalb von Grenzen bewegen, die von den bestehenden Machtstrukturen vorgegeben werden. Literarische Kritik kann geduldet werden, wenn damit ein Ventil für die Äußerung von Unmut geschaffen wird. In diesem Dilemma steckt Literatur generell – ihr diskurskritisches Potenzial kann von der Macht   **Machtspiele**

---

[130] Vgl. Theodor Fontane: Wanderungen durch England und Schottland. 2 Bde. Hg. v. Hans-Heinrich Reuter. 2. Aufl. Berlin: Verlag der Nation 1991. 2. Bd., S. 272f.
[131] Robert Gernhardt: Lichte Gedichte. Frankfurt/Main: Fischer 2002, S. 66.

in den Diskurs eingebaut werden. Das ist nicht der Fall, wenn Zensur als Mittel der Disziplinierung eingesetzt wird.

Allerdings zeigen Erfahrungen mit totalitären Gesellschaften, dass Zensur auch kontraproduktiv sein und an der Ablösung bestehender Strukturen mitwirken kann. In den modernen westlichen Gesellschaften hat sich daher ein Freiraum von kritischen Äußerungen gebildet, die teilweise wieder Konventionen unterworfen werden. Die Technologie der Macht wird differenzierter. Zensur findet in den Köpfen statt. So dürfte es wenig Leser geben, die das Gedicht Brechts zum Anlass nehmen, zivilisationskritische Erkenntnisse in konkrete Versuche umzumünzen, Diskursstrukturen in der Gesellschaft zu verändern, etwa durch Organisation von Protesten gegen neue, ökologisch wie ökonomisch zweifelhafte Bauprojekte, mit denen sich Politiker und Architekten auf Steuerzahlerkosten (und wer zahlt keine Steuern) Denkmäler setzen.

Es konnten hier nur einige Überlegungen Platz finden, wie sich an die verschiedenen Methoden anknüpfen lässt, wobei eigene Präferenzen und subjektive Bewertungen deutlich durchscheinen. Den Lesern bleibt also nichts anderes übrig, als sich im Laufe ihres Studiums näher mit verschiedenen Methoden zu beschäftigen und eigene Präferenzen zu entwickeln!

9.23 | Wichtige Begriffe zu diesem Kapitel

Literaturtheorie	Interpretation
Methoden	Hermeneutik
Methodenmix	hermeneutischer Zirkel
Autor	Semiotik
Text	Strukturalismus
Leser	Signifikant
Kontext	Signifikat
Literaturkritik	Referent
Positivismus	Semiose / Semiotik
Editionsphilologie	arbiträr
Geistesgeschichte	Konventionen
Völkische Literaturwissenschaft	substituieren
Sozialistische und marxistische Literaturwissenschaft	Selektion
	paradigmatische Ebene
Werkimmanenz	syntagmatische Ebene

Wichtige Begriffe

Polysemie
Oppositionen
Äquivalenzen
Isotopien
Codes
Denotation
Konnotation
Psychoanalytische
    Literaturwissenschaft
    sublimieren
    verdrängen
    Es, Ich, Über-Ich
    Libido
    Sozialisation
homogen
Rezeptionsästhetik
    Leerstelle
    impliziter Leser
    idealer Leser
    empirischer Leser
    aktualisieren
Sozialgeschichte der Literatur
    Literatur als soziales
    Phänomen
Feministische Literaturwissen-
    schaft und Gender Studies
    soziale Konstruktionen
    Codierungen
    Queer Studies
Alterität
    das Fremde
    das Eigene
    konstituieren
    Inklusion
    Exklusion
    Dichotomie

hybrid
affirmativ
Intertextualität
Systemtheorie
    psychische Systeme
    soziale Systeme
    Autopoiesis
    Medium
    prozessieren
    Leitdifferenz
    Sozialsystem Literatur
    binäre Codes
Empirische Literaturwissen-
    schaft
    Aktanten
    Reaktanten
    Literaturproduktion
    Literaturvermittlung
    Literaturrezeption
    Literaturverarbeitung
    Ästhetikkonvention
    Polyvalenz
Konstruktivismus
    Kommunikationsmittel
Dekonstruktion
Poststrukturalismus
    selbstreferenziell
    différance
Diskursanalyse
    Diskurs
    Kommunikation
    Prozess
    polyphon
    Macht
    Technologien
    Ausschließung

9.24 | Empfohlene Literatur zu diesem Kapitel

Rainer Baasner u. Maria Zens: Methoden und Modelle der Literaturwissenschaft. Eine Einführung. 2., überarb. u. erw. Aufl. Berlin: Erich Schmidt 2001.

Fundierte, präzise und zugleich leicht zu lesende, bestens strukturierte und umfassende Einführung.

Jonathan Culler: Literaturtheorie. Eine kurze Einführung. Stuttgart: Reclam 2002 (RUB 18166).

Die Einführung ist so kurz nicht, aber glasklar geschrieben. Culler geht es um grundlegende Fragen der Textinterpretation und er setzt, das ist legitim und geht nicht anders, eigene Schwerpunkte.

Markus Fauser: Einführung in die Kulturwissenschaft. 2. Aufl. Darmstadt: Wiss. Buchgesellschaft 2004 (Einführungen Germanistik).

Umfassende und verständlich geschriebene Einführung in kulturwissenschaftliche Ansätze, die sich teilweise mit denen der Literaturtheorie überschneiden.

Jost Hermand: Geschichte der Germanistik. Reinbek: Rowohlt 1994 (Rowohlts Enzyklopädie 534).

Kompakte, sehr lesbare und lesenswerte Fachgeschichte.

Oliver Jahraus: Literaturtheorie. Theoretische und methodische Grundlagen der Literaturwissenschaft. Tübingen u. Basel: Francke 2004 (UTB 2587).

Grundsätzliche Fragen der Beschäftigung mit Literatur werden im Zusammenhang geklärt – ein neues Standardwerk zum Thema.

Oliver Jahraus u. Stefan Neuhaus (Hg.).: Kafkas *Urteil* und die Literaturtheorie. Zehn Modellanalysen. Stuttgart: Reclam 2002 (RUB 17636).

Zehn der wichtigsten Methoden werden am Beispiel vorexerziert, die Beiträge sind leserfreundlich verfasst.

Jurij M. Lotman: Die Struktur literarischer Texte. Übers. v. Rolf-Dietrich Keil. 4., unveränd. Aufl. München: Fink 1993 (UTB 103).

Lotman ist nicht nur Strukturalist, er löst sich von der Konzentration auf sprachliche Phänomene und beschreibt auch inhalts- und handlungsbezogene Strukturen. Seine Studie ist ein Grundlagentext moderner Literaturtheorie.

Stefan Neuhaus: Literaturkritik. Eine Einführung. Göttingen: Vandenhoeck & Ruprecht 2004 (UTB 2482).

Kritische Einführung in die Geschichte, Gegenwart und Funktion der Literaturkritik.

Ansgar Nünning (Hg.): Metzler Lexikon Literatur- und Kulturtheorie. Ansätze – Positionen – Grundbegriffe. Stuttgart u. Weimar: Metzler 1998.

Zu zahlreichen Stichworten finden sich kompakte Einführungsartikel, deren Lesbarkeit starkt schwankt. (Wenn man etwas nicht versteht, muss es nicht unbedingt an einem selbst liegen.) Das schränkt den Nutzen des wertvollen Nachschlagewerks allerdings kaum ein.

Praktisches | 10

Inhalt

10.1	Wie organisiere ich mein Studium?	230
10.2	Welche Bücher benutze ich?	233
10.3	Wie finde ich Literatur?	237
10.4	Wie finde ich ein Thema für meine Hausarbeit?	240
10.5	Wie gestalte ich eine Hausarbeit?	241
10.6	Wie ist ein bibliographischer Nachweis aufgebaut?	242
10.7	Wie gestalte ich ein Referat?	244
10.8	Wie bereite ich mich auf Klausuren und mündliche Prüfungen vor?	246
10.9	Wichtige Begriffe zu diesem Kapitel	248
10.10	Empfohlene Literatur zu diesem Kapitel	248

Zusammenfassung

Die praktischen Dinge des Studierens können über den Studienerfolg entscheiden. Dozenten klagen nicht zu Unrecht über Studierende selbst in hohen Semestern, die nicht dazu in der Lage sind, Aufsätze zu einem bestimmten Autor oder Thema zu recherchieren. In Hausarbeiten finden sich immer wieder zahlreiche vermeidbare Fehler, die über Noten entscheiden können. Prüfungserfolge sind von vielen Faktoren abhängig, nicht allein vom fachlichen Wissen. Das Kapitel versucht, die wichtigsten Voraussetzungen für ein erfolgreiches Studium zu skizzieren.

10.1 | Wie organisiere ich mein Studium?

Aller Anfang ist schwer. Am Beginn jedes Studiums steht eine Eingewöhnungsphase, außer- und innerhalb der Universitätsräume. Zunächst sollte man sich die Entscheidung für ein Studium nicht zu leicht machen und sich genau überlegen, warum und wo man was aus welchen Gründen studieren möchte. Informationen stellen Studienberater beim Arbeitsamt oder an den in Frage kommenden Universitäten zur Verfügung. Einen Überblick kann man sich auch im Internet verschaffen, über die *homepages* der Universitäten, die in der Regel nach folgendem Muster benannt sind: http://www.uni-stadtname.de.

Infos im Internet

Zur Germanistik gibt es verschiedene Linklisten. Bekannt ist die sogenannte „Erlanger Liste", die nicht nur über „Institute und Institutionen" informiert, sondern z.B. auch über netzbasierte Epochendarstellungen, Textsammlungen und Literaturmagazine (http://www.phil.uni-erlangen.de/~p2gerlw/ressourc/liste.html). Auf einige grundlegende Homepages verweisen die „Links" der „Kritischen Ausgabe" der *Zeitschrift für Germanistik und Literatur* (http://www.kritische-ausgabe.de/links.html). Bei speziellen Wünschen lohnt sich auch immer die Eingabe von Stichworten in die Suchmaschine *google* (http://www.google.de).

Nachdem man sich an der Wunschuniversität eingeschrieben, die Wohnungsfrage geklärt, also die ganz grundlegenden Dinge des Lebens organisiert hat, geht man auf die Suche nach dem Stundenplan. Dafür gibt es neben Einführungsveranstaltungen für Erstsemester Druckerzeugnisse, die entsprechende Überblicke vermitteln. Die wichtigsten Informationen bieten Vorlesungsverzeichnisse, der ganzen Universität oder der einzelnen Fächer und Studienordnungen. Was nicht online im Internet zu beschaffen ist, muss in gedruckter Form erworben werden. Verkaufsstellen können örtliche Buchhandlungen, Dekanate (das Büro des Dekans, der einem Fachbereich vorsteht, also einem Zusammenschluss einer größeren Zahl von Fächern) und Institutssekretariate sein.

Das Schein-Studium

Studienordnungen geben einen Rahmen vor, welche Kurse belegt, welche Scheine gemacht und welche Prüfungen abgelegt werden müssen. **Scheine** sind Bescheinigungen, die man erhält, wenn man einen Kurs besucht hat. In der Regel sind Scheine mit einer Note versehen, wenn man den Kurs mit einer Klausur oder einer Hausarbeit abgeschlossen hat; zusätzlich werden meist regelmäßige Teilnahme und Halten eines Referats verlangt. Für solche Kurse muss man sich in Teilnehmerlisten einschreiben, die in der Regel in dem Sekretariat des Instituts oder des Lehrstuhls ausliegen, das oder der für die Kurse verantwortlich zeichnet – beispielsweise am Institut für Germanistik oder am Lehrstuhl für Neuere deutsche Literaturwissenschaft.

Nach Möglichkeit sollte man sich von Anfang an bemühen, die sogenannte Regelstudienzeit einzuhalten, an Universitäten sind das beim Magister, Lehramt oder Diplom neun Semester, beim BA meist sechs Semester. Ein Semester ist für die Abschlussarbeit vorgesehen, bleiben acht oder fünf für den Besuch von Vorlesungen oder Seminaren in den gewählten Studienfächern. Anhand der Studienordnungen aller Fächer, die man gründlich lesen sollte, lässt sich ausrechnen, wie viele Scheine man bis zu den Prüfungen am Studienende – meist gibt es auch welche in der Studienmitte – haben muss. Nun kann man die Zahl der benoteten Scheine (die den meisten Aufwand erfordern) durch die Zahl der Semester teilen. Nach Möglichkeit sollte man noch großzügiger rechnen und sich das achte Semester bereits für die Abschlussarbeit reservieren, die wenigsten schaffen die oft mehr als 100 Seiten starke Arbeit in einem Semester. Geteilt durch sieben ergibt sich die Anzahl der benoteten Kurse, in denen man sich schon im ersten Semester versuchen sollte. Welche Seminare zuerst zu besuchen sind, lässt sich den Studienordnungen und Vorlesungsverzeichnissen ebenfalls entnehmen, wenn nicht die Einführungsveranstaltungen solche Fragen klären; oder man fragt den zuständigen Studienberater.

Studiendauer

Es gibt Fächerkombinationen und andere Gründe (beispielsweise die Schwierigkeit, in überfüllte Seminare zu kommen), die zügiges Studieren verhindern. Dann sollte man sich überlegen, ob man nicht besser beraten ist, ein arbeitsintensives Nebenfach gegen ein weniger arbeitsintensives zu tauschen oder gar an einer anderen Universität weiter zu studieren und sich dort die bereits gemachten Scheine anrechnen zu lassen. In der Germanistik in Deutschland kann es sein, dass große Universitäten in Relation zur Studentenzahl deutlich weniger Lehrpersonal haben. Entsprechend kleiner sind die Seminare und Vorlesungen an kleinen Hochschulen, entsprechend persönlicher ist der Kontakt zum Dozenten. Doch sollte man sich auf jeden Fall über die Bedingungen an der Universität informieren, zu der man wechseln möchte.

Kleine Unis sind persönlicher

Ab ins Ausland

Unbedingt einplanen sollte man ein bis zwei Auslandssemester, idealerweise am Anfang des Hauptstudiums. Gutwillige Dozenten sind stets bereit, im Ausland erbrachte Leistungen anzuerkennen und darauf einen Schein auszustellen, wenn man dies vorher mit ihnen abspricht. Sollte das Seminar an einer ausländischen Universität eine geringere Leistung verlangen, so kann man durch zusätzliche Arbeiten, die mit dem Dozenten abgesprochen sind, wieder Vergleichbarkeit herstellen. Auch die Themenwahl von Seminar und Hausarbeit dürfte eine wichtige Rolle spielen.

Preiswert ins Ausland zu kommen ist kein Problem mehr. Die letzte Novellierung des Bundesausbildungsförderungsgesetzes ermöglicht es allen Bafög-Studenten, die gleichen Leistungen während des Auslandsstudiums zu beziehen (vorausgesetzt, die Auslandssemester verlängern nicht die Studiendauer). Darüber hinaus gibt es sogenannte Erasmus- oder Sokrates-Programme, das sind Austauschprogramme mit Partneruniversitäten, die nach dem Prinzip funktionieren: Nimmst du einen von meinen Studenten, nehme ich einen von deinen. Für solche Austauschprogramme ist das Akademische Auslandsamt der Universität zuständig. Bundesweite Programme bietet der Deutsche Akademische Austauschdienst (DAAD) an, beispielsweise befristete Lehrtätigkeiten im Ausland (Informationen über *http://www.daad.de*). Es empfiehlt sich auch hier, frühzeitig Angebote einzuholen und zu vergleichen.

Helfende Hände

Wer sich während des Studiums die Option für eine wissenschaftliche Laufbahn offen halten und gleichzeitig ein paar Euro dazuverdienen will, der sollte an ‚seinem' Lehrstuhl oder bei ‚seinem' Professor nachfragen, ob nicht gerade eine Hilfskraft gesucht wird. Hilfskräfte erledigen Arbeiten für den Professor oder andere Mitarbeiter des Lehrstuhls. Nicht immer ist das, was getan werden muss, sehr anspruchsvoll, eine klassische Tätigkeit ist kopieren, kopieren und nochmals kopieren. Dafür lernt man den Lehrstuhl von innen kennen und man knüpft Kontakte zu den Dozenten, die einen sonst – wegen der Vielzahl der Studierenden – oft nicht mal dem Namen nach kennen. Wer sich darauf einlässt, sollte aber ein hohes Arbeitsethos haben, zuverlässig und pünktlich seine Pflichten erledigen. Sonst könnte es sein, dass er sich irgendwann wünschen muss, dass ihn ‚seine' Dozenten nicht kennen.

Die goldene Regel nicht nur der Sesamstraße, sondern auch des Studiums lautet: Wer nicht fragt, bleibt dumm. An der Universität finden sich viele hilfsbereite Menschen, die auf Nachfrage ihren

Wissenschatz ausbreiten; doch sollte niemand annehmen, dass ihm dieses Wissen hinterher getragen wird. Ohne Eigeninitiative geht gar nichts.

Welche Bücher benutze ich? | 10.2

Bücher richten sich an verschiedene Lesepublika. In der Regel kann man sich an den Verlagen orientieren. So macht der Goldmann-Verlag Bücher für ein breites Publikum, dem textkritische Fragen wie „Welche Ausgabe liegt zugrunde?" gleichgültig sind. Hingegen richtet sich das Programm des Reclam-Verlags gezielt an Schüler, Studenten, Dozenten und Forscher; man kann sicher sein, dass eine zuverlässige, vom Autor autorisierte Ausgabe gewählt wurde (welche, wird in einer Anmerkung oder Nachbemerkung mitgeteilt) und dass sorgfältig auf jedes Komma und i-Tüpfelchen überprüft worden ist, dass es keine Abweichungen gibt – von behutsamen „Normalisierungen", also Anpassungen an die gegenwärtige Rechtschreibung, die den ursprünglichen Charakter des Texts nicht entstellen, einmal abgesehen. In beiden Fällen handelt es sich aber noch um so genannte **Leseausgaben,** da sie nicht viel mehr bieten als den ‚reinen' Text.

Bücher für jeden Zweck

Ein gelber Reclam-Band (alle Primärtexte des Verlags in deutscher Sprache haben einen gelben Einband) wird, wenn es sich um einen sehr bekannten Text handelt, durch einen grünen, separat zu kaufenden Band mit Erläuterungen, Hinweisen zur Textentstehung und Textüberlieferung etc. ergänzt. Gelb und grün zusammen können bereits als Studienausgabe bezeichnet werden. Es gibt andere Verlage, die solche Studienausgaben auflegen, unter den bekanntesten der zum Suhrkamp-Verlag gehörende Insel-Verlag. Bei weniger renommierten Autoren sind es oftmals kleine Verlage, die das Risiko einer zuverlässig editierten und mit allen notwendigen Hinweisen versehenen Ausgabe nicht scheuen.

Umfangreicher als Leseausgaben sind also **Studienausgaben,** sie enthalten zusätzlich zum Text zahlreiche wichtige Informationen. Üblich sind ein Nachwort, das über den Stand der Forschung informiert, Angaben zur **Genese** (Entstehung des Texts), zur **Genealogie** (zur Überlieferungsgeschichte) und ein **Stellenkommentar,** der, den Aufbau des Texts nachvollziehend, weniger bekannte Wörter und mit bestimmten Begriffen verbundenes Hintergrundwissen erläutert (etwa Angaben zu genannten Personen oder zur Herkunft von Zitaten).

Einen sehr hohen Standard bei Studienausgaben setzen die Werkausgaben im Deutschen Klassiker-Verlag, der zum Suhrkamp-Verlag gehört, etwa die Ausgabe der Werke E.T.A. Hoffmanns. Hier ist schon ein Bemühen um wissenschaftliche Genauigkeit und Vollständigkeit erkennbar, das ansonsten für die **Historisch-kritischen Ausgaben** kennzeichnend ist. Studienausgaben können, Historisch-kritische Ausgaben müssen beispielsweise sämtliche **Varianten** des Texts verzeichnen. Varianten sind die vom Autor zu verantwortenden Änderungen, also die Unterschiede zwischen verschiedenen Fassungen. Die wichtigsten unterschiedlichen Fassungen – natürlich nur, sofern es unterschiedliche Fassungen gibt – sind die **Erstausgabe** und die **Ausgabe letzter Hand.** Weniger wichtig hingegen sind die **Lesarten**, das sind Veränderungen des Texts, für die der Autor nichts kann – etwa gekürzte Nachdrucke. Ausnahmen von der Geringschätzung der Lesarten sind die besonders im 18. und zu Beginn des 19. Jahrhunderts beliebten **Raubdrucke**, die von vielen Menschen gelesen wurden und auf die publizistisch oder literarisch reagiert wurde. Erst die Einführung des Urheberrechts machte das unkontrollierte Nachdrucken von Literatur strafbar und setzte dem Unwesen der Raubdrucke ein Ende.

Die Entscheidung für den Verantwortlichen einer Historisch-kritischen Ausgabe wie für den Herausgeber eines Texts, welche vom Autor geschaffene Fassung die ,beste', somit den anderen vorzu-

Varianten sind wichtig

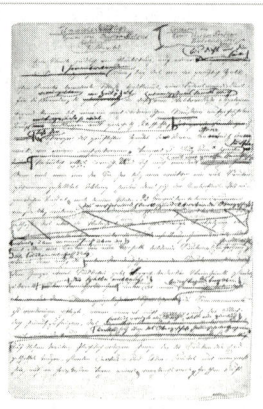

Abb. 51

Der Anfang von „Unwiederbringlich" in der Handschrift Theodor Fontanes

ziehen und als der eigentliche Text abzudrucken ist, ist vor diesem Hintergrund oft nicht leicht. Bei Schiller beispielsweise ergeben sich Varianten beim Vergleich verschiedener Bühnenfassungen und der Druckfassung. Goethe pflegte im Laufe seines langen Lebens viele seiner Werke mehrfach zu überarbeiten. Dazu finden sich oft Handschriften oder Abschriften (bei Fontane schrieb seine Frau die Manuskripte mehrfach ab) mit Korrekturen des Autors, die zu kennen für die Beschreibung der Genese und für die Interpretation des Texts wichtig sein kann.

Eine Historisch-kritische Ausgabe gliedert sich in den Text und den **Apparat**, der zusätzlich zur Studienausgabe ein Verzeichnis sämtlicher Varianten enthält und sich in allem um Zeitlosigkeit bemüht, also das Favorisieren bestimmter Forschungspositionen vermeidet. An der Frage, wie ein Variantenverzeichnis aussehen soll, scheiden sich die Geister dieses **Editionsphilologie** genannten Wissenschaftszweigs (vgl. hierzu außerdem Kap. 9.4). Statt von Ausgaben spricht man auch von Editionen, das Herausgeben heißt **edieren**. Vor allem ist es schwirig, das Variantenverzeichnis einerseits übersichtlich zu gestalten und andererseits mit allen vorhandenen Informationen zu versehen, etwa auch mitzuteilen oder grafisch zu zeigen, an welcher Stelle eine Korrektur im Manuskript stand. Das kann für die Frage wichtig sein, welche der vielleicht mehrfachen Korrekturen einer Stelle älter ist als andere.

Das sind Fragen, die beim Abfassen einer Hausarbeit nicht unbedingt eine zentrale Rolle spielen werden. Dennoch ist zu empfehlen, eine Historisch-kritische Ausgabe zu benutzen, falls es eine gibt. Während man bei Goethe, Schiller und Heine fündig wird, stößt man bei Hoffmann und Fontane ‚nur' auf Studienausgaben, aus denen man dann die beste auswählen sollte. Welche besser ist, lässt sich oft am Umfang und am Alter erkennen. Wenn man eine Ausgabe sucht, aus der man unbesorgt über ihre Qualität zitieren kann, die also **zitierfähig** ist, dann ist man mit Reclam immer gut bedient. Bei Hauptseminar- oder Abschlussarbeiten wird allerdings erwartet, dass man die Historisch-kritischen Ausgaben, wenn man schon nicht aus ihnen zitiert, zumindest zur Kenntnis genommen hat und dies entsprechend in der Arbeit, etwa in Fußnoten und im Literaturverzeichnis, dokumentiert.

Eine zitierfähige Ausgabe wählen!

Als Student der Literaturwissenschaft sollte man nicht nur möglichst viele Primärtexte lesen, es empfiehlt sich auch, wichtige literarische Texte zu kaufen und so nach und nach eine kleine Privatbibliothek aufzubauen. Bei den bekannteren Autoren bieten sich (oftmals mehrbändige) **Werkausgaben** an, die mit Erläuterungen versehen sind, das sind Studienausgaben, die eine Auswahl aus dem Werk eines Autors bieten. Zu Jubiläen pflegen die großen Verlage preiswerte Werkausgaben ‚ihrer' Autoren herauszubringen, ein Beispiel ist die sechsbändige Jubiläumsausgabe zum 100. Geburtstag Bertolt Brechts im Suhrkamp-Verlag. Die 14-bändige „Hamburger Ausgabe" von Goethes Werken war vor wenigen Jahren für unter 100 DM im dtv-Verlag zu haben. Der Deutsche Taschenbuch-Verlag (dtv) in München ist ein Zusammenschluss verschiedener Verlage. Es lohnt sich also, die Augen offenzuhalten, öfter in der örtlichen Buchhandlung zu schmökern, dort Prospekte zu studieren und sich über die zahlreichen Medien (Fachzeitschriften, Feuilletons, Internet...) regelmäßig zu informieren.

Studierende brauchen Standardwerke

Zu der Privatbibliothek sollten literaturwissenschaftliche Standardwerke gehören, verschiedene Nachschlagewerke zum Beispiel. Mehrere Verlage haben sich auf die Produktion solcher Standardwerke spezialisiert, etwa Metzler und Kröner. Bei Metzler erscheinen ein hervorragendes und besonders empfehlenswertes *Literatur-Lexikon* (herausgegeben von Günther und Irmgard Schweikle), ein auf seine Weise nicht weniger wichtiges *Lexikon Literatur- und Kulturtheorie* (hg. v. Ansgar Nünning) und Bände zu Autoren, Epochen, Themen in der Reihe „Sammlung Metzler", die sich optisch durch ihren einfarbig blauen Einband abhebt. Einfarbig rot sind die Bände in der Reihe „Uni-Taschenbücher", die von mehreren Wissenschaftsverlagen getragen wird und für deren besonders auflagenstarke oder allgemein bedeutsame Lehrbücher reserviert ist.

Die Zahl der Wissenschaftsverlage scheint unendlich, oft sind es, etwa bei Dissertationen, nur kleine Auflagen, die auf den Markt kommen, entsprechend teuer sind dann die Exemplare. Solche

Abb. 52

Ein fachwissenschaftliches Periodikum – das „Heine-Jahrbuch"

Bücher sollte man sich nicht kaufen, da sie von einer guten Universitätsbibliothek ohnehin angeschafft werden oder über sie leicht zu beziehen sind. Was die Uni-Bibliothek nicht hat, besorgt sie sich bei anderen Bibliotheken. Manchmal kann das dauern, es empfiehlt sich, rechtzeitig vor Beginn einer Hausarbeit oder Abschlussarbeit die benötigte Literatur zu recherchieren und zu bestellen. Das sind in der Regel Monographien (Abhandlungen eines Autors zu einem bestimmten Thema), Aufsätze in Sammelbänden und Fachzeitschriften, bei literarischen Neuerscheinungen der letzten Jahrzehnte auch Rezensionen.

Wie finde ich Literatur? | 10.3

Wie recherchiert und bestellt man Literatur zum Thema eines Referates oder einer Hausarbeit? Nachfolgend sollen drei Wege vorgestellt werden, der wichtigste zuerst:

Klassische Recherche: Um möglichst viele und auch aktuelle Titel der Forschungsliteratur zusammenzubekommen, sollte man eine der **periodischen Fachbibliographien** konsultieren, das sind Hefte oder Bücher, die in regelmäßigen Abständen erscheinen und nur Literaturnachweise zu Autoren und Themen enthalten. In der germanistischen Literaturwissenschaft sind dies die *Germanistik* (erscheint viermal im Jahr, am Ende des Jahres wird ein Registerband mitgeliefert, dann wird alles von der Bibliothek als Jahresband gebunden) und die *Bibliographie der deutschen Sprach- und Literaturwissenschaft* (Jahresbände). Außerdem wird man in abgeschlossenen Bibliographien, etwa zu einem Autor (manchmal als Buch, manchmal als letztes Kapitel eines Buches), fündig; der Nachteil: in der Regel sind abgeschlossene Bibliographien nicht so aktuell wie die periodischen; Vorteil: man muss sich die Literaturhinweise nicht mühselig zusammensuchen. Falls abgeschlossene Bibliographien vorhanden sind, empfiehlt sich eine Kombination: Man zieht die periodischen Bibliographien beginnend zwei Jahre vor Erscheinen der abgeschlossenen auch heran (Redaktionsschluss beachten!, darauf wird in der Regel irgendwo hingewiesen).

Avancierte Recherche: Unibibliotheken haben heutzutage ihre Bestände in Datenbanken erfasst. Man sollte sich so schnell wie möglich mit der Funktionsweise dieser Datenbanken vertraut machen. Dann kann man nach Autor, nach Buchtitel und nach

Drei Recherchetechniken

Die Bedeutung der Fachbibliographien

Die Bedeutung des Computers

Titelstichwort, oder in einer Kombination verschiedener Angaben die Datenbank durchsuchen. Hier muss man eine besondere Fähigkeit entwickeln, nicht zu vage und nicht zu speziell bei der Eingabe zu sein. Es empfiehlt sich, bei Themensuche auch verwandte Begriffe einzugeben. Meist sind Umlautschreibungen oder fremdsprachliche Zeichen, trotz entgegenlautender Versicherungen der Bibliotheksinformationen, Gift für die Datenbank. Also sollte man einmal mit und einmal ohne Sonderzeichen suchen.

Über das Internet kann man von zuhause aus auf manche Uni-Datenbanken zugreifen, sogar Bücher entleihen (mit Passwörtern, die man sich schnellstens besorgen sollte). Auch bietet das Internet Recherchemöglichkeiten in Datenbanken von Bibliotheksverbundsystemen. In Bayern beispielsweise sind alle Bibliotheken im Bayerischen Verbundkatalog zusammengeschlossen (*link* über die *homepage* der Bibliothek). Die größte Datenbank besitzt die Deutsche Bibliothek in Frankfurt/Main und Leipzig, denn bei jeder Veröffentlichung mit ISBN/ISSN-Nummer muss der Verlag an sie zwei Exemplare abführen. Ist ein Buch nicht an der heimatlichen Bibliothek, aber woanders vorhanden, dann lässt es sich über die heimatliche Bibliothek mit der sogenannten **Fernleihe** bestellen, vermutlich sogar *online* über ein Datenbankterminal in der Bibliothek oder übers Internet.

Die Bedeutung des Zufalls

Schneeballsystem: So bezeichnet man die Suche via Forschungsliteratur. Das heißt, man leiht sich ein (neueres) Buch oder einen Aufsatz über das Thema, das man bearbeitet, aus und bekommt dort weitere Hinweise auf Literatur, denen man folgt und so wieder auf andere Literatur aufmerksam gemacht wird. Dabei können einem jedoch leicht wichtige Titel entgehen. Zusätzlich sollte man, schon zur Überprüfung der eigenen Recherchetätigkeit, das Schneeballsystem auf jeden Fall nutzen, aber nicht unter Verzicht auf die genannten anderen Möglichkeiten!

Ist ein Buch weder über die Buchhandlung noch über die Bibliothek zu beziehen, dauert die Fernleihe zu lange oder möchte man es trotz Vorhandensein in der Bibliothek gern besitzen, ohne es in einer Buchhandlung kaufen zu können, dann empfiehlt sich das *Zentrale Verzeichnis antiquarischer Bücher* im Internet (http://www.zvab.com), über das man auf weit mehr als eine Million antiquarische, also gebrauchte Bücher zugreifen kann. Zu beachten ist, dass bei der Bestellung Portokosten hinzukommen. Manche der dort angeschlossenen Antiquariate sind hier sehr zurückhaltend, bei anderen fragt man sich, ob man auch gleich eine Postaktie mitgekauft hat. Es gibt immer die Möglichkeit, sich vorher auf der *homepage* des Antiquariats über die Versandkosten zu informieren. Vor allem lohnt sich der Preisvergleich, wenn das gleiche Buch mehrmals angeboten wird. Der Unterschied hat in einigen Stichproben über 200 Prozent betragen.

Wenn man sich mit einem relativ neuen Text beschäftigt, dann ist es kaum oder gar nicht möglich, Forschungsliteratur dazu zu finden. Ist der Text bereits zehn Jahre alt und der Autor nicht ganz unbekannt, dann hat man gute Chancen, im *Kritischen Lexikon zur deutschsprachigen Gegenwartsliteratur* (KLG) fündig zu werden, einer Loseblattsammlung, die ständig durch „Nachlieferungen" ergänzt wird und auch schon auf CD-Rom zu haben ist. Ansonsten bietet sich eine Recherche nach Literaturkritiken und anderen Zeitungs- oder Zeitschriftenartikeln zu Autor und Buch an. Es kann Erfolg versprechend, manchmal aber auch sehr mühselig sein, sich an den Verlag zu wenden, der in der Regel solche Artikel archiviert.

Eine andere Möglichkeit sind zwei Archive, die sich speziell dem Sammeln von Artikeln über Bücher und Autoren widmen. Das eine ist die *Autorendokumentation* der Stadtbibliothek Dortmund, die Artikel nach Buchtiteln geordnet in Mappen sammelt und gegen Gebühr ausleiht (Informationen unter *http://g2.www.dortmund.de/ inhalt_externe/bibliotheken/bibliotheken/autoren/index.htm*). Das andere ist das *Innsbrucker Zeitungsarchiv* (IZA), beheimatet an der österreichischen Universität. Seit 2000 werden die Artikel gescannt und als pdf-Dateien gespeichert, die älteren Sammlungen sollen im Laufe der Zeit ebenfalls in Dateien umgewandelt werden. Was zu Autor und Buch vorhanden ist, kann man über das Internet recherchieren (*http://iza.uibk.ac.at*). Nicht alle Zeitungen haben die kostenfreie elektronische Wiedergabe erlaubt, so dass manche der neueren Artikel direkt ausgedruckt, andere nur per Post über das Archiv bestellt werden können. Das IZA hat auch eine umfangreiche Audio- und Videosammlung (Recherchemöglichkeit unter *http:// germanistik.uibk.ac.at/germ/video*).

Nicht alle Recherchewege können aufgezeigt werden, Phantasie ist gefragt. Auf einen offensichtlichen Weg sollte auf jeden Fall noch hingewiesen werden. Der Dozent, für den man die Arbeit schreibt, für die man die Literatur recherchiert, ist eine Bibliographie auf zwei Beinen. Fragen kostet nichts und kann viele wertvolle Hinweise bringen.

Weitere Recherchemöglichkeiten

10.4 Wie finde ich ein Thema für meine Hausarbeit?

Themenabsprache

Das Thema für eine Hausarbeit sollte nicht zu eng und nicht zu weit gefasst sein, so dass man es gut auf der vom Kursleiter angegebenen Seitenzahl bearbeiten kann. Das Thema ist immer mit dem Kursleiter abzusprechen! Dozenten mögen es, wenn ihre Studenten interessiert sind und Fragen stellen, so kommt Interaktion zustande, mit der die für viele Dozenten frustrierende Einbahnstraßenkommunikation unterbrochen wird.

Manche Dozenten geben Themenlisten vor, man kann sich dann ein Thema aussuchen. Andere haben sehr klare Vorstellungen, wie ein Thema, das ein Studierender vorschlägt, bearbeitet werden soll. Wieder andere sind eher offen für Anregungen und möchten die Studierenden ermuntern, sich auch über Struktur und Vorgehensweise eigene Gedanken zu machen. Also sollte man sich auf den Dozenten einstellen und im gegenseitigen Einvernehmen zumindest ein ungefähres Thema festlegen.

Lektüre und Gliederung

Wenn man die Primär- und Forschungsliteratur gelesen und sich eine Struktur zurechtgelegt hat, also noch, bevor die Arbeit niedergeschrieben wird, sollte man mit dem Dozenten die Gliederung besprechen und sich Einwände wirklich zu Herzen nehmen. Was man hier vielleicht das erste Mal macht, ist eine Präsentationsform, über die der Dozent, besonders wenn er schon längere Zeit an der Universität lehrt, so ziemlich alles weiß. Er kennt die Standardfehler, die Fallstricke und Fußangeln und kann auf sie aufmerksam machen.

Abgabe

Schließlich haben es manche Dozenten gern, wenn man ihnen die fertige Arbeit persönlich gibt und die korrigierte Arbeit persönlich wieder abholt. Ersteres macht besonders Sinn, wenn man sich im Seminar durch überdurchschnittliche Leistungen hervorgetan hat, der Dozent kann dann die Arbeit mit einem ihm sympathischen Gesicht verbinden. Das persönliche Abholen kann ein Signal sein ('Ich nehme mein Studium wirklich ernst!'), das die Aktien für kommende Seminare bei diesem Dozenten steigen lässt. Damit ist nicht gemeint, dass man sich verstellen und dem Dozenten etwas vorspielen sollte. Vielmehr gibt es viele Studierende, die eine große Scheu haben, den Kontakt mit den Dozenten zu suchen, und diese Scheu gilt es im eigenen Interesse zu überwinden.

Wie gestalte ich eine Hausarbeit? | 10.5

Aufbau einer Hausarbeit

Deckblatt mit Titel, Name, Anschrift, Fächerverbindung und Semesterzahl des Autors, Name des Dozenten und Bezeichnung des Seminars. Der Titel sollte sich, aber ohne den Zusatz „Thema" oder „Titel", in der Mitte befinden und durch größere Schrifttype und Fettdruck hervorgehoben sein.

Inhaltsverzeichnis mit durchnummerierten Gliederungspunkten, z.B.: 1. Einleitung, 2. Der Generationenkonflikt in Schillers Dramen, 2.1. Der Generationenkonflikt in *Kabale und Liebe*, 2.2...., 3. Der Generationenkonflikt als Motiv im Drama; 4. Zusammenfassung oder Schlussbemerkung. Seitenangaben (rechtsbündig) nicht vergessen!

Der **Aufbau** ist damit schon angesprochen, er folgt dem klassischen Dreischritt Einleitung, Hauptteil und Schluss, wobei die Einleitung das WAS (also das Thema, die Problemstellung, die zu untersuchen ist) und das WIE (mit welchen Mitteln, also mit welcher Methodik untersuche ich das Thema) erläutern soll. Der Hauptteil besteht aus der eigentlichen Analyse, sie sollte möglichst klar nach den Gesetzen der Logik strukturiert sein, also vom unwichtigeren zum wichtigsten voranschreiten. Wenn man untergliedert, dann nicht nur in einen Gliederungspunkt, das ist unlogisch! (2. und 2.1. muss also mindestens 2.2. folgen.) Die Zusammenfassung tut das, was ihre Bezeichnung sagt, sie schlägt einen Bogen zurück zur Einleitung und stellt dar, welche Ergebnisse nun erzielt worden sind. Man kann dies mit einem Ausblick verbinden, etwa indem man darauf hinweist, was weiter zu untersuchen wäre, wollte man alles in einen größeren Kontext stellen.

Das **Literaturverzeichnis** folgt meist als letzter Punkt. Hier sollte, nach Primär- und Forschungsliteratur gegliedert und danach alphabetisch geordnet, alles aufgelistet werden, was man für das Thema gelesen hat und für wesentlich hält, also nicht nur, was zitiert wurde. Dazu zählen aber nicht Hilfsmittel wie Enzyklopädien oder Lektürehilfen, schon gar nicht dubiose Internetseiten! Allgemeinwissen wird vorausgesetzt und muss nicht belegt werden. Entscheidend ist das Spezialwissen, das gegebenenfalls nachgewiesen werden muss.

▶ Einen **Anhang** kann man in Ausnahmefällen hinzufügen, darin können sich beispielsweise, handelt es sich um eine Arbeit zur Gegenwartsliteratur, Rezensionen zu dem untersuchten literarischen Text befinden, die der Korrektor der Arbeit vermutlich noch nicht kennt, oder kaum zugängliche Primärtexte, beispielsweise solche sehr alten Datums, die sehr selten und schwer zu bekommen sind und die in Bibliotheken eingesehen und kopiert wurden, oder Kopien von Materialien aus Literaturarchiven.

▶ **Fußnoten** (am Fuß der Seite) oder **Anmerkungen** (am Ende des Textes der Arbeit, vor dem Literaturverzeichnis) dienen nicht nur dazu, auf Belegstellen hinzuweisen, sie sollen auch den Haupttext entlasten. Es empfiehlt sich also, dort Gedanken unterzubringen, die den klaren Argumentationsgang des Haupttexts unterbrechen würden, auf die man aber dennoch nicht verzichten möchte.

10.6 Wie ist ein bibliographischer Nachweis aufgebaut?

Um dem Leser die Möglichkeit zu geben, alles nachzulesen und nachzuprüfen, ist es notwendig, die wichtigsten Angaben zu den benutzten Quellen im Literaturverzeichnis nach einem bestimmten Schema unterzubringen. Man unterscheidet zwischen **selbstständigen** und **unselbstständigen Publikationen,** also zwischen Büchern und Beiträgen in Büchern oder Zeitschriften.

Es sollten bei ganzen *Büchern* folgende Angaben in dieser Reihenfolge enthalten sein:
▶ Ganzer Name des Autors oder Herausgebers, der Autoren oder Herausgeber (bei alphabetischer Reihung Name, Vorname, sonst Vorname, Name; bei mehreren Autoren oder Herausgebern gilt die Umkehrung Name, Vorname nur für den ersten!);
▶ Titel des Buchs oder Aufsatzes (Haupt- und Untertitel);
▶ ggf. Auflage;
▶ Verlagsort (optional ist die Angabe des Verlags nach dem Verlagsort, abgetrennt durch Doppelpunkt);

- Jahr des Erscheinens;
- in Klammern dahinter ggf. Titel der Reihe, in der das Buch erschienen ist, mit – falls vorhanden – Bandnummer.

Bei *Aufsätzen in Sammelbänden* kommt zunächst
- Name des Autors des Aufsatzes;
- Titel des Aufsatzes;
- „In:";
- dann Nachweis des Buches wie oben;
- Komma, Seitenzahl (von – bis).

Bei *Aufsätzen in Zeitschriften* wird der Nachweis des Buches ersetzt durch:
- den Zeitschriftentitel;
- die Jahrgangsnummer;
- ggf. die Heftnummer;
- das Erscheinungsjahr
.
Hier einige Beispiele, der Einfachheit halber aus eigener Werkstatt, wie in einem Literaturverzeichnis (also der Nachname zuerst):

Beispiel

Monographie:

Neuhaus, Stefan: Literatur und nationale Einheit in Deutschland. Tübingen u. Basel: Francke 2002.

Sammelband:

Neuhaus, Stefan, Rolf Selbmann u. Thorsten Unger (Hg.): Ernst Toller und die Weimarer Republik. Ein Autor im Spannungsfeld von Literatur und Politik. Würzburg: Königshausen & Neumann 1999 (Schriften der Ernst-Toller-Gesellschaft 1).

Beitrag zu einem Sammelband:

Neuhaus, Stefan: Fontanes Bücher über Großbritannien. In: Christian Grawe u. Helmuth Nürnberger (Hg.): Fontane-Handbuch. Stuttgart: Kröner 2000, S. 806-818.

Zeitschriftenbeitrag:

Neuhaus, Stefan: Schlechte Noten für den Schulmeister? Der Stand der Erich-Kästner-Forschung. In: Literatur in Wissenschaft und Unterricht 32, Heft 1 (1999), S. 43-71.

„Hg." steht für Herausgeber, manche schreiben auch „Hrsg.". Man kann, muss aber nicht, zwischen Singular und Plural differenzieren, also bei mehreren Herausgebern „Hgg." schreiben; doch findet man dies immer seltener. In englischer Sprache steht dafür „ed." und „eds." (Plural) als Abkürzung von „editor/editors", dem englischen Wort für Herausgeber.

Die **Zitierkonventionen** können je nach Fach oder nach Zeitschrift verschieden sein, am besten informiert man sich rechtzeitig vorher! Häufige Abweichungen gibt es bei der Interpunktion, also ob und an welcher Stelle Punkt, Komma oder Doppelpunkt gebraucht wird, um die Bestandteile des Nachweises voneinander abzutrennen. Im Zweifelsfall sollte man sich für eine Variante entscheiden und diese Variante einheitlich auf alle Nachweise anwenden.

10.7 | Wie gestalte ich ein Referat?

Diese Frage lässt sich in drei Geboten beantworten:

1. *Erstes Gebot: Du sollst nicht schwafeln!* Eine möglichst gute Vorbereitung legt im Idealfall die Grundlage für ein gut durchstrukturiertes und fundiertes Referat. Gute Vorbereitung heißt: Die zum Thema gehörende Primär- und Sekundärliteratur so gründlich lesen, dass sie auch verstanden wird; eine Gliederung für das Referat entwickeln; Inhaltsangaben von Primärtexten vermeiden oder so kurz wie möglich halten; nicht sklavisch an der Forschungsliteratur kleben, sondern auf bestimmte Einseitigkeiten durch methodische Voraussetzungen, auf Brüche in der Argumentation, auf Defizite bei den Ergebnissen aufmerksam machen; eigene Analyseergebnisse zur Diskussion stellen.

2. *Zweites Gebot: Du sollst Deine Zuhörer nicht langweilen!* Wie mache ich das? Zum Beispiel so: Nicht nur vom Blatt ablesen, sondern immer wieder ins Publikum sehen und Blickkontakte mit möglichst vielen

Zuhörern herstellen; die Möglichkeiten des Seminarraums nutzen, also gegebenenfalls Folien, Tafelbilder, Computergrafiken via Beamer (funktioniert wie ein Diaprojektor) und auch Tondokumente oder Filmausschnitte integrieren (sollte aber nicht zuviel und muss nicht zwanghaft sein, da es sonst aufgesetzt wirkt und kontraproduktiv ist); einen originellen Einstieg wählen; mit einer bündigen Formulierung den eigentlichen Vortrag abschließen und dann offene Fragen ans Publikum stellen, um dieses zu einer Diskussion anzuregen; nicht zu lange vortragen! Dabei eine unverdauliche Informationsballung vermeiden. Das Wesentliche gilt es vom Unwesentlichen zu trennen, möglicherweise Unwesentliches sollte man erst gar nicht vortragen. Es muss nicht alles gesagt werden, man kann auch einige Punkte für die Diskussion aufsparen.

Drittes Gebot: Du sollst Mitstudenten und Dozenten ehren! Das geht zunächst durch die Einhaltung der ersten beiden Gebote. Darüber hinaus ist zu beachten: Weder unangenehme Unterwürfigkeit noch nicht weniger grauenvolle Großspurigkeit an den Tag legen. Man sollte ein **Thesenpapier** erstellen, das in Stichworten die wichtigsten Punkte des Referats zusammenfasst und Informationen aufnehmen kann, die man dann nicht mehr mündlich erzählen muss. Konzentration auf das Wesentliche bedeutet aber nicht, dass einige wenige kryptische Satzteile ausreichen. Bewährt hat sich die quantitative Vorgabe „1-2 Din-A-4-Seiten", bei zwei Seiten teilt man am besten ein auf beiden Seiten bedrucktes Blatt aus. Damit alles nachvollziehbar bleibt, sollte auch die wichtigste benutzte Forschungsliteratur bibliographisch erfasst werden und am Ende des Thesenpapiers stehen. Dem Dozenten sollte das Thesenpapier in der Sprechstunde oder zu einem vereinbarten Termin rechtzeitig vor dem Referat vorgelegt werden, um grobe Fehler zu vermeiden, von denen niemand frei ist.

Referatsituationen kann und sollte man üben. So hat Mami, Papi oder Lebensgefährte wohl nichts dagegen, Testperson zu sein, der man das fertige Referat vorträgt. Dabei ist nicht nur die Wirkung, sondern auch die Zeit zu messen. Den Dozenten sollte man ggf. nach der gewünschten Dauer fragen.

10.8 Wie bereite ich mich auf Klausuren und mündliche Prüfungen vor?

Rechtzeitig informieren

Zunächst gilt es, alle Informationen über die Organisation der Prüfungen zusammenzutragen, also: Wann finden sie statt (meist gibt es in jedem Semester fixe Termine)? Welche Inhalte haben sie? Muss ich mich dafür anmelden, wenn ja, wann, wo und mit welchen Unterlagen? Muss oder sollte ich die Prüfung mit dem Prüfer vorbesprechen, also beispielsweise Themen absprechen?

Vorbesprechung

Für die Organisation der Prüfungen ist fach- oder studiengangbezogen das jeweilige Prüfungsamt zuständig. Die Absprache von Themen ist in vielen Fällen üblich. Man sollte sich erst im Sekretariat des Prüfers erkundigen und rechtzeitig in seiner Sprechstunde anmelden, um ihn beispielsweise zu fragen, ob er mit bestimmten Themenvorschlägen einverstanden ist. Manche Dozenten machen Vorgaben, so wird beispielsweise erwartet, dass ein Student eine bestimmte Vorlesung besucht hat und sich darüber prüfen lässt oder dass er einen Seminarschein bei dem Prüfer erworben hat. In diesem Fall ist es natürlich wichtig, dass man darüber bereits ein halbes bis ein Jahr vor dem Prüfungstermin Bescheid weiß!

Fragen genau lesen und präzise beantworten

In schriftlichen Prüfungen sollte man sich die Frage, die man beantworten will, genau durchlesen. Das klingt banal und ist doch so wichtig. Man sollte nicht den Fehler machen, das angelernte Wissen abzuladen in der Annahme, das habe ja irgendwie mit der Frage zu tun. Prüfer wollen eine konkrete Fragestellung bearbeitet sehen, dazu ist der selbstständige Umgang mit Wissen notwendig. Ist man sich über die Richtigkeit bestimmter Angaben nicht im Klaren, sollte man sie weglassen oder relativieren, beispielsweise bei Jahreszahlen („Fontane reiste 1850 und 1858 nach England" ist falsch, aber „Fontane hielt sich in den 50er Jahren des 19. Jahrhunderts zweimal in England auf" ist richtig).

Gute Noten bekommt man nur, wenn man auch **Kontextwissen** parat hat, dazu gehört neben literar- und kulturhistorischem Grundlagenwissen die Kenntnis wichtiger, auch neuerer Forschungsliteratur (man kann sich nicht über Erich Kästner prüfen lassen, ohne die Biographien von Sven Hanuschek und Franz-Josef Görtz/Hans Sarkowicz zu kennen, und zwar beide). Die schriftliche Arbeit sollte wie eine Hausarbeit strukturiert werden. Eine assoziative Aneinanderreihung von Einfällen wäre fatal, die Argumentation muss durchdacht sein. Dazu empfiehlt es sich, vor Beginn des

Klar gliedern

Schreibens auf einem separaten Blatt eine Argumentationsstruktur mit Gliederungspunkten zu skizzieren. Die erste Seite des Klausurpapiers kann man freilassen und (sicherheitshalber) hinterher die fertige Gliederung auf die erste Seite übertragen. So wird die Lektüre für den Leser vorstrukturiert. Zur Gliederung sollten eine Einleitung und eine Zusammenfassung gehören.

Ein echter Sonderfall sind Staatsexamensklausuren, hier gelten je nach Bundesland unterschiedliche Regeln. In Bayern werden Klausurfragen zentral von München aus gestellt. In der germanistischen Literaturwissenschaft war es lange schwierig zu erahnen, was für Themen aus dem weiten Feld der Literaturgeschichte auserwählt werden könnten. Jetzt gibt es zumindest auf bestimmte Zeiten und Epochen bezogene Regeln, nach denen Klausurfragen eingrenzbar sind. Prüflinge sollten sich frühzeitig alte Klausuren besorgen, um einen Eindruck zu bekommen, welches Themenspektrum abgedeckt wird. Lehrstühle oder Professoren, auch Fachschaften geben Auskunft.

In mündlichen Prüfungen hat man wenig Chancen auf Erfolg, wenn man sich nicht auf den Prüfer einstellt. Wenn man ihn bereits aus Seminaren kennt, wird das einfacher sein. Jeder Prüfer fragt anders und hat ein anderes Temperament. Manche geben dem Prüfling viel Gelegenheit, eigene Überlegungen zu entwickeln, andere fragen gezielt und reden viel, so dass man sie möglicherweise in ihrem Redefluss sanft unterbrechen muss, um selber zum Zuge zu kommen. Eins aber haben alle Prüfer gemein. Sie möchten kein verschrecktes Kaninchen vor sich sitzen haben, auch niemanden, der passiv dasitzt mit dem Gesichtsausdruck „Wann ist mein Leiden endlich vorüber?", ebensowenig jemanden, bei dem man zehn Sätze sagen muss, damit er zehn Wörter zwischen seinen Zähnen hervorquetscht. Prüflinge sollten sich engagiert und selbstbewusst verhalten, ohne arrogant zu wirken; eigentlich gelten hier die goldenen Regeln der Referatsituation weiter.

Jeder Prüfer ist anders

10.9 | Wichtige Begriffe zu diesem Kapitel

Scheine
Leseausgaben
Studienausgaben
Stellenkommentar
Historisch-kritische Ausgaben
Apparat
Varianten
Lesarten
Raubdrucke
Erstausgabe
Ausgabe letzter Hand
Edition, edieren
Editionsphilologie
zitierfähig
Werkausgaben

klassische Recherche
avancierte Recherche
Schneeballsystem
(periodische) Fachbibliographien
Fernleihe
Fußnoten
Anmerkungen
selbstständige / unselbstständige Publikationen
bibliographische Nachweise
Zitierkonventionen
Thesenpapier
Kontextwissen

10.10 | Empfohlene Literatur zu diesem Kapitel

Eckhardt Meyer-Krentler: Arbeitstechniken Literaturwissenschaft. München: Fink 1997 (UTB 1582).

Sehr unterhaltsam geschriebene, kompetente Einführung in Grundlagen der Wissensrecherche.

Hansjürgen Blinn: Informationshandbuch Deutsche Literaturwissenschaft. Mit Tipps zur Internet-Recherche. Frankfurt/Main: Fischer 2001 (Fischer Informationshandbücher).

Nützliches Nachschlagewerk, das neben bibliographischen Hinweisen auf Grundlagenliteratur des Faches auch überblicksartige Informationen zu literarischen Gesellschaften, Institutionen im Literaturbetrieb u.v.a. versammelt.

Günter u. Irmgard Schweikle (Hg.): Metzler Literatur-Lexikon. Begriffe und Definitionen. 2., überarb. Aufl. Stuttgart: Metzler 1990.

Fundiertes Lexikon zu grundlegenden, aber auch zu eher selten gebrauchten Fachbegriffen von Abbreviato bis Zynismus.

Hans-Werner Ludwig u. Thomas Rommel: Studium Literaturwissenschaft. Arbeitstechniken und Neue Medien. Tübingen u. Basel: Francke 2003 (UTB 2332).

Aktuelles Handbuch zu einem unterschätzten (Arbeitstechniken) und zu einem bisher vernachlässigten (Neue Medien) Bereich wissenschaftlichen Arbeitens.

Statt eines Nachworts: Wozu Literaturwissenschaft?

| 11

Eine dumme Frage, aber sie wird immer häufiger gestellt. Dumm ist die Frage, weil Literaturwissenschaft die einzige Universalwissenschaft ist. Darauf weist schon Martin Opitz hin, in seinem *Buch von der Deutschen Poeterey*, der ersten und grundlegenden deutschsprachigen Poetik (selbst in der Abwendung von ihr, wie sie Gottsched und Lessing vollzogen haben). Es heißt bei Opitz, die „Poeterey" vereinige „alle anderen kuenste vnd wissenschafften in sich".[11]

Literatur bildet Wirklichkeit ab. Damit ist nicht nur die alte und immer wieder neue Weisheit von der Literatur als historischer Quelle oder Wissensspeicher gemeint,[12] denn die Abbildung geschieht nicht 1:1. Friedrich Schiller hat am Ende von *Wallensteins Lager* festgestellt, dass Literatur frei von den Fesseln der Natur ist: Literatur kann sich bei der beobachtbaren Wirklichkeit bedienen und damit machen, was sie will. *Literatur spielt mit der Wirklichkeit.* Oder, um es mit Johan Huizinga zu sagen: „Die Elemente und Mittel der Dichtkunst sind eigentlich alle am besten als Spielfunktionen zu verstehen."[13] Damit steht Literatur prototypisch für Welterfahrung: „Spielmomente gibt es offenbar an zahllosen Stellen unseres Lebens, unseres Alltags, unserer ganzen ‚Kultur'."[14] In der Literatur kann Welt erfahren, die Fähigkeit zur Welterfahrung *erlernt* werden, in einer Vielfalt, die alle Möglichkeiten ‚realistischer' Erfahrung übersteigt.

| Abb. 53

Martin Opitz
„Buch von der Deutschen Poeterey", Erstausgabe

---

[11] Martin Opitz: Buch von der Deutschen Poeterey (1624). Hg. von Cornelius Sommer. Bibliogr. erg. Ausg. Stuttgart: Reclam 1991 (RUB 8397), S. 15.
[12] Vgl. hierzu: Jan Assmann (Hg.): Kultur und Gedächtnis. Frankfurt/Main: Suhrkamp 1988 (suhrkamp taschenbuch wissenschaft 724).
[13] Johan Huizinga: Homo Ludens. Vom Ursprung der Kultur im Spiel. In engster Zusammenarbeit mit dem Verf. aus dem Niederländ. übertragen von H. Nachod. Mit einem Nachw. von Andreas Flitner. Reinbek: Rowohlt 2001 (rowohlts enzyklopädie), S. 156.
[14] Ebd., S. 238.

Das literarische Spiel ist potenziell unendlich, und zwar in dreierlei Hinsicht:

1. Nicht nur alles Beobachtbare, sondern auch alles Vorstellbare kann in das Spiel mit einbezogen werden.
2. Der Möglichkeit der Reflexion über das Ergebnis, den literarischen Text, sind nicht nur keine Grenzen gesetzt, Literatur provoziert diese Reflexion sogar, das ist ihr wichtigstes Ziel. In der Literaturwissenschaft gilt dies allerdings nur, soweit die Reflexion sich auch wirklich auf den Text bezieht (und der Leser nicht seiner Phantasie freien Lauf lässt).
3. Diese Begrenzung ist eigentlich keine Begrenzung, sondern eine Kanalisierung. Denn um Literatur zu analysieren, kann sich (was sie auch tut) die Literaturwissenschaft bei allen anderen Wissenschaften bedienen. Literaturwissenschaftler untersuchen Texte im Hinblick auf philosophische Konzepte, sozialhistorische Bedingungen, ökonomische Verhältnisse, psychologische Studien, Einbeziehung und Darstellung wissenschaftlicher Erkenntnisse – beispielsweise medizinischer, mathematischer, biologischer, anthropologischer, physikalischer, chemischer, astronomischer... Um nur einige wenige Möglichkeiten zu nennen.

Literaturwissenschaftler sind Generalisten

Literaturwissenschaftler sollten also Generalisten sein. Wenn sie Goethes *Die Leiden des jungen Werthers* interpretieren, sollten sie sich unter anderem interessieren für: die Lebensumstände des jungen Goethe, die gesellschaftliche und ideengeschichtliche Entwicklung der sogenannten „Sattelzeit" um 1750, die Publikationsbedingungen und Lesegewohnheiten der Zeitgenossen, den zeitgenössischen Diskurs über Liebe, Moral und Selbstmord, die Naturgeschichte (Symbolik!), die christliche Heilsgeschichte (Symbolik!), die deutsche und britische Literatur des 18. Jahrhunderts (Klopstock, Lessing, Ossian) und ihre Implikationen... Um wieder nur eine kleine Auswahl zu geben.

Der Literaturwissenschaftler muss also nicht nur Literaturwissenschaftler, sondern auch Historiker sein, denn Literatur ist immer in ihrem historischen Kontext zu betrachten; er muss Soziologe und Politologe sein, diese Kontexte sind von der Geschichte kaum ablösbar; er muss Philosoph sein, denn Literatur steht in einem engen Zusammenhang mit der Ideengeschichte; er muss Psychologe sein, denn Literatur handelt von der Psyche von Figuren, die zum ‚realen' Menschen in einem Möglichkeitsverhältnis stehen... Und so weiter, und so fort. Was Literaturwissenschaftler eigentlich wissen müssten, lässt sich nur in einem Wort zusammenfassen: ALLES. Nun ist ALLES zu wissen leider nicht möglich, aber das Erkenntnisstreben des Literaturwissenschaftlers wird ihn hoffentlich dahin führen, dass er VIELES weiß – und dass dazu das Wissen um seine Wissensdefizite gehört.

Der Literaturwissenschaftler erwirbt sich also Wissen auf vielen Gebieten und das notwendige ABSTRAKTIONSVERMÖGEN, damit umzugehen. Beides zusammen bedeutet gute Voraussetzungen für universelle Einsetzbarkeit. Durch den Gegenstand (Theorie) und die speziellen Umstände des Wissenserwerbs im Massenfach (Praxis) hat der Literaturwissenschaftler eine Lektion gelernt, die man heutzutage mit dem Wort SOZIALKOMPETENZ auf dem Arbeitsmarkt hoch handelt. Angesichts der ständigen Notwendigkeit, sich mündlich und schriftlich, in Kursen und in Gesprächen mit Dozenten und Mitstudenten permanent auszutauschen, lernt er noch eine weitere sogenannte Schlüsselqualifikation: KOMMUNIKATIONSKOMPETENZ. Er kann sich (hoffentlich) gut ausdrücken, Wissen effizient verarbeiten, also gut strukturieren und vermitteln. Dazu trägt die Lektüreerfahrung entscheidend bei. Das ist wie beim Autofahren: Je mehr man fährt, desto besser beherrscht man das Auto; je mehr man liest und darüber reflektiert, desto besser beherrscht man die Sprache. Da letztlich ALLES auf Kommunikation basiert, das menschliche Leben im Allgemeinen und die wirtschaftliche Leistung der Menschen im Besonderen, sollte der Literaturwissenschaftler somit eine gute Ausgangsposition für einen erfolgreichen Start ins Berufsleben haben.

Schlüsselqualifikationen

Kompetenzen für den Start ins Berufsleben

(Dass das Berufsleben nicht alles ist, sei hier in einer Klammer gesagt, die zugleich als ironisch gelesen werden sollte. Angesichts des allumfassenden Leistungsdrucks spielt die eigentlich zentrale Fähigkeit, mit der Literatur wie kein anderes Medium den Menschen ausstattet, kaum eine Rolle mehr: EMPATHIE, die Fähigkeit, sich in andere Menschen zu versetzen, ihre Gefühle und Überzeugungen zu achten und zu respektieren, soweit sie einen selbst nicht auf unzulässige Weise einschränken. Empathie hängt daher eng mit TOLERANZ zusammen und ist die Basis für DEMOKRATIE. Unpopulärer Gedanke in einer Zeit, in der jeder primär daran interessiert ist, seinen eigenen Vorteil zu suchen...)

Wie gesagt, der so präparierte Literaturwissenschaftler SOLLTE eine gute Ausgangsposition haben. Nun kommen wir zu den Problemen, die diesen idealen Studien- und Lebensverlauf behindern.

Es scheint, als habe die germanistische Literaturwissenschaft bisher wenig aus ihren grob skizzierten Möglichkeiten gemacht. Seit der methodischen Auffächerung, die auf die 60er und 70er Jahre zurückgeht, gibt es kaum mehr Generalisten und dafür viele Spezialisten, darunter sind Leute, die ihren methodischen Zugang zur Literatur zur Ersatzreligion erheben. Wer die psychischen Dispositionen von Figuren analysieren will, wird bei einem Strukturalisten wenig Chancen haben, eine Arbeit zu schreiben, zumindest aber wird es für ihn schwierig werden, eine akzeptable Note zu bekommen (ich spreche aus eigener Erfahrung). Wer Interesse an sozialgeschichtlichen Zusammenhängen hat, sollte nicht zu einem Systemtheoretiker gehen. Und so weiter, und so fort.

Probleme der Spezialisierung

Dabei existieren die methodischen Zugänge nicht in einer ‚reinen' Lehre, der man sich anschließen oder eben nicht anschließen kann. Es scheint üblich zu sein, dass man sich zunächst für einen solchen Zugang entscheidet, vorgeprägt durch seine akademischen Lehrer, und dann zu einer eigenen Methode verändert, die man bis aufs Blut verteidigt. Methoden gibt es also in den merkwürdigsten Mischungsverhältnissen und – manchmal nicht nur im Wortsinne zu verstehen – Abarten. Es hat sich eingebürgert, am Anfang von größeren literaturwissenschaftlichen Arbeiten eine eigene Methode zu entwickeln. Seit einiger Zeit kann man das sogar tun, ohne die Methode noch auf Literatur anzuwenden. Der Methodiker liebt seine Methode, aber nicht die Literatur, sie wird lästig oder dient bestenfalls als Beleglieferant. Ihm können vier, fünf kurze Romane oder Erzählungen ein ganzes Wissenschaftlerleben lang genügen.

Weil das große Ganze, die Bedeutung von Literatur als Abbild und Möglichkeit von Wirklichkeit, bei den Spezialisten keine Rolle mehr spielt, haben sie nur denen, die sich mit dem Spezialgebiet auskennen, etwas zu sagen – und die werden oftmals, weil es sich um Meinungen handelt, die von ihren eigenen etwas abweichen, gar nicht erfreut darüber sein. Um dem vorzubeugen, schreiben viele Spezialisten so, dass es keiner versteht; oder sie schreiben so, dass es keiner versteht, weil sie sowieso nicht schreiben können, und es merkt keiner, weil sie Spezialisten sind. Wahrscheinlich trifft beides zu.

Mit den Grabenkämpfen der Spezialisten wird die gesellschaftliche Bedeutung von Literatur als *offenes Medium der Reflexion* ad absurdum geführt. Das haben offenbar auch Politiker und Universitätsleitungen gemerkt, bei denen Stelleneinsparungen in der germanistischen Literaturwissenschaft besonders beliebt sind. Das Problem dabei ist nur: Germanisten, insbesondere Literaturwissenschaftler, bilden Deutschlehrer, aber auch Journalisten, Lektoren und anderen Nachwuchs für Berufe im Kulturbereich aus. Wie soll das noch adäquat geschehen, wenn in einem Hauptseminar 120 und in einer Vorlesung 300 Leute sitzen, die von Leuten unterrichtet werden, die keine Lust dazu haben? Oder wenn Studenten mangels Auswahl dazu gezwungen werden, in Proseminare zu gehen mit (zum Zweck der Demonstration erfundenen, doch aus meiner Erfahrung sehr gut möglichen) Titeln wie *Vergessene Autorinnen um 1900* oder *Mediennutzung aus poststrukturalistischer Sicht*, zweifellos interessante Themen, aber wohl kaum grundlegend fürs (literaturwissenschaftliche) Studium? Was soll ein Lehrer oder im Kulturbetrieb Beschäftigter vermitteln, wenn er selbst nur einige wenige Einblicke in entlegene Bereiche bekommen hat, die nur deshalb zentral werden, weil Dozenten ihre Macht der freien Themenwahl ausnutzen? Entsprechend muss man sich nicht wundern, wenn Schüler kein Hintergrundwissen haben und nicht einmal mehr richtig schreiben können, Zeitungen und Bücher voller Tipp- und sonstiger Fehler sind.

Ausbildung als Massenabfertigung

Ergebnis ist eine Spiralbewegung nach unten. Literaturwissenschaftler reden und schreiben so, dass es keiner versteht und keinen wirklich interessiert; Stellen werden gestrichen; immer weniger Literaturwissenschaftler fühlen sich für die immer mehr Studenten immer weniger verantwortlich und konzentrieren sich auf ihre speziellen Forschungsgebiete; und so weiter – das Fach wird immer marginaler und wird, wenn es so weitergeht, irgendwann aufhören zu existieren; dann wird man, das ist der Trend, „Kulturwissenschaft" oder „Medienwissenschaft" betreiben. Die Spezialisten möchten das sogar, können sie dann doch endlich guten Gewissens auf den ständigen Bezug zur Literatur verzichten. Das mühsame, zeitaufwendige Lesen fällt weg, hurra. Damit ist auch den Studenten geholfen, die dank der skizzierten Entwicklung immer weniger Hintergrundwissen haben, das ihnen das Lesen von Literatur ermöglicht. Das Problem ist nur, dass Kultur- oder Medienwissenschaft einerseits nicht weniger spezialisiert sind und andererseits nicht das in dem Maße vermitteln können, was das Studium der Literatur vermitteln kann – siehe oben.

Ein Teufelskreis

Man ist versucht, zunehmende Geistesarmut an die Wand zu malen respektive auf die Seite zu schreiben. Aber bestimmt war das alles viel zu schwarz gesehen. Es gibt viele Literaturwissenschaftler, die sich in Wort und Schrift hervorragend verständlich machen können, die das große Ganze im Auge behalten und an der Vermittlung von Schlüsselkompetenzen interessiert sind. Vielleicht werden es wieder mehr, und die Politiker und Hochschulleitungen haben ein Einsehen, dass das Studium von „Kultur", was immer das ist, und von „Medien" nicht vergleichbar ist mit dem Studium des Literatur genannten, unendlichen Speichers von Wissen und Ideen, mit dem jahrtausendealten Leitmedium, das wie kein anderes den Menschen zur Reflexion, zum Selber-Denken anregen kann.

Sofern das Selber-Denken heute noch gewünscht ist. Denken ist, ich gebe es zu, irgendwie anstrengend, es ist viel bequemer, einen spannenden Film zu sehen, eine Illustrierte zu ‚lesen', einfach das so anzunehmen, womit uns unsere Mediengesellschaft versorgt, dem Arbeitgeber nicht zu widersprechen, die regierende Partei oder die von den Vorvätern geerbte Stammpartei wiederzuwählen, viel zu arbeiten und viel zu konsumieren, damit die Wirtschaft brummt und nicht der Kopf. So gesehen ist die Wahl des Studiums der Literatur eine klare Fehlentscheidung, die Sie korrigieren sollten, bevor es zu spät ist!

Oder?

Anhang |12

Inhalt

12.1	Probeklausur mit Lösungsvorschlag	255
12.2	Lektürevorschlag für Neugermanisten	263
12.3	Literaturverzeichnis	265
12.4	Personen- und Titelregister	271
12.5	Sachregister	275
12.6	Bildnachweis	282

Probeklausur |12.1

100 Minuten = 100 Punkte

Praktisches (15 Min. = 15 Punkte)　　　　　　　　　　　I

I.a. Sie müssen eine Hausarbeit schreiben. Skizzieren Sie die wichtigsten Möglichkeiten, Forschungsliteratur zu recherchieren. (10 Min. = 10 P.)

I.b. Erstellen Sie aus folgenden Informationen einen bibliographischen Nachweis: (5 Min. = 5 P.)

Im Verlag Peter Lang ist 1996 ein Buch von Wulf Segebrecht erschienen, es trägt den Titel: „Heterogenität und Integration", der Untertitel lautet: „Studien zu Leben und Werk E.T.A. Hoffmanns." Der Verlag befindet sich in Frankfurt/Main sowie in anderen Städten. Es handelt sich um die 20. Veröffentlichung in einer „Helicon" genannten Reihe.

| II. | **Begriffe** (35 Min. = 35 Punkte)

▸ II.a. Bitte erläutern Sie in wenigen Worten folgende Begriffe: (je Begriff 2 Min. = 2 P.)

Epos / Quartett / Schweifreim / Trochäus / Zäsur / Blankvers / Sonett / Ballade / Fallhöhe / Stichomythie / Trope / Anapher / Inversion / Ellipse / rhetorische Frage

▸ II.b. Was ist in der Dramentheorie mit der Einheit von Ort, Zeit und Handlung gemeint? (5 Min. = 5 P.)

| III. | **Textanalyse** (15 Min. = 15 P.)

▸ III.a. Bestimmen Sie in folgender Textstelle den Erzähler, das Erzählverhalten, die Erzählperspektive und den Standort des Erzählers! (10 Min. = 10 P.)

> An einem Sommermorgen saß ein Schneiderlein auf einem Tisch am Fenster, war guter Dinge und nähte aus Leibeskräften. Da kam eine Bauersfrau die Straße herab und rief: „Gut Mus feil! Gut Mus feil!" Das klang dem Schneiderlein lieblich in die Ohren, er steckte sein zartes Haupt zum Fenster hinaus und rief: „Hier herauf, liebe Frau, hier wird sie ihre Ware los!" Die Frau stieg die drei Treppen mit ihrem schweren Korbe zu dem Schneider herauf und mußte die Töpfe sämtlich vor ihm auspacken. Er besah sie alle, hob sie in die Höhe, hielt die Nase daran und sagte endlich: „Das Mus scheint mir gut, wieg sie mir doch vier Lot ab, liebe Frau, wenn's auch ein Viertelpfund ist, kommt es mir nicht darauf an." Die Frau, welche gehofft hatte, einen guten Absatz zu finden, gab ihm, was er verlangte, ging aber ganz ärgerlich und brummig fort.

▸ III.b. Aufgeschrieben haben den Text die Brüder Grimm. Um was für einen Text handelt es sich also (Groß- und Untergattung)? Welche anderen Textgattungen (Großgattungen) lassen sich mit literaturwissenschaftlichen Methoden untersuchen?
(5 Min. = 5 P.)

Methodik (20 Min. = 20 P.)   IV.

Skizzieren Sie die Möglichkeiten einer strukturalen *oder* einer diskursanalytischen Interpretation des Textes, erläutern Sie zuvor die wichtigsten methodischen Voraussetzungen.

Literaturgeschichte (10 Min. = 10 P.)   V.

Welcher Zeit und welcher Epoche gehört der Text an? Lassen sich Hinweise darauf im Text finden?

Kanon und Wertung (5 Min. = 5 P.)   VI.

Welche Kriterien könnten dafür sprechen, dass es sich bei dem zitierten Märchen um einen kanonisierten Text handelt?

Notenschlüssel:
    91-100 P.: sehr gut
    81-90 P.: gut
    66-80 P.: befriedigend
    50-65 P.: ausreichend
    weniger als 50 P.: nicht bestanden

Lösungsvorschlag

Ia. Klassische Recherche: Suche in den periodischen Fachbibliographien, in der *Germanistik* (erscheint viermal im Jahr) und in der *Bibliographie der deutschen Sprach- und Literaturwissenschaft* (Jahresbände) sowie, falls vorhanden, in abgeschlossenen Bibliographien.
Avancierte Recherche: Suche in den Datenbanken der Unibibliotheken, also auch in Datenbanken von Bibliotheksverbundsystemen. Falls nötig, kann die Möglichkeit der Fernleihe genutzt werden.
Schneeballsystem: Suche via Forschungsliteratur: Man leiht sich ein (neueres) Buch oder einen Aufsatz über das Thema, das man bearbeitet, aus und bekommt dort weitere Hinweise auf Literatur, denen man folgt und so wieder auf andere Literatur aufmerksam gemacht wird.

Ib. Wulf Segebrecht: Heterogenität und Integration. Studien zu Leben und Werk E.T.A. Hoffmanns. Frankfurt/Main u.a.: Peter Lang 1996 (Helicon 20).

IIa. **Epos:** Langgedicht, Vorläufer des Romans.
Quartett: Vierzeilige Strophenform.
Schweifreim: Auf einen Paarrreim folgt eine Verszeile, dies wiederholt sich, die beiden einzelnen Verszeilen reimen miteinander. Reimstellung: aab ccb.
Trochäus: Metrum, Silbenfolge betont – unbetont.
Zäsur: Syntaktischer oder metrischer Einschnitt in einer Verszeile.
Blankvers: Meist reimloser Vers mit fünf Hebungen und Jambus als Metrum.
Sonett: Gedichtform in 14 Verszeilen und vier Strophen, besteht entweder aus drei Quartetten und einem Verspaar oder zwei Quartetten und zwei Terzetten.
Ballade: Handlungsgedicht, Gattung zwischen Lyrik, Prosa und Dramatik.
Fallhöhe: Begriff aus der Tragödie. Der Held muss möglichst hochstehend sein (König, Adeliger), damit man seinen Fall als tragisch empfinden kann.
Stichomythie: Zeilenweise wechselnde Figurenrede im Drama.
Trope: Verwandlung der Vorstellung in ein (sprachliches) Bild.

Anapher: Wortwiederholung am Versanfang.
Inversion: Bedeutungsrelevante Satzumstellung.
Ellipse: Grammatisch unvollständiger Satz.
Rhetorische Frage: Aussage in Frageform zur Betonung eines Sachverhalts.

Von Aristoteles wurde noch in der Barockzeit die Forderung abgeleitet, dass in einem Drama der Handlungsort nicht wechseln dürfte, das Figurenpersonal überschaubar sein müsse, es nur einen Handlungsstrang geben und die Handlung nicht länger als 24 Stunden dauern dürfe. [IIb.]

Es handelt sich um einen **Er-Erzähler**, das Erzählverhalten ist **auktorial** – der Erzähler weiß über die Figuren und ihre Handlungen genau Bescheid. Daher besteht **Innensicht**, auch wenn es bei diesen eindimensionalen Märchenfiguren konzeptionsbedingt nicht viel innen zu sehen gibt; aber immerhin wird berichtet, dass die Frau auf einen besseren Absatz „gehofft hatte". Der Erzähler nimmt somit eine olympische Position ein, er überblickt das Geschehen räumlich und zeitlich. [IIIa.]

Es handelt sich um den Anfang eines **Märchens** (*Das tapfere Schneiderlein* aus den *Kinder- und Hausmärchen* der Brüder Grimm). Das Märchen gehört als Untergattung zu den **Erzähltexten** (bzw. zur Prosa / Epik). Von den Erzähltexten unterscheidet man **lyrische und dramatische Texte**. [IIIb.]

Strukturale Textanalyse: [IV.]
Der literaturwissenschaftliche Strukturalismus versucht, Strukturen und (Teil)-Systeme von Texten freizulegen, um auf diesem Wege ein Verstehen des Gesamttextes zu erreichen. Literatur besteht aus schriftsprachlichen Zeichen. Das Zeichen selbst ist der Signifikant, er steht für ein Signifikat. Dem Signifikat entspricht im Bereich des Gegenständlichen der Referent. Der Prozess der Semiose ist kompliziert, denn das Verhältnis von Signifikant und Signifikat ist arbiträr. Die Zuordnung von Signifikant und Signifikat unterliegt daher Konventionen. Literarische Texte nutzen die Polysemie der Sprache für Aktualisierungspotenziale der Leser.

Bei der Ermittlung der Bedeutung ist nach den Gründen für die Selektion auf der paradigmatischen und auf der syntagmatischen

Ebene zu fragen. Strukturen von Texten lassen sich nach Oppositionen und Äquivalenzen beschreiben. Dabei sind die verschiedenen Isotopien herauszuarbeiten, die sich aus Denotationen und Konnotationen ergeben.

Der Beispieltext wird durch verschiedene Oppositionen und Äquivalenzen strukturiert, beispielsweise jene von ‚oben' und ‚unten'. Das Schneiderlein ist oben, die Verkäuferin unten; dies konnotiert eine überlegene Position des Schneiders und weist auf seinen sozialen Aufstieg am Ende des Textes voraus. Ebenfalls besteht eine Opposition zwischen beiden Figuren in den Annahmen des Kommunikationsverlaufs. Der Schneider möchte lediglich einige Löffel Mus kaufen, die Frau macht sich die Mühe des Aufstiegs, weil sie auf einen größeren Kauf hofft. Der Aufstieg über die Treppe ist daher auch eine – unfreiwillige – Annäherung dieser Voraussetzungen, die Frau muss akzeptieren, was der Schneider abnimmt. Daraus entsteht die Komik der Textstelle. Auch innerhalb der Figurenkonzeption des Schneiderleins gibt es eine Komik erzeugende Opposition – zwischen dem Diminutiv ‚Schneiderlein', die Bedeutungslosigkeit konnotiert, und der überlegenden Position, die der Schneider faktisch einnimmt; zugleich aber auch zwischen der überlegenen Position und der Geringfügigkeit des Geschäfts.

Es lassen sich bis hierher bereits zwei Isotopien unterscheiden: Die denotierte, also offensichtliche des kleinen Geschäfts, das hier abgeschlossen wird, und die konnotierte der überlegenden Position eines offensichtlich armen und einfachen, ‚kleinen' Mannes. So wird nicht nur auf das weitere Geschehen vorausgedeutet, sondern auch Spannung erzeugt.

Diskursanalyse:
Nach Michel Foucault gibt es eine beschreibbare Technologie der Macht, die in einer Zeit besteht und sich durch die Zeit verändert. **Macht** manifestiert sich in **Diskursen**, denen Subjekte weitestgehend unterworfen sind; allerdings gibt es in jeder Zeit auch die Möglichkeit der Subjekte, Diskurse mit zu gestalten und so deren Entwicklung zu beeinflussen. Diese Entwicklung ist niemals linear, sondern (von den Subjekten einmal abgesehen) von zahlreichen, sich verändernden Regeln abhängig. Macht über Subjekte wird ausgeübt durch Regeln der Ausschließung. Literatur kann diskursanalytisch nach Diskurs- und Machtstrukturen untersucht werden.

Im vorliegenden Text treffen zwei Figuren aufeinander, die aus dem Kleinbürgertum stammen, ein Schneider und eine Verkäuferin, die von Haus zu Haus zieht und ihre Waren feilbietet. Beide Figuren gehören zwar dem selben Stand an, doch zeigt der Text eine für den Handels- und Verkaufsprozess typische Über- und Unterordnung: Der Käufer bestimmt über die Art und Weise, wie das Geschäft vor sich geht und wie es abgeschlossen wird. In dieser Textstelle ist der Schneider, trotz seiner offenkundigen Harmlosigkeit, derjenige, der Macht ausübt, und die Verkäuferin ist diejenige, die Macht erleidet und nur die Möglichkeit hat, über die enttäuschten Erwartungen „ärgerlich und brummig" zu werden. Die Verbindung von Naivität und Dreistigkeit wird am Ende des Märchens den sozialen Aufstieg des Schneiders nach sich ziehen. Damit propagiert der Text aber nicht das Verhalten des Schneiders, vielmehr zeigt er, wie Hierarchien entstehen. Indem der Text den Mächtigen als naiv und dreist beschreibt, subvertiert er die Position der Macht. Der fröhliche Sieg des Naiven und Dreisten, der zugleich als Identifikationsfigur angelegt ist, steht dem nicht entgegen, sondern ergänzt diese Lesart: Gegen die herrschende Macht des Königs und der anderen Autoritäten wird die anarchische Macht des Schneiders gesetzt. Man könnte hier vermuten, dass es generell ein Merkmal von Literatur ist, quer zum Machtdiskurs der Zeit (jeder Zeit?) zu stehen.

Der Text stammt aus der 1812/15 erstmals publizierten Sammlung der *Kinder- und Hausmärchen* der Brüder Grimm und gehört somit zur Epoche der Romantik. Die Romantiker setzen an die Stelle der antiken griechischen Kunst, die in der Klassik Vorbildfunktion hatte, die mittelalterliche deutsche Kunst, die sich nicht primär durch Reflexion, sondern durch Emotionen erschließt. Betont wird nun „das Himmlische im Kunstenthusiasmus", also der Bereich, der sich Vernunft, Logik und überhaupt Erklärungen aus dem Diesseits entzieht. Romantische Vorstellungswelten behaupten ein transzendentes Moment, das Vernunft keineswegs ausschließt. Die Gegenwart wird als Zeitalter der Spaltung, der Trennung begriffen. Märchen sind in einer imaginären Vorzeit angesiedelt, als diese Spaltung noch jung war, als beispielsweise Tiere und Menschen noch miteinander reden konnten. Durch Märchen wird zugleich vorgeführt, welche Harmonie von Mensch, Tier und Natur verlorengegangen ist. Das wird auch sprachlich umgesetzt, denn die

V.

Grimms gehen mit Herder davon aus, dass Märchen im Volk entstanden sind und mündlich tradiert wurden. Das tapfere Schneiderlein ist in mehrfacher Hinsicht ein typisches Märchen aus der Sammlung der Brüder Grimm: Orts- und Zeitangaben fehlen (mythische Vorzeit); die Sprache und Figurenkonzeption ist denkbar einfach; der Schneider trifft im weiteren Verlauf des Märchens auf Riesen und Fabeltiere; die Geschichte des Schneiders kommt zu einem glücklichen, harmonischen Ende.

VI. Die Sprache ist zwar einfach, aber nicht klischeehaft. Lesererwartungen werden nicht bestätigt, der Leser wird – wie die Verkäuferin der Marmelade – in die Irre geführt. Die fröhliche Sommerstimmung deutet auf einen harmonischen Ausgang der Begegnung, stattdessen kauft der Schneider nur ein paar Löffel Mus. Der Text ist somit originell, Stereotype oder Klischees finden keine Verwendung, zumindest nicht, ohne ironisiert zu werden (die Klischeefigur des Schneiders). Zugleich ist der Text in sich stimmig, denn die überlegene Position des Schneiders in dieser Eingangspassage deutet bereits auf seinen sozialen Aufstieg voraus. Die skizzierte Struktur regt zur Reflexion z.B. über die gezeigten sozialen Hierarchien an, der Text eröffnet weitere Deutungsspielräume (z.B. im literarhistorischen Kontext der romantischen Dichtung).

Auch textexterne Faktoren weisen auf eine Kanonisierung. Die Märchensammlung der Brüder Grimm ist literarhistorisch höchst bedeutsam, es handelt sich um eine der wirkungsmächtigsten Publikationen des 19. Jahrhunderts.

Lektürevorschlag für Neugermanisten |12.2

Wer diesem Vorschlag folgen möchte, sollte die genannten Texte zusätzlich zu der in Veranstaltungen empfohlenen Literatur lesen. Gedichttitel sind mit * markiert.
Eine Lektüreauswahl aus der riesigen Zahl von literarischen Texten zu treffen ist schwierig, vgl. hierzu das Kap. 8: Kanon und literarische Wertung. Bei der vorliegenden Auswahl ist berücksichtigt worden, dass Lesezeit auch Lebenszeit ist; dass es Texte gibt, die ein Germanist gelesen haben sollte; dass es aber auch eine große Zahl von Texten gibt, über deren Bedeutung man sich, wenn es um eine engere Auswahl geht, streiten kann. Unverzichtbar für jeden Germanisten ist Neugierde, also das Hinausschauen (und Hinauslesen) über den Tellerrand (daher die Ordnung nach Geburtsjahren, nicht nach Erscheinungsjahren). Zu einem solchen Weiterlesen möchte diese Liste nur einen Anstoß geben. Deshalb ist sie im Vergleich zu anderen, die kursieren, eher knapp gehalten, deshalb werden bei manchen Autoren kürzere Texte bevorzugt, um so einen ersten Einstieg in deren Werk zu ermöglichen. Persönliche Vorlieben sind trotz des Versuchs einer annähernd repräsentativen Auswahl nicht zu leugnen. Jede/r Studierende sollte sich informieren, ob es am eigenen Institut eine andere Liste gibt, und sich ggf. danach richten.
Für weitergehende Lektürevorschläge vgl. Wulf Segebrecht: Was sollen Germanisten lesen? 2., überarb. u. erw. Aufl. Berlin: Erich Schmidt 2000. Dort finden sich auch Vorschläge für die nicht weniger wichtige Zeit vor 1600. Segebrecht weist auch darauf hin, dass es für Germanisten keine Beschränkung auf deutschsprachige Literatur geben kann! Was wäre die deutschsprachige Literatur ohne Ovid, die Bibel oder Shakespeare, von vielen anderen gar nicht zu reden...

1. Martin Opitz (1597-1639): Buch von der Deutschen Poeterey

2. Andreas Gryphius (1616-1664): Es ist alles Eitel*

3. Christian Hofmann v. Hofmannswaldau (1616-1679): Vergänglichkeit der Schönheit*

4. Hans Jakob Christoffel v. Grimmelshausen (um 1622-1676): Der abenteuerliche Simplicissimus Teutsch

5. Gotthold Ephraim Lessing (1729-1781): Emilia Galotti; Nathan der Weise

6. Sophie von La Roche (1731-1807): Geschichte des Fräuleins von Sternheim

7. Johann Wolfgang Goethe (1749-1832): Die Leiden des jungen Werthers; Das Märchen; Novelle; Faust. Der Tragödie erster Teil; Prometheus*; Erlkönig*; Das Göttliche*

8. Friedrich Schiller (1759-1805): Die Räuber; Don Carlos; Wallenstein; Wilhelm Tell; Die Bürgschaft*; Der Taucher*; Der Handschuh*; Das Lied von der Glocke*

9. Novalis (eigentl. Friedrich von Hardenberg; 1772-1801): Heinrich von Ofterdingen

10. Ludwig Tieck (1773-1853): Der blonde Eckbert; Der gestiefelte Kater

11. E.T.A. Hoffmann (1776-1822): Der goldne Topf; Prinzessin Brambilla; Der Sandmann

12. Heinrich v. Kleist (1777-1811): Penthesilea; Der zerbrochne Krug; Über das Marionettentheater

13. Achim von Arnim (1781-1831) / Clemens Brentano (1778-1842): Des Knaben Wunderhorn

14. Bettina Brentano, verh. v. Arnim (1785-1859): Dies Buch gehört dem König

15. Brüder Grimm (Jacob: 1785-1863; Wilhelm: 1786-1859): Kinder- und Hausmärchen

16. Joseph Freiherr v. Eichendorff (1788-1857): Mondnacht*

17. Heinrich Heine (1797-1856): Deutschland. Ein Wintermärchen*

18. August Heinrich Hoffmann v. Fallersleben (1798-1874): Das Lied der Deutschen*

19. Wilhelm Hauff (1802-1827): Kalif Storch; Zwerg Nase; Das kalte Herz

20. Georg Büchner (1813-1837): Lenz; Woyzeck

21. Theodor Storm (1817-1888): Immensee; Der Schimmelreiter

22. Theodor Fontane (1819-1898): Effi Briest; Herr von Ribbeck auf Ribbeck im Havelland*; Die Brück am Tay*

23. Gottfried Keller (1819-1890): Die Leute von Seldwyla

24. Wilhelm Busch (1832-1908): Max und Moritz; Die fromme Helene

25. Arthur Schnitzler (1862-1931): Reigen; Leutnant Gustl; Traumnovelle

26. Gerhart Hauptmann (1862-1946): Bahnwärter Thiel; Die Weber

27. Frank Wedekind (1864-1918): Frühlings Erwachen; Der Tantenmörder*

28. Thomas Mann (1875-1955): Buddenbrooks; Der Tod in Venedig; Der Zauberberg

29. Georg Kaiser (1878-1945): Von morgens bis mitternachts

30. Robert Musil (1880-1942): Die Verwirrungen des Zöglings Törleß

31. Franz Kafka (1883-1924): Die Verwandlung; Das Urteil

32. Gottfried Benn (1886-1956): Kleine Aster*; Mann und Frau gehen durch die Krebsbaracke*

33. Jakob van Hoddis (eigentl. Hans Davidsohn; 1887-1942): Weltende*

34. Kurt Tucholsky (1890-1935): Deutschland, Deutschland über alles

35. Ernst Toller (1893-1939): Eine Jugend in Deutschland

36. Ödön von Horváth (1901-1938): Geschichten aus dem Wiener Wald; Jugend ohne Gott

37. Carl Zuckmayer (1896-1977): Der Hauptmann von Köpenick

38. Bertolt Brecht (1898-1956): Hauspostille; Die Dreigroschenoper; Mutter Courage und ihre Kinder; An die Nachgeborenen*

39. Erich Kästner (1899-1974): Emil und die Detektive; Fabian; Sachliche Romanze*; Kennst du das Land...*

40. Max Frisch (1911-1991): Homo faber

41. Paul Celan (eigentl. Paul Anczel; 1920-1970): Todesfuge*

42. Günter Grass (geb. 1927): Die Blechtrommel; Das Treffen in Telgte

43. Martin Walser (geb. 1927): Ein fliehendes Pferd; Tod eines Kritikers

44. Michael Ende (1929-1995): Jim Knopf und Lukas der Lokomotivführer; Die unendliche Geschichte

45. Christa Wolf (geb. 1929): Der geteilte Himmel; Kassandra; Medea. Stimmen

46. Uwe Johnson (1934-1984): Mutmassungen über Jakob

47. Robert Gernhardt (geb. 1937): Materialien zu einer Kritik der bekanntesten Gedichtform italienischen Ursprungs*

48. Monika Maron (geb. 1941): Stille Zeile Sechs

49. Elfriede Jelinek (geb. 1946): Lust

50. Alexa Hennig von Lange (geb. 1973): Relax

Literaturverzeichnis | 12.3

Asmuth, Bernhard: Einführung in die Dramenanalyse. 6. Aufl. Stuttgart u. Weimar: Metzler 2004.

Baasner, Rainer u. Maria Zens: Methoden und Modelle der Literaturwissenschaft. Eine Einführung. 2., überarb. u. erw. Aufl. Berlin: Erich Schmidt 2001.

Blinn, Hansjürgen: Informationshandbuch Deutsche Literaturwissenschaft. Mit Tipps zur Internet-Recherche. Frankfurt/Main: Fischer 2003.

Borries, Erika und Ernst von / Annemarie und Wolfgang van Rinsum: Deutsche Literaturgeschichte. 12 Bände. Stuttgart: Deutscher Taschenbuch-Verlag.

Braak, Ivo: Poetik in Stichworten. Literaturwissenschaftliche Grundbegriffe. Eine Einführung. 7., überarb. u. erw. Aufl. von Martin Neubauer. Unterägeri: Hirt 1990 (Hirts Stichwörterbücher).

Burdorf, Dieter: Einführung in die Gedichtanalyse. Stuttgart u. Weimar: Metzler 1995 (Sammlung Metzler 284).

Culler, Jonathan: Literaturtheorie. Eine kurze Einführung. Stuttgart: Reclam 2002 (RUB 18166).

Daemmrich, Horst S. u. Elisabeth: Themen und Motive in der Literatur. 2., überarb. u. erw. Aufl. Tübingen u. Basel: Francke 1995 (UTB 8034).

Fauser, Markus: Einführung in die Kulturwissenschaft. 2. Aufl. Darmstadt: Wiss. Buchgesellschaft 2004 (Einführungen Germanistik).

Frank, Horst J.: Wie interpretiere ich ein Gedicht? Eine methodische Anleitung. 6. Aufl. Tübingen u. Basel: Francke 2003 (UTB 1639).

Frenzel, Elisabeth: Motive der Weltliteratur. Ein Lexikon dichtungsgeschichtlicher Längsschnitte. 4., überarb. u. erg. Aufl. Stuttgart: Kröner 1992 (Kröners Taschenausgabe 301).

Dies.: Stoffe der Weltliteratur. Ein Lexikon dichtungsgeschichtlicher Längsschnitte. 8., überarb. u. erw. Aufl. Stuttgart: Kröner 1992 (Kröners Taschenausgabe 300).

Grundlagen
(zur Anschaffung empfohlen)

Hermand, Jost: Geschichte der Germanistik. Reinbek: Rowohlt 1994 (Rowohlts Enzyklopädie 534).

Heydebrand, Renate von u. Simone Winko: Einführung in die Wertung von Literatur. Systematik – Geschichte – Legitimation. Paderborn u.a. 1996: Schöningh (UTB 1953).

Jahraus, Oliver: Literaturtheorie. Theoretische und methodische Grundlagen der Literaturwissenschaft. Tübingen u. Basel: Francke 2004 (UTB 2587).

Jahraus, Oliver u. Stefan Neuhaus (Hg.). Kafkas Urteil und die Literaturtheorie. Zehn Modellanalysen. Stuttgart: Reclam 2002 (RUB 17636).

Korte, Helmut: Einführung in die systematische Filmanalyse. Ein Arbeitsbuch. 2., durchges. Aufl. Berlin: Erich Schmidt 2001.

Lexikon des internationalen Films 2001 (ggf. neuere Ausgabe). München: Net World Vision 2000 (CD-Rom-Ausgabe des im Rowohlt-Verlag erschienenen Lexikons).

Lotman, Jurij M.: Die Struktur literarischer Texte. Übers. v. Rolf-Dietrich Keil. 4., unveränd. Aufl. München: Fink 1993 (UTB 103).

Ludwig, Hans-Werner u. Thomas Rommel: Studium Literaturwissenschaft. Arbeitstechniken und Neue Medien. Tübingen u. Basel: Francke 2003 (UTB 2332).

Lurker, Manfred: Wörterbuch der Symbolik. Unter Mitarb. zahlr. Fachwiss. 5., durchges. u. erw. Aufl. Stuttgart: Kröner 1991 (Kröners Taschenausgabe 464).

Martinez, Matias u. Michael Scheffel: Einführung in die Erzähltheorie. 2., durchges. Aufl. München: C.H. Beck 2000 (C.H. Beck Studium).

Meyer-Krentler, Eckhardt: Arbeitstechniken Literaturwissenschaft. München: Fink 1997 (UTB 1582).

Neuhaus, Stefan: Literaturkritik. Eine Einführung. Göttingen: Vandenhoeck & Ruprecht 2004 (UTB 2482).

Nünning, Ansgar (Hg.): Metzler Lexikon Literatur- und Kulturtheorie. Ansätze – Positionen – Grundbegriffe. Stuttgart u. Weimar: Metzler 1998.

Petersen, Jürgen H.: Erzählsysteme. Eine Poetik epischer Texte. Stuttgart u. Weimar: Metzler 1993 (Metzler Studienausgabe).

Ders.: Erzählerische Texte. In: Dieter Gutzen, Norbert Oellers, Jürgen H. Petersen: Einführung in die neuere deutsche Literaturwissenschaft. Ein Arbeitsbuch. Unter Mitarb. v. Eckart Strohmaier. 5., überarb. Aufl. Berlin: Erich Schmidt 1984, S. 11-39.

Segebrecht, Wulf: Was sollen Germanisten lesen? 2., überarb. u. erw. Aufl. Berlin: Erich Schmidt 2000.

Schweikle, Günther u. Irmgard (Hg.): Metzler Literatur Lexikon. Begriffe und Definitionen. 2., überarb. Aufl. Stuttgart: Metzler 1990.

Weitere wissenschaftliche Literatur

Anz, Thomas (Hg.): „Es geht nicht um Christa Wolf." Der Literaturstreit im vereinigten Deutschland. Erw. Neuausg. Frankfurt/Main: Fischer 1995.

Ders.: Literatur und Lust. Glück und Unglück beim Lesen. München: C.H. Beck 1998.

Arntzen, Helmut: Die ernste Komödie. Das deutsche Lustspiel von Lessing bis Kleist. München: Nymphenburger Verlagshandlung 1968.

Assmann, Jan (Hg.): Kultur und Gedächtnis. Frankfurt/Main: Suhrkamp 1988 (suhrkamp taschenbuch wissenschaft 724).

Best, Otto F. (Hg.): Expressionismus und Dadaismus. Bibliogr. erg. Ausg. Stuttgart: Reclam 1988 (Die deutsche Literatur. Ein Abriß in Text und Darstellung 14. RUB 9653).

Butler, Judith: Psyche der Macht. Das Subjekt der Unterwerfung. Aus dem Amerik. von Reiner Ansén. Frankfurt/Main: Suhrkamp 2001 (edition suhrkamp 1744).

Eco, Umberto: Zeichen. Einführung in einen Begriff und seine Geschichte. Frankfurt/ Main: Suhrkamp 1977 (edition suhrkamp 895).

Eicher, Thomas u. Volker Wiemann (Hg:): Arbeitsbuch: Literaturwissenschaft. Paderborn u.a.: Schöningh 1996 (UTB 8124, Große Reihe).

Faulstich, Werner: Radiotheorie. Eine Studie zum Hörspiel The War of the Worlds (1938) von Orson Welles. Tübingen: Gunter Narr 1981 (Medienbibliothek, Serie B, Studien 1).

Foucault, Michel: Die Ordnung des Diskurses. Aus dem Französischen von Walter Seitter. Mit einem Essay von Ralf Konersmann. 7. Aufl. Frankfurt/Main: Fischer 2000 (Fischer Wissenschaft).

Frank, Horst J.: Handbuch der deutschen Strophenformen. 2., durchges. Aufl. Tübingen u. Basel: Francke 1993 (UTB 1732).

Freud, Sigmund: Gesammelte Werke. 18 Bde. Frankfurt/Main: Fischer 1999.

Gadamer, Hans-Georg: Rhetorik und Hermeneutik. Als öffentlicher Vortrag der Junius-Gesellschaft der Wissenschaften gehalten am 22.6.1976 in Hamburg. Göttingen: Vandenhoeck & Ruprecht 1976.

Girschner-Woldt, Ingrid: Theorie der modernen politischen Lyrik. Berlin: Spieß 1971.

Glaser, Horst Albert (Hg.): Deutsche Literatur. Eine Sozialgeschichte. 9 Bände. Reinbek: Rowohlt 1980ff.

Grimm, Gunter E. (Hg.): Deutsche Balladen. Gedichte und Interpretationen. Stuttgart: Reclam 1998 (RUB 8457).

Habermas, Jürgen: Strukturwandel der Öffentlichkeit. Untersuchungen zu einer Kategorie der bürgerlichen Gesellschaft. Mit einem Vorwort zur Neuauflage 1990. Frankfurt/Main: Suhrkamp 1990 (suhrkamp taschenbuch wissenschaft 891).

Hansers Sozialgeschichte der Literatur. Begründet von Rolf Grimminger. 12 Bände. München u. Wien: Hanser 1980ff.

Hartung, Harald (Hg.): Vom Naturalismus bis zur Jahrhundertmitte. Stuttgart: Reclam 1984 (Gedichte und Interpretationen 5. RUB 7894).

Hauptmeier, Helmut u. Siegfried J. Schmidt: Einführung in die Empirische Literaturwissenschaft. Braunschweig u. Wiesbaden: Vieweg 1985.

Hickethier, Knut: Film- und Fernsehanalyse. 2., überarb. Aufl. Stuttgart u. Weimar: Metzler 1996 (Sammlung Metzler 277).

Hinck, Walter (Hg.): Gegenwart. Stuttgart: Reclam 1985 (Gedichte und Interpretationen 6. RUB 7895).

Huizinga, Johan: Homo Ludens. Vom Ursprung der Kultur im Spiel. In engster Zusammenarbeit mit dem Verf. aus dem Niederländ. übertragen von H. Nachod. Mit einem Nachw. von Andreas Flitner. Reinbek: Rowohlt 2001 (rowohlts enzyklopädie).

Iser, Wolfgang: Der implizite Leser. Kommunikationsformen des Romans von Bunyan bis Beckett. München: Fink 1972 (Theorie und Geschichte der Literatur und der schönen Künste 31).

Ders.: Die Appellstruktur der Texte. Unbestimmtheit als Wirkungsbedingung literarischer Prosa. Konstanz: Universitätsverlag 1970 (Konstanzer Universitätsreden 28).

Jannidis, Fotis u.a. (Hg.): Texte zur Theorie der Autorschaft. Stuttgart: Reclam 2000 (RUB 18058).

Jauß, Hans Robert: Literaturgeschichte als Provokation. 1. Aufl. Frankfurt/Main: Suhrkamp 1970 (edition suhrkamp 418).

Kayser, Wolfgang: Das sprachliche Kunstwerk. Eine Einführung in die Literaturwissenschaft. 20. Aufl. Tübingen u. Basel: Francke 1992.

Kiedaisch, Petra (Hg.): Lyrik nach Auschwitz? Adorno und die Dichter. Stuttgart: Reclam 1998 (RUB 9363).

Laufhütte, Hartmut (Hg.): Deutsche Balladen. Stuttgart: Reclam 1991 (RUB 8501).

Lindhoff, Lena: Einführung in die feministische Literaturtheorie. Stuttgart u. Weimar: Metzler 1995 (Sammlung Metzler 285).

Lüthi, Max: Märchen. 8., durchges. u. erg. Aufl. Bearb. v. Heinz Rölleke. Stuttgart: Metzler 1990 (Sammlung Metzler 16).

Luhmann, Niklas: Aufsätze und Reden. Hg. von Oliver Jahraus. Stuttgart: Reclam 2001 (RUB 18149).

Ders.: Soziale Systeme. Grundriß einer allgemeinen Theorie. 7. Aufl. Frankfurt/Main: Suhrkamp 1999 (suhrkamp taschenbuch wissenschaft 666).

Maché, Ulrich u. Volker Meid (Hg.): Gedichte des Barock. Stuttgart: Reclam 2000 (RUB 9975).

Neuhaus, Stefan: Revision des literarischen Kanons. Göttingen: Vandenhoeck & Ruprecht 2002.

Niefanger, Dirk: Barock. Stuttgart u. Weimar: Metzler 2000 (Lehrbuch Germanistik).

Paech, Joachim: Literatur und Film. 2., überarb. Aufl. Stuttgart u. Weimar: Metzler 1997 (Sammlung Metzler 235).

Pfanner, Helmut F.: Hanns Johst. Vom Expressionismus zum Nationalsozialismus. The Hague u. Paris: Mouton 1970 (Studies in German Literature 17).

Reich-Ranicki, Marcel (Hg.): 1000 deutsche Gedichte und ihre Interpretationen. 10 Bde. 2. Aufl. Frankfurt/Main u. Leipzig: Insel 1995.

Schenda, Rudolf: Volk ohne Buch. Studien zur Sozialgeschichte der populären Lesestoffe 1770-1910. Frankfurt/Main: Klostermann 1970 (Studien zur Philosophie und Literatur des 19. Jahrhunderts 5).

Schmidt, Siegfried J.: Vom Text zum Literatursystem. Skizze einer konstruktivistischen (empirischen) Literaturwissenschaft. In: Heinz von Foerster u.a.: Einführung in den Konstruktivismus. München u. Zürich: Piper 1998 (Veröffentlichungen der Carl Friedrich von Siemens Stiftung 5), S. 147-166.

Schmitt, Hans-Jürgen (Hg.): Romantik I. Stuttgart: Reclam 1986 (Die deutsche Literatur. Ein Abriß in Text und Darstellung 8. RUB 9629).

Segebrecht, Wulf (Hg.): Klassik und Romantik. Stuttgart: Reclam 1984 (Gedichte und Interpretationen 3. RUB 7892).

Staiger, Emil: Geist und Zeitgeist. Zürich: Atlantis 1964.

Steinmetz, Horst: Die Komödie der Aufklärung. 3., durchges. u. bearb. Aufl. Stuttgart: Metzler 1978 (Sammlung Metzler 47).

Verweyen, Theodor u. Gunther Witting (Hg.): Deutsche Lyrik-Parodien aus drei Jahrhunderten. Stuttgart: Reclam 1983 (RUB 7975).

Vinke, Hermann (Hg.): Akteneinsicht Christa Wolf. Zerrspiegel und Dialog. Eine Dokumentation. Hamburg: Luchterhand 1993.

Wierlacher, Alois u. Andrea Bogner (Hg.): Handbuch interkulturelle Germanistik. Stuttgart u. Weimar: Metzler 2003.

Wittmann, Reinhard: Geschichte des deutschen Buchhandels. München: C.H. Beck 1999 (Beck'sche Reihe).

Würffel, Stefan Bodo: Das deutsche Hörspiel. Stuttgart: Metzler 1978 (Sammlung Metzler 172).

Zima, Peter V.: Die Dekonstruktion. Einführung und Kritik. Tübingen u. Basel: Francke 1994 (UTB 1805).

Primärliteratur

Baker, Nicholson: Vox. Roman. Deutsch von Eike Schönfeld. Reinbek: Rowohlt 1992.

Bichsel, Peter: Zur Stadt Paris. Geschichten. Frankfurt/Main: Suhrkamp 1993.

Brecht, Bertolt: Ausgewählte Werke in sechs Bänden. Jubiläumsausgabe zum 100. Geburtstag. Frankfurt/Main: Suhrkamp 1997.

Ders.: Hauspostille. Mit Anleitungen, Gesangsnoten und einem Anhang, 14. Aufl., Frankfurt/Main: Suhrkamp 1996 (bibliothek suhrkamp 4).

Brüder Grimm: Kinder- und Hausmärchen. Ausgabe letzter Hand. 3 Bde. Mit den Originalanmerkungen der Brüder Grimm. Mit einem Anhang sämtlicher, nicht in allen Auflagen veröffentlicher Märchen und Herkunftsnachweisen hg. von Heinz Rölleke. Stuttgart: Reclam 1995.

Celan, Paul: Gedichte in zwei Bänden. Frankfurt/Main: Suhrkamp 1972.

Cumart, Nevfel: Waves of Time – Wellen der Zeit. Poems – Gedichte. Übers. von Eoin Bourke. Düsseldorf: Grupello 1998.

Döblin, Alfred: Berlin Alexanderplatz. Die Geschichte vom Franz Biberkopf. Roman. Nachwort von Walter Muschg. Ungek. Ausg. München: Deutscher Taschenbuch-Verlag 1997.

Erhardt, Heinz: Das große Heinz Erhardt Buch. München: Goldmann 1984.

Fontane, Theodor: Aufsätze und Aufzeichnungen: Aufsätze zur Literatur. Hg. von Jürgen Kolbe. Frankfurt/Main u.a.: Ullstein 1979 (Werke und Schriften 28).

Ders.: Nymphenburger Taschenbuch-Ausgabe in 15 Bänden. München: Nymphenburger Verlagshandlung 1969.

Ders.: Wanderungen durch England und Schottland. 2 Bde. Hg. v. Hans-Heinrich Reuter. 2. Aufl. Berlin: Verlag der Nation 1991.

Gellert, Christian Fürchtegott: Fabeln und Erzählungen. Hg. von Karl-Heinz Fallbacher. Stuttgart: Reclam 1986 (RUB 161).

Gernhardt, Robert: Lichte Gedichte. Frankfurt/Main: Fischer 2002.

Ders.: Reim und Zeit. Gedichte. Mit einem Nachwort des Autors. Erweiterte Ausg. Stuttgart: Reclam 1999 (RUB 8652).

Goethe, Johann Wolfgang von: Werke. Hamburger Ausgabe in 14 Bänden. München: dtv 1996.

Gottsched, Johann Christoph: Versuch einer Critischen Dichtkunst vor die Deutschen. In: Ders.: Schriften zur Literatur. Hg. von Horst Steinmetz. Stuttgart: Reclam 1998 (RUB 9361).

Gottsched, Luise Adelgunde Victorie: Die Pietisterey im Fischbein-Rocke. Komödie. Hg. von Wolfgang Martens. Stuttgart: Reclam 2000 (RUB 8579).

Grabbe, Christian Dietrich: Scherz, Satire, Ironie und tiefere Bedeutung. Ein Lustspiel in drei Aufzügen. Nachwort u. Anm. von Alfred Bergmann. Stuttgart: Reclam 1995 (RUB 397).

Grass, Günter: Die Blechtrommel. Roman. Hg. von Volker Neuhaus. Darmstadt u. Neuwied: Luchterhand 1987 (Werkausgabe in zehn Bänden 2).

Grimm, Hans: Volk ohne Raum. 2 Bde. Lippoldsberg: Klosterhaus 1991.

Grünbein, Durs: Den Teuren Toten. 33 Epitaphe. 2. Aufl. Frankfurt/Main: Suhrkamp 1995.

Gryphius, Andreas: Lustspiele. Hg. von Hermann Palm. Darmstadt: Wiss. Buchges. 1961 (Werke in drei Bänden mit Ergänzungsband, 1).

Hauff, Wilhelm: Sämtliche Werke. 2 Bde. Hg. v. Hermann Engelhard. Essen: Magnus 1981.

Hauptmann, Gerhart: Bahnwärter Thiel. Novellistische Studie. Nachwort von Fritz Martini. Stuttgart: Reclam 1987 (RUB 6617).

Heine, Heinrich: Gedichte. Ausgew. u. hg. v. Christoph Siegrist. Frankfurt/Main u. Leipzig: Insel 1994 (Werke in vier Bänden 1. Insel-TB 1628).

Herwegh, Georg: Herweghs Werke in einem Band. Ausgew. u. eingel. v. Hans-Georg Werner. 4. Aufl. Berlin u. Weimar: Aufbau 1980 (Bibliothek deutscher Klassiker).

Hoffmann, E.T.A.: Gesammelte Werke in Einzelausgaben. 8 Bde. Berlin u. Weimar: Aufbau 1994.

Ders.: Klein Zaches genannt Zinnober. Ein Märchen. Nachwort von Gerhard R. Kaiser. Stuttgart: Reclam 1995 (RUB 306).

Hoffmann (von Fallersleben), August Heinrich: Gedichte und Lieder. Im Auftrag der Hoffmann von Fallersleben-Gesellschaft hg. v. Hermann Wendebourg u. Anneliese Gerbert. Hamburg: Hoffmann und Campe 1974.

Hoppe, Felicitas: Picknick der Friseure. Geschichten. 1. Aufl. Reinbek: Rowohlt 1996.

Jelinek, Elfriede: Lust. Reinbek: Rowohlt 1999.

Johnson, Uwe: Mutmassungen über Jakob. Roman. Frankfurt/Main: Suhrkamp 1992 (edition suhrkamp 1818).

Kästner, Erich: Werke. 9 Bde. Hg. von Franz Josef Görtz. München u. Wien: Hanser 1998.

Kafka, Franz: Sämtliche Erzählungen. Hg. von Paul Raabe. Frankfurt/Main: Fischer 1983 (Fischer-TB 1078).

Keller, Gottfried: Die Leute von Seldwyla. Erzählungen. Hg. von Bernd Neumann. Stuttgart: Reclam 1993 (RUB 6179).

Kinkel, Tanja: Die Löwin von Aquitanien. Roman. 1. Aufl. München: Goldmann 1991.

Lessing, Gotthold Ephraim: Emilia Galotti. Ein Trauerspiel in fünf Aufzügen. Stuttgart: Reclam 1982 (RUB 45).

Ders.: Hamburgische Dramaturgie. Hg. und komm. von Klaus L. Berghahn. Stuttgart: Reclam 1999 (RUB 7738).

Loriot: Menschen, Tiere, Katastrophen. Auswahl von Peter Köhler. Stuttgart: Reclam 1997 (RUB 8820).

Morgenstern, Christian: Gedichte, Verse, Sprüche. Limassol (Zypern): Lechner 1993.

O'Brien, Flann: Irischer Lebenslauf. Eine arge Geschichte vom harten Leben. Hg. von Myles na Gopaleen. Aus dem Irischen ins Englische übertragen von Patrick C. Power. Aus dem Englischen ins Deutsche übertragen von Harry Rowohlt. Frankfurt/Main: Suhrkamp 1984 (Suhrkamp-Taschenbuch 986).

Opitz, Martin: Buch von der Deutschen Poeterey (1624). Hg. von Cornelius Sommer. Stuttgart: Reclam 1995 (RUB 8397).

Rellstab, Ludwig: 1812. Historischer Roman. Hg. v. Friedrich Lichtwart. Mit erläuternden Bildern. Leipzig: Fritz Eckart Verlag 1912 (Der Blauen Eckardt-Bücher zweiter Band).

Schiller, Friedrich: Die Räuber. Ein Schauspiel. Mit einem Nachwort. Stuttgart: Reclam 1986 (RUB 15).

Ders.: Sämtliche Werke. 5 Bände. 8., durchges. Aufl. München: Hanser 1987 (Lizenzausgabe der Wiss. Buchges.).

Schnitzler, Arthur: Leutnant Gustl. Fräulein Else. Frankfurt/Main: S. Fischer 1981.

Schwab, Werner: Fäkaliendramen. Die Präsidentinnen; Übergewicht, unwichtig: Unform; Volksvernichtung; Mein Hundemund. 4. Aufl. Wien: Literaturverlag Droschl 1996.

Süskind, Patrick: Das Parfum. Die Geschichte eines Mörders. Zürich: Diogenes 1994 (detebe 22800).

Tucholsky, Kurt: Deutschland, Deutschland über alles. Ein Bilderbuch von Kurt Tucholsky und vielen Fotografen. Montiert von John Heartfield. Reinbek: Rowohlt 1996 [Reprint der Erstausgabe von 1929 mit Anhang].

Ders.: Gedichte. Hg. v. Mary Gerold-Tucholsky. 21.-25. Tausend. Reinbek: Rowohlt 1996.

Wackenroder, Wilhelm Heinrich u. Ludwig Tieck: Herzensergießungen eines kunstliebenden Klosterbruders. Nachwort von Richard Benz. Stuttgart: Reclam 1987 (RUB 7860).

Wedekind, Frank: Lautenlieder. Hg. von Artur Kutscher. Berlin u. München: Drei Masken Verlag 1920.

Winckelmann, Johann Joachim: Gedanken über die Nachahmung der griechischen Werke in der Malerei und Bildhauerkunst. Sendschreiben. Erläuterung. Hg. von Ludwig Uhlig. Bibliographisch ergänzte Ausg. Stuttgart: Reclam 1995 (RUB 8338).

Personen- und Titelregister |12.4

Adorno, Theodor W. 160
Altenberg, Peter 145
Anonym: Nibelungenlied 2, 48, 177
Anz, Thomas 204
Aristoteles 62-64, 67, 69, 114, 118
Arnim, Achim v. 171
Arntzen, Helmut 69

Bachtin, Michail 211
Baker, Nicholson *Vox* 34
Ball, Hugo *Karawane* 149-150
Beauvoir, Simone de 207
Beck, Rufus 92
Becker, Jurek *Amanda herzlos* .. 166-167
    Jakob der Lügner 90, 164
Benjamin, Walter 156
Benn, Gottfried 157-158
    Kleine Aster 158
    Morgue 158
Bernhard, Thomas *Heldenplatz* 164
Bernstein, Leonard 77
Beyer, Frank 90
Bhabha, Homi K. 210
Bichsel, Peter *Gerechtigkeit* 49-52
Bierce, Ambrose *An Occurence at Owl Creek Bridge* 46-47

Biermann, Wolf 163
Bismarck, Otto v. 140
Böll, Heinrich 161, 164, 178
Börne, Ludwig 138
Branagh, Kenneth 90-91
Brecht, Bertolt 57, 156-157, 236
    An die Nachgeborenen 159
    Die Dreigroschenoper 60
    Hauspostille 151, 219-226
    Kinderhymne 140
    Mutter Courage 157
    Über die Städte 219-226
Brentano, Clemens 136
    Zu Bacharach am Rheine 108-110
Brüder Grimm 128
    Die Sterntaler 170-173
    Hänsel und Gretel 29-31, 45
    Kinder- und Hausmärchen 137, 170-171
Brussig, Thomas *Helden wie wir* 166
Büchner, Georg 141
    Woyzeck 170-173
Bürger, G.A. *Lenore* 18, 128-129
Butler, Judith 208

Canetti, Elias 161

Celan, Paul *Fadensonnen* 3
   Todesfuge 160
Cumart, Nevfel 13, 210
   über die sprache I 12

Dahn, Felix 142, 206
Darwin, Charles 144, 222
Delius, F.C. 165
Derrida, Jacques 215-216
Descartes, René 123
Dilthey, Wilhelm 195
Disney, Walt 92
Döblin, Alfred *Berlin*
   Alexanderplatz . . 41-42, 50, 152, 211
Dürrenmatt, Friedrich 72, 165
   Der Besuch der alten Dame 74
   Der Meteor 72
   Die Physiker 72

Eco, Umberto 200
   Der Name der Rose 69
Eich, Günter *Inventur* 160
Eichendorff, J. Frh.v.
   Mondnacht 135-136
Ellis, Bret Easton 115
Erhardt, Heinz *Der König Erl* 20-21
Eucken, Rudolf 161

Fallada, Hans (Rudolf Ditzen) 152
   Kleiner Mann – was nun? 151
Fassbinder, Rainer Werner 86
Fontane, Theodor   97, 115, 157, 178, 181,
   . . . . .197, 206, 234-235
   Cécile 45, 103, 143
   Die Brück am Tay 18
   Effi Briest 51, 97-101, 143, 166
   Frau Jenny Treibel 143
   Irrungen, Wirrungen 40-41, 143
   Jenseit des Tweed 224
   Stine 103, 143
   Unsere lyrische und epische
   Poesie seit 1848 141-142
Foucault, Michel 208, 216-219
Freud, Sigmund 25, 133, 202-204
   Die Traumdeutung 145-147
Freytag, Gustav 63, 142, 178, 206
Friedrich Wilhelm IV. 118
Frisch, Max 72
   Don Juan 72
   Homo faber 165

Gadamer, Hans-Georg 198-199
Geibel, Emanuel 140, 142
Gellert, C.F. *Das Gespenst* 125
   Das Leben der schwedischen
   Gräfin von G... 127-128
   Die Biene und die Henne 104
   Die zärtlichen Schwestern 72
   Fabeln und Erzählungen 124-125
Genette, Gérard 31
George, Stefan 145
Gerhardt, Paul 121
   Abend-Lied 17
Gernhardt, Robert 177, 224
   Bekenntnis 9
   Materialien zu einer Kritik... . . . 16-17
Goethe, J.W. 2, 17-18, 72, 177, 201,
  235-236
   Das Göttliche 131-132
   Die Leiden des jungen Werthers
   . . . . .42, 44, 46, 48, 127, 202
   Erlkönig 19-21, 131
   Faust I 11, 68, 132, 157, 176-177
   Faust II 58, 132
   Götz von Berlichingen . . 75, 115, 129
   Römische Elegien 10
Goetz, Curt *Das Haus in Montevideo* . . 76
   Dr. med. Hiob Prätorius 76
   Hokuspokus 76
Gottsched, Johann Christoph . . . 123, 177
   Versuch einer Critischen Dichtkunst vor .
   die Deutschen . . . 62-63, 66-67, 70, 124
Gottsched, Luise A.V. *Die Pietisterey*
   im Fischbein-Rocke 71, 126
Grabbe, C.D. *Scherz, Satire, Ironie*
   und tiefere Bedeutung 127
Grass, Günter 164-165, 178-179
   Die Blechtrommel . 32-34, 47, 160-161
   Ein weites Feld 166
   Im Krebsgang 178
Grimm, Brüder, siehe: Brüder Grimm
Grimm, Hans *Volk ohne Raum* 155
Grimmelshausen, H.J.C.v.
   Simplicissimus Teutsch 121
Grönemeyer, Herbert 94
Grosz, George 149-150
Grünbein, Durs *Den Teuren Toten* . . . 167
Gryphius, Andreas 121-122
   Abend 15
   Absurca comica 69, 101
   Es ist alles Eitel 11

Gundolf, Friedrich 195
Gutenberg, Johannes 85
Gutzkow, Karl *Wally, die Zweiflerin* .. 138

Habermas, Jürgen 217, 219
Hamburger, Käte 30
Handke, Peter 164
Hauff, Wilhelm *Das kalte Herz* 141
    Das Wirtshaus im Spessart 141
    Der Mann im Mond 184-185
Hauptmann, Gerhart 161
    Bahnwärter Thiel 25, 144
    Die Ratten 74
    Die Weber 25, 68
    Vor Sonnenaufgang 144
Hauptmeier, Helmut 213
Hebel, Johann Peter
    Kalendergeschichten 52
Heine, Heinrich 17, 138, 141, 235
    Belsatzar 19
    Deutschland. Ein Wintermärchen ....
    .... 2, 138-139
    Die Heimkehr (Lorelei) 107-110
Herder, J.G. 128
Herwegh, Georg *Aufruf* 139
    Gedichte eines Lebendigen 139
Hesse, Hermann 161
Heyse, Paul 142, 206
Hickethier, Knut 85, 87
Hoddis, Jakob v. (Hans Davidsohn) ... 151
    Weltende 148-149
Hoffmann von Fallersleben, A.H.
    Das Lied der Deutschen 139-140
Hoffmann, E.T.A. 141, 234-235
    Der goldne Topf 35-38, 40, 43-44
    Klein Zaches genannt
        Zinnober 136-137
    Lebensansichten des
        Katers Murr 38-40, 42-43
Hoffmannswaldau, C.H.v. 122
Hofmannsthal, Hugo v. 145
Holz, Arno 144
Hoppe, Felicitas 185-187
    Die Handlanger 186-187
    Picknick der Friseure 186-187
Horváth, Ödön v. 156
    Kasimir und Karoline 63
Huelsenbeck, Richard 149

Ibsen, Henrik 115
Iser, Wolfgang 204-205

Jauß, Hans Robert 204, 206
Jean Paul 171
Jelinek, Elfriede *Lust* 164
Johnson, Uwe 164
    Jahrestage 162
    Mußmassungen über Jakob .. 161-162
Johst, Hanns 154-155
    Der Einsame 155
    Schlageter 155
Joyce, James 182

Kafka, Franz 52, 177, 182-183, 203
    Der Prozeß 176
    Die Verwandlung 147-148
Kaiser, Georg *Die Bürger von Calais* .. 146
    Gas I-III 147
Kant, Immanuel 123, 132
Kassovitz, Peter 90
Kästner, Erich 158-159
    Das Verhängnis 7
    Der Handstand auf der
        Loreley 109-110
    Der Selbstwert des Tragischen 73
    Emil und die Detektive 180
    Fabian 152, 172-173
    Ganz nebenbei 7
    Happy end 73
    Münchhausen 159
    Präzision 14
    Pünktchen und Anton 89
    Unsanftes Selbstgespräch 4, 7
Kayser, Wolfgang 197
Keller, Gottfried 142, 206
    Die Leute von Seldwyla 142
    Kleider machen Leute 142-143
    Romeo und Julia auf dem Dorfe
    101-102
Kinkel, Tanja
    Die Löwin von Aquitanien ... 182-187
Kleist, Heinrich v. 177
    Das Erdbeben in Chili 130
    Der zerbrochne Krug 65, 72
    Penthesilea 130
Klinger, F.M. 128
Klopstock, F.G. 126-127
Klotz, Volker 64
Konsalik, Heinz G. 179, 203

Korff, Hermann 195
Korte, Helmut 87-88
Kracht, Christian *Faserland* 169
Kraus, Karl *Die letzten Tage der*
    Menschheit 58
Kristeva, Julia 211
Kubrick, Stanley *Eyes Wide Shut* 90
Kunze, Heinz Rudolf 94
Kusz, Fitzgerald
    Schweig, Bub! 75

Lämmert, Eberhard 30
Lasker-Schüler, Else 145
Lenz, J.M.R. *Der Hofmeister* 130
    Die Soldaten 130
Lessing, G.E. 11, 62, 177
    Emilia Galotti 68
    Hamburgische Dramaturgie
    . . . . .62, 67-68, 74, 125-126
    Minna von Barnhelm 72
    Nathan der Weise 75, 176
Lindhoff, Lena 207
Link, Caroline 89
Logau, Friedrich v. 122
Lohenstein, D.C.v. 121
Lord Byron 115
Loriot (Victor von Bülow) *Das Ei* . . . 55-57
Lotman, Jurij M. 200, 202
Luhmann, Niklas 211-212
Lukács, Georg 197
Luther, Martin 120, 151, 220

Maar, Paul *Sams in Gefahr* 180
Macpherson, James *Ossian* 128
Mann, Thomas 161, 177
    Buddenbrooks 157
    Der Tod in Venedig 157, 178
    Der Zauberberg 157, 178
    Deutsche Hörer! 156
    Doktor Faustus 157
Maron, Monika *Stille Zeile Sechs* 166
Marx, Karl 133, 196
Mecklenburg, Norbert 193
Menzel, Wolfgang 138
Meyer, C.F. 142
Mommsen, Theodor 161
Morgenstern, Christian *Das Knie* 150-151
Mörike, Eduard 138
Müller-Westernhagen, Marius 94

Nadler, Josef 196
Napoleon 45, 138
Nestroy, Johann Nepomuk
    Zu ebener Erde und erster Stock . . . 72
Novalis (Friedrich von Hardenberg) . . 136
    Heinrich von Ofterdingen 49, 135

O'Brian, Flann *Irischer Lebenslauf* 47
Opitz, Martin *Buch von der Deutschen* . . .
    Poeterey 66-68, 70, 122
Ossietzky, Carl v. 156

Perrault, Charles 137
Petersen, Jürgen H. 31
Pfanner, Helmut 155
Pinthus, Kurt
    Menschheitsdämmerung 148

Raabe, Wilhelm 142
Raimund, Ferdinand
    Das Mädchen aus der Feenwelt 72
Reich-Ranicki, Marcel 177-179, 213
Rellstab, Ludwig *1812* 44-45
Richter, Hans Werner 164
Rilke, R.M. 145
Ringelnatz, Joachim (Hans Bötticher)
    150-151
Rowling, Joanne K. *Harry Potter* 92

Sachs, Nelly 161
Saussure, Ferdinand de 199
Scheffel, J.V.v. 142
Schenda, Rudolf 205
Schiller, Friedrich 2, 11, 17, 65,
    . . . . .72-74, 93, 177, 235
    Das Distichon 12
    Das Lied von der Glocke 13-14
    Der Taucher 131
    Der Verbrecher aus verlorener Ehre 51
    Die achtzeilige Stanze 13
    Die Jungfrau von Orleans 60-61
    Die Räuber 75, 102, 129
    Kabale und Liebe 68, 74, 102
    Maria Stuart 61-62
    Über die ästhetische Erziehung...
    132-133
    Wallenstein 102-103
    Wilhelm Tell . . 58-59, 65, 75, 133-134
Schirach, Baldur von 154
Schlegel, Friedrich 135

Schmidt, Siegfried J. 213, 215
Schnitzler, Arthur 25, 145
    Leutnant Gustl 41, 46, 146
    Traumnovelle 90
Schwab, Werner *Volksvernichtung* . 74-75
Scott, Sir Walter 44, 115
    Waverley 45, 129
Sebald, W.G. 93
Shakespeare, William 62-63, 90-91,
    . . . . 101, 115, 118, 128
Shami, Rafik 210
Sophokles *König Ödipus* 65
Spitteler, Carl 161
Staiger, Emil 198
Stanzel, Franz K. 30-31
Sterne, Laurence *The Life and Opinions*
    of Tristram Shandy Gentleman 48
Storm, Theodor 142, 206
    Der Schimmelreiter 142
Stuckrad-Barre, Benjamin v. 169
Süskind, Patrick *Das Parfum* 168

Tieck, Ludwig 134
Timm, Uwe *Heißer Sommer* 165
    Morenga 165
    Rot 47
Tolkien, J.R.R. *Der Herr der Ringe* 92
Toller, Ernst 156
    Die Wandlung 147
Tucholsky, Kurt 154, 156
    Deutschland, Deutschland
    über alles 34-35, 77-82, 93, 152
    Das dritte Reich 153
Tykwer, Tom *Lola rennt* 90

Wackenroder, W.H.
    Herzensergießungen eines... 134
Wagner, Richard 76, 93
Walser, Martin 177, 179
    Ein fliehendes Pferd 165
Wedekind, Frank
    Der Tantenmörder 4, 21-26
    Frühlings Erwachen 103
Weerth, Georg 141
Weise, Christian 121
Wellek, René 193
Welles, Orson 90-91
    The War of the Worlds 91
Wilhelm I. 140
Wilhelm II. 25
Winckelmann, J.J. *Gedanken über*
    die Nachahmung... 130
Woelk, Ulrich *Rückspiel* 168
Wolf, Christa 163-164, 177
    Der geteilte Himmel 162-163
    Kassandra 118
    Kein Ort. Nirgends 163
    Medea 43, 49, 118
    Nachdenken über Christa T. 163
    Was bleibt 164

Zeffirelli, Franco *Hamlet* 90
Zola, Emile 115

Sachregister | 12.5

Abzählreim 7
actio 104, 122
adaptieren 180
affirmativ 210
Aischrologie 106
Akkumulation 106
Aktanten 212-213
Akte 63
aktualisieren 205, 223
Alexandriner 11
Allegorie 105
Alliteration 7
allwissendes Erzählverhalten . . 31-33, 36
Alterität 196, 209-210
alternierende Metren 8
Amerikanische Einstellung 88
Anagnórisis 64
Anakoluth 106
Anakreontik 130
Analyse 190-191
analytisches Drama 65, 81
Anapäst 10, 22

Anapher 106, 110
Animation 92
Antiklimax 106
Antilabe 61
Antithese 11, 107
Antonomasie 105
Aposiopese 106
Apostrophe 107
Apparat 235
Appellativum 105
Äquivalenzen 201, 221-222
arbiträr 200, 216
Assonanzreim 6-7
Ästhetikkonvention 213
Asyndeton 106
Aufführung, Aufführungspraxis 56-57
Aufklärung 69, 119-126
Aufsicht 88
Auftritte, siehe: Szenen
Aufzüge, siehe: Akte
auktoriales Erzählverhalten,
    siehe: allwissendes E.
Ausgabe letzter Hand 234
Auslandsstudium 232
Ausschließung 218
Außensicht 32
autonom-ästhetische Wertungs-
    kriterien 180
Autopoiesis 212
Autor 191-192, 219
avancierte Recherche 237-239

Ballade 18-21, 23, 49, 142
Bänkelsang 18
Barock 119-126, 221
Beglaubigungsstrategie 38
begrenzter Blick 32, 38
Bericht 40, 50
Beschreibung 40
Bibel 118, 120
Bibliographien 237
bibliographischer Nachweis 242-244
Bibliotheken 237-239
Biedermeier 138-140
bildhafte Zeichen, siehe: Symbole
binär 212
Binnenreim 7
Biographismus 195-196
Blankvers 11, 61
Blende 92

Blickperspektive 88
Botenbericht 59-60
Boulevardkomödie 76
Briefroman 44, 126
Bücherkunde 233-237
Bürgerlicher Realismus 118, 141-143
Bürgerliches Trauerspiel 67-68

carpe diem 122
Chiasmus 106
Chiffre 106
Code, Codierung 86-87, 181,
    . . . . .201-202, 208, 212, 224
Comic 92
Commedia dell'Arte 70-71
Contradictio in adjecto 107

DAAD 232
Dadaismus 148-153
Daktylus 10, 22
Darbietungsweisen 40
Dekadenz 145
Dekonstruktion, siehe: Poststrukturalismus
delectare 122
Denotat, Denotation 201
Detail-Einstellung 88
Deutscher Bund 138
Dialog 34, 41, 50, 55, 58, 81
Dichotomien 210
différance 216
Diskurs, Diskursanalyse 208,
    . . . . .216-219, 225-226
dispositio 103, 122
Distanz 33
Distichon 12
docere 122
Dramaturg 58
Dramen, Dramatik, dramatische Texte
    . . . . .49, 54-83

Edition, edieren, Editionsphilologie
    . . . . .194-195, 220, 235
Eigenes 165, 209-210
Einheit von Ort, Zeit und Handlung 62-65
Einstellung 88
Einstellungsgrößen 88
Einstellungsprotokoll 87
Ellipse 106
elocutio 104, 122
Emblematik, Emblem 92, 106, 122

Sachregister

Empfindsamkeit 126-130
Emphase 106
empirische Literaturwissenschaft
. . . . 212-215, 225
empirischer Leser 205
Endreim 6-7
Enjambement 10
Entgegenstellung, siehe: Antithese
Epen, Epos 2, 48, 138
Epigramm 14
Epipher 106
Epiphrasis 106
episches Präteritum 41
episches Theater 57, 156
Epitaph 167
Epitheton ornans, siehe:
    Typisierendes Beiwort
Epochen, siehe: Literaturgeschichte
Erasmus-/Sokrates-Programme 232
Er-Erzähler 31-32, 36
Erstausgabe 234
Erzähler 5, 29-44, 50
Erzähler erster und zweiter Ordnung . . 40
Erzähler, extradiegetischer und
    intradiegetischer 43
Erzählerkommentar 40
Erzählform 31, 37-38
Erzählhaltung 38
Erzählperspektive 31
erzählte Zeit 46-48, 87
Erzähltexte, Epik 2, 28-53, 57, 86
Erzähltheorie 28-53
Erzählverhalten 31, 37-38
Erzählzeit 46-48, 87
Es 202-204
Euphemismus 106
Exil, Exilliteratur 156-159
Exklusion 209, 224
Exposition 64, 81
Expressionismus . 118, 146-148, 152, 154

Fabel 99
fallende Handlung 64
Fallhöhe 66
Falsche Folge, siehe: Hysteron proteron
Feministische Literaturwissenschaft,
    siehe: Gender Studies
Fernleihe 238
Figurennamen 56
Figurenrede 56

Fiktion 29, 39, 44
Film, Filmanalyse 84-90
Filmphilologie, Filmwissenschaft 86
Filmprotokoll 87
Fin de Siècle 145
Fokalisierung, focalizer 43, 50
freie Rhythmen 12
Fremdes 165, 209-210, 224
Freundschaftskult 126
Froschperspektive 88
Frühaufklärung 123-125
Frühe Neuzeit 120
früheres Erzählen 47
Frühexpressionismus 147
Frührealismus 141
Frühromantik 136
Fügungsbruch, siehe: Anakoluth
Funktionen von Literatur 181

Gefühlskultur 126-127
Gegenwartsliteratur 156-167
Geistesgeschichte 195-196, 220
gemischte Charaktere 67
Gender Studies . . 183, 207-208, 218, 224
Genealogie 233
Genese 233
Genieästhetik 69, 119
genus grande, siehe: hoher Stil
genus medium, siehe: mittlerer Stil
genus subtile, siehe: niederer Stil
Geschlechterrollen 208
geschlossenes Drama 64-65
Geschmack 177
Gleichnis 105
gleichzeitiges Erzählen 47
Goethezeit 118
Goldenes Zeitalter 134, 172-173
Groß-Einstellung 88
Gruppe 47 164

Halbtotale 88
Handlung 50
Handlungsgedicht 18
Happy-End 72-74
Harlekin 70
Haufenreim 6-7
Haupttext 56
Hausarbeit 230, 237, 240-242
Hebungen 7
Hedonismus 181, 213

Herausgeberfiktion 38-39
Hermeneutik, siehe: literaturwissenschaftliche H.
heteronom-ästhetische Wertungs-
  kriterien 180
Hexameter 12
Historischer Roman 44
historisch-kritische Ausgabe 194-195, 234
Hochaufklärung 125
Hochromantik 136
Höhepunkt 64
hoher Stil 122
homogen 178, 204
Hörbuch 92
Hörspiel 84-86, 91-92
Humanismus 120
hybrid, Hybridität 210
Hyperbel 106
Hyperbolik 110
Hysteron proteron 106

Ich 202-204
Ich-Erzähler 31-32, 34, 37, 50, 52
idealer Leser 205
Idealismus 118
Identifikation 181
identischer Reim 6
impliziter Leser 205
Improvisation 70
indirekte Rede 41
Inklusion 209, 224
Innensicht 31, 34, 38
Innere Emigration 156-159
Innerer Monolog 41, 49, 146
Innsbrucker Zeitungsarchiv 194, 239
inscriptio 122
Instanzen 177
Inszenierung 57
Interkulturalität 209-210
Internet 29, 230, 238-239
Interpretation 191, 197
Intertextualität 211
inventio 103, 122
Inversion 22, 106, 110
Invokation 16, 107
Ironie 35, 106, 109, 142-143, 185
Isotopie 102, 201, 222, 224

Jahrhundertwende 145-146, 170
Jambus 8, 22

Jugendstil 145
Junges Deutschland 138

Kabarett 23, 93
Kamerabewegungen 88
Kanon 175-187, 193
Katachrese 107
Katastrophe 64
kategorischer Imperativ 123
Katharsis 66
Kinder- und Jugendliteratur 179
Klassik 2, 130-137
klassische Moderne, siehe: Moderne
klassische Recherche 237-239
klassisches Drama 65, 81
Klausuren 245-247, 255-257
Klimax 106, 110
Klischees 180, 183
Knittelvers 11
Kommunikation 211, 216, 221
Kommunikationsmittel 215
Komödie 69-83
Konnotate, Konnotation 202, 221
konstituieren 209
Konstruktivismus, Konstruktionen
  . . . . 180, 207, 214-216, 225
Kontext 191-192, 219
Kontextwissen 246
Konventionen 200
Konversationslustspiel 76
Kreuzreim 6-7
Kriminalroman 180, 204

Leerstelle 205
Leitdifferenz 212
Lesarten 234
Leseausgaben 233
Lesedrama 58, 80
Lesepräferenzen 181
Leser 191-192, 204-206, 219
Leserforschung 179, 205
Libido 202
Liebesroman 180
Lied 17-18, 23, 57, 84-86, 93-95
literarische Moderne, siehe: Moderne
Literarische Techniken 96-111
Literarische Wertung 175-187, 193
Literatur der Weimarer Republik
  . . . . 118, 148-153, 219
Literaturgeschichte(n) 112-174

SACHREGISTER

Literaturkritik 193-194
literaturkritik.de 176, 194
Literaturproduktion 213
Literaturrezeption 213
Literaturtheorie 188-228, 232-233
Literaturverarbeitung 213
Literaturverfilmungen 89
Literaturvermittlung 213
literaturwissenschaftliche Hermeneutik
 . . . . 198-199, 221
literaturwissenschaftlicher Strukturalismus,
 siehe: Strukturalismus
Litotes 106
Lösung 64
Lustspiel 69-83
Lyrik, lyrische Texte 1-27, 49, 57
lyrisches Ich 5, 222

Macht 217-218, 225-226
Magischer Realismus 118, 152
Märchen 29-31, 49, 134-135
marxistische Literaturwissenschaft,
 siehe: sozialistische L.
Mauerschau 59-60
Medium, Medien 29, 50, 85, 212
memento mori 122
memoria 104, 122
Metafiktionalität, metafiktional
 . . . . 43-44, 212, 215-216, 225
Metapher 105
Methoden, siehe: Literaturtheorie
Methodenmix 191
Metonymie 105
Metrum, Metrik 3, 5-14, 22
mittlerer Stil 122
Moderne 119, 146, 167, 222
modernes Drama 65
Monographien 237
Monolog 34, 41, 58-59
Montage 42, 87
moralische Wochenschriften 123
Moritat 18, 23, 57
Motiv 101-103, 108-109
movere 122
mündliche Prüfungen, siehe: Prüfungen
Musical 76-77

Nachkriegsliteratur 159-167
Nah-Einstellung 88
Narration 43-44

Narratologie, siehe: Erzähltheorie
Narrator, siehe: Erzähler
Naturalismus 141, 143-144, 146, 170
Nebentext 56, 80
Neologismus 3
Neue Sachlichkeit 118, 148-153, 173
neutrales Erzählverhalten 31-34, 36
niederer Stil 122
Novelle 48-49, 142

offenes Drama 64-65
Offenheit 181
olympische Position 32, 38
Oper 76-77
Operette 76-77
Oppositionen 201, 221-222
Optik 33
Originalität 180
Oxymoron 107

Paarreim 6
Parabel 105
paradigmatische Ebene 201
Paradigmenwechsel 119, 125
Paradoxon 104, 107
Parallelismus 106, 110
Paraphrase 106
Parenthese 106
Parodie 20-21, 186-185
Pars pro toto, siehe: Synekdoche
Pentameter 12
periodische Fachbibliographien 237
Peripetie 64
Periphrase 106
personales Erzählverhalten 31-33, 50
Personifikation 105
Perspektive 4, 42-43
pictura 122
Pietismus 126-127
plot 50, 99
poeta doctus 122
Poetischer Realismus,
 siehe: Bürgerlicher R.
Polyperspektivität 165
polyphon 217
Polysemie 201
Polysyndeton 106
Polyvalenz, Polyvalenzkonvention . . . 213
Popliteratur 167-169
Positivismus 194-195, 220

Posse 75
Postmoderne, postmoderne Literatur
.... 119, 167-169
Poststrukturalismus
.... 211, 215-216, 218, 225
Präsens 41
Preziosität 106
professionelle Leser 179
pronuntiatio 104, 122
Prosa, siehe: Erzähltexte
Protagonist 46
prototypisch 100
Prozess, prozessieren
.... 177, 212, 216-217, 225
Prüfungen 245-247, 255-257
psychische Systeme 211
Psychoanalyse 202-204, 222

Quartett 5, 22
Queer Studies 208

radikaler Konstruktivismus,
   siehe: Konstruktivismus
Radio, siehe: Hörspiel
Raubdrucke 234
Reaktanten 212-213
Realismus 141-143
Redevorbereitung 103-104
Referat 231, 244-245
Referent 200
Reflexion 181
Regieanweisungen 56, 80
Regisseur 57
Reihung, siehe: Akkumulation
Reim, Reimformen 3, 5-14, 81
reiner / unreiner Reim 6
Reiseliteratur 179
Renaissance 120
retardierendes Moment 64
Rezeption, Rezeptionsästhetik
.... 204-205, 223-224
Rhetorik, rhetorische Figuren
.... 103-111, 122
rhetorische Frage 41, 107
Rokoko 130
Rolle 57
Roman 2, 48, 142
Romantik 110, 130-137, 170
romantische Ironie 136
rührendes Lustspiel 72

sächsische Typenkomödie 70-71
Satire 35, 39, 100
Satzfiguren 106
Schauspiel 75
Scheine 230
Schicksal 65-66
Schlüsselqualifikationen 231
Schneeballsystem 238
Schnitt 88
Schnittfrequenz 88-89
Schönheit 180
Schuss-Gegenschuss-Verfahren 88
Schwank 75
Schweifreim 6
selbstreferenziell / selbstreflexiv,
   siehe: Metafiktionalität
selbstständige Publikationen 242
Selektion 201
semantische Strukturen 201
Semiose 200
Semiotik 200
Senkungen 7
Sequenzprotokoll 87
Signifikant 200, 216
Signifikat 200, 216
Slapstick 70
Sonett 14-17, 122
Song, siehe: Lied
sozial konstruiert 207
soziale Phänomene 206
soziale Systeme 211
Sozialgeschichte der Literatur
.... 116, 206, 223
Sozialisation 177, 202, 208
sozialistische Literaturwissenschaft
.... 196-197, 220
Sozialsystem Literatur 212-213
späteres Erzählen 47
Spondeus 10
sprechende Namen 71
Standort des Erzählers 32
Stanze 13-14
steigende Handlung 64, 81
Stellenkommentar 233
Stereotype 180, 183, 186, 207
Stichomythie 61, 81
Stilistik, Stilmittel 103-111
Stimmigkeit 180
Stoff 101-103, 108-109

Stream of Consciousness 41-42
Strömungen 118
Strophe, Strophenformen 5-14
Strophenenjambement 10
Strukturalismus
    .... 197, 199-202, 215, 218, 221
Studienausgabe 233
Studium 230-233
Sturm und Drang
    .... 49, 69, 119, 126-130, 132
Subjekt 211, 218
Sublimierung 202
subscriptio 122
Subsequenz 88
substituieren 200
Superlativ 109
Supertheorien 192
Super-Totale 88
Symbolik .. 40, 51, 96-111, 142-144, 223
Symbolismus 145
Synästhesie 105
Synekdoche 105
syntagmatische Ebene 201
System, Systemtheorie . 211-212, 224-225
Szenen 63

Technologie der Macht 217-218
Teichoskopie, siehe: Mauerschau
Terzett 12
Text 191-192, 219
Thema 101-103, 109
Thesenpapier 245
Topos, Topoi 106, 110, 224
Totale 88
Tragikomödie 74, 81
tragische Schuld 65
Tragödie 64-69, 71, 74, 82
Trauerspiel, siehe: Tragödie
Traum 203
Trivialliteratur(-forschung)
    .... 97, 179-187, 206
Trochäus 8
Trope 104-105, 110
Typisierendes Beiwort 105
Typisierung der Figuren 71

Überblendungen 88
Über-Ich 202-204
Überkreuzstellung, siehe: Chiasmus
überstrukturiert 181

umarmender Reim 6-7
Umschreibung, siehe: Periphrase
Unmittelbarkeit 33, 58
unselbstständige Publikationen 242
Untersicht 88

Varianten 234
Verdrängung 202
Vergleich 105
Vers, Verszeile, Versformen ... 3, 5-14, 81
Versschlüsse 8
Verweisungszusammenhänge 101
visualisieren 86
Vogelperspektive 88
Völkische Literatur 153-155
Völkische Literaturwissenschaft
    .... 195-196, 220
Volksmärchen 137
Volksstück 75
Vorausdeutungen 97-101
Vormärz 118, 138-140, 170

Weimarer Klassik, siehe: Klassik
Weimarer Republik,
    siehe: Literatur der W.R.
Werkausgaben 236
Werkimmanenz 197-198, 221
Wiener Kongress 138
Wortfiguren 106
Wunscherfüllung 203

Xenophobie 139

Zäsur 11
Zeichentrick 92
zeitdeckendes Erzählen 46
zeitdehnendes Erzählen 46
zeitraffendes Erzählen 46
Zieldrama 65, 81
zitierfähig 235
Zitierkonventionen 244
Zoom 88
Zug 101-103

12.6 Bildnachweis

Abb. 1 aus: Loriots Dramatische Werke. Copyright © 1983 Diogenes Verlag AG Zürich; Abb. 2: © dpa/Grubtzsch; Abb. 3: S. Fischer Verlag; Abb. 4: Fotoarchiv Erich Kästner, RA Peter Beisler, München; Abb. 6: © Isolde Ohlbaum; Abb. 7: Foto: Helmut Ölschlegel; Abb. 8: Foto: Lappan Verlag; Abb. 14: Umschlaggestaltung: Rudolf Linn, Köln; Abb. 15 aus: Loriots Dramatische Werke. Copyright © 1983 Diogenes Verlag AG Zürich; Abb. 22: Coverabbildung des Hörbuchs „Harry Potter und die Kammer des Schreckens" von Joanne K. Rowling mit freundlicher Genehmigung des Hörverlags GmbH, München. Coverillustration: Sabine Wilharm; Abb. 23: Umschlag von Kurt Tucholsky, „Deutschland, Deutschland über alles" © 1973 Rowohlt Verlag GmbH, Reinbek bei Hamburg unter Verwendung einer Collage von John Heartfield, © The Heartfield Community of Heirs/VG Bild-Kunst, Bonn 2005; Abb. 26: Erika und Ernst von Borries: Deutsche Literaturgeschichte. Band 2: Aufklärung und Empfindsamkeit. Sturm und Drang. (Umschlagbild „Die drei Sängerinnen" (1796) von Angelika Kauffmann.) © 1991 Deutscher Taschenbuch Verlag, München. Abb. 29: Stiftung Weimarer Klassik und Kunstsammlungen/Museen; Abb. 34 aus: Klaus Haese/Wolfgang U. Schütte: Frau Republik geht pleite. Deutsche Karikaturen der zwanziger Jahre. Kiel: Neuer Malik Verlag 1989; Abb. 36: © The Heartfield Community of Heirs/VG Bild-Kunst, Bonn 2005; Abb. 37: Steidl Verlag; Abb. 39: Patrick Süskind, Das Parfum. Die Geschichte eines Mörders. Copyright © 1985 Diogenes Verlag AG Zürich; Abb. 40: © Benjamin von Stuckrad-Barre/Christian Kracht; Abb. 41: mit freundlicher Genehmigung von Collibri-Verlagsbuchhandlung Bamberg und Gerd Bauer; Abb. 43: © Isolde Ohlbaum; Abb. 44: © A. Francke Verlag Tübingen und Basel; Abb. 48 aus: Helmut Hauptmeier/ Siegfried J. Schmidt: Einführung in die Empirische Literaturwissenschaft. Braunschweig: Vieweg 1985, S. 77; Abb. 50: Karikatur von Elizabeth Shaw; Abb. 52: © 1997 J.B. Metzlersche Verlagsbuchhandlung und Carl Ernst Poeschel Verlag GmbH in Stuttgart.

Literaturwissenschaft

Stefan Neuhaus

Märchen

UTB 2693 M, 2005, XII, 391 Seiten, zahlr. Abb., € 19,90/SFr 34,90
UTB-ISBN 3-8252-2693-X

Märchen gehören zu den populärsten literarischen Gattungen. Auf der stofflichen Grundlage antiker und mittelalterlicher Literatur bildete sich eine vielfältige Tradition, die am Anfang des 19. Jahrhunderts mit den „Kinder- und Hausmärchen" der Brüder Grimm stark normiert wurde. Der Band diskutiert die übliche Aufteilung in Volks- und Kunstmärchen und skizziert die Versuche volkskundlicher, sozialgeschichtlicher, struktureller, tiefenpsychologischer und psychoanalytischer Interpreten, die Gattung näher zu charakterisieren. Auf dieser Grundlage wird ein eigener Ansatz entwickelt, der stärker als bisher die gemeinsamen Merkmale von Märchentexten herausarbeitet und das spezifisch Literarische der Gattung betont. Die Entwicklung des Märchens wird in 38 Einzelkapiteln zu Märchenautoren und ihren Texten nachgezeichnet, chronologisch reicht das Spektrum von den *Erzählungen aus den Tausendundein Nächten* (ca. 8.-10. Jhd.) bis zu Cornelia Funkes *Tintenherz* (2003). Dabei zeigt sich, insbesondere seit Beginn des 20. Jahrhunderts, die große Nähe des Märchens zur fantastischen Literatur und zur Kinder- und Jugendliteratur, die in der Märchenforschung bisher keine Rolle gespielt hat.

Preisänderungen vorbehalten

A. Francke

A. Francke Verlag · Dischingerweg 5 · D72070 Tübingen

Literaturwissenschaft

Oliver Jahraus

Literaturtheorie

Theoretische und methodische Grundlagen der Literaturwissenschaft

UTB 2587 M, 2004, IX, 399 Seiten,
€ 26,90/SFr 47,10
UTB-ISBN 3-8252-2587-9

Diese Einführung zeigt, welche Probleme damit verknüpft sind, wenn man Literatur zum Gegenstand einer Wissenschaft macht, und gibt Lösungswege vor. Im systematischen Überblick führt der Autor ein breites Spektrum von Literaturdefinitionen vor. Der zweite Teil des Buches führt in die methodischen Positionen von der Hermeneutik über den Strukturalismus, die rezeptionsästhetischen Positionen, die Psychoanalyse bis zu Poststrukturalismus und Dekonstruktion ein. Dabei wird erstmalig deutlich gemacht, dass sich dieses methodologische Feld nach einem Muster ausdifferenziert, in dem sich textimmanente und kontextgebundene Literaturdefinitionen wechselseitig ablösen. Ein Abschlusskapitel stellt ein praktisch handhabbares Kooperationsmodell von Analyse und Interpretation vor, in dem beiden Seiten Rechnung getragen wird. Das Buch lädt dazu ein, sich auf das intellektuelle Abenteuer einzulassen, das Literaturtheorie heutzutage weit über Literaturwissenschaft hinaus bieten kann.

Preisänderungen vorbehalten

A. Francke

A. Francke Verlag · Dischingerweg 5 · D72070 Tübingen

Sprachwissenschaft

Katja Kessel
Sandra Reimann

Basiswissen Deutsche Gegenwartssprache

UTB 2704 M, 2005, XII, 278 Seiten, zahlr. Abb., € [D] 14,90/SFr 26,80
UTB-ISBN 3-8252-2704-9

Wussten Sie, dass Polysemie keine Krankheit ist und dass Komposition nichts mit Biomüll zu tun hat? Auch Spitzenstellungstests finden Sie nicht in Assessment Center für angehende Führungskräfte.

Das Einführungsbuch beschäftigt sich unter anderem mit diesen sprachwissenschaftlichen Grundbegriffen. Es wendet sich an Studienanfänger der Germanistik, die die deutsche Gegenwartssprache im wissenschaftlichen Sinne durchschauen und unter analytischen Gesichtspunkten kennen lernen wollen. Gegenstand sind die wichtigsten Teilbereiche und Methoden der neueren deutschen Sprachwissenschaft. Besonders ausführlich werden die komplexen Kapitel Syntax und Wortbildung behandelt, die zum Kanon der meisten sprachwissenschaftlichen Prüfungen gehören.

Didaktisch gut aufbereitete Kapitel leiten die Studienanfänger zu konkreten Analysen an. Jedes Kapitel enthält Übungen mit Lösungen und weiterführende Literatur, sodass die Studierenden auch die Möglichkeit haben, sich den Stoff selbstständig zu erarbeiten und ihre Kenntnisse zu überprüfen. Der Transfer in die Analysepraxis steht stets im Vordergrund. Das Buch ist als Begleitmaterial für Seminare und zum Selbststudium bestens geeignet, auch für den Studiengang Deutsch als Fremdsprache.

Preisänderungen vorbehalten

A. Francke

UTB Literaturwissenschaft

Christoph Bode

Der Roman

Eine Einführung

UTB 2580 S, 2005, XVI, 349 Seiten, div. Abbildungen
ISBN 3-8252-2580-1

Der Band bietet eine anspruchsvolle, doch lebendig und verständlich geschriebene Einführung in die Romananalyse und ist für Studierende aller neuphilologischen Literaturwissenschaften konzipiert. Die Einführung narratologischer Terminologie und Methoden wird mit grundlegenden literaturtheoretischen Überlegungen verknüpft und mit einer Fülle anschaulicher Beispiele illustriert. Besonderer Wert wird auf die Vermittlung der Einsicht gelegt, dass die analytische Zergliederung eines Romanes kein Selbstzweck ist, sondern ein Verständnis seines »Funktionierens« überhaupt erst ermöglicht. Eine Leitidee ist dabei, dass – unabhängig vom jeweiligen »Inhalt« eines Romans – das Problem der Konstruktion fiktionaler Wirklichkeiten in dieser dynamischsten, formen- und erfolgreichsten literarischen Gattung der Neuzeit auch stets mitthematisiert wird: ein romanspezifisches Faszinosum.

Preisänderungen vorbehalten

A. Francke

UTB Literaturwissenschaft

Dieter Hoffmann

Arbeitsbuch Deutschsprachige Prosa seit 1945

Band 1: Von der Trümmerliteratur zur Dokumentarliteratur
UTB 2729 M, UTB-ISBN 3-8252-2729-4

Band 2: Von der Neuen Subjektivität zur Pop-Literatur
UTB 2730 M, UTB-ISBN 3-8252-2730-8

UTB 2731, 2 Bde im Schuber, UTB-ISBN 3-8252-2731-6

Ein zentrales Problem bei der Darstellung der deutschsprachigen Literatur seit 1945 besteht darin, dass dabei Kontinuitäten und Brüche gleichermaßen berücksichtigt werden müssen. Das vorliegende Werk versucht dieser Schwierigkeit durch einen Längsschnitt-Ansatz zu begegnen, der die Entwicklung der einzelnen literarischen Richtungen und Schreibweisen nicht der Chronologie der Zeitgeschichte anpasst, sondern sie von ihren eigenen Voraussetzungen aus betrachtet und in den maßgeblichen literaturhistorischen Zusammenhang einordnet. Das zweibändige Werk verbindet literaturhistorische Hintergrundinformationen mit der Interpretation einzelner Texte, die im Anhang zu den einzelnen Kapiteln ganz oder auszugsweise abgedruckt sind. Dabei zeichnen sich die Bände durch eine besondere Benutzerfreundlichkeit aus, indem jede Leseprobe von Erläuterungen und Arbeitsaufgaben begleitet wird, auf denen auch die Kommentare zu den einzelnen Leseproben aufbauen.

Preisänderungen vorbehalten

A. Francke